정보화 시대의 실무 능력 향상을 위한

OA실무

한글2007·엑셀2007·파워포인트2007

김현숙 · 박혜정 · 안해순 · 조현숙 공저

대구대학교출판부

저자

김현숙, 박혜정, 안해순, 조현숙 - 대구대학교 기초교육원 초빙교수

2판1쇄 | 2012년 2월 29일
2판3쇄 | 2014년 2월 10일
지은이 | 김현숙, 박혜정, 안해순, 조현숙
펴낸이 | 홍덕률
펴낸곳 | 대구대학교출판부
경북 경산시 진량읍 대구대로 201
전화 053) 850-5661~3 | 팩스 053) 850-5669
찍은곳 | 남경기획
ISBN 978-89-7794-589-0-03370
값 11,000원

서문 Preface

본 교재는 교양 컴퓨터 교과목인 'OA실무' 를 통해 기본 정보 소양을 다져 대학 생활에 필수적인 컴퓨터 활용 능력을 배양하고, 나아가 유용한 사회의 구성원으로서 요구되는 실질적인 컴퓨터 활용 능력을 갖추는 데 도움이 될 수 있는 내용을 담고자 하였다.

'OA실무' 교재의 특징은 '한글 2007' , '엑셀 2007' , '파워포인트 2007' 세 가지 사무용 프로그램에 대한 단편적인 기능 소개가 아니라, 각 프로그램의 유용한 기능들을 하나의 문서를 완성해 나가는데 적용하여 실제로 응용할 수 있는 형식으로 구성되어 있다. 따라서 본 교재의 과정을 충실히 이수한다면 실무에 응용할 수 있는 컴퓨터 활용 능력과 한글워드프로세서, ITQ, MOS 등을 포함한 다양한 정보 기술 자격증을 취득하는 데 도움이 될 것이다.

또한, 본 교재는 하나의 문서를 완성해 나가는 과정을 단계별로 이미지와 자세한 설명을 제공함으로써 학생들 혼자서도 충분히 학습할 수 있도록 구성하였으며 다음과 같이 편성하였다.

첫째, 한글 문서 작성에 가장 일반적이고 널리 알려진 '한글 2007' 프로그램을 다루었다. 학생들이 각종 보고서, 논문 작성, 안내장 제작 등과 같은 문서작성에 어려움을 겪지 않고 효율적으로 사용할 수 있는 컴퓨터 활용 능력을 배양할 수 있도록 다양한 예제를 중심으로 구성하였다.

둘째, 수치 자료 계산 기능을 포함하여 차트 작성, 데이터 관리 등을 쉽게 할 수 있는 스프레드시트 프로그램의 대명사인 '엑셀 2007' 을 통해 기업에서 업무처리에 필요한 실무 능력을 기를 수 있도록 다양한 기능의 소개와 함께 예제를 중심으로 구성하였다.

셋째, '파워포인트 2007' 이 제공하는 마스터 편집, 슬라이드 편집, 사용자 지정 애니메이션 등의 기능을 학습하여 보고서나 발표 자료를 직접 만들고, 프레젠테이션 발표에도 활용할 수 있도록 구성하였다.

핵심적이고 유용한 컴퓨터 교양 교재 제작을 위해 많은 고심을 거쳤으나, 한 학기 분량의 내용으로 구성하기 위해 좀 더 고급 기능에 대한 설명은 생략하거나 부족한 설명으로 마쳐야 했던 부분들에 대해서는 아쉬움이 남는다.

끝으로 이 책이 나오기까지 도와주신 많은 분께 진심으로 감사의 말씀을 전한다.

2012년 2월 필자 일동

목차 Contents

한글 2007

엑셀 2007

파워포인트 2007

한글 2007

1장. 한글 2007 기초

학습목표

한글 2007에서 글자 모양, 문단 모양, 그림 삽입, 각주, 표, 쪽 번호 넣기 등의 기능을 익히고 아래 《출력 형태》와 같은 기본 문서를 작성한다.

춘향골

남원의 축제
춘향골을 찾아 떠나는 흥겨운 여행!

남원은 춘향의 사연이 얽혀 있는 곳이 많은 관계로 흔히 춘향골이라 부른다. 이 도령과 성춘향의 애틋하고도 고결한 춘향전은 이제 우리만의 것이 아닌 세계인의 가슴속에 감동적으로 살아 숨 쉬는 고전으로 각광 받고 있으며, 이에 춘향의 절개와 정절을 부덕의 상징으로 숭상하고 숭모(崇慕)하기 위한 춘향제가 매년 5월 5일을 전후하여 개최되고 있다. 신비의 영약으로 잘 알려진 고로쇠 약수가 지리산 뱀사골, 달궁, 반야봉 등에 군락을 이룬 고로쇠 나무에서 매년 우수 무렵부터 경칩을 지나 보름 정도까지 약 1개월간 채취되어 점차 국민들로부터 각광을 받고 있어 이 또한 널리 알리고자 축제(祝祭)화하였으며, 바래봉 자락에서는 해마다 4월 말에서 5월 중순경까지 철쭉①이 장관을 이루어 마치 진홍 물감을 풀어 놓은 듯 환상적인 비경으로 관광객들을 사로잡고 있다.

또한 남원은 고려 말(1380년) 이성계 장군이 삼남을 휩쓸고 노략질을 하는 왜적을 물리친 황산이 있는 곳으로 고려사, 용비어천가의 고사에 따라 선조 10년(1577년)에 황산대첩비가 건립되었으며, 왜장 아지발도가 이성계의 화살에 맞아 죽을 때 흘린 피가 바위에 붉게 물들어 지금까지 남아 있다는 피바위로도 유명하다.

■ 남원의 축제 및 문화 예술

가) 남원의 대표적 축제
- a) 사랑 이야기 축제 : 춘향제
- b) 향토 문화 축제 : 흥부제

나) 남원의 대표적 문화 예술
- a) 국악 분야 : 남원 판소리
- b) 국보 : 실상사 백장암 삼층 석탑

■ 세부 내용

구분	행사 시기	행사 장소	주요 행사	
고로쇠약수제	매년 3-5월	산내면 부운리	풍년기원 산신제	지리산골 터울림
바래봉철쭉제		운봉읍	철쭉제례	등반대회
춘향제	매년 4월	광한루원	춘향제향	그네뛰기
황산대첩제	매년 8-9월	운봉읍 화수리	장사씨름대회	윷놀이
흥부제		남원 시내	흥부전창극	길놀이

- 기타 자세한 내용은 홈페이지 http://tour.namwon.go.kr을 참고하기 바랍니다.

남원문화를사랑하는모임

① 한국, 중국, 일본 등에 분포하며 걸음을 머뭇거리게 한다는 뜻의 척촉이 변해서 된 이름

- 2 -

〈자료출처 : ITQ 기출문제〉

1.1 한글 2007 기초

한글 2007 프로그램은 초보자에서부터 전문 사용자에 이르기까지 문서 작업에 있어 최적의 작업 환경을 제공하는 워드프로세서이다. 한글 2007이 가지고 있는 다양한 기능들을 이용하여, 기본적인 문서 작성뿐만 아니라, 문서 모양을 다듬는데 필요한 편집 기법을 살펴본다.

1.1.1 한글 2007 시작

(1) [시작] 메뉴로 실행

윈도우 작업 표시줄에서 

단추를 누른 다음 [프로그램]→[한글과컴퓨터]→[한글과컴퓨터 오피스 2007]에서 '한글과컴퓨터 한글 2007' 을 클릭한다.

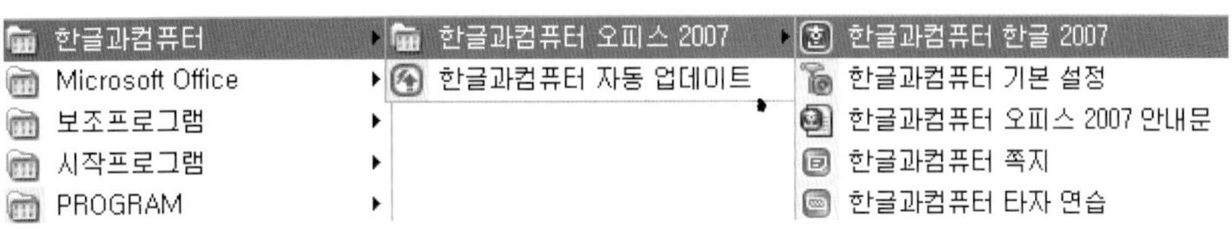

(2) '바로가기 아이콘'으로 실행

바탕 화면의 한글2007 '바로 가기 아이콘' 을 더블 클릭하여 실행한다.

(3) 한글 2007 끝내기

[파일]→[끝]을 실행하거나, 창 조절 단추 중에서 [닫기⊗]를 클릭하면, 편집 중인 모든 문서를 닫고 한글 프로그램을 끝낸다. 이 때, 문서 가운데 저장되지 않은 것이 있다면, 파일의 저장 여부를 확인한다.

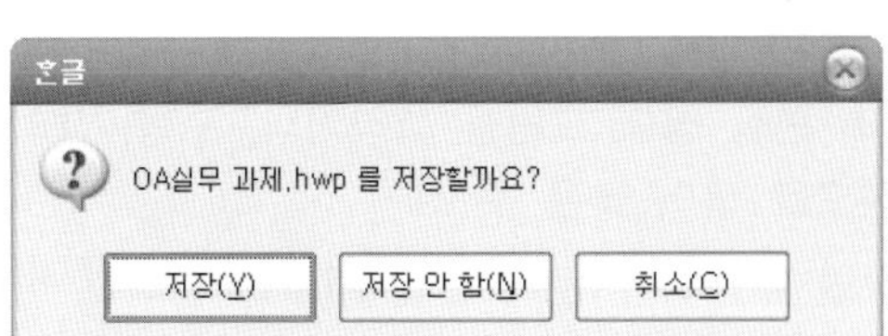

1.1.2 한글 2007 화면 살펴보기

(1) 한글 2007 화면 구성

한글 2007을 실행하면, 아래와 같은 화면을 볼 수 있다.

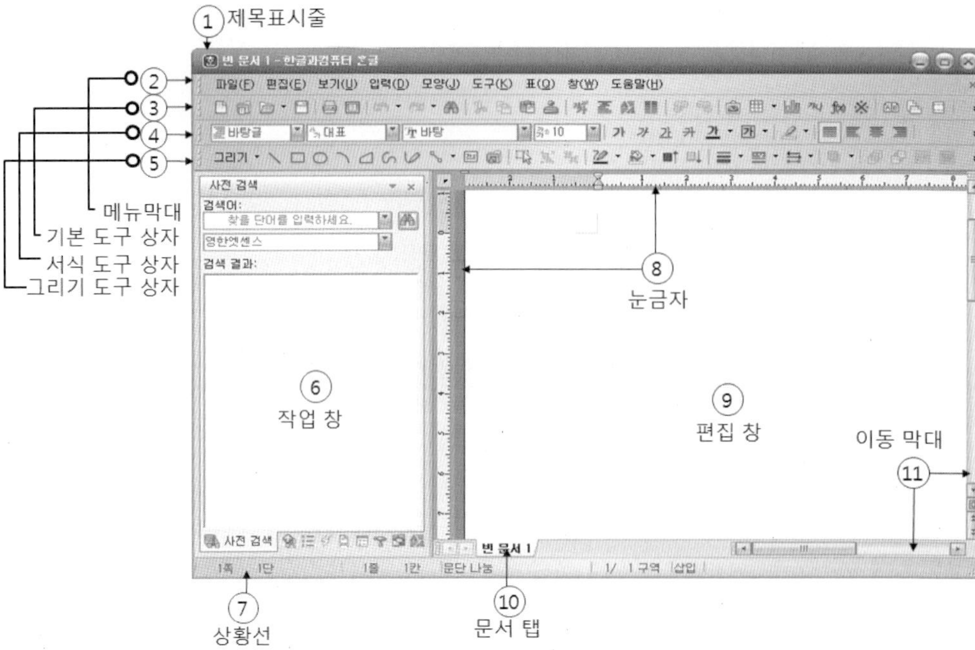

① 제목 표시줄: 프로그램 이름, 파일의 제목, 최소화, 최대화, 닫기 단추가 표시되는 곳. 파일명을 지정하지 않은 문서의 경우 빈문서1, 빈문서2 형식으로 자동 설정된 이름이 표시

② 메뉴 막대: 프로그램에서 사용하는 메뉴를 비슷한 기능별로 묶어 놓은 곳. 원하는 메뉴를 클릭하여 나타나는 하위 메뉴에서 해당 명령을 실행

③ 기본 도구 상자: 기본적으로 자주 사용하는 기능을 아이콘으로 묶어 놓은 곳

④ 서식 도구 상자: 편집 창에 들어가는 글자의 크기나 모양 등을 바꿀 때 사용하는 기능을 아이콘으로 묶어 놓은 곳

⑤ 그리기 도구 상자: 편집 창에 그림을 그리거나, 도형, 그리기 개체를 넣을 때 사용하는 기능을 아이콘으로 묶어 놓은 곳

⑥ 작업 창: 작업 창을 활용하면 문서 편집 시간을 줄이고 작업 속도를 높이는 등 효율적인 문서 작업을 수행

⑦ 상황선: 화면 맨 아랫줄에 있는 줄로 커서가 있는 위치의 쪽 수, 단 수, 편집 창의 상태 및 마우스가 위치한 곳에 대한 정보 등을 표시
⑧ 눈금자: 개체의 가로/세로 위치나 너비를 파악하기 위해 사용
⑨ 편집 창: 글자나 그림과 같은 내용을 넣고 꾸미는 실제 작업 공간
⑩ 문서 탭: 작성 중인 문서와 파일명을 표시
⑪ 이동 막대: 문서 내용이 편집 화면보다 클 때 화면을 가로/세로로 이동하기 위해 사용

(2) 숨겨진 메뉴 보기

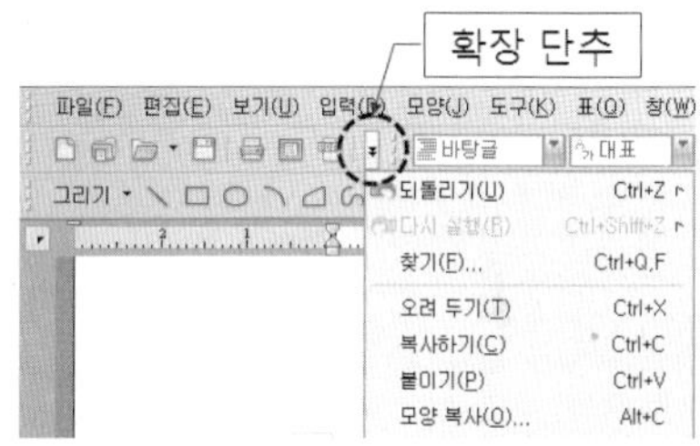

문서 창의 크기를 줄여 모든 메뉴 항목을 보여줄 수 없을 때는, 메뉴들이 목록 안에 숨겨진다. 확장 단추(▾)를 누르면, 숨겨진 메뉴를 볼 수 있다.

(3) 메뉴 이동

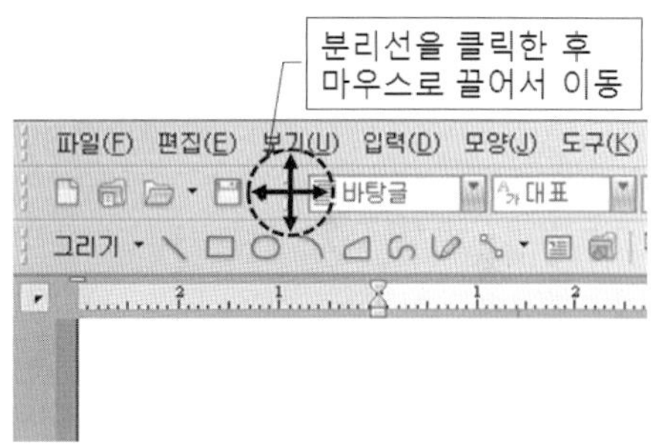

메뉴 막대가 겹쳐서 보이지 않을 경우가 있다. 이런 경우에는 메뉴 막대 맨 앞의 분리선을 마우스로 누른 후에 메뉴를 끌어 위치를 바꾸거나, 문서 창에서 떼어 낼 수 있다.

(4) 바로가기 메뉴

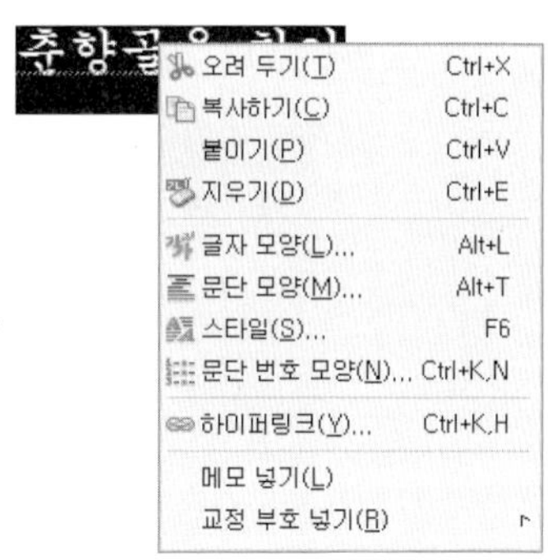

문서 창 안에서 어떤 상황이든지 마우스 오른쪽 버튼을 누르면, 그 상태에서 실행할 수 있는 기능들을 단축키와 함께 보여주는 것이 '바로 가기 메뉴' 이다.

TIP!

- **한글 2007 단축키를 익히자!**

☞ 메뉴 목록에서 각 기능과 함께 표시되는 단축 키(예: 글자모양(L)... Alt+L)를 익혀 사용하면 편리하다(40페이지 '한글 2007 단축 키' 목록 참고).

1.2 한글 2007 파일 다루기

1.2.1 새 문서 작성

① [파일]→[새 문서]를 선택하거나, 기본 도구 상자에서 [새 문서] 아이콘() 을 클릭한다. 또는 Alt+N 키를 누른다.

② 새로운 문서 창이 열리고, 창 제목 표시줄에 파일명 [빈 문서 1]이 표시된다.

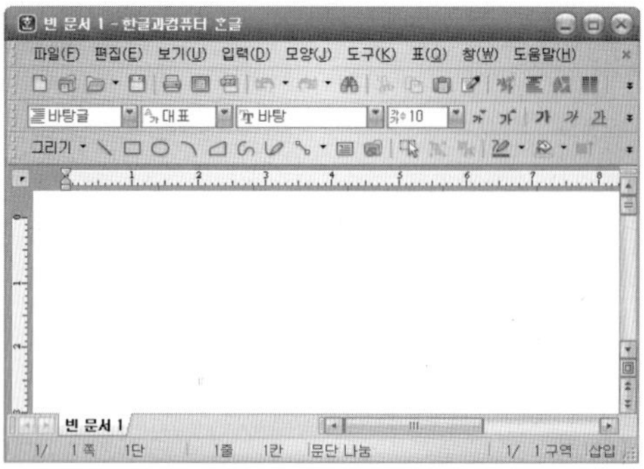

1.2.2 파일 불러오기

① [파일]→[불러오기]를 선택하거나, 단축키 Alt+O 키를 누른다.

② '불러오기' 대화상자가 나타나면, [찾는 위치]에서 원하는 파일이 들어 있는 드라이브나 폴더에서 해당 파일을 선택한 후에 [열기] 단추를 누른다.

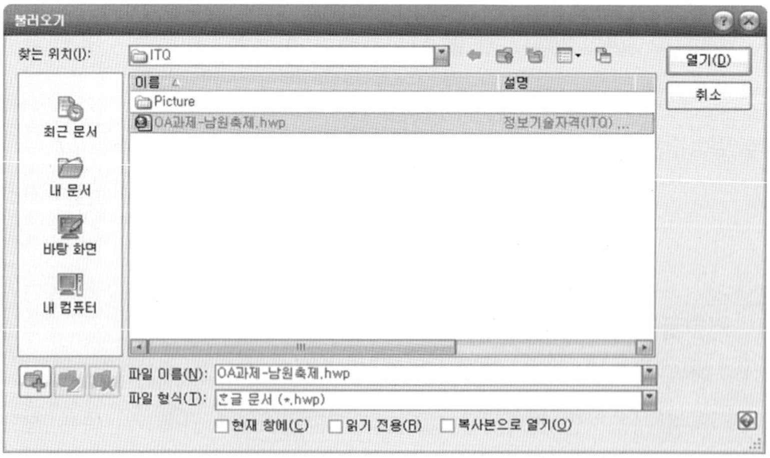

1.2.3 편집 용지 및 여백 설정

편집 용지 설정은 용지 종류, 용지 방향, 용지 여백 등을 설정하는 기능이다. 문서를 어느 크기의 종이에 편집할 것인지, 종이를 좁게 쓸 것인지 넓게 쓸 것인지, 그리고 종이의 상하/좌우에 어느 정도 여백을 남길 것인지 등을 미리 정한다. 선택한 용지 종류에서 위쪽, 아래쪽, 왼쪽, 오른쪽 여백을 뺀 나머지 부분에 문서의 본문이 들어간다.

① 단축키 F7 키를 누르거나, [모양]→[편집 용지]를 실행한다.

② [편집 용지] 대화상자가 나타나면, [기본] 탭을 선택해 [용지 종류] 목록 단추를 누른다.

③ 편집 용지 종류 중에서 'A4(국배판)' 을 선택한다. 선택된 용지 종류에 따라 여백을 다시 설정한다.

④ 용지 여백 위쪽(10), 아래쪽(10), 왼쪽(11), 오른쪽(11), 머리말(10), 꼬리말(10), 제본(0)에 값을 각각 입력한 후 [설정] 단추를 누른다.

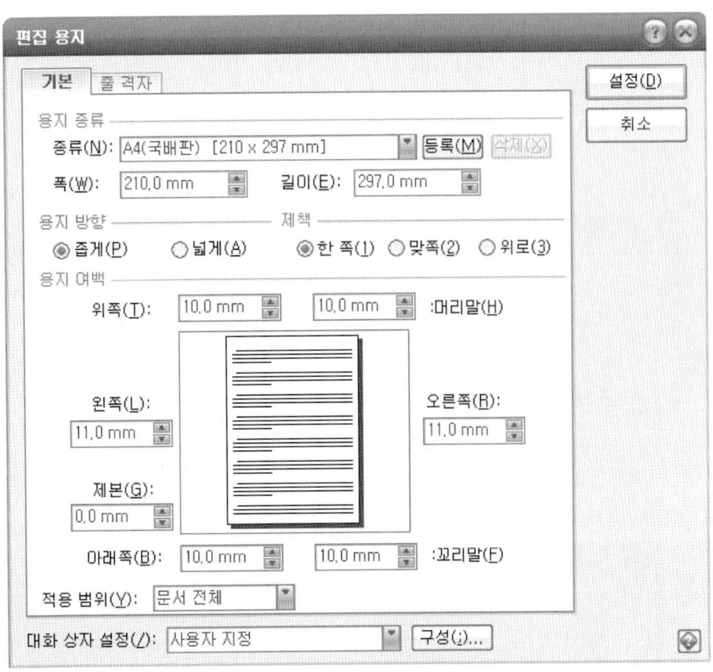

1.2.4 파일 저장

한글 2007에서 편집하고 있는 문서를 저장하면 'hwp' 형식으로 파일을 저장한다. 이전버전인 한글 2005에서 작성하여 저장한 문서도 한글 2007에서 그대로 읽어 올 수 있다.

(1) 파일 저장

① [파일]→[저장하기]를 실행하거나, Alt+S 키를 누른다.

② [다른 이름으로 저장하기] 대화상자가 나타나면, [저장 위치]에서 파일을 저장할 폴더를 선택하고, [파일 이름] 입력 상자에 저장할 파일의 이름을 입력한 후에 [저장] 단추를 누른다.

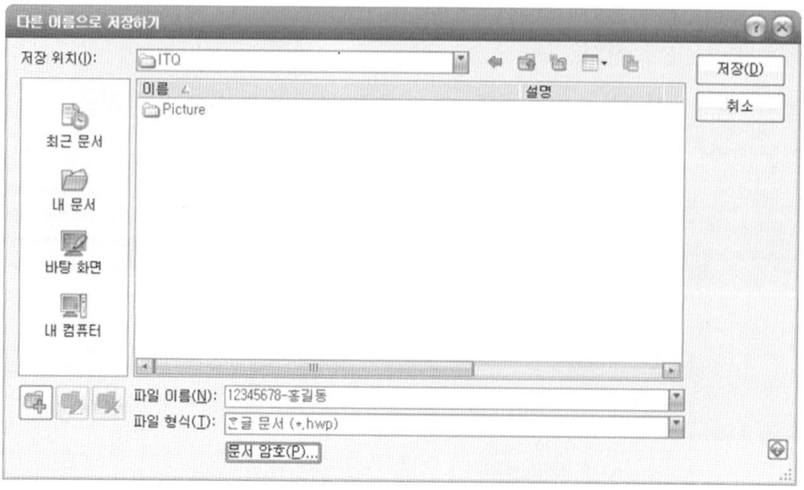

TIP!

- **[다른 이름으로 저장하기] 대화상자가 나타나지 않아요!**

☞ '빈 문서'에서 시작한 문서를 처음 저장하기 위하여 [파일]→[저장하기]를 실행할 때에는 [다른 이름으로 저장하기] 대화상자가 나타나 사용자가 파일 이름을 지정할 수 있다.

☞ 이미 한 번 [저장하기]를 실행하여 파일 이름을 정했거나, [불러오기]를 하여 이름이 있는 파일을 읽어 온 문서에서 [저장하기]를 실행하면, 사용자에게 아무 것도 묻지 않고 현재 이름으로 현재까지 편집된 내용을 덮어 쓴다.

(2) 다른 이름으로 저장하기

[다른 이름으로 저장하기]는 현재 편집하고 있는 파일을 새로운 이름으로 바꾸어 저장하고, 바꾼 이름으로 편집을 계속한다. [다른 이름으로 저장하기]를 실행하면 파일 이름뿐만 아니라 파일 형식도 바꾸어 저장할 수 있다.

① [파일]→[다른 이름으로 저장]을 선택하거나, Alt+V 키를 누른다.

② [다른 이름으로 저장하기] 대화상자가 나타나면 [저장 위치]에서 파일을 저장할 드라이브나 폴더를 선택한다.

③ [파일 이름] 입력 상자에 새로운 이름을 입력한다.

④ [저장] 단추를 누르면 문서 탭 이름표와 제목 막대에 새로 저장한 이름이 표시된다.

(3) 다른 파일 형식으로 저장하기

한글 2007에서 편집한 문서를 다른 프로그램에서 불러 쓰기 위하여 한글 문서 파일 형식(*.hwp)이 아닌 다른 형식으로 저장할 수 있다. [다른 이름으로 저장하기] 대화상자의 [파일 형식] 목록에서 필요한 파일 형식을 선택하여 저장하면 된다.

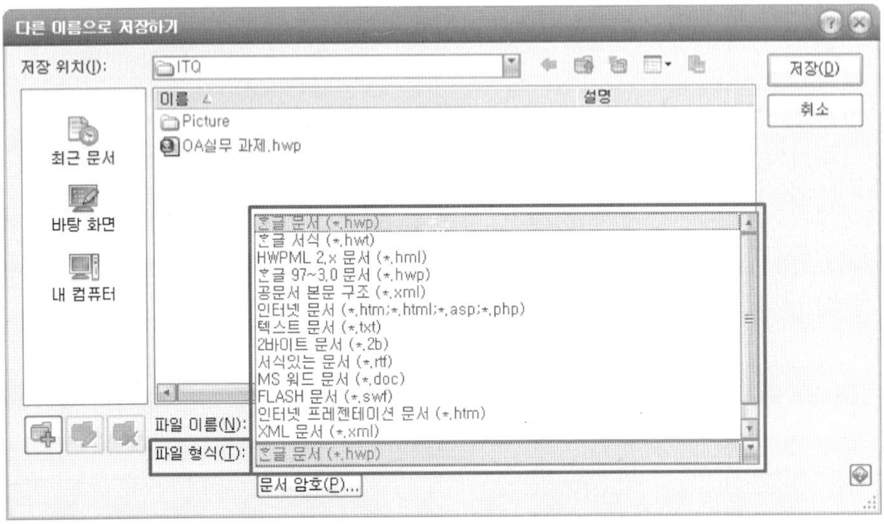

① 한글 97~3.0 문서(*.hwp): 한글 2007의 이전 판인 한글 97 문서 파일 형식이다. 한글 2007의 새로운 기능으로 편집된 부분은 제대로 저장되지 않으니 주의하여야 한다.

② 한글 서식(*.hwt): 한글 2007의 서식 파일 형식이다. 현재 문서를 문서마당의 서식 파일로 사용할 때 이용한다.

③ 인터넷 문서(*.htm;*.html;*.asp;*.php): 인터넷 문서의 기본 형식으로 쓰이는 HTML 형식이다. HTML이란 Hyper Text Markup Language의 약자로 웹 브라우저에서 하이퍼텍스트 기능을 가진 웹 문서를 만들 때 사용하는 언어이다.

④ 텍스트 문서(*.txt): 문자, 숫자, 그리고 각종 기호들로만 이루어진 가장 기본적인 형태의 정보만을 담고 있는 텍스트 문서이며, 윈도우즈의 메모장 프로그램에서 저장되는 파일 형식이다.

⑤ 서식 있는 문서(*.rtf): RTF(Rich Text Format) 파일 형식은 서로 다른 응용 프로그램에서 만들어 준 문서들의 호환성을 유지해 주는 파일 형식이다.

⑥ MS 워드 문서(*.doc): 마이크로소프트 워드 파일 형식으로 저장한다.

⑦ 인터넷 프레젠테이션 문서(*.htm): 한글 문서를 인터넷 프레젠테이션 문서(*.htm) 형식으로 저장하면, 한글에서 작성한 문서를 인터넷상에서 불러와 간편하게 프레젠테이션을 하거나 한글 문서를 인터넷용 교재로 활용할 때 유용하다.

(4) 자동 저장 설정

사용자가 일정 시간 쉬고 있을 때 또는 일정 시간이 지나면 무조건 자동으로 저장되는 기능을 설정할 수 있다.

① [도구]→[환경 설정]을 실행한다.

② [환경 설정] 대화상자에서 [편집] 탭을 선택한다.

③ [저장] 항목에서 [무조건 자동 저장]할 시간 간격(30)을 입력한 다음, 사용자의 입력이 없을 때 자동으로 저장되는 [쉴 때 자동 저장]을 선택하고, 시간 간격(예:10)을 입력한다. [설정] 단추를 누른다.

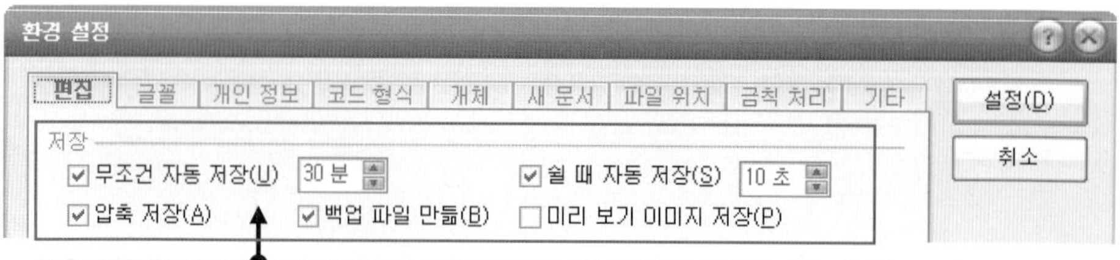

한글 편집 화면에서 작업 중 30분마다 무조건 자동으로 저장한다.
글자판이나 마우스에서 손을 떼고 있으면, 10초 뒤에 자동 저장한다.

(5) 블록 저장하기

편집중인 문서 내용의 특정 부분을 블록으로 설정하여 그 부분만을 새로운 파일로 저장할 때 [블록 저장] 기능을 사용한다. 현재 편집하고 있는 파일의 이름은 바뀌지 않는다.

① 문서의 일부분을 블록으로 설정하고 [파일]→[저장하기] 메뉴를 실행한다.

② [블록 저장] 대화상자가 나타나면, 저장할 위치를 선택하고 원하는 파일 이름을 입력한 후에 [저장] 단추를 누른다.

TIP

• 블록 설정 방법

블록은 편집 기능이 적용될 범위를 미리 지정하는 것이다. 본문 중의 내용 일부를 복사하거나 지울 때 또는 글자 모양이나 문단 모양을 바꾸고자 할 때, 먼저 원하는 내용을 블록으로 설정한 다음에 각종 편집 기능을 실행해야 한다.

☞ **마우스로 블록 설정**

① 블록을 시작할 부분에 마우스 포인터를 놓는다.

② 마우스 왼쪽 버튼을 누른 채로 블록으로 설정할 내용의 끝 부분까지 마우스를 끈 다음 누르고 있던 마우스 왼쪽 버튼을 놓으면 블록이 설정된다.

☞ **키보드로 블록 설정(F3, F4)**

• F3 키를 누르고 키보드 방향키를 누르면 줄 단위로 블록이 설정된다.

• F4 키는 칸 단위로 블록이 설정된다. F4 키를 누르고 키보드 방향키로 옆으로, 밑으로 이동하면 칸 단위로 블록이 설정된다.

학과	이름
컴퓨터공학과	홍길동
전자공학과	김철수
화학공학과	박대한

■ 앞 절에서 저장한 문서 '학번-이름.hwp' 파일을 이용하여 아래 《지시 사항》과 같이 문서를 편집한다.

- 글꼴 : 궁서, 18pt, 진하게, 가운데
- 정렬, 책갈피 이름 : 춘향골
- 덧말 넣기

- 머리말 기능
- 돋움, 10pt, 오른쪽 정렬 → 춘향골

춘향골을 찾아 떠나는 흥겨운 여행! (덧말: 남원의 축제)

- 문단 첫 글자 장식 기능
- 글꼴 : 궁서, 면색 : 노랑(RGB:255,255,0)

- 그림위치(내문서\TQ\Picture\그림5.gif, 문서에 포함)
- 자르기 기능 이용, 크기(35mm×35mm), 바깥 여백 왼쪽 : 2mm

남원은 춘향의 사연이 얽혀 있는 곳이 많은 관계로 흔히 춘향골이라 부른다. 이 도령과 성춘향의 애틋하고도 고결한 춘향전은 이제 우리만의 것이 아닌 세계인의 가슴속에 감동적으로 살아 숨 쉬는 고전으로 각광 받고 있으며, 이에 춘향의 절개와 정절을 부덕의 상징으로 숭상하고 숭모(崇慕)하기 위한 춘향제가 매년 5월 5일을 전후하여 개최되고 있다. 신비의 영약으로 잘 알려진 고로쇠 약수가 지리산 뱀사골, 달궁, 반야봉 등에 군락을 이룬 고로쇠 나무에서 매년 우수 무렵부터 경칩을 지나 보름 정도까지 약 1개월간 채취되어 점차 국민들로부터 각광을 받고 있어 이 또한 널리 알리고자 축제(祝祭)화하였으며, 바래봉 자락에서는 해마다 4월 말에서 5월 중순경까지 철쭉①이 장관을 이루어 마치 진홍 물감을 풀어 놓은 듯 환상적인 비경으로 관광객들을 사로잡고 있다.

(각주)

또한 남원은 고려 말(1380년) 이성계 장군이 삼남을 휩쓸고 노략질을 하는 왜적을 물리친 황산이 있는 곳으로 고려사, 용비어천가의 고사에 따라 선조 10년(1577년)에 황산대첩비가 건립되었으며, 왜장 아지발도가 이성계의 화살에 맞아 죽을 때 흘린 피가 바위에 붉게 물들어 지금까지 남아 있다는 피바위로도 유명하다.

▣ 남원의 축제 및 문화 예술

- 글꼴 : 굴림, 18pt, 하양(RGB:255,255,255),
- 음영색 : 빨강(RGB:255,0,0)

가) 남원의 대표적 축제
  a) 사랑 이야기 축제 : 춘향제
  b) 향토 문화 축제 : 흥부제
나) 남원의 대표적 문화 예술
  a) 국악 분야 : 남원 판소리
  b) 국보 : 실상사 백장암 삼층 석탑

- 문단 번호 기능 사용,
- 왼쪽 여백 : 15pt(1수준), 25pt(2수준)
- 줄 간격 : 180%

- 표 전체 글꼴 : 굴림, 10pt, 가운데 정렬,
- 셀 배경색(그러데이션) : 유형(수직),
- 시작색(하양(RGB:255,255,255)), 끝색(노랑(RGB:255,255,0))

▣ 세부 내용

- 글꼴 : 굴림, 18pt, 밑줄
- 강조점

구분	행사 시기	행사 장소	주요 행사	
고로쇠약수제	매년 3-5월	산내면 부운리	풍년기원 산신제	지리산골 터울림
바래봉철쭉제		운봉읍	철쭉제례	등반대회
춘향제	매년 4월	광한루원	춘향제향	그네뛰기
황산대첩제	매년 8-9월	운봉읍 화수리	장사씨름대회	윷놀이
흥부제		남원 시내	흥부전창극	길놀이

- 기타 자세한 내용은 홈페이지 http://tour.namwon.go.kr을 참고하기 바랍니다.

남원문화를사랑하는모임

- 글꼴 : 궁서, 20pt, 진하게,
- 장평 150%, 가운데 정렬

① 한국, 중국, 일본 등에 분포하며 걸음을 머뭇거리게 한다는 뜻의 척촉이 변해서 된 이름

- 쪽 번호 매기기
- 2로 시작 → - 2 -

1.2.5 내용 입력

TIP!

• **답안 환경 설정**

☞ 파일명은 '학번-이름' 으로 저장한다. (자격증 시험 답안 파일명: 수험번호-이름)

☞ 편집 용지는 A4(국배판)로 선택하고, 용지 여백은 위쪽(10), 아래쪽(10), 왼쪽(11), 오른쪽(11), 머리말(10), 꼬리말(10), 제본(0) 으로 각각 설정한다.

☞ 글자체는 별도의 지시사항이 없는 경우는 바탕(또는 신명조), 글자 크기는 10포인트로 한다.

☞ 문서 작성 및 편집은 3페이지에서 작업 한다.

• 한글 2007 편집 화면에서 다음과 같이 본문의 내용을 입력한다.

춘향골을 찾아 떠나는 흥겨운 여행!

남원은 춘향의 사연이 얽혀 있는 곳이 많은 관계로 흔히 춘향골이라 부른다. 이 도령과 성춘향의 애틋하고도 고결한 춘향전은 이제 우리만의 것이 아닌 세계인의 가슴속에 감동적으로 살아 숨 쉬는 고전으로 각광 받고 있으며, 이에 춘향의 절개와 정절을 부덕의 상징으로 숭상하고 숭모(崇慕)하기 위한 춘향제가 매년 5월 5일을 전후하여 개최되고 있다. 신비의 영약으로 잘 알려진 고로쇠 약수가 지리산 뱀사골, 달궁, 반야봉 등에 군락을 이룬 고로쇠 나무에서 매년 우수 무렵부터 경칩을 지나 보름 정도까지 약 1개월간 채취되어 점차 국민들로부터 각광을 받고 있어 이 또한 널리 알리고자 축제(祝祭)화하였으며, 바래봉 자락에서는 해마다 4월 말에서 5월 중순경까지 철쭉이 장관을 이루어 마치 진홍 물감을 풀어 놓은 듯 환상적인 비경으로 관광객들을 사로잡고 있다.

또한 남원은 고려 말(1380년) 이성계 장군이 삼남을 휩쓸고 노략질을 하는 왜적을 물리친 황산이 있는 곳으로 고려사, 용비어천가의 고사에 따라 선조 10년(1577년)에 황산대첩비가 건립되었으며, 왜장 아지발도가 이성계의 화살에 맞아 죽을 때 흘린 피가 바위에 붉게 물들어 지금까지 남아 있다는 피바위로도 유명하다.

▣ 남원의 축제 및 문화 예술

(1) 쪽 나누기

문서의 한 페이지에 아직 쪽이 나누어질 만큼 내용이 안 되더라도 강제로 쪽을 나눌 수 있다.

① 새로운 쪽으로 시작하고 싶은 곳에 커서를 놓고 Ctrl+Enter↵ 키를 누르거나, [모양]→[나누기]→[쪽 나누기]를 실행한다.

② 쪽이 나뉘면서 새로 생긴 쪽의 맨 앞에 커서가 위치한다.

(2) 한자 변환

① 한자로 변환할 단어(숭모, 축제)를 블록 설정한 후, F9 키 또는 [한자] 키를 누른다.

② [한자로 바꾸기] 대화상자의 한자 목록에서 바꿀 한자를 선택하고 입력 형식에서 '한글(漢子)' 를 지정한 후에 [바꾸기] 단추를 누른다.

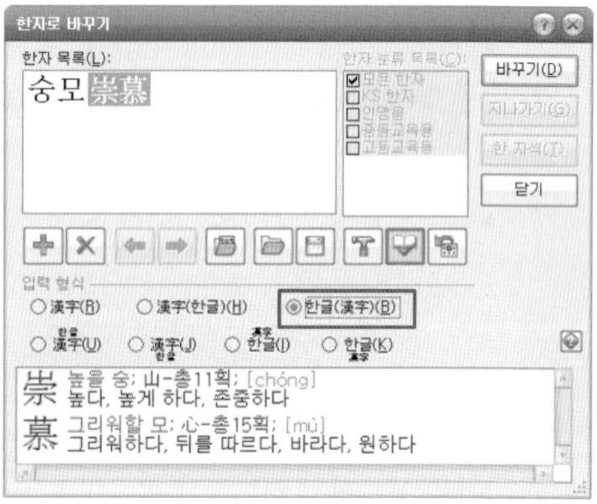

(3) 문자표 입력(Ctrl+F10)

키보드에서 직접 입력할 수 없는 기호나 각종 문자들을 [문자표 입력] 대화상자에서 사용자가 직접 선택하여 입력한다.

Ctrl+F10 키를 눌러 [문자표 입력] 대화상자가 나타나면 [한글(HNC) 문자표] 탭의 '문자 영역' 에서 '전각 기호(일반)' 을 선택한다. 목록에서 '▣' 를 선택한 후 [넣기] 단추를 누른다.

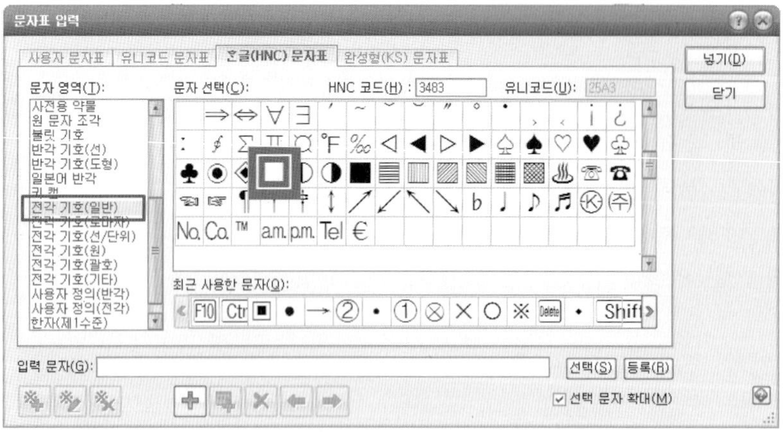

1.3 문서 편집

1.3.1 머리말/꼬리말

한글 2007 문서 모든 페이지의 맨 위와 아래에 한두 줄의 내용을 쪽마다 고정적으로 반복되도록 하는 기능을 [머리말]과 [꼬리말]이라고 한다. 머리말과 꼬리말에는 보통 책의 제목이나, 그 장의 제목, 쪽 번호 등을 넣을 때 사용한다.

① 편집중인 파일의 문서에서 단축키(Ctrl+N, H)를 누르거나 [모양]→[머리말/꼬리말]을 실행한다.

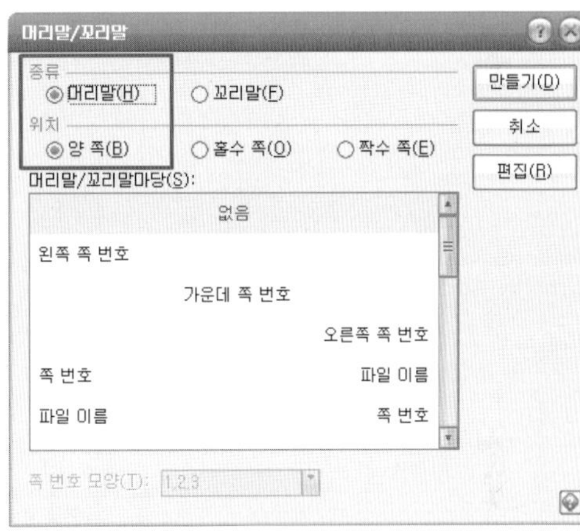

② [머리말/꼬리말] 대화상자에서 '종류: 머리말, 위치: 양쪽'을 선택하고, [만들기] 단추를 누른다.

③ 머리말 입력 화면이 나타나면 "춘향골"을 입력하고 글꼴(돋움), 크기(10pt), '오른쪽 맞춤'을 지정한다.

④ 단축키 Shift+Esc 키를 누르거나 [머리말/꼬리말] 도구 상자에서 [닫기] 아이콘을 본문의 편집 화면으로 돌아온다.

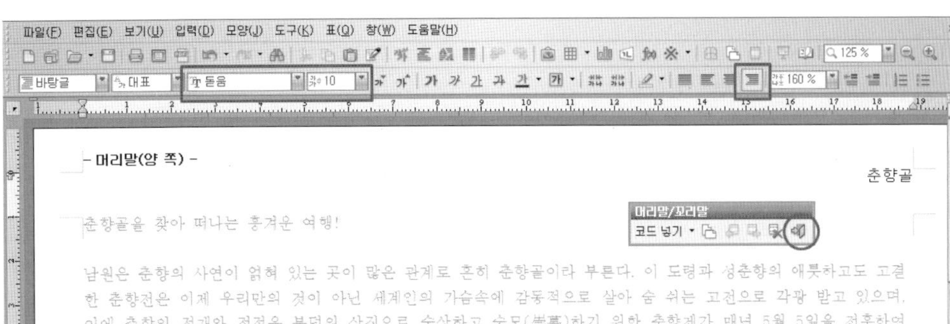

1.3.2 쪽 번호 매기기

[쪽 번호 매기기]는 복잡한 절차 없이 문서에 쪽 번호를 자동으로 매겨 주는 기능이다.

① 쪽 번호를 붙이고자 하는 쪽에 커서를 놓고, [모양]→[쪽 번호 매기기]를 실행하거나, Ctrl+N, P 키를 누른다.

② [쪽 번호 매기기] 대화상자가 나타나면 [번호 위치]는 출력 형태와 같이 '각 쪽의 오른쪽 아래'를, [번호 모양]은 '1,2,3' 과 같은 아라비아 숫자를 선택하고 [확인] 단추를 누른다.

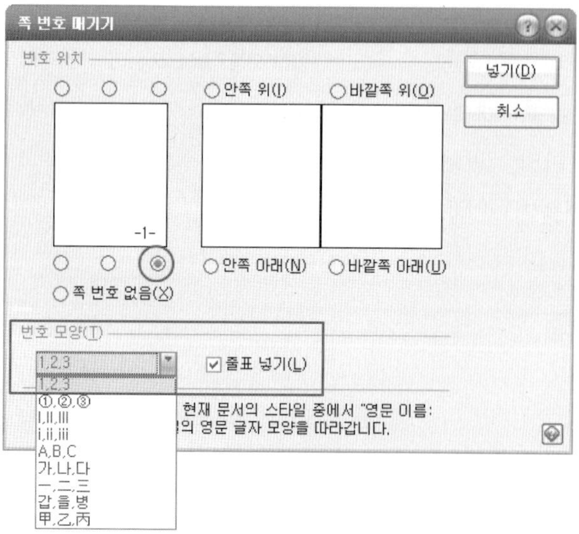

③ 현재 커서 위치에 상관없이 현재 구역의 모든 쪽 아래 오른쪽 부분에 아라비아 숫자로 쪽 번호가 나타난다.

1.3.3 새 번호로 시작

한글 2007에서 쪽 번호나 각주/미주 번호, 그림 번호, 표 번호, 수식 번호 등을 매기면 번호가 차례대로 매겨진다. 이러한 쪽, 각주/미주, 그림, 표, 수식 등의 차례 번호를 특정한 부분 이후부터 새로운 번호로 시작하고 싶을 때 [모양]→[새 번호로 시작]을 실행하여, 그 이후의 번호를 사용자가 지정한 새로운 번호로 다시 매길 수 있다.

① 현재 문서에서 새 번호로 시작할 쪽으로 커서를 이동한다.

② [모양]→[새 번호로 시작]을 실행한다.

③ [새 번호로 시작] 대화상자에서 [번호 종류]는 [쪽 번호]를 선택한다.

④ [시작 번호] 입력 상자에 "2" 를 입력하고 [확인] 단추를 누른다.

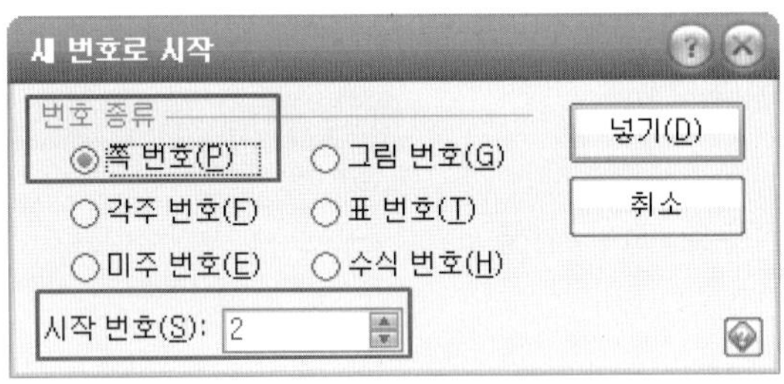

⑤ 현재 커서가 놓인 쪽 번호가 '2' 로 재 시작된다.

1.3.4 감추기

문서에 삽입된 쪽 페이지, 머리말/꼬리말, 쪽 테두리, 배경 들은 모든 페이지에 표시된다. 특정 페이지에 이러한 내용을 표시하지 않고자 할 경우에는 [감추기] 기능을 이용하여 숨길 수 있다.

① 쪽 번호를 감추고자 하는 1 페이지로 커서를 이동한다.

② [모양]→[감추기]를 실행하여 [쪽 번호] 항목을 선택한다. 그러면 편집 화면에서나 인쇄를 했을 때 현재 쪽의 쪽 번호만을 감출 수 있다.

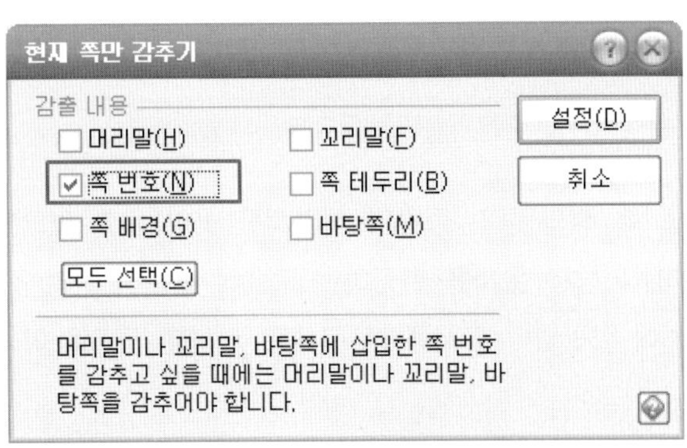

③ 커서를 2페이지로 옮겨서 동일한 방법으로 쪽 번호를 감춘다.

1.3.5 조판 부호(쪽 번호) 지우기

한글은 편집 과정에서 사용자가 내리는 명령(쪽 번호 매기기, 감추기, 머리말/꼬리말 등)을 편집 화면에는 보이지 않게 조판 부호로 기록하고 있다.

문서에 입력된 쪽 번호, 감추기, 머리말/꼬리말 등의 명령을 삭제하기 위해서는 '조판부호'를 찾아서 지운다.

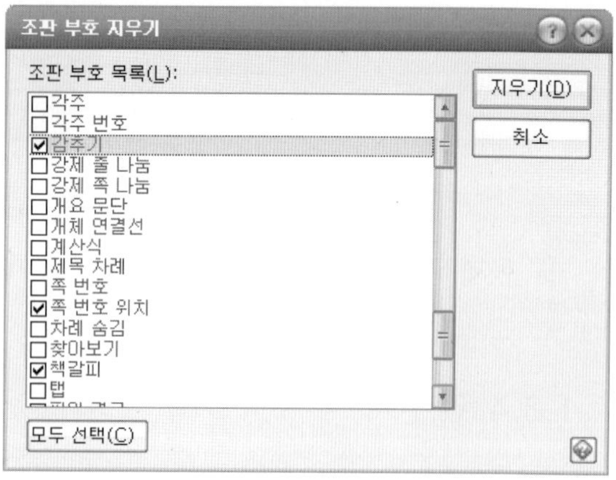

① [편집]→[조판 부호 지우기]를 실행한다.
② [조판 부호 목록]에서 삭제할 명령을 선택한다.
③ [지우기] 단추를 누른다.

TIP!

• 조판 부호 보이기

☞ 편집 화면에 보이지 않는 조판 부호는 [보기]→[조판 부호]를 실행하면 문서내의 조판 부호가 있는 위치를 알 수 있다.
☞ 쪽 번호 위치, 감추기, 그림, 머리말/꼬리말 등을 삽입한 위치에는 붉은색 조판 부호 표시가 나타나고, Enter↵ 키를 누른 곳에는 파란색 줄 바꿈 표시, Space Bar를 누른 곳에는 파란색 공백 표시가 나타난다.

1.3.6 책갈피

두꺼운 책을 읽을 때 책의 중간 중간에 책갈피를 꽂아 두고 필요할 때마다 들춰 보면 편리하듯이, [책갈피] 기능은 문서를 편집하는 도중에 본문의 여러 곳에 표시를 해 두었다가 현재 커서의 위치에 상관없이 표시해 둔 곳으로 커서를 곧바로 이동시키는 기능이다.

① 책갈피를 지정할 위치 '춘' 앞에 커서를 옮겨 놓는다.
② [입력]→[책갈피]를 실행한다.

③ [책갈피] 대화상자가 나타나고, [책갈피 이름] 입력 상자에는 본문의 '춘향골을 찾아 떠나는 흥겨운 여행!' 이 자동으로 입력되어 나타난다.

④ [책갈피 이름] 입력 상자에 "춘향골" 을 입력한 후에 [넣기] 단추를 누른다.

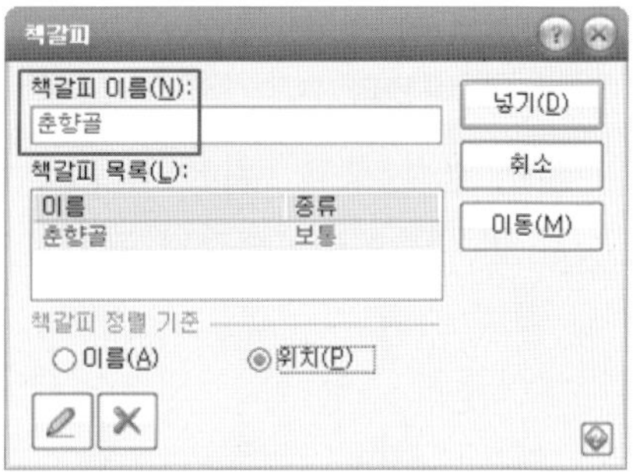

1.3.7 하이퍼링크

하이퍼링크는 문서의 특정한 위치에 현재 문서나 다른 문서, 웹 페이지, 전자 우편 주소 등을 연결하여 쉽게 참조하거나 이동할 수 있게 해 주는 기능이다.
현재 문서내의 특정 위치로 이동할 경우에는 책갈피로 표시해 둔 위치에 이동할 수 있다.

① 본문 빈곳에 "남원 축제" 라고 입력한다.

② '남원 축제' 를 블록으로 설정한 후 [입력]→[하이퍼링크]를 실행한다. 또는 마우스 오른쪽 버튼을 눌러 [하이퍼링크]를 클릭한다.

③ [하이퍼링크] 대화상자가 나타나고 [표시할 문자열]에 본문의 '남원 축제' 가 자동으로 입력되어 있다. 다른 이름을 원할 경우에는 적당한 이름을 직접 입력한다.

④ [연결 대상]→[현재 문서]를 확인한 다음 [연결 대상] 목록 상자에서 '책갈피-춘향골' 을 선택하고 [넣기] 단추를 누른다.

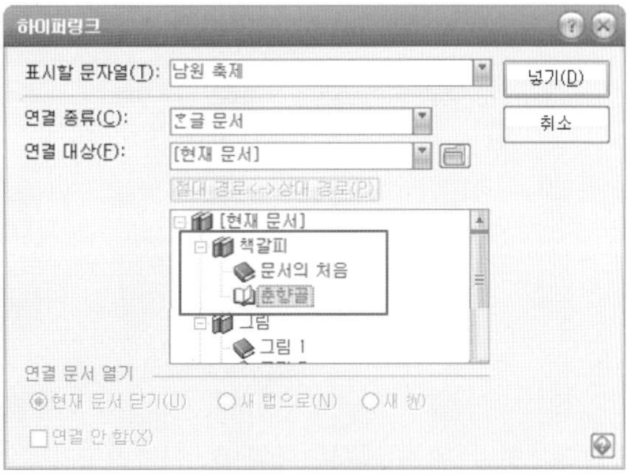

⑤ 본문의 '남원 축제' 가 밑줄이 그어진 파란색 글자의 하이퍼링크 글자 속성으로 바뀐다.

⑥ '남원 축제' 위에 마우스 포인터를 놓고 마우스의 왼쪽 단추를 한 번 누르면, '춘향골' 책갈피 표시가 된 위치로 커서가 이동한다.

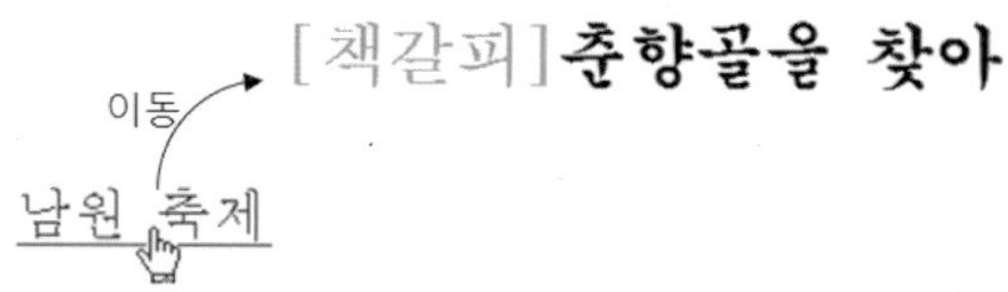

1.3.8 덧말

덧말은 글의 전개로 보아서 본문의 내용 중에 넣기는 어려우나, 본문에서 인용한 자료의 출처를 밝히거나 본문에서 언급한 내용에 대한 간단한 내용의 보충 자료를 제시할 때 본말의 아래나 또는 위에 넣는 말이다.

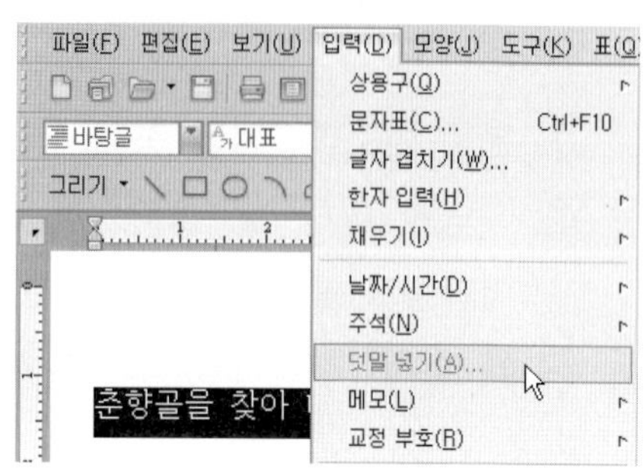

① '춘향골을 찾아 떠나는 흥겨운 여행!' 을 블록으로 설정한다. [입력]→[덧말 넣기]를 실행한다.

② [덧말 넣기] 대화상자가 나타나고, [본말]에는 블록의 내용이 이미 입력되어 있다. [덧말] 입력 상자에 "남원의 축제" 라고 입력한다.

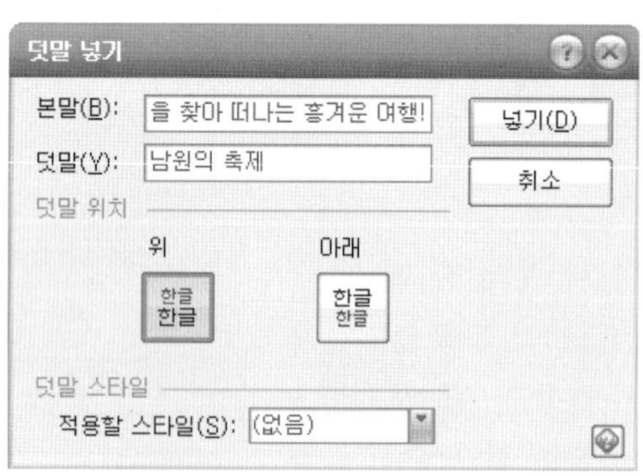

③ [덧말 위치]에서는 [위]를 선택하고 [넣기] 단추를 누른다.

1.3.9 문단 첫 글자 장식

본문이 시작되는 문단의 첫 글자를 문단의 2줄이나 3줄 등 여러 줄에 걸쳐서 크게 확대, 강조하여 글상자 안에 자동으로 문단의 첫 글자를 넣어주는 기능이다.

① 첫 글자를 장식할 문단의 처음으로 커서를 이동하고 [모양]→[문단 첫 글자 장식]을 실행한다.

② [문단 첫 글자 장식] 대화상자가 나타나면 [모양] 항목에서 [2줄] 아이콘을 선택한다.

③ [글꼴] 목록 단추를 눌러 '궁서', [면 색] 목록에서 '노랑(RGB:255,255,0)'을 선택한 후 [설정] 단추를 누른다.

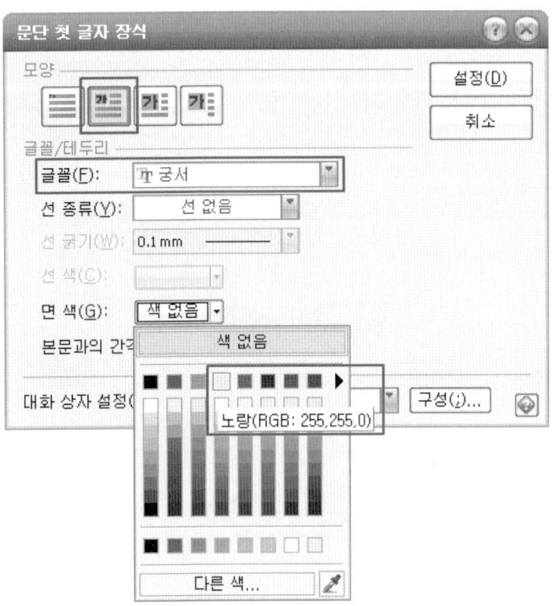

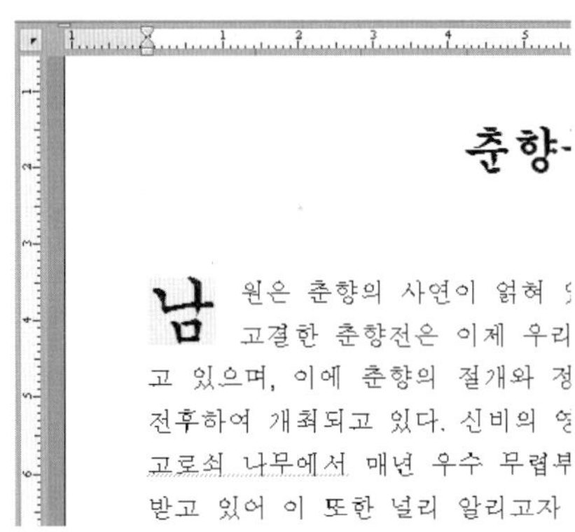

TIP!

- **블록 설정 상태에서는 [문단 첫 글자 장식]이 안돼요!**

☞ 문단 첫 글자 장식은 한 번에 한 개의 문단에 대해서만 실행할 수 있고, 블록을 설정한 상태에서는 사용할 수 없다.

■ [문단 첫 글자 장식] 해제

☞ [모양]→[문단 첫 글자 장식]에서 [모양]을 '없음'으로 선택한다.

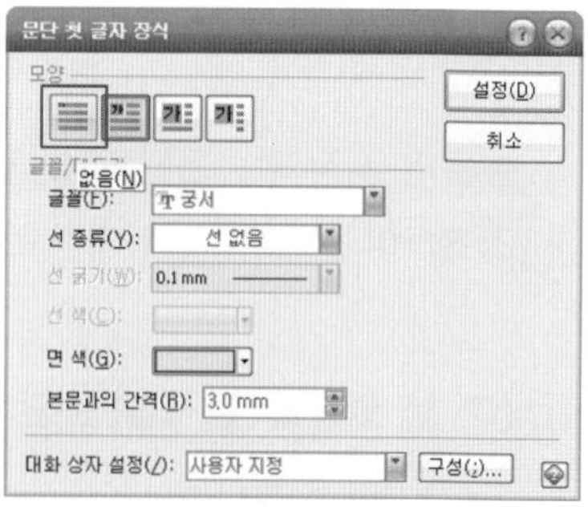

1.3.10 그림

(1) 그림 삽입

① 문서에 그림 파일을 삽입하기 위해 [입력]→[개체]→[그림]을 실행하거나, Ctrl+N, I 키를 누른다.

② [그림 넣기] 대화상자가 나타나면 그림 파일이 있는 폴더를 찾아 해당 그림을 선택하여 삽입한다.

③ 마우스 포인터의 모양이 그림을 넣을 수 있는 십자 모양(+)으로 바뀌면, 편집 창에서 그림을 넣을 위치로 마우스를 옮긴 후 원하는 크기로 그린다.

(2) 그림 자르기

문서에 불러온 그림은 그림 전체가 필요한 경우도 있지만, 그림의 일부분만 필요한 경우도 있다. 그림 자르기 기능을 이용하면 그림의 일부분만을 쉽게 잘라 쓸 수 있다.

① 그림을 선택하고 [그림] 도구 상자에서 [자르기] 아이콘을 누른다.

② 그림 테두리에 최대 8개의 경계 선 모양이 나타나고, 경계 선 모양 가까이에 마우스 포인터를 갖다 대면 마우스 포인터의 모양이 바뀐다.

③ 그림의 오른쪽 아래 모서리에 마우스 포인터를 갖다 댄 다음, 마우스 왼쪽 버튼을 누른 상태에서 그림의 안쪽으로 마우스를 끈다.

TIP!

• Shift 키를 누른 상태에서 그림 자르기

☞ 그림을 선택한 후, Shift 키를 누른 상태에서 자르기 조절점을 조정하여도 된다.

④ 필요한 부분이 알맞게 잘렸을 때 마우스 왼쪽 버튼을 놓는다.

⑤ [그림] 도구 상자에서 눌려 있는 [자르기] 아이콘을 다시 한 번 눌러 그림 자르기 상태를 해제한다.

TIP!

• [그림] 도구 상자 표시

☞ [보기]→[도구 상자]→[그림]을 선택하면 그림 도구 상자가 표시된다.

(3) 그림 속성 설정

① 삽입된 그림을 두 번 클릭하여 [개체 속성] 대화상자의 [기본] 탭에서 너비(35), 높이(35)를 각각 입력하고, '크기 고정'을 선택한다.

② [본문과의 배치]는 '어울림'을 선택한다.

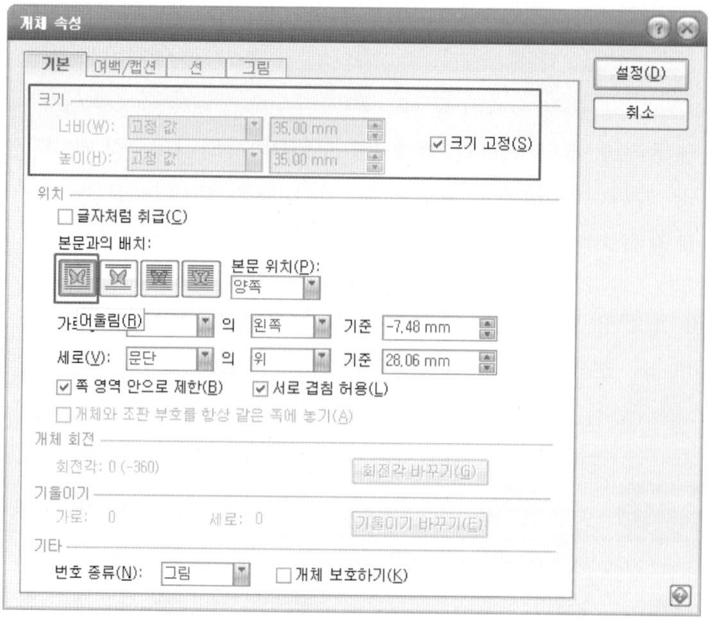

③ [여백/캡션] 탭의 [바깥 여백] '왼쪽'에 "2"를 입력하고 [설정] 단추를 누른다.

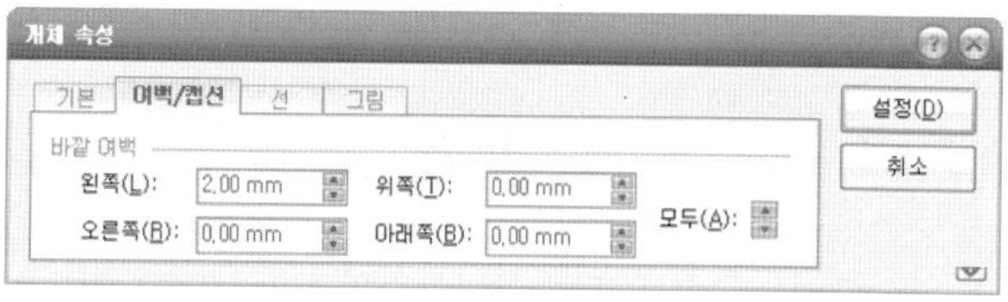

④ 그림을 드래그하여 적당한 위치로 이동한다.

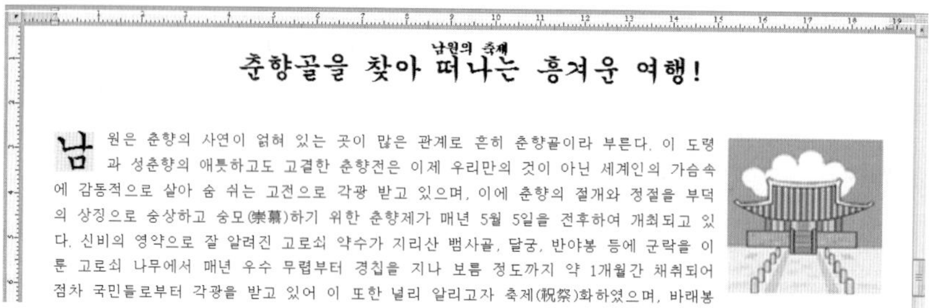

■ 본문과의 배치 방법에 따라 그림을 이용하여 다양한 효과를 낼 수 있다.

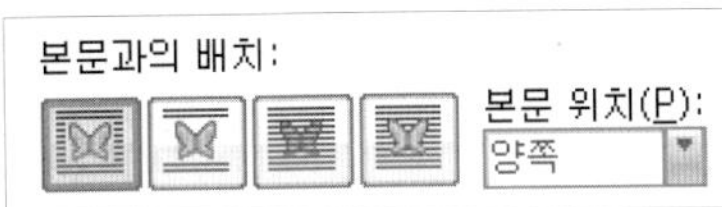

① 어울림	• 개체와 본문이 서로 어울리도록 배치	
② 자리차지	• 개체의 높이만큼 줄을 차지하고, 본문 내용은 개체가 차지하고 있는 영역에는 가지 못하도록 설정	
③ 글 뒤로	• 개체가 본문의 배경처럼 사용	
④ 글 앞으로	• 개체는 본문 위에 배치	

1.3.11 각주

각주는 본문에서 인용한 자료의 출처를 밝히거나, 언급한 내용에 대한 보충 자료를 구체적으로 제시할 때 사용하는 기능이다.

(1) 각주 삽입

① 본문에서 각주를 넣을 낱말 '철쭉' 뒤에 커서를 두고 [입력]→[주석]→[각주]를 실행하거나, Ctrl+N, N 키를 누른다.

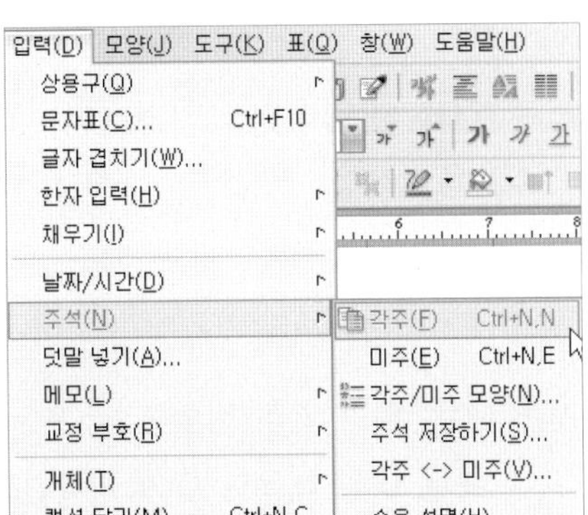

② 커서 위치에 '각주' 번호가 매겨지고, 커서가 쪽 아래로(각주) 옮겨지며 주석 도구 상자가 자동으로 나타난다. 주석 번호 뒤에 각주 내용을 입력한다.

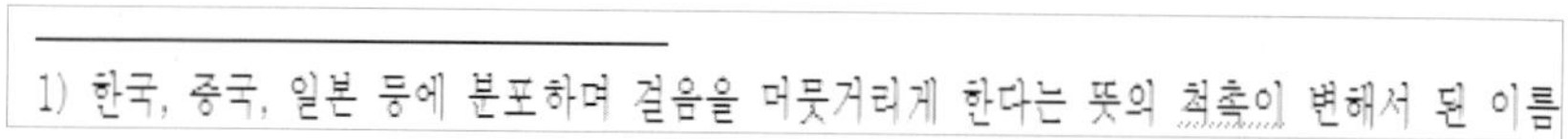

③ 주석 도구 상자의 메뉴에서 번호 모양(①)을 변경한다.

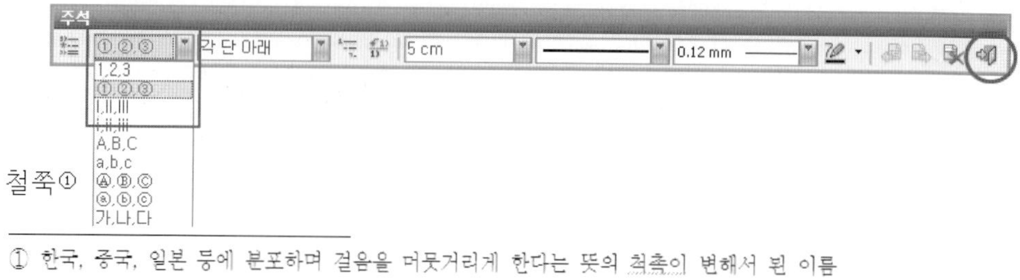

④ 각주 내용 입력을 마치고 본문 편집 상태로 되돌아갈 때에는 Shift + Esc 키를 누르거나, [주석] 도구 상자에서 [닫기]를 누르면 본문에서 주석 번호가 매겨졌던 위치로 커서가 옮겨진다.

(2) 각주 편집

① 본문에서 각주 번호 위로 마우스 포인터를 가져가 마우스 포인터 모양이 각주가 있는 곳임을 표시하는 것으로 바뀐다.

② 각주 번호를 마우스로 더블 클릭하면 그 번호의 각주 내용을 고칠 수 있도록, 커서가 쪽 아래로(각주) 옮겨진다.

(3) 각주 지우기

본문에 삽입된 각주를 지울 때는, 해당 각주 번호를 Delete 또는 BackSpace를 눌러 삭제한다. 이때 그 번호에 해당하는 각주 또는 미주 내용도 함께 지워진다.

1.4 서식 설정

- 편집 화면의 입력된 본문에 이어서 아래 내용을 입력한다.

> ■ 남원의 축제 및 문화 예술
> 남원의 대표적 축제
> 사랑 이야기 축제 : 춘향제
> 향토 문화 축제 : 흥부제
> 남원의 대표적 문화 예술
> 국악 분야 : 남원 판소리
> 국보 : 실상사 백장암 삼층 석탑
> ■ 세부 내용

1.4.1 글자 모양

글자 모양은 글꼴, 글자 크기, 장평, 자간 등을 언어 종류에 상관없이 일괄적으로 지정할 수도 있고, 한글, 영문, 한자, 일어, 외국어, 기호 등의 글자마다 각각 따로 지정할 수도 있다.

① '■ 남원의 축제 및 문화 예술' 을 블록으로 설정한다. Alt+L 키를 누르거나, 마우스 오른쪽 버튼을 눌러 [글자 모양] 바로 가기 메뉴를 실행한다.

② [글자 모양] 대화상자의 [기본] 탭에서 글꼴(굴림), 글자 크기(18pt)를 각각 설정한다.

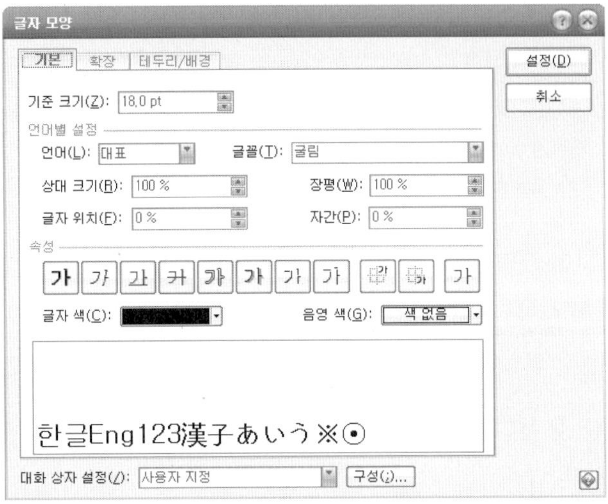

③ '남원의 축제 및 문화 예술'을 블록으로 설정한다. Alt+L 키를 눌러 [글자 모양] 대화상자에서 글자색(하양-RGB:255,255,255), 음영색(빨강-RGB:255,0,0)을 각각 설정한다.

④ '■ 세부 내용' 을 블록으로 설정한다.

⑤ Alt+L 키를 눌러 [글자 모양] 대화상자에서 글꼴(굴림), 글자 크기(18pt), 밑줄을 각각 설정한다.

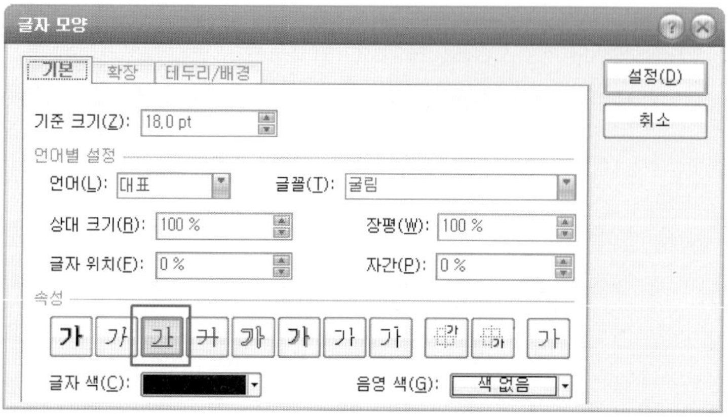

⑥ '세부 내용' 을 블록으로 설정한다. Alt+L 키를 눌러 [글자 모양] 대화상자의 [확장] 탭을 선택한다.

⑦ [강조점] 목록에서 '⌄' 를 선택한 다음 [설정] 단추를 누른다.

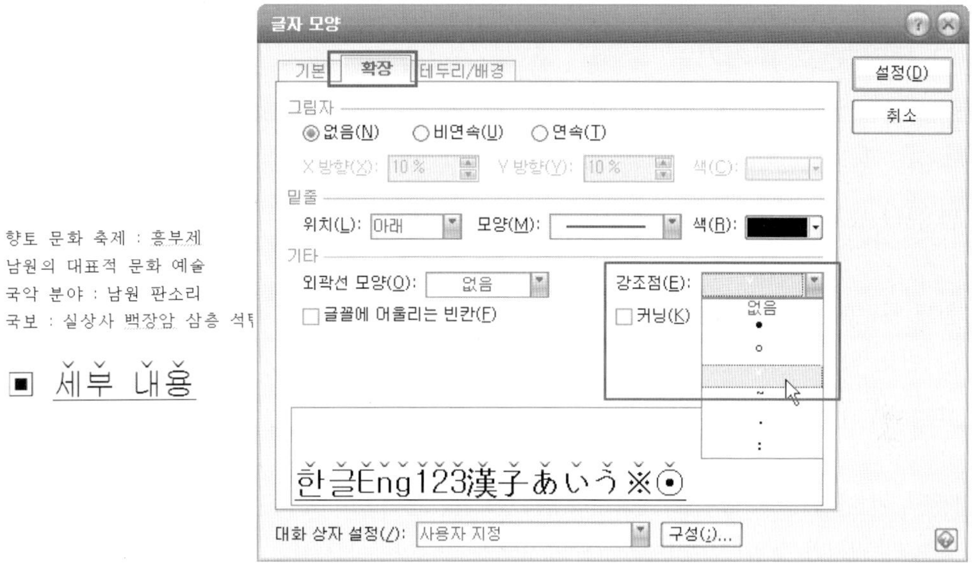

⑧ '남원문화를사랑하는모임' 을 블록으로 설정하고 글자 모양을 아래와 같이 변경한다(글꼴(궁서), 글자 크기(20pt), 장평(150%), 진하게).

1.4.2 문단 번호

(1) 문단 번호 매기기

여러 개의 항목을 나열할 때 문단의 머리에 번호를 매기면서 입력할 수 있다. 문단 번호는 1~7 수준까지 다단계 번호를 매길 수 있으며, 문단 번호를 사용한 문장의 순서가 바뀌면 문단 번호도 그에 맞게 자동으로 변경된다.

현재 문단에 문단 번호를 붙이면 문단 번호 영역만큼 자동으로 내어 쓰기가 설정되고, 문단 번호 영역 안으로는 커서가 들어가지 않는다. 따라서 문단에 삽입된 번호는 Delete 키나 BackSpace를 눌러 지울 수 없다.

[문단 번호]는 문단 단위로 적용된다. 즉 커서를 문단의 아무 곳에나 놓고 [문단 번호]를 넣으면, 커서가 놓여 있는 현재 문단의 머리에 번호가 삽입된다. 여러 문단에 번호를 삽입하고 싶을 때에는 문단을 모두 블록으로 설정해 [문단 번호]를 적용해야 한다.

① 문단 번호를 매기고자 하는 문단들을 블록 설정한 다음 마우스 오른쪽 버튼을 눌러 [문단 번호 모양] 바로 가기 메뉴를 실행하거나, 단축키 Ctrl+K, N 키를 누른다.
② [문단 번호/글머리표] 대화상자에서 문단 번호 모양을 조건에 맞게 선택한 후, [새 번호 목록 시작]을 선택하고, [시작 번호]를 '1'로 지정한다.

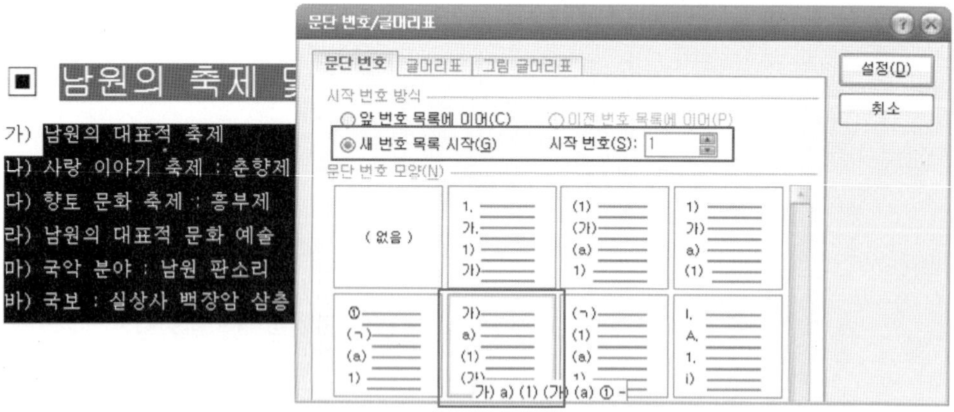

(2) 수준 변경

문단 번호는 최상위 수준인 1 수준부터 최하위 수준인 7 수준까지 다단계 번호를 부여할 수 있다. '수준 증가/감소' 기능을 이용하면 문단 번호의 수준을 손쉽게 바꿀 수 있다.

수준을 변경할 문단을 블록으로 설정한 후 [번호/글머리표 도구 상자]에서 '한 수준 감소' 단추를 누른다.

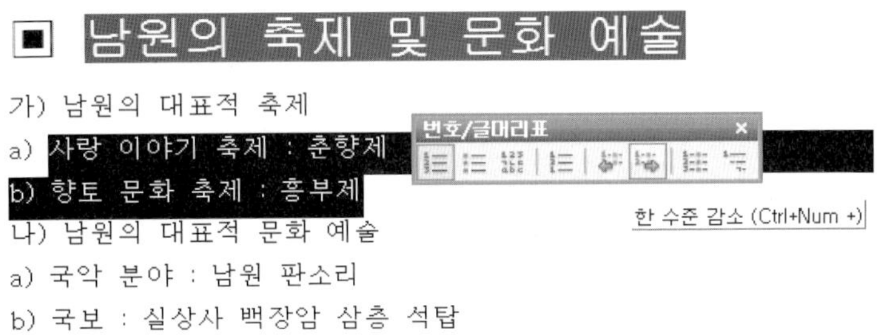

TIP!

- **[번호/글머리표] 도구 상자**
  - ☞ 문단 번호가 삽입된 문단에 커서가 위치하면 자동으로 [번호/글머리표] 도구 상자가 나타난다.
  - ☞ 도구 상자는 [보기]→[도구 상자]→[번호/글머리표] 메뉴를 실행하면 도구 상자가 나타난다.

(3) 문단 번호 해제

[문단 번호 모양] 메뉴를 실행한 후, 문단 번호 모양에서 '없음' 을 선택한다. 또는 내용 없이 Enter↵ 키를 누르면 문단 번호가 자동으로 없어진다.

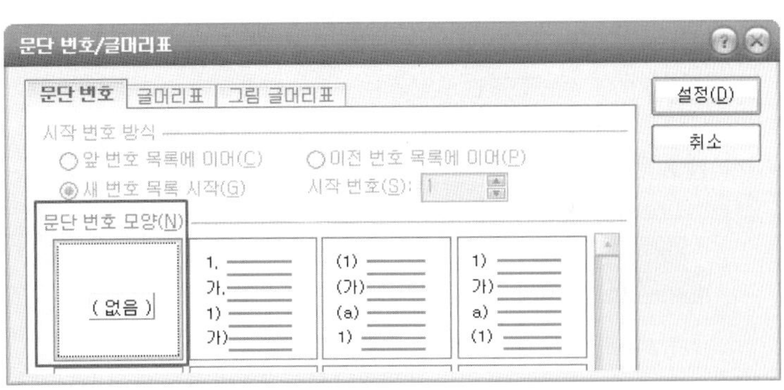

1.4.3 문단 모양

여러 문장이 이어지다가 문맥에 따라 줄이 바뀌는 부분이 있는데, 이를 '문단' 이라고 부른다. 한글에서는 사용자가 입력하는 도중에 Enter↵ 키를 누르면 문단이 나누어진다.

① 지시 사항 '왼쪽 여백: 15pt(1수준)' 과 '줄 간격: 180%' 을 한 번에 설정하기 위해 문단을 블록으로 설정한다. 마우스 오른쪽 버튼을 눌러 [문단 모양] 바로 가기 메뉴를 실행하거나, Alt+T 키를 누른다.

② [문단 모양] 대화상자의 [여백]에서 '왼쪽' 에 "15" , '줄 간격' 에 "180" 을 각각 입력하고, [설정] 단추를 누른다.

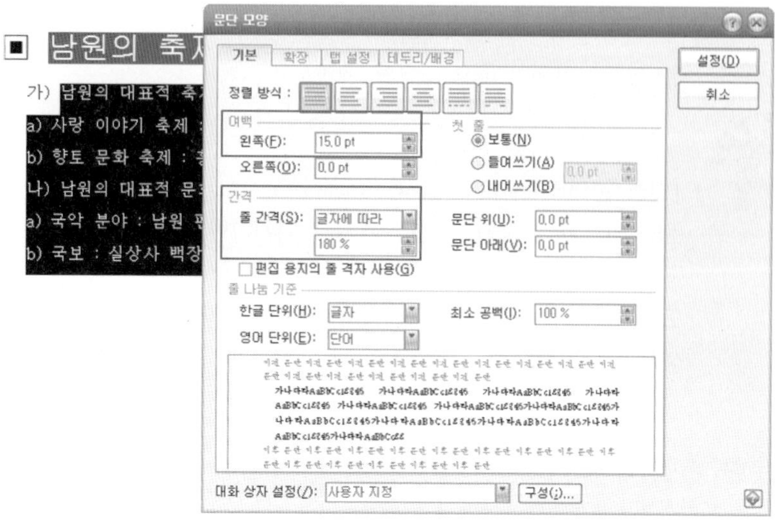

③ 2수준 '왼쪽 여백: 25pt' 을 설정하기 위해 해당 문단을 블록으로 설정한 후, Alt+T 키를 누른다. [문단 모양] 대화상자의 [여백]에서 '왼쪽' 에 "25" 를 입력하고, [설정] 단추를 누른다.

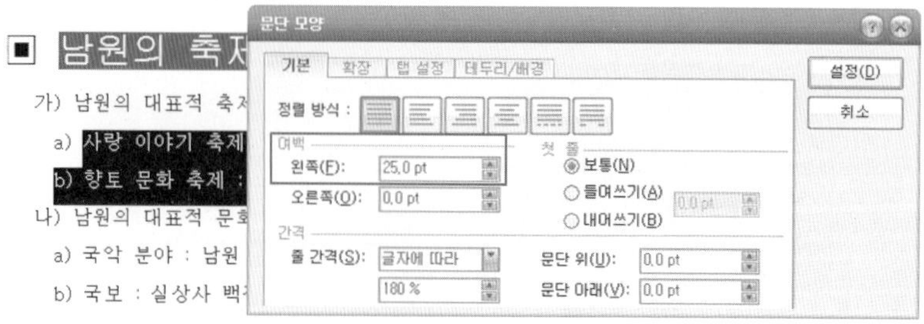

1.5 표 만들기

문서를 만들면서 복잡한 내용이나 수치 자료를 일목요연하게 정리하고자 할 때에는 표를 이용한다.

표는 하나의 칸을 '셀(cell)' 이라고 하며, 표는 이러한 여러 개의 셀들이 모여서 이루어진 것이므로 표 편집의 기본 단위는 셀이다.

1.5.1 표 삽입

① [표]→[표 만들기]를 실행하거나, Ctrl+N, T 키를 누른다. [표 만들기] 대화상자가 나타나면 줄 수와 칸 수를 입력한다.

② [글자처럼 취급]을 선택하고, [작성] 단추를 누른다.

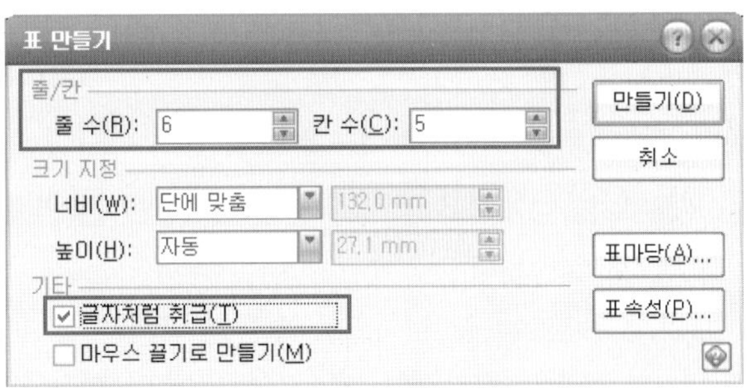

1.5.2 셀 합치기

[셀 합치기]는 셀 블록으로 설정한 두 개 이상의 셀(cell)을 하나로 합치는 기능이다.

① 그림과 같이 셀들을 블록으로 설정한다. M 키를 누르거나, 마우스 오른쪽을 눌러 [셀 합치기]를 선택한다.

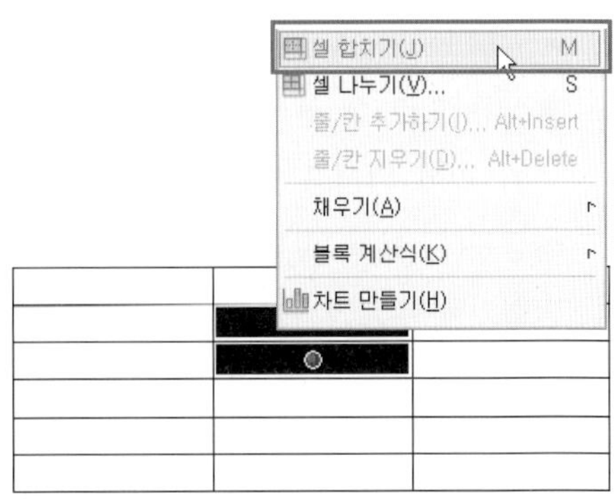

② 셀 블록으로 설정된 부분이 하나의 셀로 합쳐진다.

■ 아래와 같이 표에 내용을 입력한다.

구분	행사 시기	행사 장소	주요 행사	
고로쇠약수제	매년 3-5월	산내면 부운리	풍년기원 산신제	지리산골 터울림
바래봉철쭉제		운봉읍	철쭉제례	등반대회
춘향제	매년 4월	광한루원	춘향제향	그네뛰기
황산대첩제	매년 8-9월	운봉읍 화수리	장사씨름대회	윷놀이
흥부제		남원 시내	흥부전창극	길놀이

1.5.3 셀 블록 설정

■ 마우스로 셀 블록 설정

셀 블록을 시작할 셀에 마우스 포인터를 놓고 마우스 왼쪽 버튼을 누른 채 마우스를 끌면 마우스가 지나간 셀이 모두 셀 블록으로 설정된다.

TIP!

• **Ctrl, Shift 키를 이용하여 셀 블록 설정!**

☞ Ctrl 키를 누른 상태에서 각각의 셀을 선택하면, 불연속적으로 선택한 셀들이 블록으로 설정된다.

☞ Shift 키를 누른 채 셀 블록으로 설정할 마지막 셀 위에서 마우스 왼쪽을 누르면, 그 셀까지 직사각형 모양의 셀 블록이 설정된다.

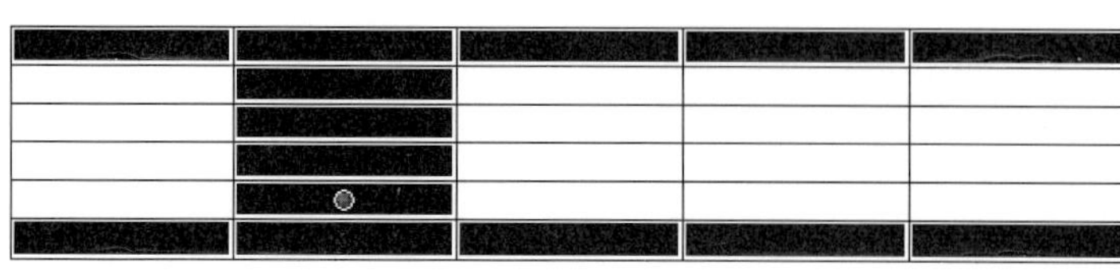

■ 키보드로 셀 블록 설정

셀 안에 커서를 놓고 F5 키를 누르면 커서가 있던 셀이 역상으로 변하면서 셀 블록이 설정된다. 블록 설정 상태에서 다시 한 번 F5 키를 누르거나, F3 키를 누른 다음 화살표 방향키를 누르면 커서가 지나간 셀이 모두 셀 블록으로 설정된다.

■ 표 전체 셀 블록 설정

셀 안에 커서를 놓고 F5 키를 세 번 누르면 표 전체가 셀 블록으로 설정된다.

1.5.4 셀 서식 설정

① 표 내의 전체 셀들을 마우스로 블록 설정한다. 도구 모음에서 '가운데 정렬' 을 선택한다.

② Alt+L 키를 눌러 [글자 모양] 대화상자에서 글꼴(굴림), 글자 크기(10pt)를 설정한다.

1.5.5 테두리 설정

① 마우스로 표 전체를 블록으로 설정하거나, F5를 세 번 누른다.

② L 키를 누르거나, 마우스 오른쪽을 눌러 [셀 테두리/배경]→[각 셀마다 적용]을 선택한다.

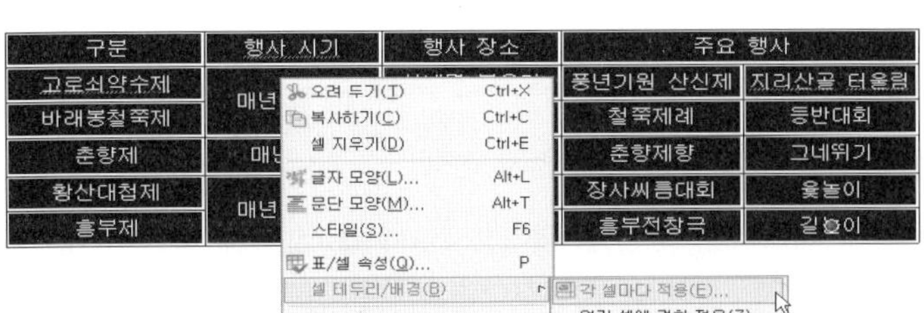

③ [셀 테두리/배경] 대화상자의 [테두리]에서 먼저 종류 '선 없음' 을 선택한다.

④ 오른쪽 테두리 위치에서 '왼쪽' 과 '오른쪽' 을 각각 선택한다.

⑤ [적용] 단추를 누른다.

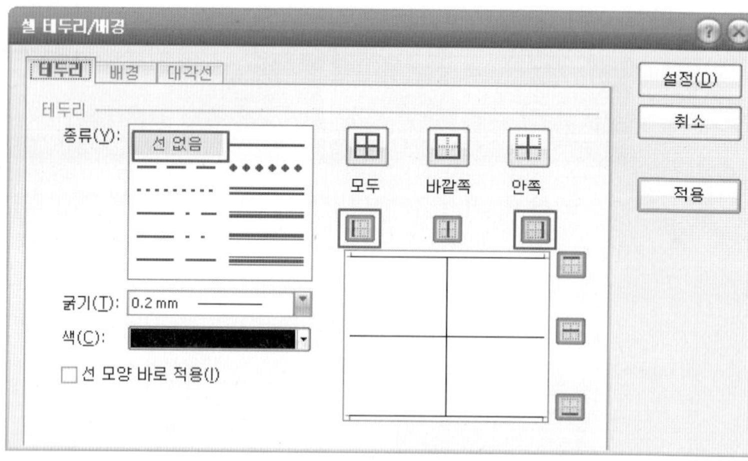

⑥ [테두리] 종류에서 '이중 실선' 을 선택한다. 오른쪽 테두리 위치에서 '위' 와 '아래' 를 각각 선택한다. [설정] 단추를 누른다.

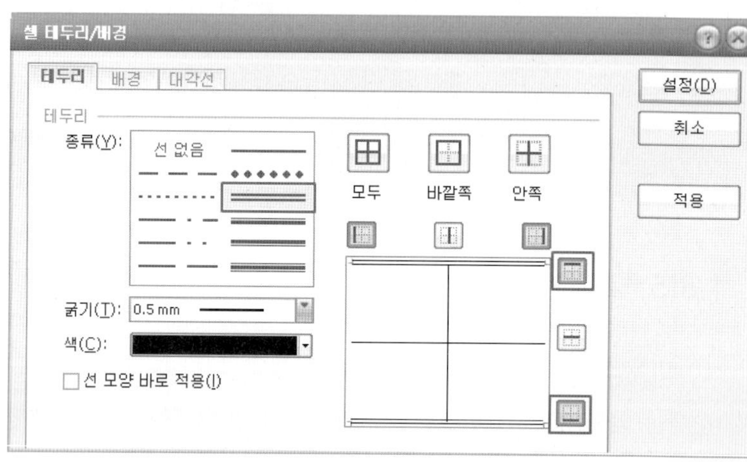

⑦ 동일한 방법으로 나머지 테두리 종류를 변경한다.

TIP

• 테두리 설정은 종류를 먼저 선택!

☞ 셀의 테두리를 설정할 때에는 [종류]를 먼저 선택한 후에 적용할 부분(위, 아래, 왼쪽, 오른쪽, 바깥쪽, 안쪽, 모두)을 선택한다.

1.5.6 셀 배경 설정

① 색을 적용할 첫 행을 블록으로 설정한다.

② Ⓒ 키를 누르거나, 마우스 오른쪽을 눌러 [셀 테두리/배경]→[각 셀마다 적용]을 선택한다.

③ [셀 테두리/배경] 대화상자에서 [그러데이션]을 선택한다. [시작 색] '흰색', [끝 색] '노랑', [유형] '수직' 을 각각 선택하고 [설정] 단추를 누른다.

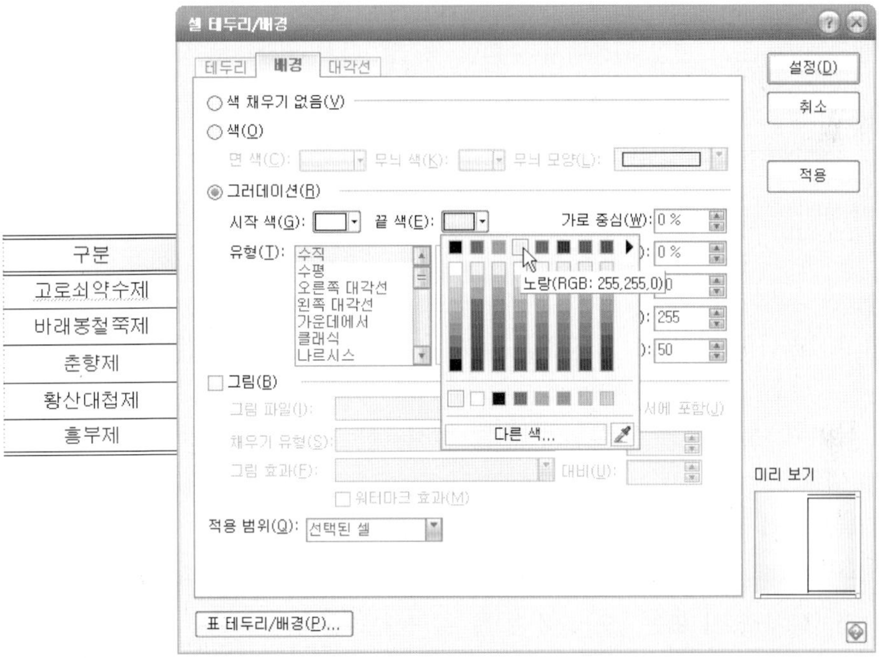

TIP!

- **표 편집 단축키!**

☞ 셀 블록 상태에서 다음과 같은 단축키를 사용하여 표 편집 작업을 쉽게 할 수 있다.

셀 나누기:	Ⓢ	줄/칸 삽입:	Insert
셀 합치기:	Ⓜ	줄/칸 지우기:	Delete
셀 테두리:	Ⓛ	셀 높이를 같게:	Ⓗ
셀 배경:	Ⓒ	셀 너비를 같게:	Ⓦ

1.6 편집

문서 내용의 일부분을 편집 기능을 이용하여 복사하거나 이동할 수 있다. 단축키를 익혀 사용하면 편리하다.

1.6.1 되돌리기(Ctrl+Z)

[되돌리기]는 방금 전에 실행한 명령을 취소 또는 입력한 내용을 지우거나, 지운 내용을 되살리는 등 문서 편집 과정에서 수행한 동작을 다시 원래대로 되돌리는 기능이다. 되돌리기를 반복 실행하면 편집된 문서를 이전 단계로 계속 되돌릴 수 있다.

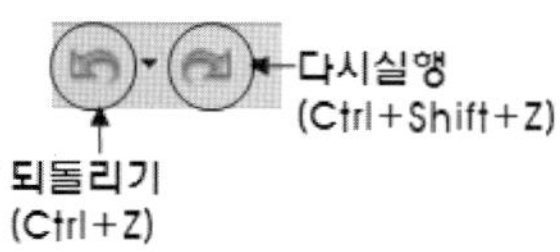

1.6.2 복사(Ctrl+C) / 오려 두기(Ctrl+X), 붙이기(Ctrl+V)

① 문서의 내용 중 복사 또는 자리를 옮기고자 하는 부분을 블록으로 설정한다.

② 복사하기 단축 키 Ctrl+C 또는 오려두기 단축 키 Ctrl+X를 누른다. 또는 마우스 오른쪽 버튼을 눌러 [복사하기] 또는 [오려 두기]를 클릭해도 된다.

③ 커서를 원하는 위치로 옮겨 Ctrl+V를 누른다. 또는 마우스 오른쪽 버튼을 눌러 [붙이기]를 실행하면 블록으로 설정되었던 내용이 커서 위치에 표시된다.

TIP!

- [오려두기]는 이동 기능과 같다.

☞ [오려 두기(Ctrl+X)]→[붙이기(Ctrl+V)]를 실행하면 블록으로 설정된 부분은 지워진다. 즉, 이동과 같은 기능을 한다.

1.6.3 모양 복사(Alt+C)

모양 복사는 커서 위치의 글자 모양이나 문단 모양, 스타일 등을 다른 문단 또는 특정 단어에 적용할 수 있는 기능이다. 특정한 모양을 반복적으로 자주 지정해야 하는 경우에 매우 편하게 쓸 수 있다.

① [모양 복사] 기능은 블록을 설정한 상태에서는 사용할 수 없다. 복사할 모양이 적용된 문단에 마우스 포인터를 두고 [모양]→[모양 복사](Alt+C)를 선택하거나, 도구 상자의 아이콘을 선택하여 모양을 복사한다.

② 모양을 적용할 부분을 블록으로 설정하고 Alt+C 또는 도구 상자에서 아이콘을 클릭한다.

1.6.4 찾아 바꾸기

현재 편집하고 있는 문서에서 특정한 낱말(문자열)을 찾아서 다른 것으로 바꾼다.

① [편집]→[찾아 바꾸기]를 선택한다.

② [찾아 바꾸기] 대화상자에서 '찾을 내용'과 '바꿀 내용'을 각각 입력한다.

③ 선택 사항 항목에서 찾는 방법들의 속성을 선택한 후, [바꾸기] 또는 [모두 바꾸기] 단추를 눌러, 특정 단어를 다른 내용으로 쉽게 바꿀 수 있다.

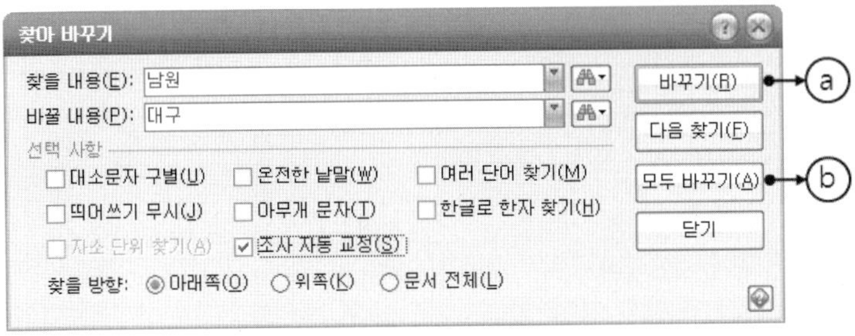

ⓐ 바꾸기: 문서 내에 해당 단어를 하나씩 차례대로 검색한 후 변경

ⓑ 모두 바꾸기: 문서 내 모든 단어를 한꺼번에 바꿀 내용으로 변경

1.7 한글 2007 단축키

■ 문서 작성 시 단축키를 사용하여 편집을 빠르고 쉽게 할 수 있다.

	기능	단축키
커서 이동	쪽 나누기	Ctrl+Enter
	문서의 첫 페이지 끝 페이지	Ctrl+Page Up Ctrl+Page Down
	화면 확대/축소	Ctrl+마우스 휠 Shift+숫자(+/–)
파일	새 글	Alt+N
	편집 용지 설정	F7
	불러오기	Alt+O
	저장하기	Alt+S/Ctrl+S
	끝내기	Alt+X
	인쇄	Alt+P/Ctrl+P
입력	문자표	Ctrl+F10
	각주	Ctrl+N,N
	수식	Ctrl+N,M
	책갈피	Ctrl+K,B
	하이퍼링크	Ctrl+K,H
	끼워 넣기	Ctrl+O
	그림	Ctrl+N,I
	고치기	Ctrl+N,K
편집	되살리기	Ctrl+Z
	다시 실행	Ctrl+Shift+Z
	블록 복사하기	Ctrl+C
	블록 오려 두기	Ctrl+X
	붙이기	Ctrl+V
모양	글자 모양	Alt+L
	모양 복사	Alt+C
	스타일	F6
	머리말/꼬리말	Ctrl+N,H
	쪽 번호 달기	Ctrl+N,P
	감추기	Ctrl+N,S

	기능	단축키
글자 속성	글자 크게 글자 작게	Ctrl+] Ctrl+ [
	밑줄	Ctrl+U
	진하게	Ctrl+B
	이탤릭	Ctrl+I
	위첨자	Shift+Alt+P
	아래 첨자	Shift+Alt+S
	보통 모양	Shift+Alt+C
	위첨자아래첨자/보통 (번갈아 변경)	Ctrl+Alt+A
	검정 글자색	Ctrl+M,K
	빨강 글자색	Ctrl+M,R
	파랑 글자색	Ctrl+M,B
	노랑 글자색	Ctrl+M,Y
	흰색 글자색	Ctrl+M,W
문단 모양	문단 모양	Alt+T
	왼쪽 정렬	Ctrl+Shift+L
	오른쪽 정렬	Ctrl+Shift+R
	가운데 정렬	Ctrl+Shift+C
	문단 번호 모양	Ctrl+K,N
표	표 만들기	Ctrl+N,T
	셀 편집	F5
표 | 셀 블록 상태에서	칸 전체 블록	F7
	줄 전체 블록	F8
	하나의 셀 크기 조절	Shift+방향키
	전체 크기	Ctrl+방향키
	테두리 모양	L
	배경 모양	C
	나누기	S
	줄/칸 지우기	Delete

§ 연습문제 1.1 다음 조건에 맞는 한글 문서를 작성하시오.

- 글꼴 : 궁서, 18pt, 진하게, 가운데 정렬,
- 책갈피 이름 : 연극, 덧말 넣기

- 머리말 기능
- 돋움, 10pt, 오른쪽 정렬

→ 교육연극 워크숍

- 문단 첫 글자 장식 기능
- 글꼴 : 돋움, 면색 : 노랑(RGB:255,255,0)

의사소통의 장
수원화성국제연극제

- 그림위치
  - (내문서\ITQ\Picture\그림4.jpg, 문서에 포함)
- 자르기 기능 이용
  - 크기(40mm×35mm), 바깥 여백 왼쪽 : 2mm

각주

수원화성국제연극제는 유네스코가 지정한 세계문화유산 수원화성㉮을 배경으로 수원 일대에서 펼쳐지는 공연 예술 축제이다. 올해로 15번째를 맞이하는 수원화성국제연극제는 시민들이 즐거운 연극 축제인 '연극, 시민(市民)낙락(樂樂)'이라는 타이틀로 시민들에게 즐거움과 감동을 선사할 국내외 유수한 단체들의 다채로운 공연과 시민들이 직접 제작하고 공연하는 시민 초청 연극이 함께 열리게 된다.

연극 공연뿐만 아니라 현대 사회를 살아가면서 개인과 개인이 서로 이해하고 원만한 의사소통을 하는 데 도움이 되고자 교육연극 워크숍과 시민 연극 교실이 함께 개최될 예정이다. 청각 장애인 배우와 함께 무음성으로 진행되는 소통 프로그램, 연극 놀이를 통해 연극에 직접 참여하고 체험하는 프로그램, 시민낙락의 설치 미술을 통해 연극과 미술의 소통을 꾀하는 프로그램 등 다양하고 이채로운 내용들이 선보일 계획이다. 또한 시민 연극의 활성화를 위하여 시민 연극과 지역 발전이라는 주제로 학술 세미나를 함께 개최할 예정이며, 세미나를 통해 시민 연극에 대한 지속적인 관심과 연구 개발을 도모하게 될 것으로 기대를 모으고 있다.

◆ 교육연극 워크숍

- 글꼴 : 돋움, 18pt, 하양(RGB:255,255,255),
- 음영색 : 빨강(RGB:255,0,0)

1) 워크숍 1(말하지 않고 대화해 봐요!)
   가) 청각 장애인 배우와의 의사소통 프로그램
   나) 주의 깊게 살피는 그림자 놀이를 통한 의사소통 프로그램
2) 워크숍 2(신나는 연극 세상)
   가) 연극 놀이를 통한 마음 열기 프로그램
   나) 연극 치료를 통한 심신 수양 프로그램

- 문단 번호 기능 사용,
- 왼쪽 여백 : 15pt(1수준), 25pt(2수준)
- 줄 간격 : 180%

◆ *주요 행사 프로그램*

- 글꼴 : 돋움, 18pt,
- 기울임, 강조점

- 표 전체 글꼴 : 굴림, 10pt, 가운데 정렬,
- 셀 배경색(그러데이션) : 유형(수직),
- 시작색(하양(RGB:255,255,255))
- 끝색(노랑(RGB:255,255,0))

구분	일시	참가 대상	장소	주제
교육연극 워크숍 1	8.13	6세 이상	KBS 수원아트홀	말하지 않고 대화해 봐요!
교육연극 워크숍 2	8.15	초등학생		신나는 연극 세상
창작희곡 공모전	8.1-14	미발표된 창작극		90분 내외의 공연 가능한 창작극
학술 세미나	8.22	제한 없음	수원청소년센터	시민 연극과 지역 발전
시민 축제 행사	8.14-22	참여 작가	수원화성홍보관	연극과 미술의 만남

- 기타 자세한 내용은 홈페이지(http://theatre.shcf.or.kr)를 참고하기 바랍니다.

수원화성문화재단위원회

- 글꼴 : 궁서, 20pt, 진하게,
- 장평 110%, 가운데 정렬

㉮ 서쪽은 팔달산, 동쪽은 낮은 구릉으로 1997년 유네스코 세계문화유산으로 등록

- 4 -

- 쪽 번호 매기기
- 4로 시작

〈자료출처 : ITQ 기출문제〉

§ 연습문제 1.2 다음 조건에 맞는 한글 문서를 작성하시오.

- 글꼴 : 굴림, 20pt, 진하게, 가운데 정렬,
- 책갈피 이름 : 소상공인, 덧말 넣기

- 머리말 기능
- 돋움, 10pt, 오른쪽 정렬 → 창업박람회

성공적인 비즈니스
서울시 소상공인 창업박람회

- 문단 첫 글자 장식 기능
- 글꼴 : 돋움, 면색 : 노랑(RGB:255,255,0)

각주

- 그림위치(내문서₩ITQ₩Picture₩그림4.jpg, 문서에 포함)
- 자르기 기능 이용, 크기(35mm×40mm),바깥 여백 왼쪽:2mm

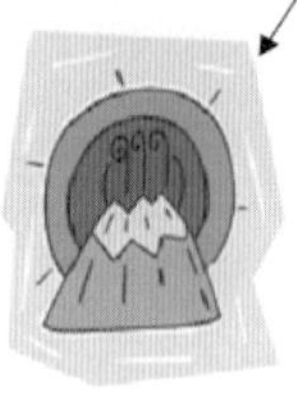

지방자치단체 중 최초로 구축된 서울시 소상공인 창업박람회Ⓐ는 온라인 공공 창업박람회로서 매년 서울시에서 주최하는 사이버 창업 전시관입니다.

본 전시회(展示會)는 한정된 전시 공간과 개최 기간 등 기존 창업박람회의 제약을 보완하여 누구나 쉽게 언제든지 관람할 수 있는 공공 창업박람회입니다. 즉, 3D 기술을 활용한 가상 박람회장으로 화면을 구성하여 전시 부스당 고객센터 운영을 통한 창업 정보의 쌍방향 커뮤니케이션 활성화, 다양한 검색 조건으로 관람객 환경에 적합한 창업 모델 제시, 국내 우수 프랜차이즈를 해외에 알릴 수 있는 해외 진출 교두보 역할 등을 수행하고 있습니다. 국내 최대 공공 창업박람회로서 사전 평가를 통한 안전하고 정확한 정보 제공과 사업성 있는 다양한 아이템을 온라인상에서 더욱 풍부하게 제공합니다. 즉, 업종(業種) 및 테마별로 분류된 다양한 창업 아이템이 구비되어 있으며, 전시 아이템에 대한 정보 제공과 함께 1인 기업 아이템뿐만 아니라 해외 신사업 아이템 등 사업성 있는 창업 아이템을 발굴하여 전시하고 있습니다. 창업을 준비하고 계신 분들에게 본 전시관은 함께 성공 창업의 꿈을 이뤄가는 친구로서 유용한 관련 정보를 제공하고 있으니 많은 참여를 바랍니다.

◉ 박람회 개요

- 글꼴 : 돋움, 18pt, 하양(RGB:255,255,255),
- 음영색 : 빨강(RGB:255,0,0)

가) 일시 및 장소

a) 일시 : 2011. 9. 7(수) - 9(금) 10:00 - 18:00

b) 장소 : 서울무역전시컨벤션센터(SETEC) 1관 - 3관

나) 행사

a) 주제 : 제5회 서울특별시 소상공인 창업박람회

b) 주최/주관 : 서울특별시/서울신용보증재단, 서울특별시 소상공인지원센터

- 문단 번호 기능 사용,
- 왼쪽 여백 : 15pt(1수준), 25pt(2수준),
- 줄 간격 : 180%

◉ 창업전시관 소개

- 글꼴 : 돋움, 18pt,
- 밑줄, 강조점

- 표 전체 글꼴 : 굴림, 10pt, 가운데 정렬,
- 셀 배경색(그러데이션) : 유형(수평),
- 시작색(하양(RGB:255,255,255)),끝색(노랑(RGB:255,255,0))

층별	외식산업관	도소매관	서비스관	비고
1층	한식관	패션관	엔터테인먼트관	박람회 참가업체는 서울 사이버 창업전시관 창업 아이템 전시 우선 자격 부여
2층	세계 음식관	생활용품관	미용/건강관	
3층	패스트푸드관	식품/식자재관	용역서비스관	
4층	음료/주류관	협력업체관	기타 서비스관	
전시관 총 부스 합계 : 466개				

- 본 박람회에 참가하는 본사가 가맹점 개설 시 향후 1년간 서울시 창업자금 지원에 대한 특전 부여

소상공인창업박람회추진위

- 글꼴 : 궁서, 20pt, 진하게,
- 장평 110%, 가운데 정렬

Ⓐ 박람회 주제 : 예비 창업자에게는 기회를, 소상공인에게는 자긍심을!

- 쪽 번호 매기기
- 4로 시작 → - IV -

〈자료출처 : ITQ 기출문제〉

한글 2007

2장. 스타일 / 차트

학습목표

한글 2007에서 스타일 및 차트 기능을 학습하고,《출력 형태》와 같은 문서를 작성한다.

1. 다음의 《조건》에 따라 스타일 기능을 적용하여 《출력 형태》와 같이 작성하시오.

《스타일 조건》

(1) 스타일 이름 – namwon

(2) 문단 모양 – 왼쪽 여백 : 10pt, 문단 아래 간격 : 10pt

(3) 글자 모양 – 글꼴 : 한글(굴림)/영문(돋움), 크기 : 10pt, 장평 : 95%, 자간 : –5%

《스타일 출력 형태》

1.

Namwon is the hometown of Chunhyang and the home of the classic folk drama Chunhyang. Namwon's generous people and chastity customs created the Chunhyang story, the nation's time-honored favorite love story.

남원은 우리민족에게 있어 영원한 "사랑의 지침서" 역할을 해오고 있는 고전 춘향전의 발상지이다. 조선 전기 궁궐에서 완성된 조경문화가 널리 확산되는 과정의 산물인 광한루원이 있다.

〈자료출처 : ITQ 기출문제〉

2. 다음의 《조건》에 따라 《출력 형태》와 같이 표와 차트를 작성하시오.

《표 조건》

(1) 표 전체(표, 캡션) – 굴림, 10pt

(2) 정렬 – 문자 : 가운데 정렬, 숫자 : 오른쪽 정렬

(3) 셀 배경색 : 노랑(RGB:255,255,0)

(4) 한글의 계산 기능을 이용하여 빈칸에 평균을 구하고, 캡션 기능 사용할 것

(5) 선 모양은《출력 형태》와 동일하게 처리할 것

《표 출력 형태》

2.

남원 축제 관람객 현황(단위 : 천 명)

구분	2011년	2012년	2013년	2014년
고로쇠약수제	327.6	283.4	269.6	192.5
바래봉철쭉제	231.4	195.2	247.2	268.0
황산대첩제	381.0	128.4	158.2	198.3
평균				

〈자료출처 : ITQ 기출문제〉

《차트 조건》

(1) 차트 데이터는 표 내용에서 구분별 2011년, 2012년, 2013년의 값만 이용할 것
(2) 종류 - 〈묶은 세로 막대형〉으로 작업할 것
(3) 제목 - 궁서, 진하게, 12pt, 배경 - 선 모양(한 줄로), 그림자(2pt)
(4) 제목 이외의 전체 글꼴 - 돋움, 보통, 10pt
(5) 기타 나머지 사항은 《출력 형태》 와 동일하게 처리할 것

《차트 출력 형태》

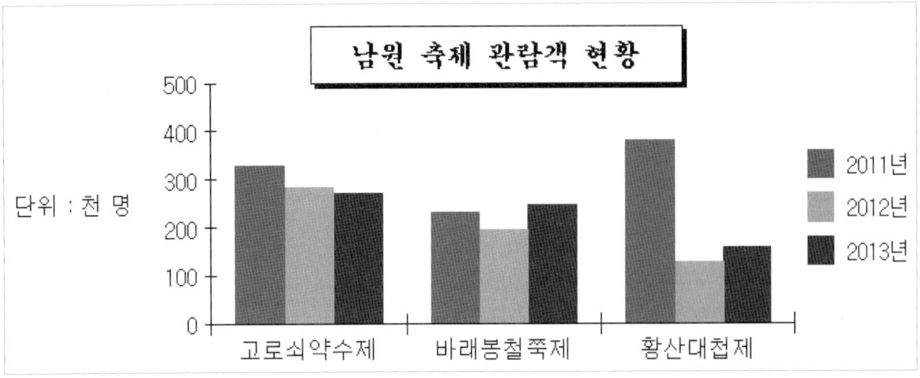

TIP!

• 답안 환경 설정

☞ 스타일은 1페이지에 작성하며, 문제번호 '1' 을 반드시 표시한다.

• 1쪽에 다음과 같이 본문의 내용을 입력한다.

Namwon is the hometown of Chunhyang and the home of the classic folk drama Chunhyang. Namwon's generous people and chastity customs created the Chunhyang story, the nation's time-honored favorite love story.
남원은 우리민족에게 있어 영원한 "사랑의 지침서" 역할을 해오고 있는 고전 춘향전의 발상지이다. 조선 전기 궁궐에서 완성된 조경문화가 널리 확산되는 과정의 산물인 광한루원이 있다.

2.1 스타일

자주 사용하는 글자 모양이나 문단 모양을 미리 정해 놓고 쓰는 것을 '스타일(styles)' 이라고 한다. 스타일을 만들어 놓으면 필요할 때 그 스타일을 선택하는 것만으로 해당 문단의 글자 모양과 문단 모양을 한꺼번에 바꿀 수 있다.
스타일은 긴 글에 대하여 일관성 있는 문단 모양을 유지하면서 편집 작업을 하는 데 꼭 필요한 기능이다.

2.1.1 새 스타일 추가

《스타일 조건》

(1) 스타일 이름 – namwon
(2) 문단 모양 – 왼쪽 여백 : 10pt, 문단 아래 간격 : 10pt
(3) 글자 모양 – 글꼴 : 한글(굴림)/영문(돋움), 크기 : 10pt, 장평 : 95%, 자간 : –5%

① 새로운 스타일을 추가하고자 하는 문단에 커서를 두거나 문단들을 블록 설정하고 F6 키를 누르거나, [모양]→[스타일] 메뉴를 실행한다.

② [스타일] 대화상자가 나타나면 [새 스타일 만들기] 단추를 누른다.

③ [새 스타일 만들기] 대화상자의 [스타일 이름] 입력 상자에 "namwon" 을 입력한다.

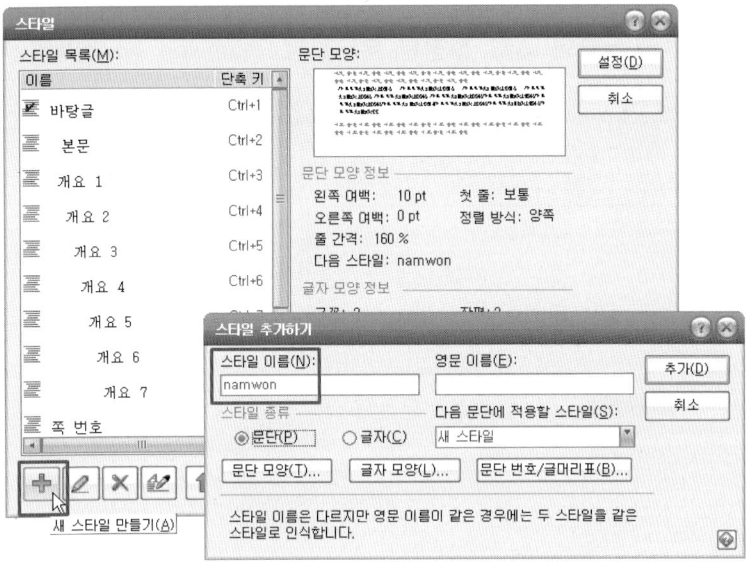

④ [문단 모양] 단추를 누른 후, [문단 모양] 대화상자에서 왼쪽 여백(10pt), 문단 아래 간격(10pt)을 각각 입력하고, [설정] 단추를 누른다.

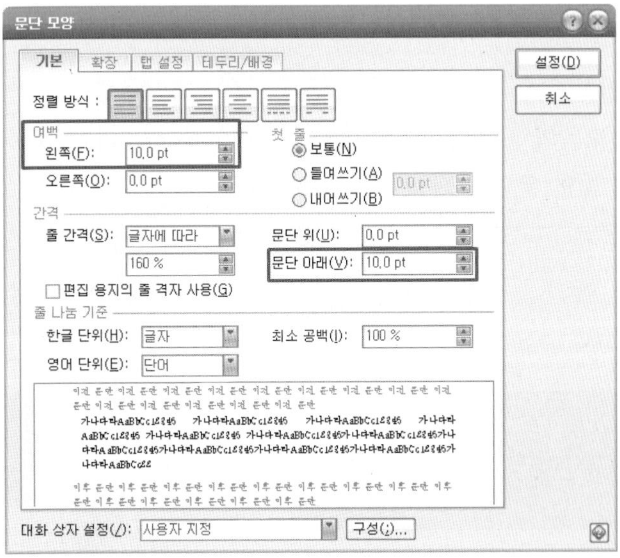

⑤ [글자 모양] 단추를 누른 후, [글자 모양] 대화상자에서 한글 글꼴(굴림), 영어 글꼴(돋움)을 각각 따로 설정한다. 글자 크기(10pt), 장평(95%), 자간(-5%)을 설정한다. [설정] 단추를 누른다.

⑥ [스타일 편집하기] 대화상자에서 [설정] 단추를 누른다.

⑦ [스타일] 대화상자에서 왼쪽 [스타일 목록]에 등록된 'namwon' 스타일을 볼 수 있다. [설정] 단추를 누르면 블록 설정된 문단들은 'namwon' 스타일이 적용된다.

2.1.2 스타일 적용

① 스타일을 바꾸고 싶은 문단 위에 커서를 옮겨 놓는다.

② 서식 도구 모음의 [스타일 목록]에서 추가한 스타일 이름 'namwon' 을 클릭하면, 커서가 놓인 문단에 해당 스타일이 적용된다.

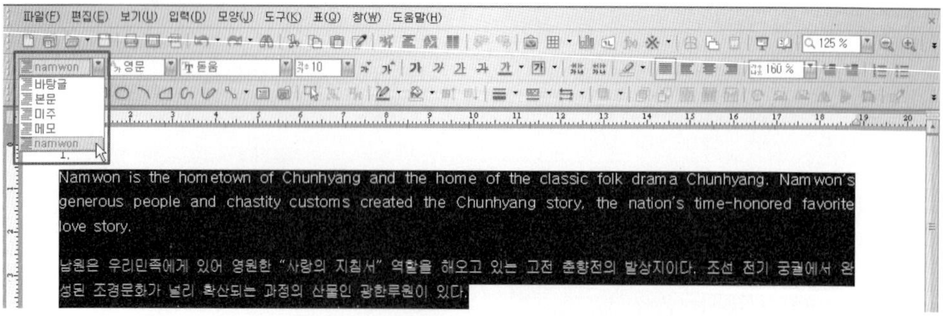

TIP!

- '바탕글' 스타일로 바꾸기

☞ 1번 스타일을 끝낸 다음 [스타일] 목록에서 '바탕글' 로 지정하여 스타일을 해제해 주어야 한다.

2.1.3 스타일 편집

추가된 스타일의 이름, 문단 모양, 글자 모양 등의 스타일 내용을 편집한다. 스타일 내용을 바꾸면 그 스타일이 적용되어 있는 모든 글자와 문단의 모양이 한꺼번에 적용되어 변경된다.

① [스타일] 대화상자에서 편집할 스타일 'namwon' 을 선택하고 [스타일 편집하기] 단추를 누른다.

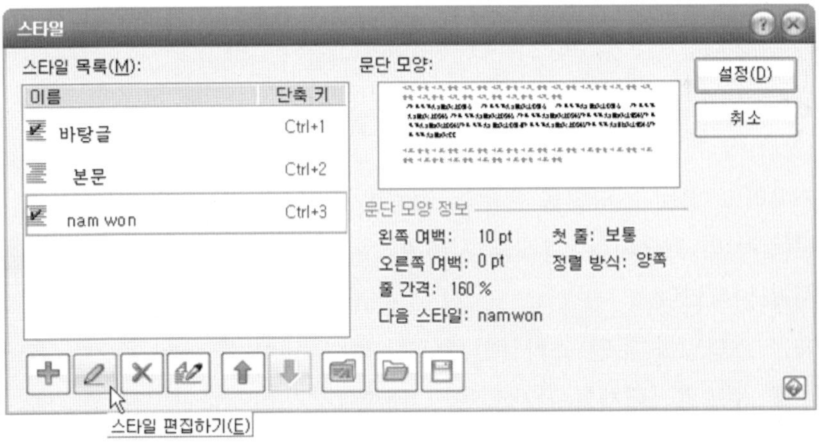

② [스타일 편집] 대화상자에서 편집할 스타일 'namwon' 을 선택하고 [문단 모양], [글자 모양], [문단 번호/글머리표]를 수정한다.

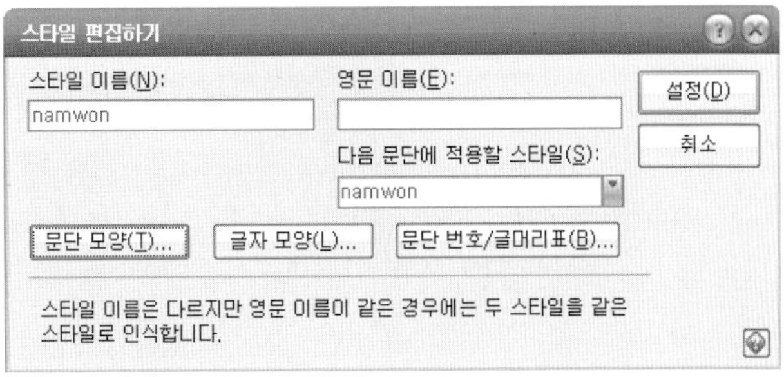

2.1.4 스타일 삭제

사용하지 않는 스타일이나 필요 없는 스타일을 지워 스타일 목록을 정리할 수 있다.

① [모양]→[스타일]을 실행한다. [스타일] 대화상자가 나타나면 [스타일 목록]에서 지울 스타일을 선택하고 [스타일 지우기] 아이콘(✕)을 누른다.

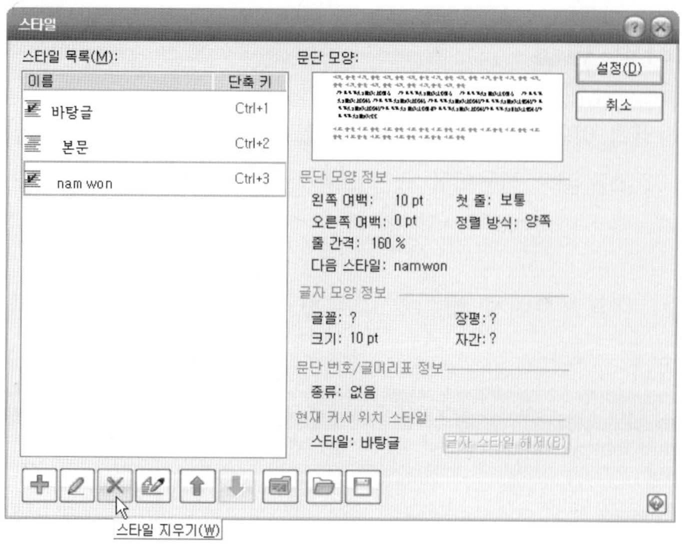

② 지우려고 하는 스타일을 본문에 적용한 문단이나 글자가 있는 경우 '관련된 문단(글자)이 있습니다. 그래도 지울까요?' 메시지가 나타난다.

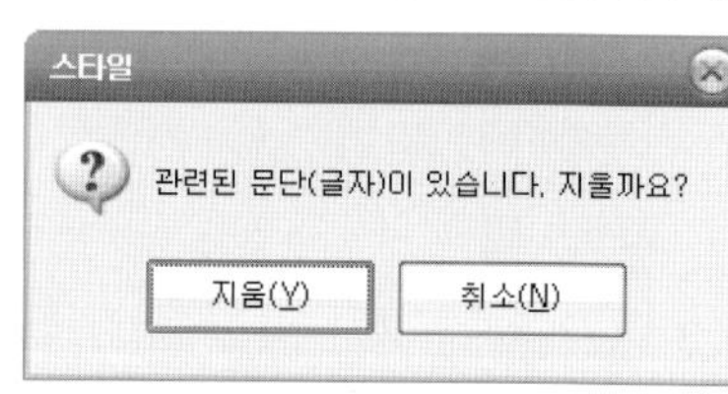

③ 지울 스타일이 문단 스타일인 경우 [지움] 단추를 누르면 [대체할 스타일은?] 대화상자가 나타난다.

④ 지운 스타일을 대신할 스타일을 선택하고 [설정] 단추를 누른다.

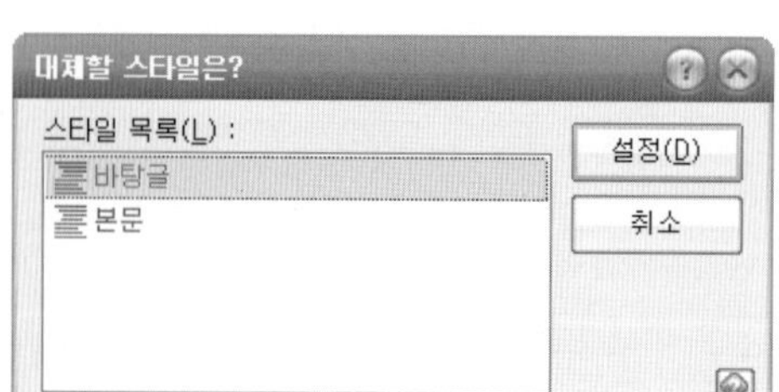

2.2 표

한글 2007에서는 표 전체 또는 특정 부분을 이용하여 쉽게 차트를 만들 수 있다. 차트로 작성할 데이터를 먼저 표로 작성한다.

2.2.1 표 작성

■ 차트를 만들기 위해 아래 조건에 따라 《출력 형태》와 같은 표를 작성한다.

TIP!

• 답안 환경 설정

☞ 표와 차트는 1페이지의 스타일에 이어 작성하며, 표에 문제번호 '2' 를 반드시 표시한다.

《표 조건》

(1) 표 전체(표, 캡션) - 굴림, 10pt

(2) 정렬 - 문자 : 가운데 정렬, 숫자 : 오른쪽 정렬

(3) 셀 배경색 : 노랑(RGB:255,255,0)

(4) 한글의 계산 기능을 이용하여 빈칸에 평균을 구하고, 캡션 기능 사용할 것

(5) 선 모양은 《출력 형태》와 동일하게 처리할 것

《표 출력 형태》

2.

남원 축제 관람객 현황(단위 : 천 명)

구분	2011년	2012년	2013년	2014년
고로쇠약수제	327.6	283.4	269.6	192.5
바래봉철쭉제	231.4	195.2	247.2	268.0
황산대첩제	381.0	128.4	158.2	198.3
평균				

① [표]→[표 만들기]를 선택하고, 줄수 "5" , 칸 수 "5" 를 각각 입력한다. [만들기] 단추를 눌러 표를 만든다.

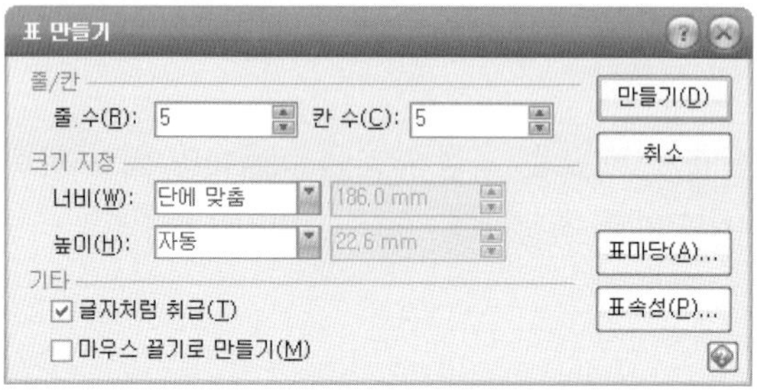

② 본문 1쪽의 스타일 내용에 이어 다음과 같이 표를 작성한다.

구분	2011년	2012년	2013년	2014년
고로쇠약수제	327.6	283.4	269.6	192.5
바래봉철쭉제	231.4	195.2	247.2	268.0
황산대첩제	381.0	128.4	158.2	198.3
평균				

③ 표의 임의의 셀에 커서를 두고, F5 키를 세 번 누르면 표의 모든 셀들이 블록 설정된다. [서식] 도구 모음에서 글꼴(굴림), 글자 크기(10pt)를 설정한다.

④ Ctrl 키를 누른 상태에서 문자 셀들을 마우스로 블록 설정한 후, 도구 모음에서 '가운데 정렬'로 설정한다.

⑤ 숫자 셀들을 마우스로 블록 설정한 후, 도구 모음에서 '오른쪽 정렬'로 설정한다.

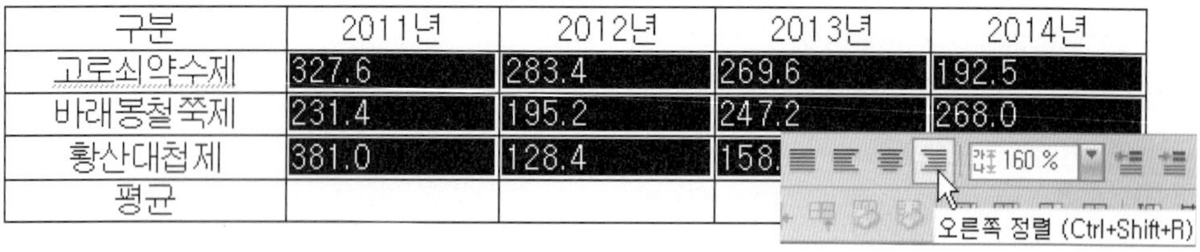

⑥ 차트로 작성할 셀 데이터를 블록 설정하고, C 키를 누른다. [셀 테두리/배경] 대화상자의 [배경] 탭에서 [색]을 '노랑(RGB:255,255,0)'으로 설정한다.

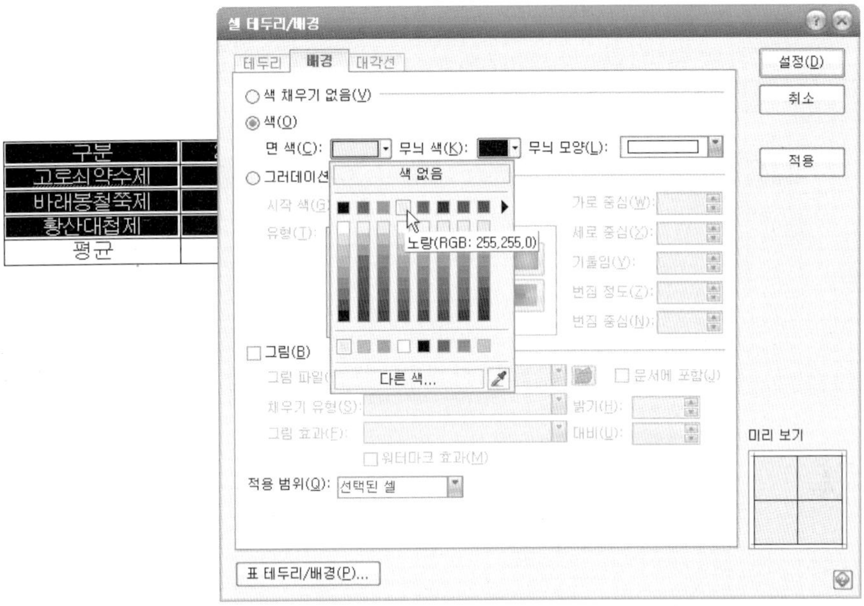

⑦ 표의 셀 전체를 마우스로 블록 설정한다. L 키를 눌러 [셀 테두리/배경] 대화상자의 [테두리]에서 종류는 '이중실선' 을 위치는 '바깥쪽' 을 선택하고, [설정] 단추를 누른다.

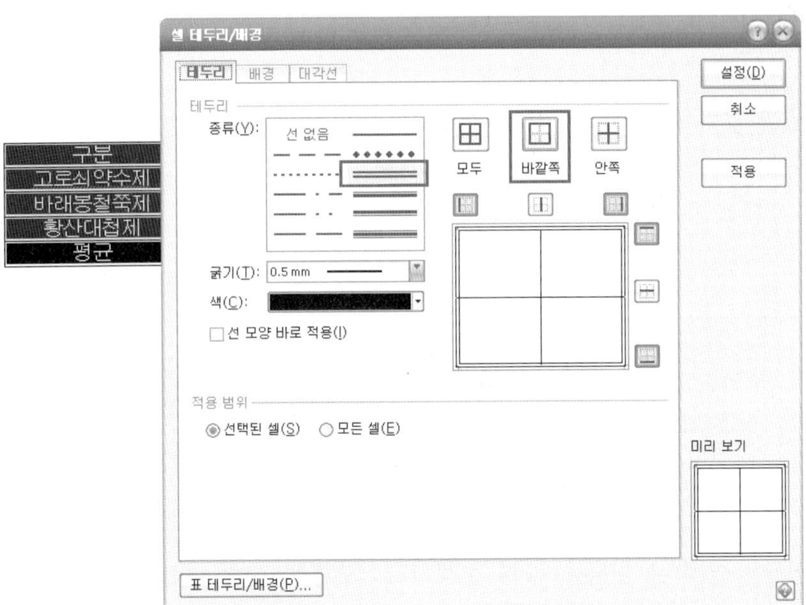

⑧ Ctrl 키를 누른 상태에서 대각선으로 설정할 셀을 클릭하면, 셀 블록이 설정된다. L 키를 눌러 [셀 테두리/배경] 대화상자의 [대각선] 탭에서 대각선을 선택한다.

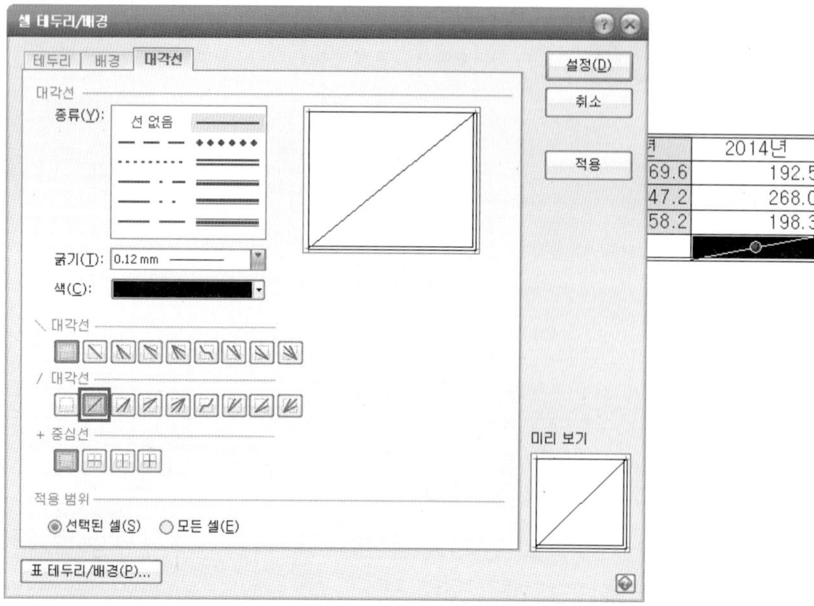

2.2.2 블록 계산

① 셀의 숫자 데이터들과 결과 값이 표시될 셀들을 함께 블록으로 설정한다.

② 마우스 오른쪽을 눌러 [블록 계산식]→[블록 평균]을 선택한다.

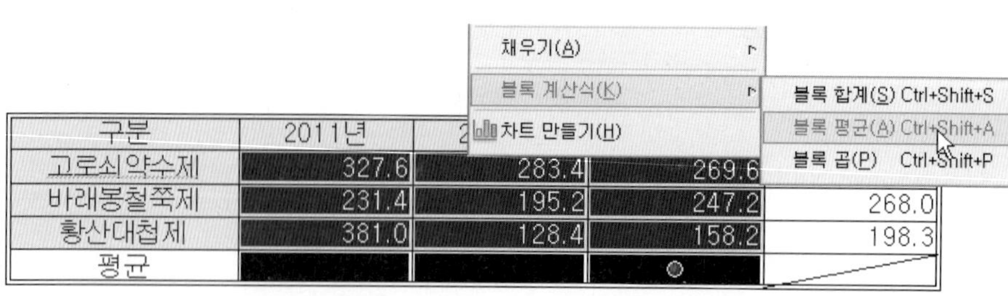

③ 평균이 입력된 셀들을 블록 설정하고 '오른쪽 정렬' 한다.

2.2.3 캡션

본문에 들어가는 그림이나 표, 글상자, 그리기 개체, 수식은 필요에 따라 번호와 제목, 간단한 설명 등을 붙인다. 이와 같이 개체에 붙인 제목을 '캡션(caption)' 이라고 한다.
[입력]→[캡션 달기]는 캡션 내용을 넣거나 고치는 기능이다. 한 번 캡션을 넣어 두면 개체의 위치를 바꾸더라도 항상 캡션이 따라다닌다.

① 캡션을 넣을 표를 마우스로 클릭하여 선택한다.

② 단축키 Ctrl+N,C를 누르거나, 마우스 오른쪽을 눌러 [캡션 달기]를 실행한다.

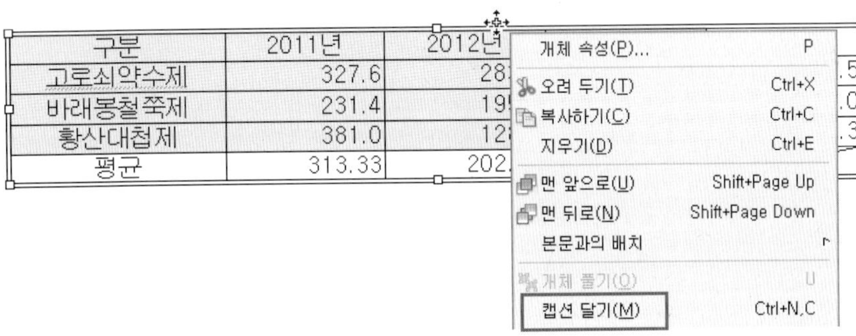

TIP!

- **[캡션 달기]는 표를 클릭해서 선택해야 한다!**

☞ 표 내의 셀들을 블록 설정한 상태에서는 [캡션 달기]기능을 설정할 수 없다.

☞ 마우스로 표를 클릭한 후, [캡션 달기]를 실행한다.

③ 표의 아래쪽에 자동으로 나타나는 '표 1' 을 삭제한다. '[번호 넣기]를 지울까요?' 메시지 상자가 나타나면 [지움]을 선택한다.

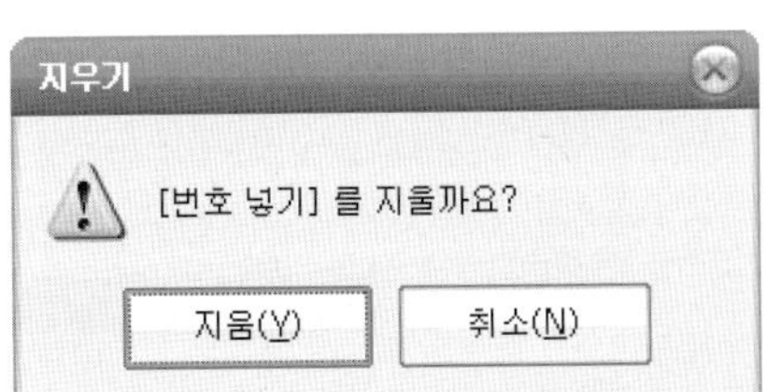

④ "남원 축제 관람객 현황(단위 : 천 명)" 을 입력한다.

⑤ 표를 다시 한 번 선택한 후에 P 키를 누르거나, 마우스 오른쪽 버튼을 눌러 [개체 속성]을 선택한다.

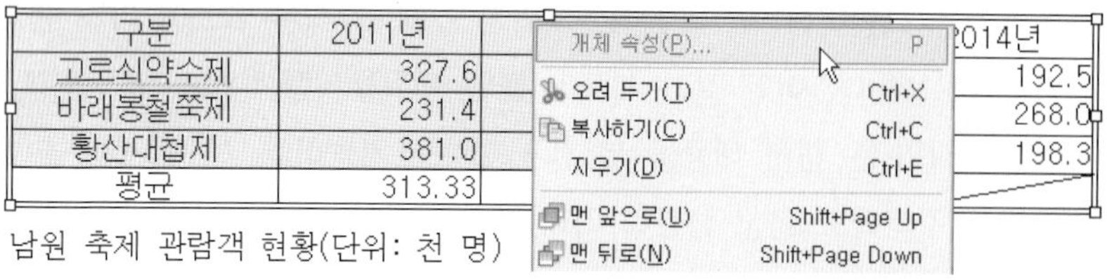

⑥ [표/셀 속성] 대화상자의 [여백/캡션] 탭을 선택한다. [위치]를 '위' 로 선택하고 [설정] 단추를 누른다.

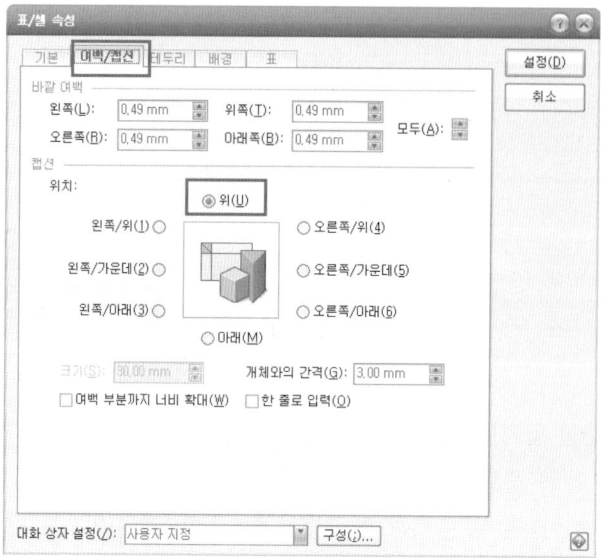

⑦ 캡션 내용이 표의 위쪽 나타난다. 캡션 내용인 '남원 축제 관람객 현황(단위: 천 명)' 을 블록으로 설정한다.

⑧ 글꼴(굴림), '오른쪽 정렬' 을 설정한다.

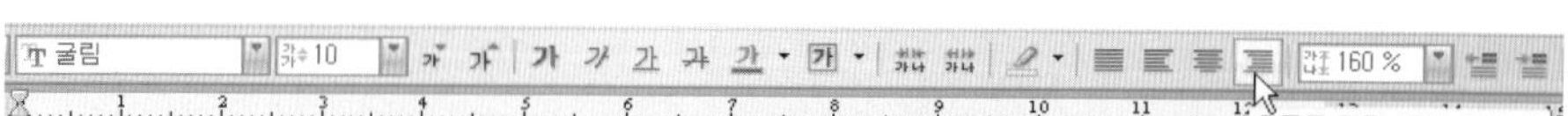

남원 축제 관람객 현황(단위: 천 명)

구분	2011년	2012년	2013년	2014년
고로쇠약수제	327.6	283.4	269.6	192.5
바래봉철쭉제	231.4	195.2	247.2	268.0
황산대첩제	381.0	128.4	158.2	198.3
평균	313.33	202.33	225.00	

2.3 차트

차트는 자료의 값들을 알아보기 쉬운 그림 개체 형식으로 보여주는 기능이다. 데이터의 성격에 따라 적절한 형태의 차트를 선택하여, 값의 크기, 추세 등을 시각적으로 표현할 수 있다. 표의 특정 부분을 셀 블록으로 설정해 차트 만들기를 하면, 셀 블록으로 설정된 표의 데이터와 연결된 차트가 만들어진다.

2.3.1 차트 도우미

■ 앞서 만든 표를 이용하여, 아래 《차트 조건》에 따라 《출력 형태》와 같은 차트를 작성해 본다.

《차트 조건》

(1) 차트 데이터는 표 내용에서 구분별 2011년, 2012년, 2013년의 값만 이용할 것
(2) 종류 - 〈묶은 세로 막대형〉으로 작업할 것
(3) 제목 - 궁서, 진하게, 12pt, 배경 - 선 모양(한 줄로), 그림자(2pt)
(4) 제목 이외의 전체 글꼴 - 돋움, 보통, 10pt
(5) 기타 나머지 사항은 《출력 형태》와 동일하게 처리할 것

《차트 출력 형태》

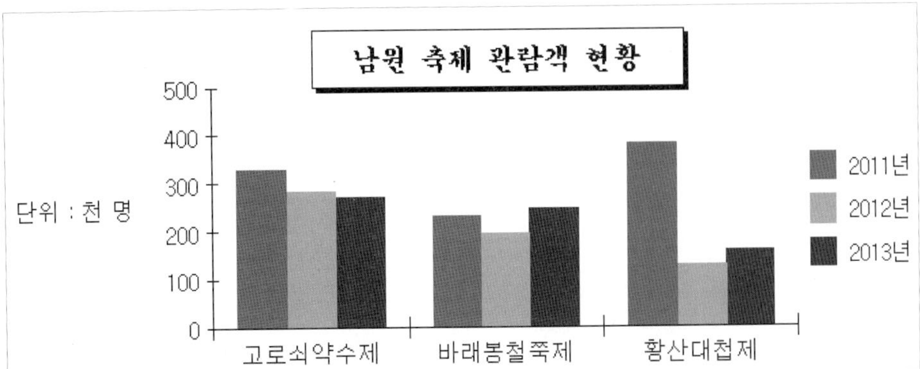

〈자료출처 : ITQ 기출문제〉

① 작성된 표에서 차트 데이터로 사용될 셀 범위를 블록 설정한다.

② [표준] 도구 모음의 [차트] 아이콘()을 클릭하거나, 마우스 오른쪽 버튼을 눌러 [차트 만들기] 바로 가기 메뉴를 실행한다.

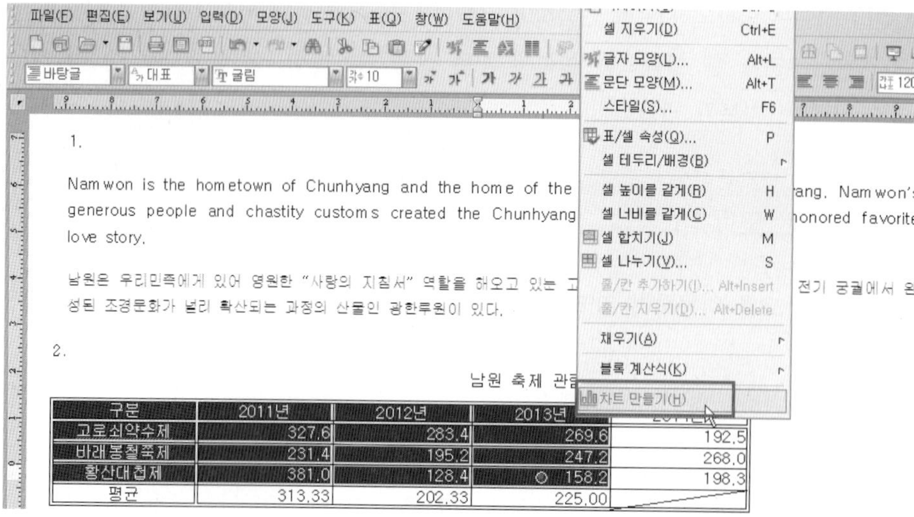

③ 차트 편집 화면에 3차원의 세로 막대 차트가 삽입된다. 차트의 위치를 표 아래로 이동시킨 후, 차트의 크기를 표 너비 정도로 크게 만든다.

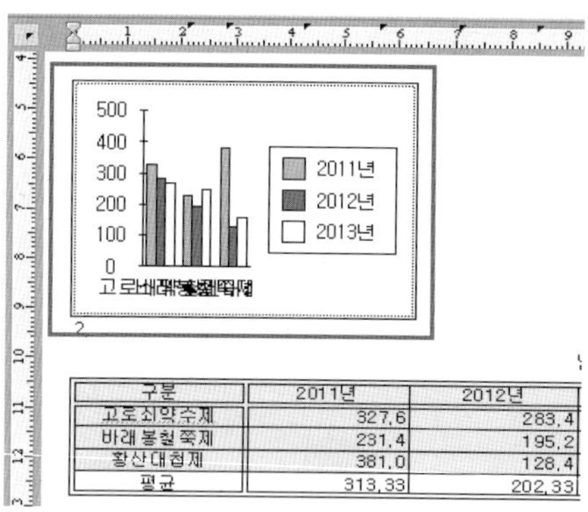

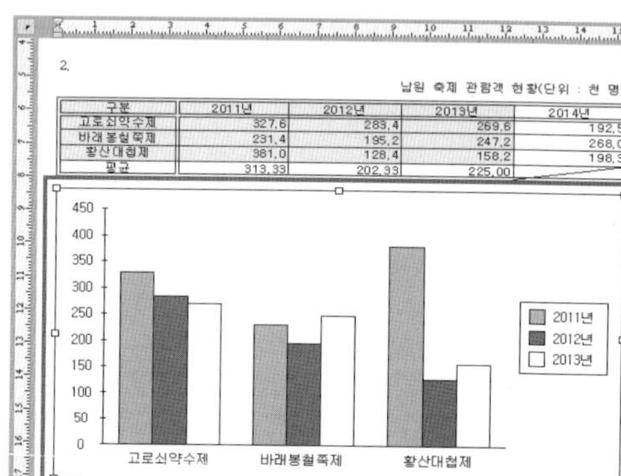

④ 삽입된 차트를 더블클릭하면 차트 가장 자리에 점선의 외곽선이 생긴다. 이 상태가 차트를 편집할 수 있는 '차트 편집 상태' 이다. 차트 편집 상태에서 마우스 오른쪽 버튼을 눌러 [차트 마법사]를 클릭한다.

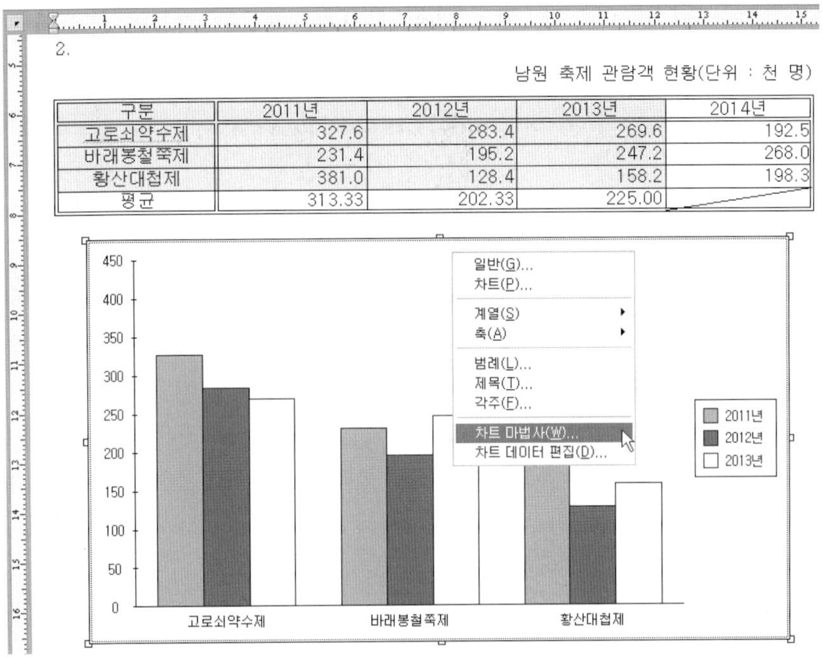

2.

남원 축제 관람객 현황(단위 : 천 명)

구분	2011년	2012년	2013년	2014년
고로쇠약수제	327.6	283.4	269.6	192.5
바래봉철쭉제	231.4	195.2	247.2	268.0
황산대첩제	381.0	128.4	158.2	198.3
평균	313.33	202.33	225.00	

⑤ [차트 마법사 3단계 중 1단계] 대화상자의 [차트 모양 선택]에서 '묶은 세로 막대형' 을 선택한다. [다음] 단추를 누른다.

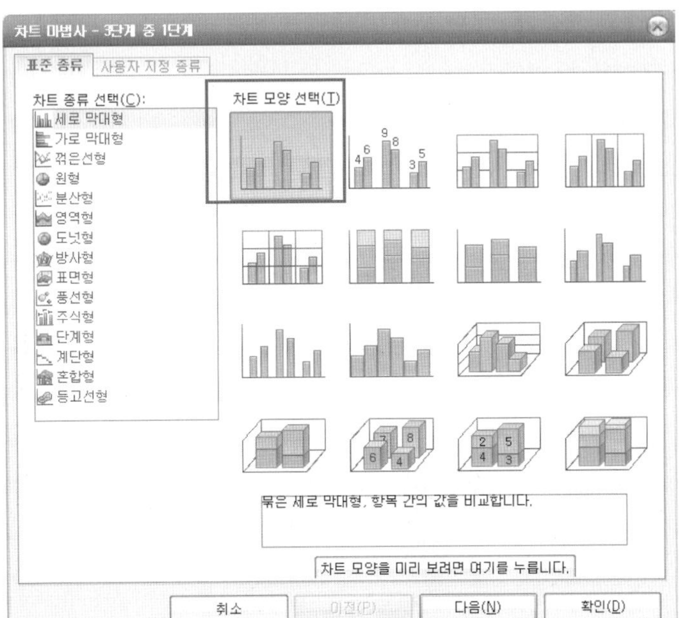

⑥ [차트 마법사 3단계 중 2단계] 대화상자의 [방향 설정]에서 '열' 을 선택한다. 방향에 따라 차트가 달라진다.

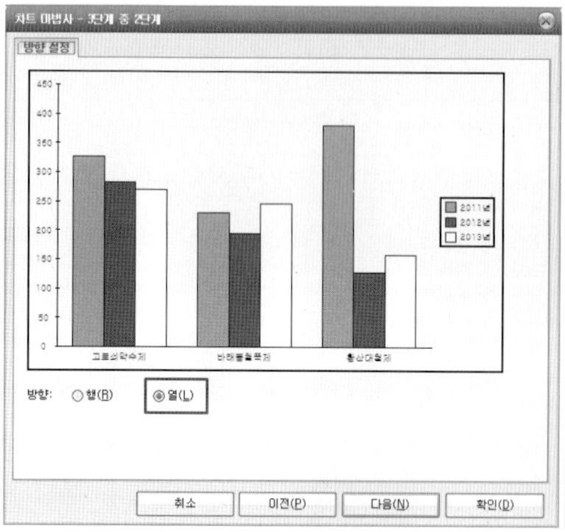

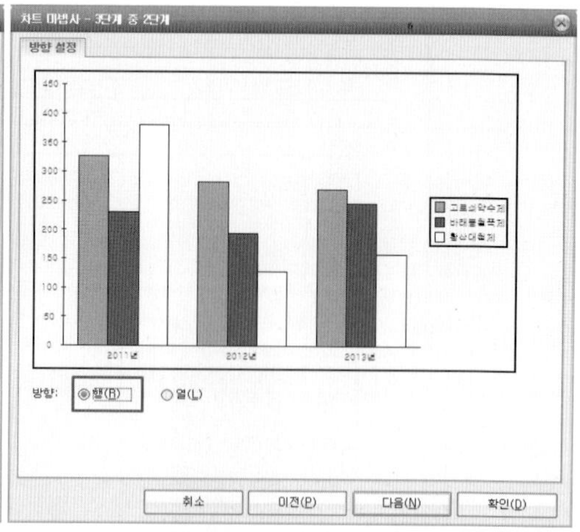

⑦ [차트 마법사 마지막 단계] 대화상자의 [제목] 탭에서 [차트 제목] 입력상자에 "남원 축제 관람객 현황" 과 [Y(값) 축] 입력상자에 "(단위: 천 명)" 을 각각 입력한 후, [확인] 단추를 누른다.

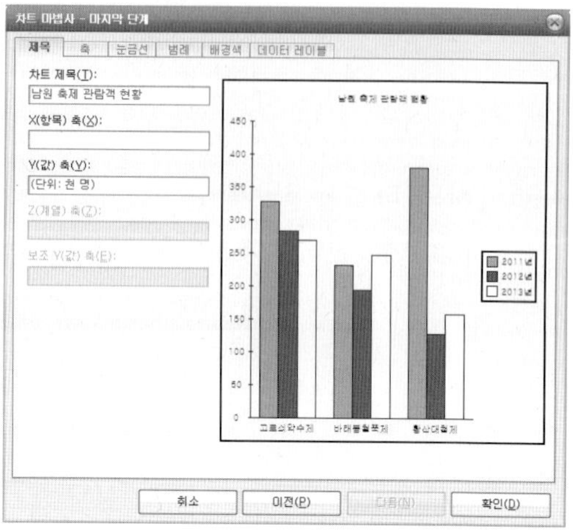

⑧ 차트가 완성된다.

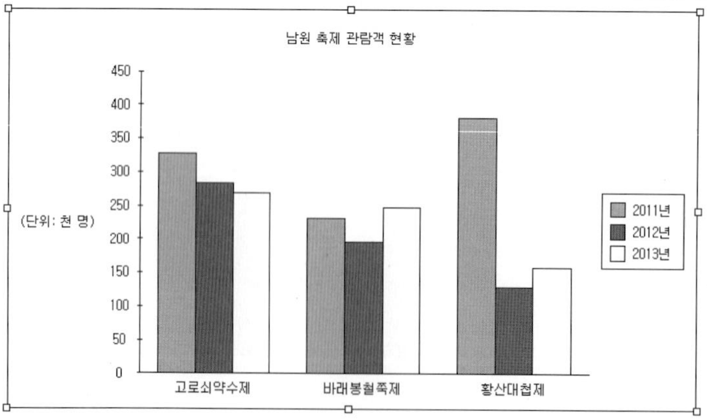

2.3.2 차트 서식 설정

차트 편집 상태에서는 차트의 모양 지정, 자료 입력, 차트 제목, 범례, 축 표시 등의 차트의 모양을 꾸밀 수 있다.

차트의 구성 요소 변경은 차트를 더블 클릭한 후, 차트 편집 상태에서 실행한다. 차트 편집 상태에서 마우스 오른쪽 버튼을 눌러 차트의 바로 가기 메뉴에서 각 서식을 설정할 수도 있다.

▪ 차트 선택 상태

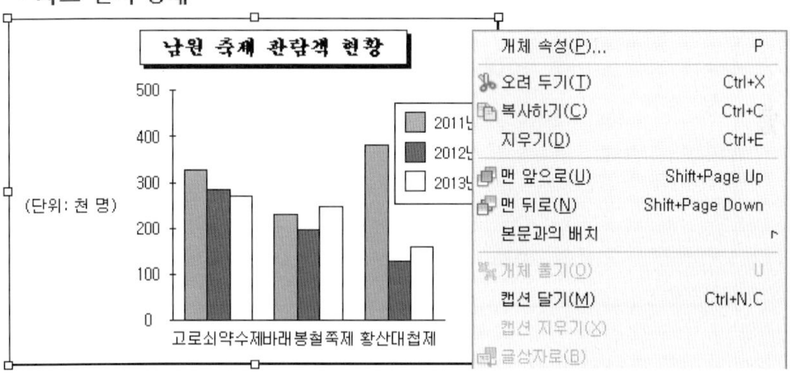

▪ 차트 편집 상태

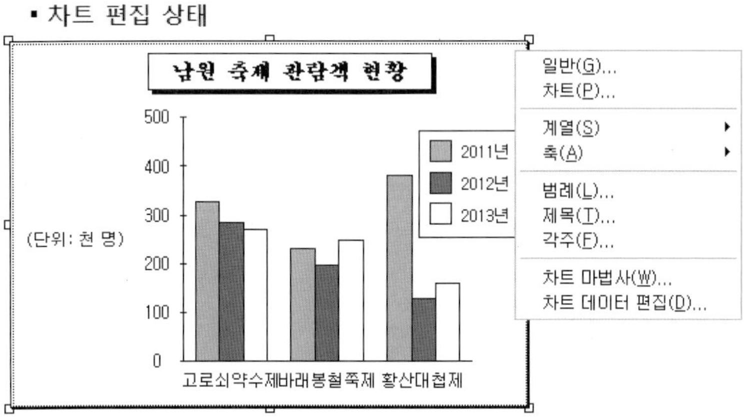

TIP!

• **차트 편집을 빠르게!**

☞ 각 구성 요소(제목, 축, 범례 등)를 선택한 후, 마우스로 더블 클릭하면 표시되는 차트 편집 대화상자에서 각 요소들을 세부 설정한다.

(1) 차트 제목

① 차트를 더블 클릭하면 차트 편집 상태가 된다.

② 차트 편집 상태에서 제목 상자를 더블 클릭하거나, 마우스 오른쪽 버튼을 눌러 [제목]을 선택한다.

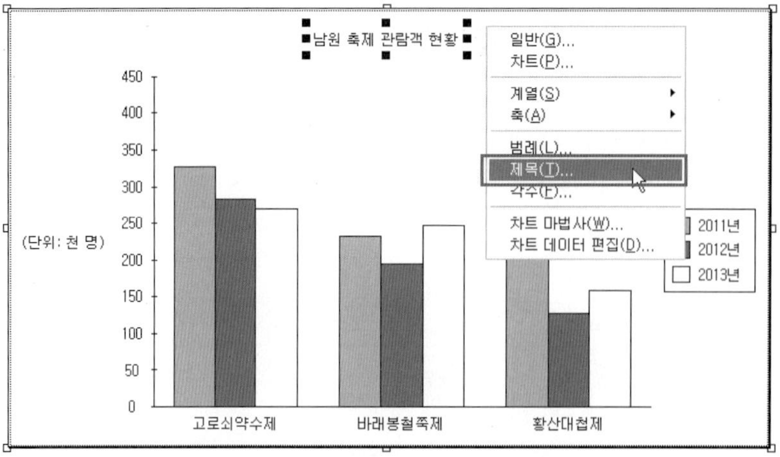

③ [제목 모양] 대화상자의 [배경] 탭을 클릭한다. [선 모양], [종류] 목록에서 '한 줄로'를 선택하고, [그림자]를 '2pt'로 설정한다.

④ [제목 모양] 대화상자의 [글꼴] 탭을 클릭한다. 글꼴(궁서), 크기(12pt), '진하게'를 선택한다.

⑤ [설정] 단추를 누른다.

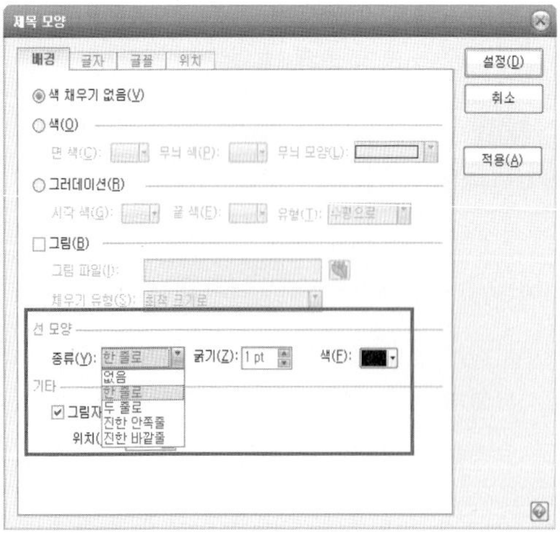

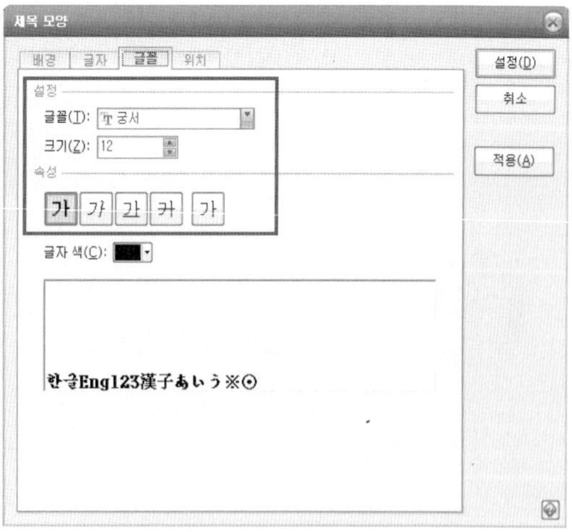

⑥ 범례를 더블 클릭한다. [범례 모양] 대화상자에서 글꼴(돋움), 크기(10pt), '보통' 으로 모두 설정한다.

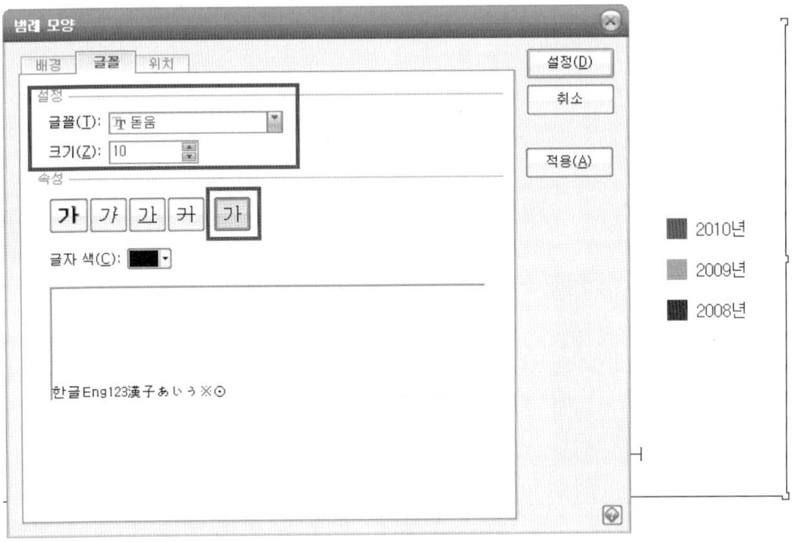

⑦ Y축 제목 '(단위: 천 명)' 을 더블 클릭하여 글꼴(돋움), 크기(10pt), '보통' 으로 설정한다.

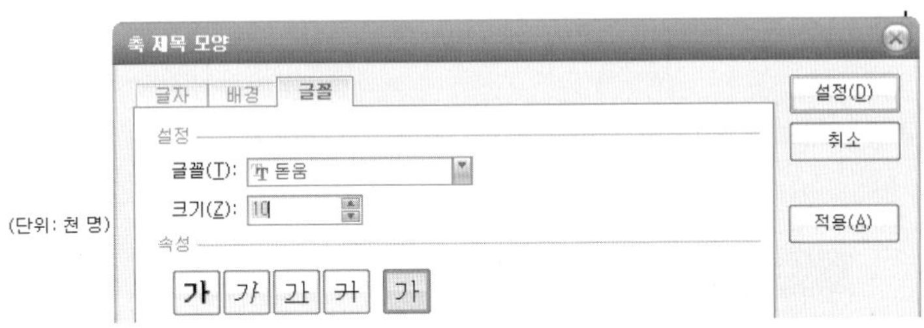

⑧ 'X축 이름표' 를 더블 클릭하여 글꼴(돋움), 크기(10pt), '보통' 으로 설정한다.

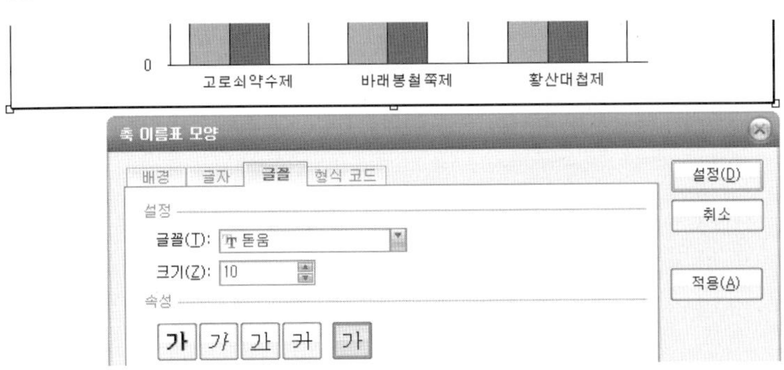

(2) 축 단위 변경

① 차트 편집 상태에서 마우스 오른쪽 버튼을 눌러 [축]→[축]을 선택한다. 또는 값 축의 눈금선을 더블 클릭한다.

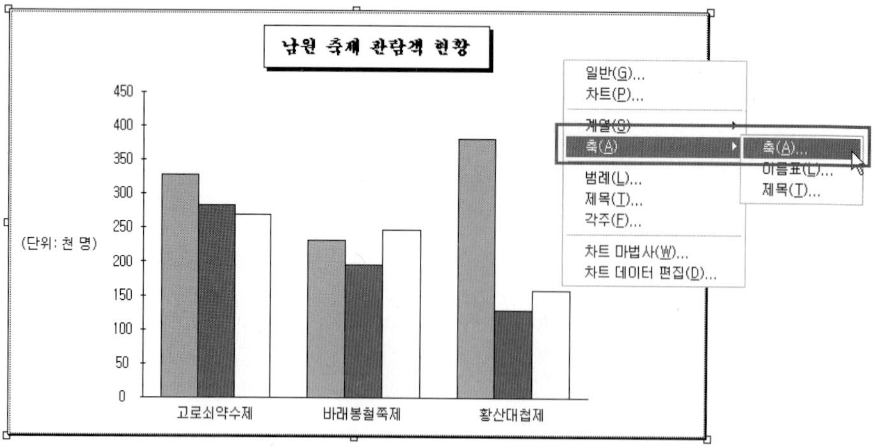

② [축 선택] 대화상자에서 '값(Y)축' 을 선택한다.

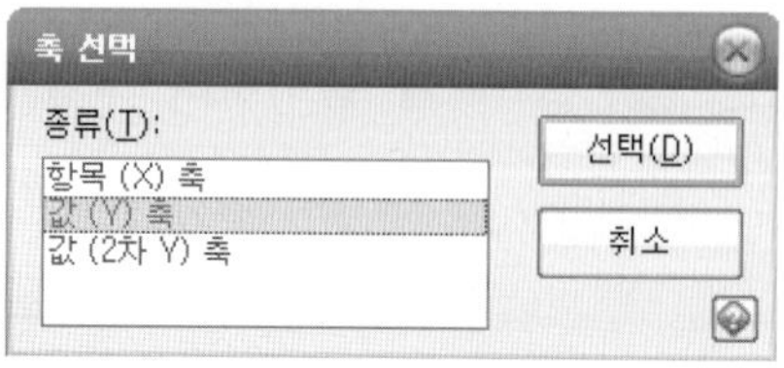

③ [축 모양] 대화상자에서 '자동으로 꾸밈' 을 해제한다. 최댓값(500), 큰 눈금선(5)를 각각 입력하고, [설정] 단추를 누른다.

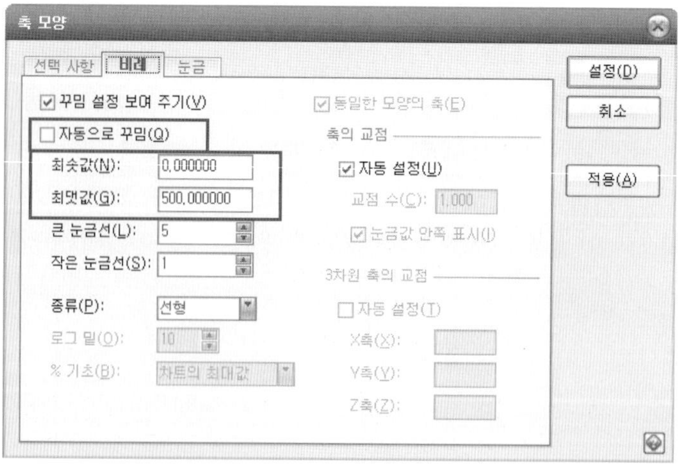

§ 연습문제 2.1 다음 조건에 맞는 문서를 작성하시오.

TIP!

• **답안 환경 설정**

☞ 파일명은 '학번-이름' 으로 저장한다. (자격증 시험 답안 파일명: 수험번호-이름)

☞ 편집 용지는 A4(국배판)로 선택하고, 용지 여백은 위쪽(10), 아래쪽(10), 왼쪽(11), 오른쪽(11), 머리말(10), 꼬리말(10), 제본(0) 으로 각각 설정한다.

☞ 글자체는 별도의 지시사항이 없는 경우는 바탕(또는 신명조), 글자 크기는 10포인트로 한다.

☞ 스타일, 표, 차트 작성 및 편집은 1페이지에서 작업 한다.

☞ 스타일에는 문제번호 '1' 을, 표에는 문제 번호 '2' 를 각각 입력한다.

1. 다음의 《조건》 에 따라 스타일 기능을 적용하여 《출력 형태》 와 같이 작성하시오.

《스타일 조건》

(1) 스타일 이름 - theatre
(2) 문단모양 - 왼쪽 여백 : 10pt, 문단 아래 간격 : 10pt
(3) 글자모양 - 글꼴 : 한글(굴림)/영문(돋움), 크기 : 10pt, 장평 : 95%, 자간 : -5%

《스타일 출력 형태》

1.

Suwon Hwasung Fortress Theatre Festival is an annual performing arts festival which takes place at a special place, Suwon Hwasung Fortress which is designated as a world cultural heritage.

'연극만만 시민낙락'이라는 주제로 시민들에게 즐거움과 감동을 선사할 국내외 우수한 단체들의 다채로운 공연과 시민들이 직접 제작하여 공연하는 시민축제행사를 선보입니다.

2. 다음의 《조건》 에 따라 《출력 형태》 와 같이 표와 차트를 작성하시오.

《표 조건》

(1) 표 전체(표, 캡션) – 굴림, 10pt
(2) 정렬 – 문자 : 가운데 정렬, 숫자 : 오른쪽 정렬
(3) 셀 배경색 : 노랑(RGB:255,255,0)
(4) 한글의 계산 기능을 이용하여 빈칸에 합계를 구하고, 캡션 기능 사용할 것
(5) 선 모양은 《출력 형태》 와 동일하게 처리할 것

《표 출력 형태》

수원화성국제연극제 관람 현황(단위 : 천 명)

구분	2010년	2011년	2012년	2013년	2014년
해외 초청작	321.5	252.9	373.9	289.5	312.6
국내 초청작	182.6	289.2	147.8	211.0	189.2
시민 초청작	428.5	351.3	272.7	268.2	198.1
합계					

《차트 조건》

(1) 차트 데이터는 표 내용에서 구분별 2010년, 2011년, 2012년의 값만 이용할 것
(2) 종류 – 〈묶은 세로 막대형〉으로 작업할 것
(3) 제목 – 돋움, 진하게, 12pt, 배경 – 선 모양(한 줄로), 그림자(2pt)
(4) 제목 이외의 전체 글꼴 – 돋움, 보통, 10pt
(5) 기타 나머지 사항은 《출력 형태》 와 동일하게 처리할 것

《차트 출력 형태》

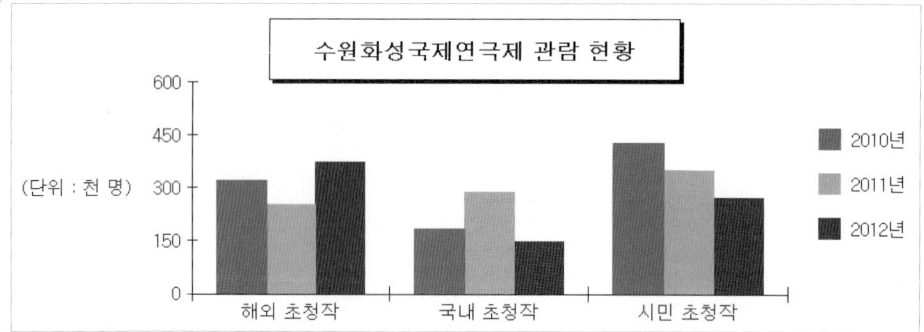

§ 연습문제 2.2 다음 조건에 맞는 문서를 작성하시오.

※연습문제 2.1의 '답안 환경 설정' 에 맞게 작성한다.

1. 다음의 《조건》 에 따라 스타일 기능을 적용하여 《출력 형태》 와 같이 작성하시오.

《스타일 조건》

(1) 스타일 이름 - exhibition
(2) 문단모양 - 왼쪽 여백 : 10pt, 문단 아래 간격 : 10pt
(3) 글자모양 - 글꼴 : 한글(굴림)/영문(궁서), 크기 : 10pt, 장평 : 110%, 자간 : -5%

《스타일 출력 형태》

Seoul Cyber Venture Exhibition Hall is an on-line museum that transcends time and space.

위축된 소상공의 자긍심을 고취하고, 성공적인 비즈니스를 위한 높은 품격과 질 좋은 상품정보 제공으로 2012 대한민국 소상공인 창업박람회를 개최 합니다.

2. 다음의 《조건》 에 따라 《출력 형태》 와 같이 표와 차트를 작성하시오.

《표 조건》

(1) 표 전체(표, 캡션) - 돋움, 10pt
(2) 정렬 - 문자 : 가운데 정렬, 숫자 : 오른쪽 정렬
(3) 셀 배경색 : 노랑(RGB:255,255,0)
(4) 한글의 계산 기능을 이용하여 빈칸에 합계를 구하고, 캡션 기능 사용할 것
(5) 선 모양은 《출력 형태》 와 동일하게 처리할 것

《표 출력 형태》

창업전시관별 부스 현황(단위 : 개)

구분	외식산업관	도소매관	서비스관	합계
1층	865	164	453	
2층	694	119	192	
3층	734	262	211	
4층	533	184	294	
5층	122	131	228	

《차트 조건》

(1) 차트 데이터는 표 내용에서 1층, 2층, 3층의 외식산업관, 도소매관, 서비스관의 값만 이용할 것
(2) 종류 – 〈묶은 세로 막대형〉으로 작업할 것
(3) 제목 – 굴림, 진하게, 12pt, 배경 – 선 모양(한 줄로), 그림자(2pt)
(4) 제목 이외의 전체 글꼴 – 굴림, 보통, 10pt
(5) 기타 나머지 사항은 《출력 형태》 와 동일하게 처리할 것

《차트 출력 형태》

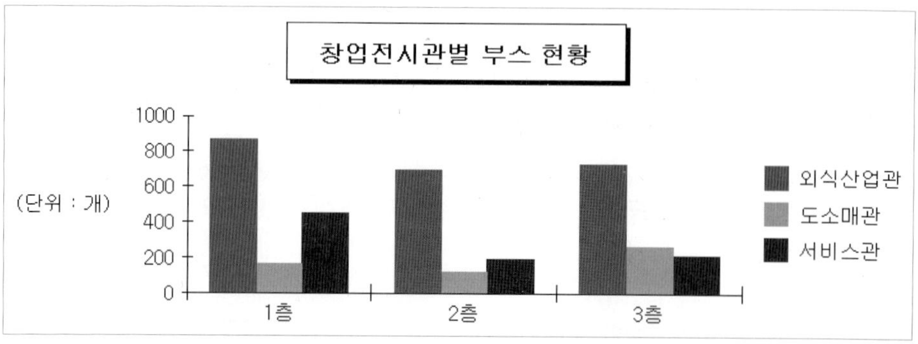

〈자료출처 : ITQ 기출문제〉

한글 2007

3장. 수식 / 도형

학습목표

한글 2007에서 수식 편집과 도형그리기 기능을 익히고 아래 《출력 형태》와 같은 문서를 작성한다.

1. 수식 편집기를 이용하여 《출력 형태》와 같이 다음 수식 (1), (2)를 각각 작성하시오.

《수식 출력 형태》

$$(1)\int_{a}^{b}f(x)dx=\lim_{n\to\infty}\sum_{k=1}^{n}f\left(a+k\cdot\frac{b-a}{n}\right)\cdot\frac{b-a}{n}\qquad(2)\left(\cos\frac{5}{3}\pi+isin\frac{5}{3}\pi\right)=\left(\frac{1}{2}-i\frac{\sqrt{3}}{2}\right)$$

2. 다음의 《조건》에 따라 《출력 형태》와 같이 문서를 작성하시오.

《도형 조건》

(1) 그리기 도구를 이용하여 작성을 하고, 모든 도형(글맵시, 지정된 그림 포함)을 《출력 형태》와 같이 작성하시오.

(2) 도형의 면색은 지시사항이 없으면 서로 다르게 임의로 지정하시오.

《출력 형태》

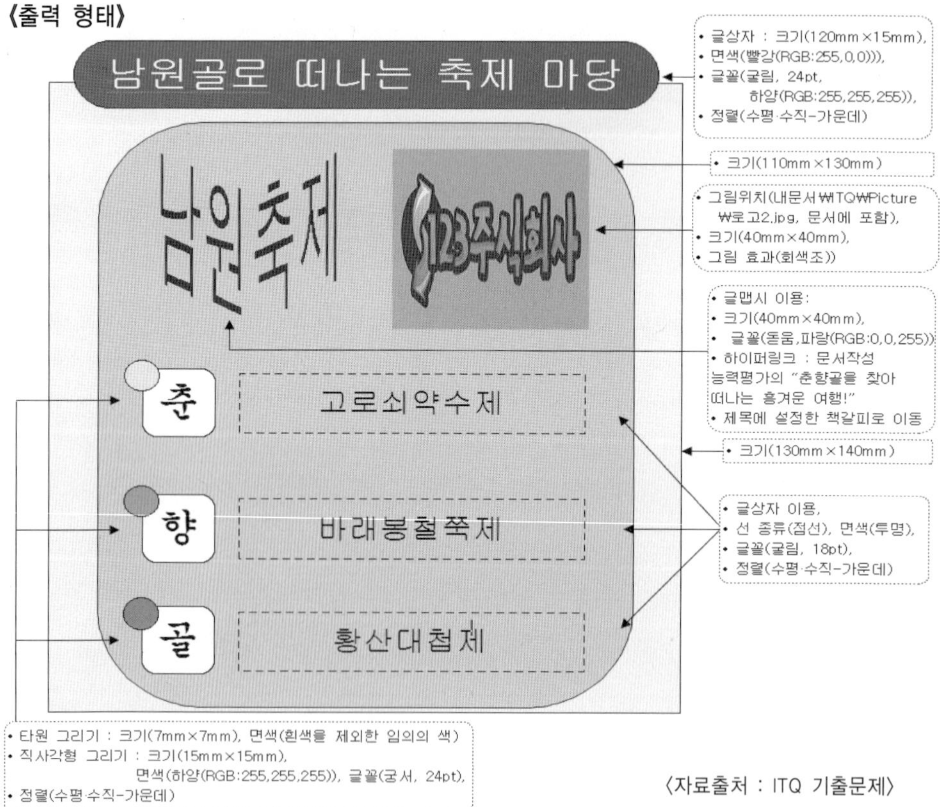

〈자료출처 : ITQ 기출문제〉

3.1 수식

수식 편집기를 이용하여 간단한 산술식은 물론 복잡한 수식에 이르기까지, 어떠한 수학식도 수식 템플릿(Template)과 수식용 예약어를 이용하여 손쉽게 작성할 수 있다.

3.1.1 수식 편집기

[입력]→[개체]→[수식]을 실행하거나, 도구 모음의 수식 아이콘(f(x))을 클릭하면 수식 편집기가 표시된다. 수식 편집기를 이용하여 수식을 작성할 수 있다. 수식 편집기에서 영문을 입력하면 기본적으로 이탤릭체로 입력된다.

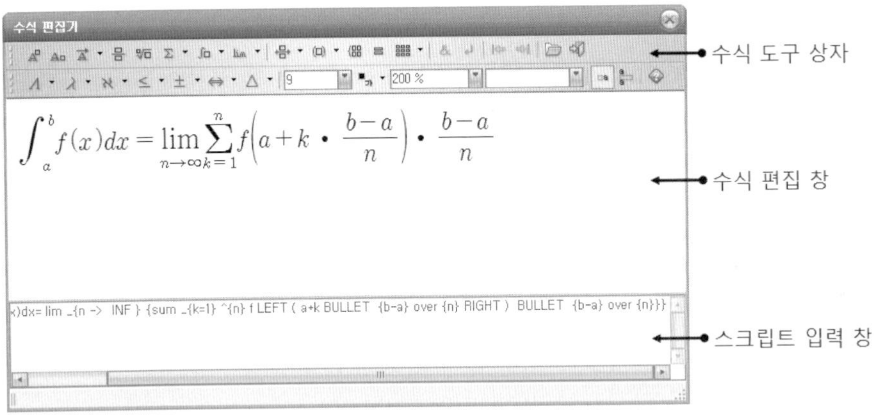

(1) 수식 도구 상자

다양한 함수 기호와 수식 템플릿, 수식 기호 및 수식용 명령어가 제공된다. 복잡한 수학 기호와 명령어를 굳이 직접 입력하지 않고도 [수식] 도구 상자의 다양한 수식 아이콘을 이용하여 간편하게 수식을 입력할 수 있다.

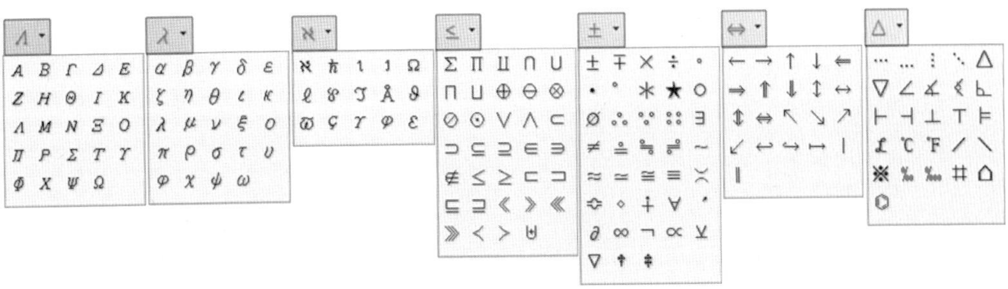

(2) 수식 편집 창

[수식] 도구 상자에서 수식 템플릿을 선택한 다음 수식 편집 창에서 필요한 값만 입력하면 간편하게 수식을 작성할 수 있다.

(3) 스크립트 입력 창

수식 명령어를 직접 입력하여 수식을 만든다. 스크립트 입력 창에서 수식 명령어를 입력하면 수식 편집 창에서 결과를 바로 확인할 수 있다.

3.1.2 수식 편집 유의 사항

[수식 편집기]는 일반 문서 편집과는 달리 수식 편집기만의 고유한 규칙들을 가지고 있다. [수식 편집기]를 효율적으로 사용하기 위해서는 다음의 기본 규칙을 알고 있어야 한다.

(1) 항목 이동

수식 편집 창에서 다음 항목으로 이동할 때에는 ⇆(Tab) 또는 방향키(→)를 누른다. 이전 항목으로 이동할 때에는 Shift+⇆(Tab)을 누른다.

(2) 속성 해제

위 첨자나 아래 첨자 상태에서 첨자가 아닌 보통 문자 상태로 전환하거나 '진하게' 상태에서 보통 문자 상태로 전환할 때에도 ⇆(Tab)을 누른다.

(3) 줄 바꾸기

수식 편집 창에서 줄을 바꾸려면 일반 편집 화면에서처럼 Enter↵ 키를 누른다.

3.1.3 수식 작성

■ 한글 2007의 수식 편집기로 다음 수식 (1), (2)를 각각 작성한다.

TIP!

• 답안 환경 설정

☞ 수식과 도형은 2페이지에 작성한다.

☞ 수식의 문제 번호 '3' 을 표시하고, 항목 번호 (1), (2)도 각각 입력한다.

《수식 출력 형태》

(1) $\int_{a}^{b} f(x)dx = \lim_{n \to \infty} \sum_{k=1}^{n} f\left(a + k \cdot \frac{b-a}{n}\right) \cdot \frac{b-a}{n}$ (2) $\left(\cos\frac{5}{3}\pi + isin\frac{5}{3}\pi\right) = \left(\frac{1}{2} - i\frac{\sqrt{3}}{2}\right)$

(1) 수식 입력

① [입력]→[개체]→[수식]을 실행하거나, [기본] 도구 상자에서 수식(f(x)) 아이콘을 클릭한다.

② [수식 편집기] 대화상자가 나타나고, [수식 도구 상자]에서 [적분] 목록을 눌러, 《출력 형태》에 맞는 아이콘을 선택한 후, 내용을 입력한다.

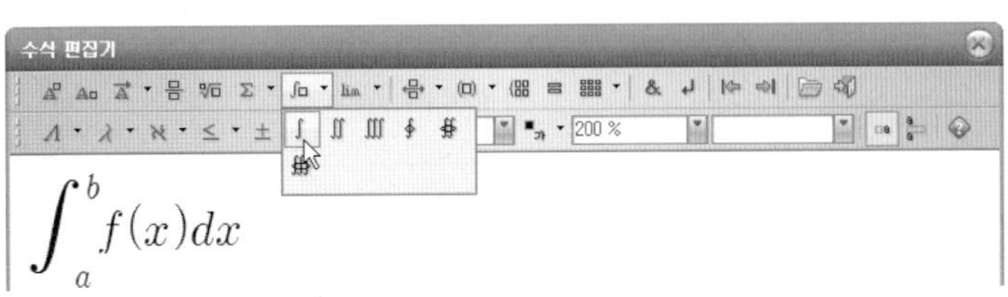

③ 내용을 입력하고 (Tab) 또는 방향키(→)를 눌러 다음 항목으로 이동한다.

④ [수식] 도구 상자의 [극한] 목록을 눌러, 《출력 형태》에 맞는 아이콘을 선택한 후, 내용을 입력한다.

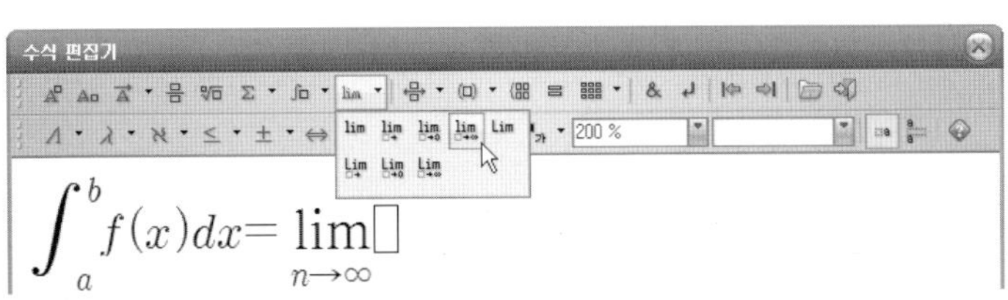

⑤ [수식] 도구 상자의 [합] 목록을 눌러 《출력 형태》 에 맞는 아이콘을 선택한 후, 내용을 입력한다.

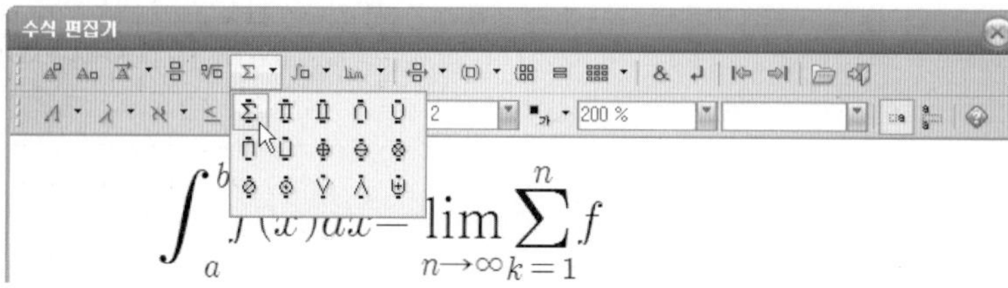

⑥ [수식] 도구 상자의 [괄호] 목록을 눌러 《출력 형태》 에 맞는 아이콘을 선택한다.

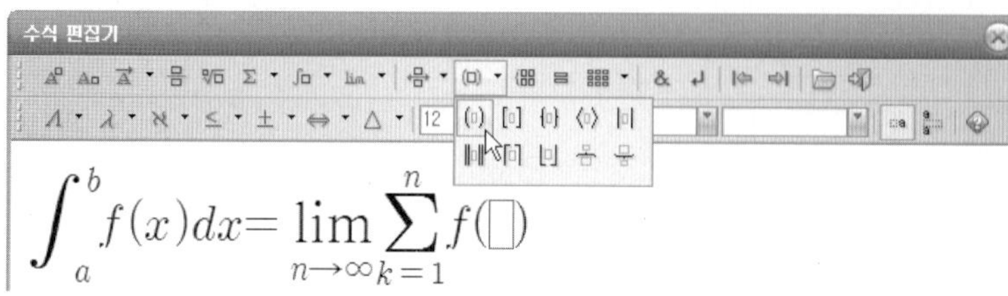

⑦ [수식] 도구 상자의 [연산.논리 기호] 목록을 눌러 '•' 를 넣는다.

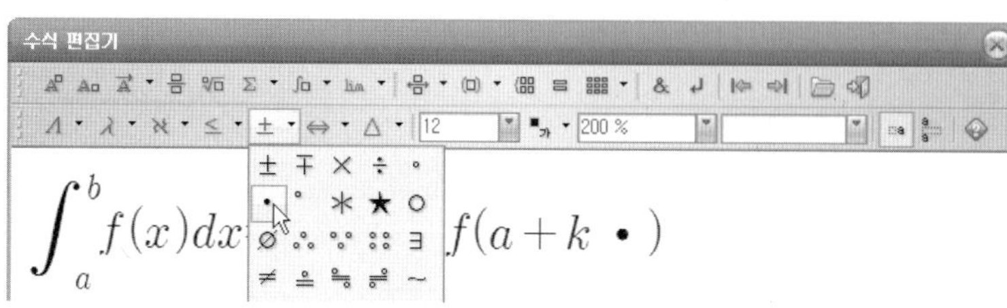

⑧ [수식] 도구 상자의 [분수] 를 누른 후, 《출력 형태》 와 같이 내용을 입력한다.

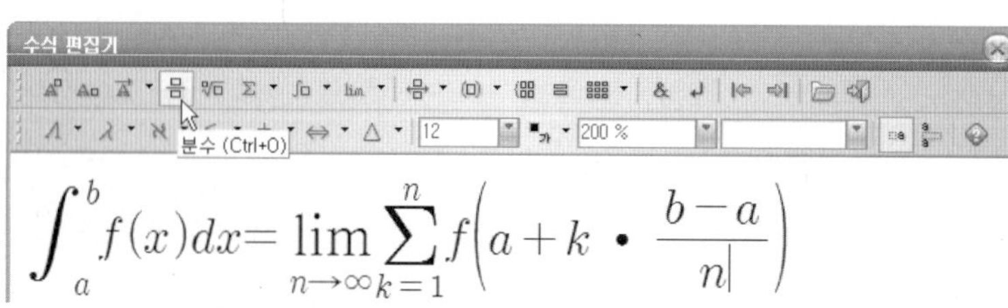

⑨ ⑦,⑧번과 동일한 방법을 통해, 아래 《출력 형태》와 같이 수식을 완성한다.

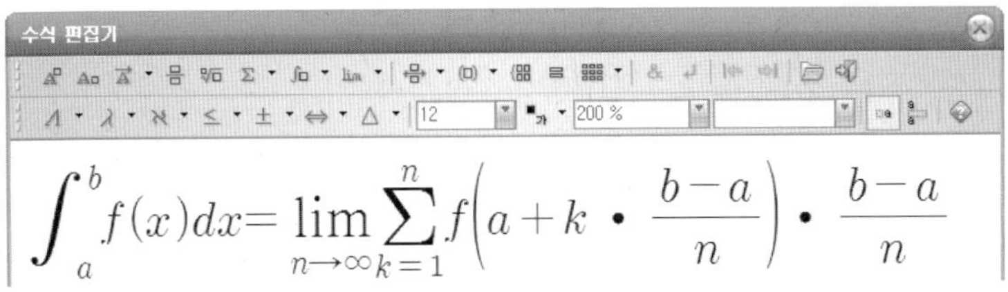

⑩ [수식] 도구 상자에서 [넣기] 아이콘( )을 누르거나 Shift+Esc 키를 눌러 수식 편집을 끝낸다.

⑪ 본문에 수식이 입력되어 나타난다.

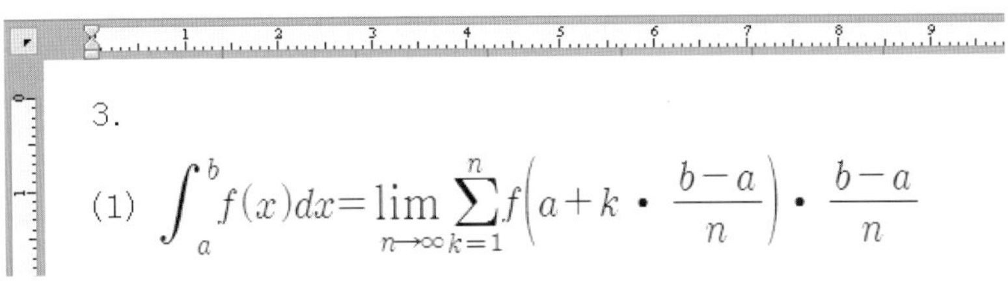

(2) 수식 편집

본문에 입력한 수식을 마우스 왼쪽 버튼으로 더블 클릭한 후, 수식을 편집한다. 수정된 결과대로 본문에 수식이 나타난다.

(3) 수식 글꼴, 크기 설정

① 본문에 입력한 수식을 선택한 다음 P 키를 누르거나, 마우스 오른쪽을 눌러 [개체 속성]을 실행한다.

② [수식 속성] 대화상자의 [수식] 탭에서 글자 크기, 글자 색을 설정할 수 있다.

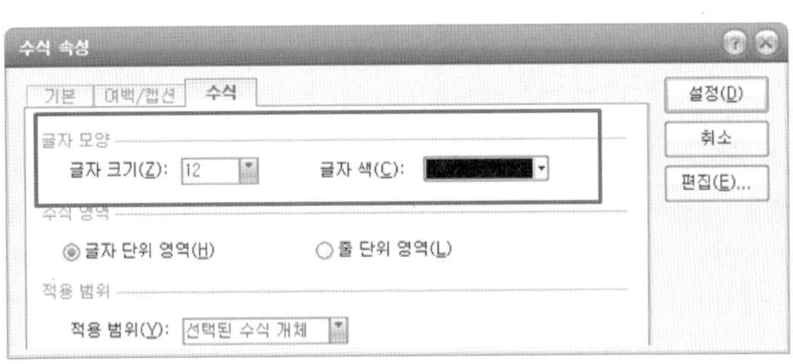

3.2 도형

한글 2007은 다른 응용 프로그램 없이도 편집 화면의 어느 곳에서나 직접 그림을 그릴 수 있는 그림 그리기(On-Page Drawing) 기능이 들어 있다. [그리기] 도구 상자의 여러 도구를 이용하여 간단한 그림에서부터 복잡한 그림까지 쉽게 그릴 수 있으며, 약간의 응용만으로도 다채로운 효과를 낼 수 있다.

3.2.1 그리기 도구 상자

그리기 도구 상자는 그림 그리기에 관련된 기능을 아이콘으로 모아 놓은 곳이다. 그리기 도구를 이용하여 작성한 도형과 문서에 입력된 그림 등을 개체라고 한다. [그리기 도구 상자]의 직선, 사각형, 타원, 호, 다각형, 곡선, 글상자 등의 그리기 도구를 이용하여, 간단한 안내장 등을 만들 수 있다.

[그리기] 도구 상자가 편집 화면에 보이지 않을 때에는, [보기]→[도구 상자]→[그리기]를 실행하면 [그리기] 도구 상자가 나타난다.

3.2.2 도형 다루기

도형을 그릴 때 키보드의 특정 키(Shift, Ctrl)와 함께 도형을 그리면 쉽게 그리거나 복사할 수 있다.

(1) Shift 키와 함께 정방형 도형 그리기

도형을 그릴 때 Shift 키를 누른 상태에서 도형을 그리면, 정사각형, 정방형 원, 직선 등의 정다각형을 그릴 수 있다.

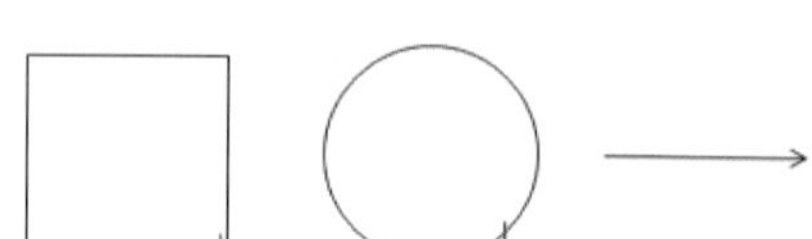

(2) Ctrl 키를 이용한 복사

Ctrl 키를 누른 상태에서 도형을 끌어 이동하면, 도형이 복사 된다.

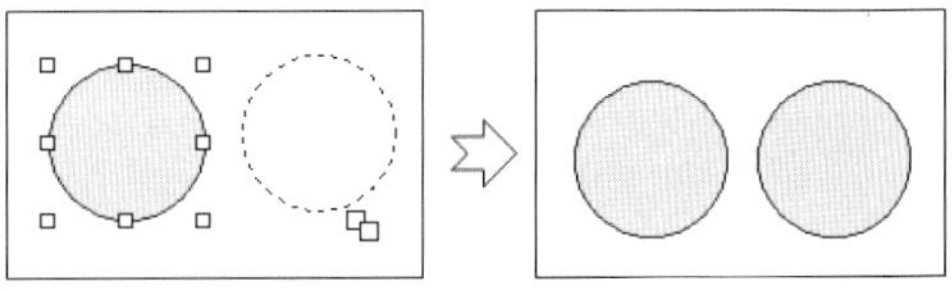

(3) 도형 속성 변경

도형을 선택한 후 마우스로 더블 클릭하거나, 마우스 오른쪽을 눌러 [개체 속성]을 선택한다.

[개체 속성] 대화상자의 [기본], [여백/캡션], [선], [채우기] 탭에서 크기, 선 속성, 채우기 속성 등을 설정할 수 있다.

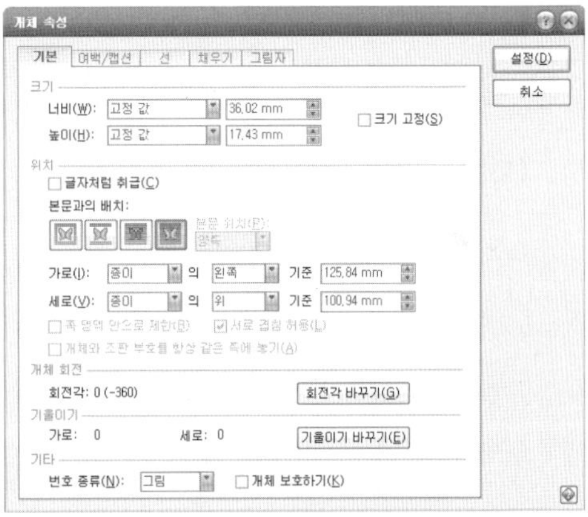

(4) 사각형을 다른 도형으로 변경

사각형의 모서리는 일반적으로 직각 모양인데 곡선 또는 타원 모양으로 변형할 수 있다.

① 그려진 사각형을 마우스로 더블 클릭하거나, 마우스 오른쪽을 눌러 [개체 속성]을 선택한다.

② [선] 탭의 '사각형 모서리 곡률'에서 사각형의 모서리를 둥근 모서리나 반원 모서리로 바꾸거나 곡률 값을 직접 입력하여 모서리의 둥근 정도를 지정할 수 있다.

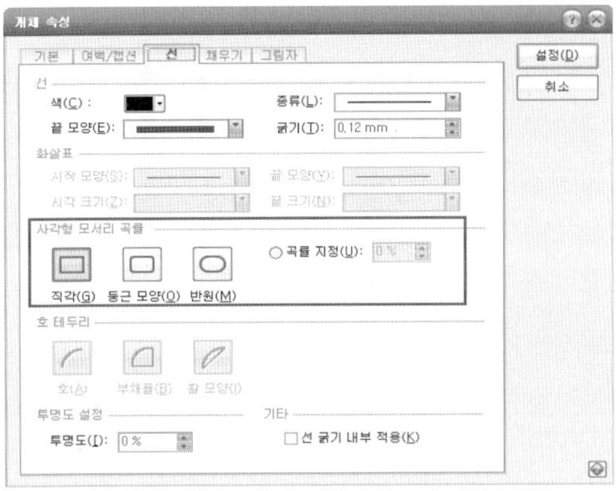

3.2.3 도형 작업

■ 한글 2007의 [그리기 도구]를 이용하여 《출력 형태》 와 같이 도형을 작성한다.

TIP!

• 답안 환경 설정

☞ 도형은 2페이지에 수식에 이어 작성한다. 도형의 문제 번호 '4' 를 입력한다.

☞ 문제의 《조건》 에 면색이 지정되지 않더라도 임의의 색을 지정해야 한다.

☞ 4번 문제(도형)는 묶기를 하지 않는다. * 묶기 했을 경우 0점 처리

《도형 조건》

(1) 그리기 도구를 이용하여 작성을 하고, 모든 도형(글맵시, 지정된 그림 포함)을 《출력 형태》 와 같이 작성하시오.

(2) 도형의 면색은 지시사항이 없으면 서로 다르게 임의로 지정하시오.

《출력 형태》

4.

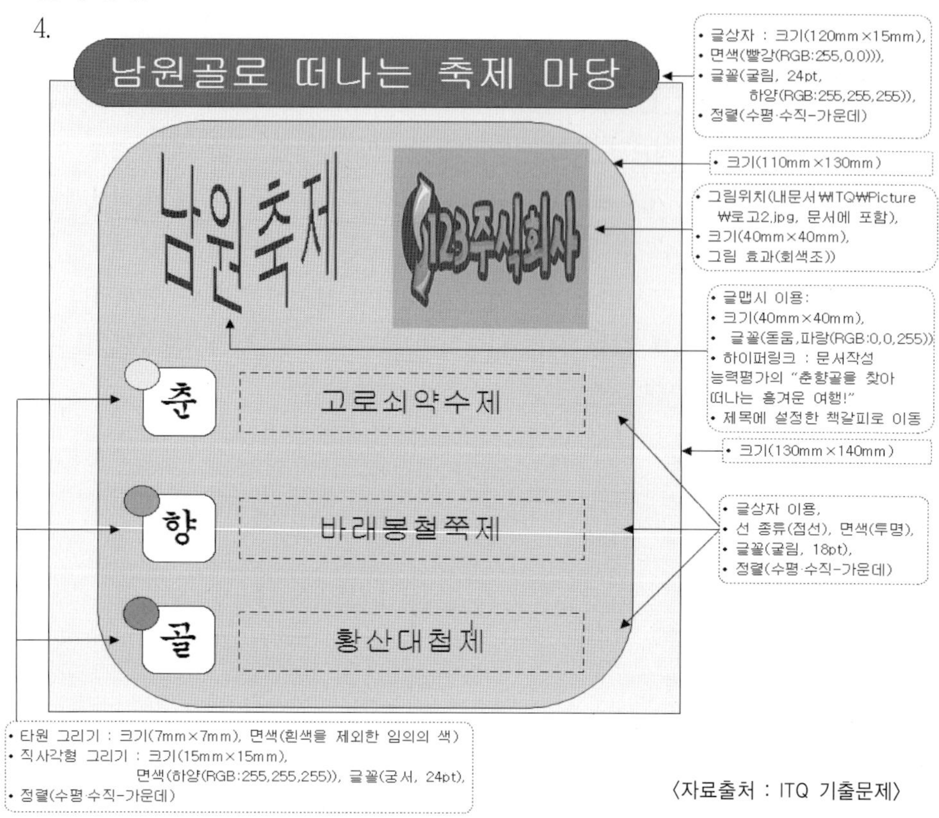

〈자료출처 : ITQ 기출문제〉

(1) 도형 그리기

① [그리기] 도구 상자에서 [직사각형] 단추를 누른 다음 적당한 위치에서 드래그한다.

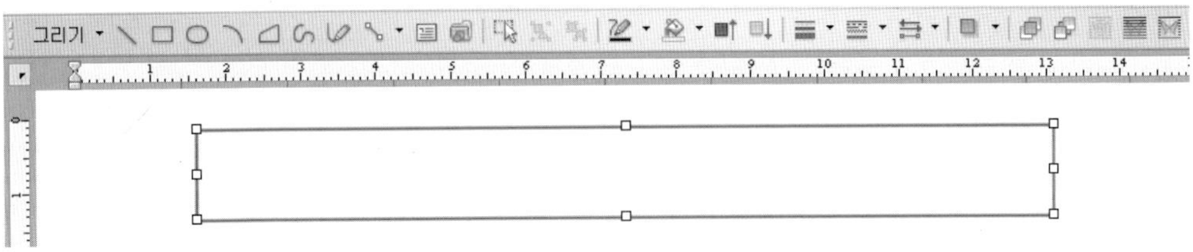

② 사각형이 선택된 상태에서 더블 클릭하거나, 마우스 오른쪽 버튼을 눌러 [개체 속성] 을 클릭한다. Ctrl+N, K 키를 눌러도 된다.

③ [개체 속성] 대화상자의 [기본], [선], [채우기] 탭에서 각각 크기, 모양, 면 색을 설정한다.

④ [기본] 탭에서 너비(120), 높이(15)를 입력하고, '크기 고정' 을 체크한다. [본문과의 배치]는 '글 뒤로( )' 를 선택한다.

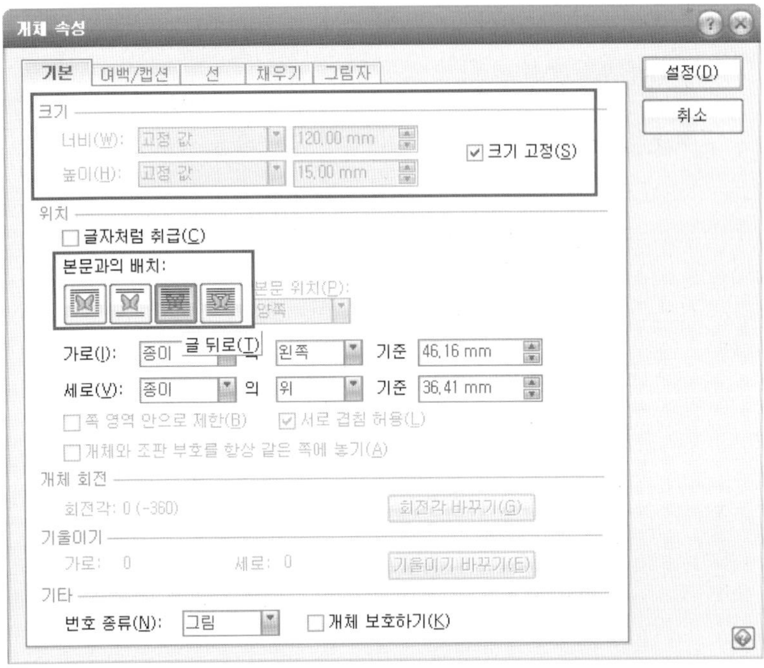

⑤ [선] 탭을 선택한다. [선] 색을 '검정' 으로, [사각형 모서리 곡률]에서 '반원' 을 선택한다.

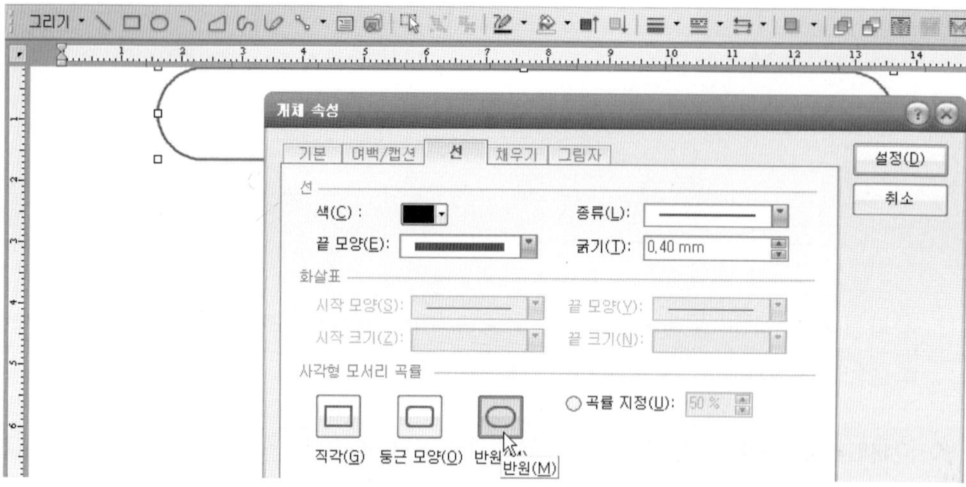

⑥ [채우기] 탭을 선택한다. [면 색]을 눌러서 '빨강' 색을 선택한다. [설정] 단추를 누른다.

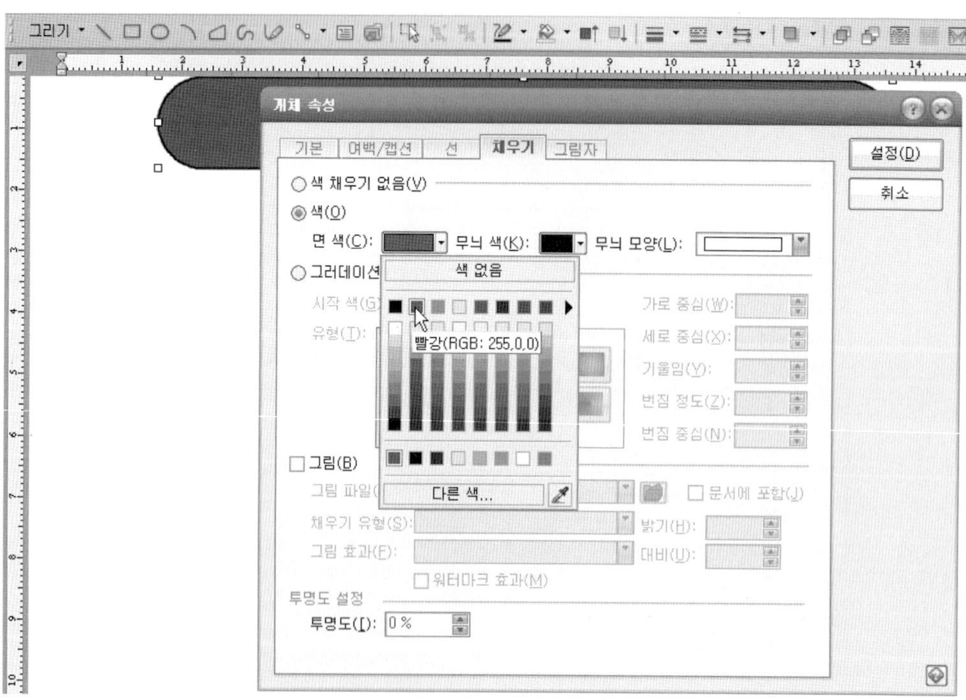

⑦ [그리기] 도구 상자에서 [직사각형] 단추를 누른 다음 적당한 위치에 그린다.

⑧ 그려진 사각형 도형을 더블 클릭한다. [개체 속성]의 [기본] 탭에서 너비(130), 높이(140)을 입력한다.

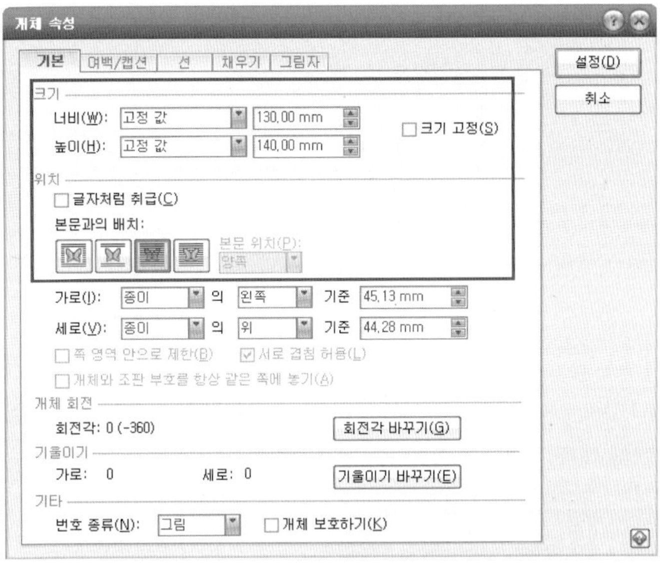

⑨ [채우기] 탭의 [면색]을 선택한 후, 임의의 색을 지정한다.

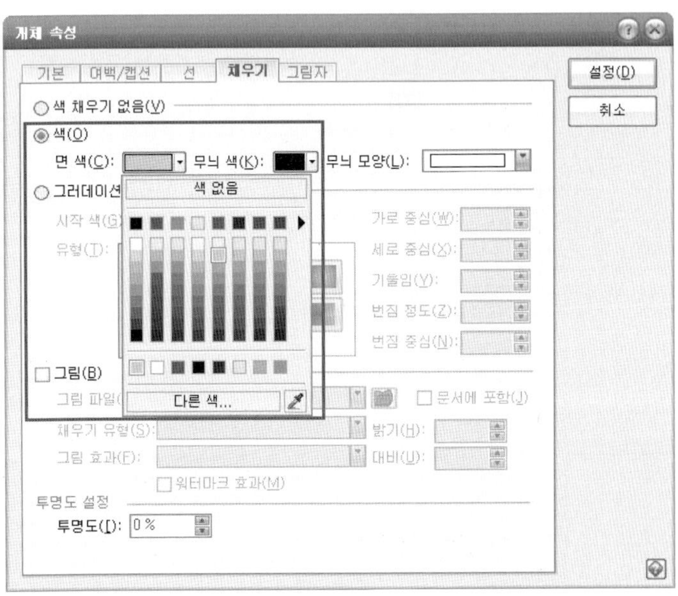

⑩ 그려진 사각형을 선택하고, 마우스 오른쪽을 눌러 [맨 뒤로]를 선택한다.

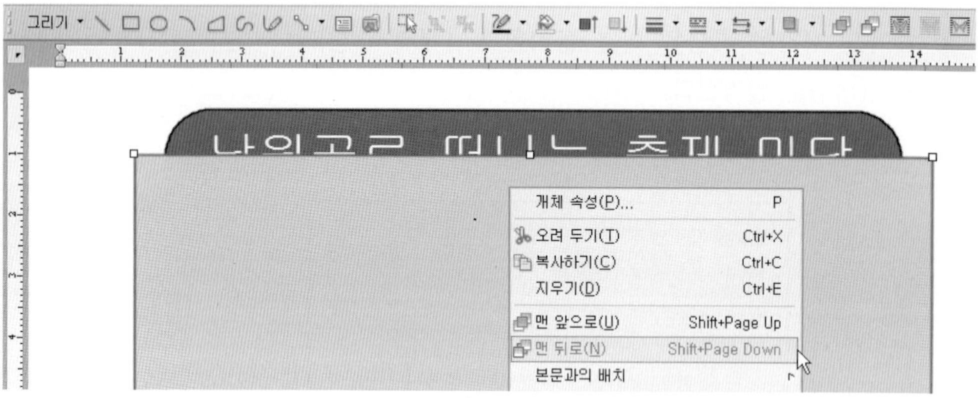

⑪ [직사각형] 그리기 도구를 이용하여 사각형을 그린다. [개체 속성]의 [기본] 탭에서 크기(110mm×130mm)를 설정하고, [선] 탭에서 '둥근 모양'을 선택한다. [채우기] 탭에서 면색은 임의대로 설정한다.

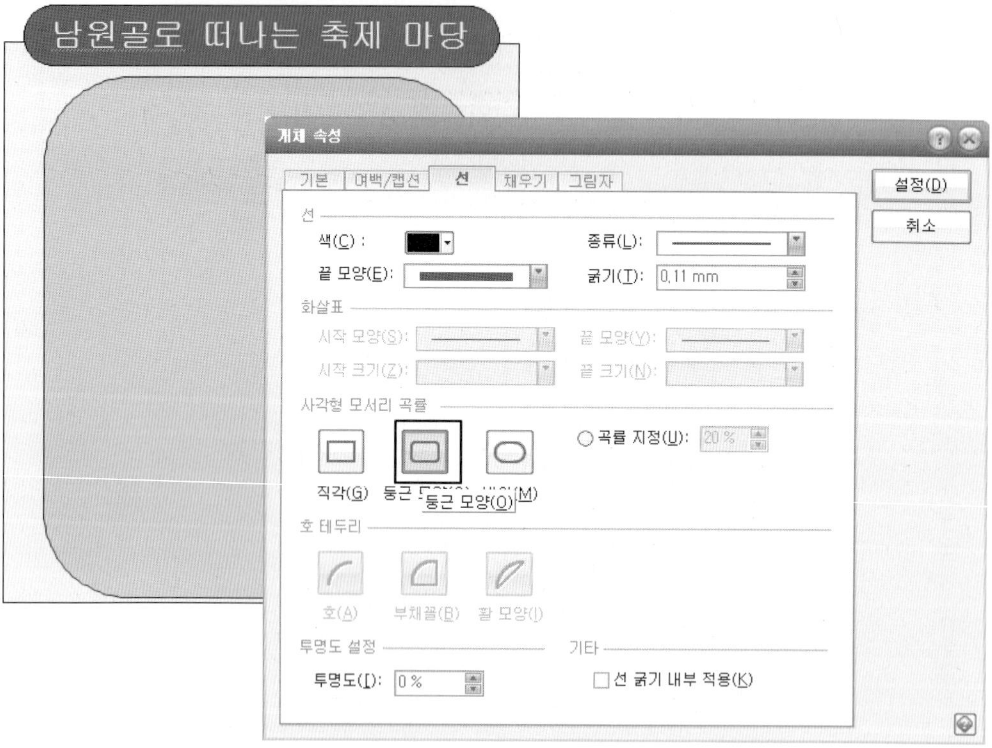

⑫ [직사각형] 도구를 이용하여 직사각형을 그린다. [개체 속성]의 [기본] 탭에서 크기(15mm×15mm)를 설정하고, [선] 탭에서 '둥근 모양'을 선택한다. [채우기] 탭에서 면색은 '하양(RGB:255,255,255)'을 각각 설정한다.

⑬ [타원] 도구를 이용하여 원을 그린다. [개체 속성]의 [기본] 탭에서 크기(7mm×7mm)를 설정하고, [채우기] 탭에서 면색은 흰색을 제외한 임의의 색을 설정한다.

⑭ 둥근 모양의 사각형과 원을 배치하여 출력 형태와 같이 도형을 완성한다.

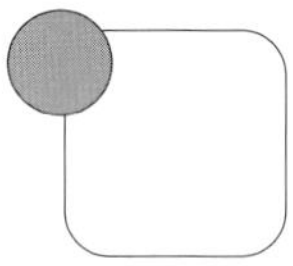

⑮ Shift 키를 누른 상태에서 완성한 원과 사각형 도형을 선택한다.

⑯ Ctrl 키를 누른 상태에서 도형을 끌어 내리면 동일한 도형이 복사된다.

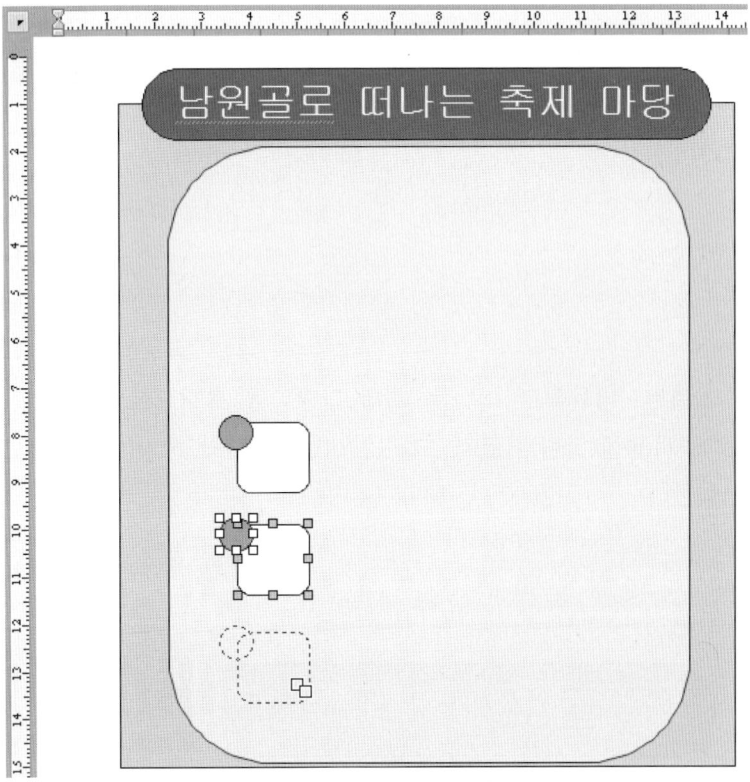

⑰ 복사된 '원' 도형의 채우기 색을 각각 다르게 설정한다.

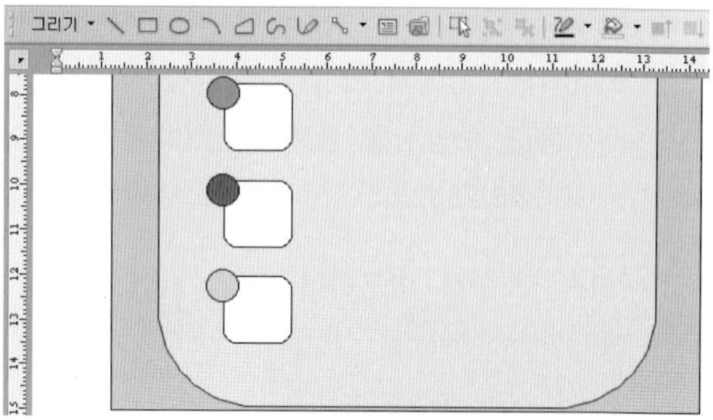

(2) 도형에 글자 입력

① 도형을 선택하고 마우스 오른쪽을 눌러 [글상자로]를 선택한다. 아래와 같이 내용을 입력한다.

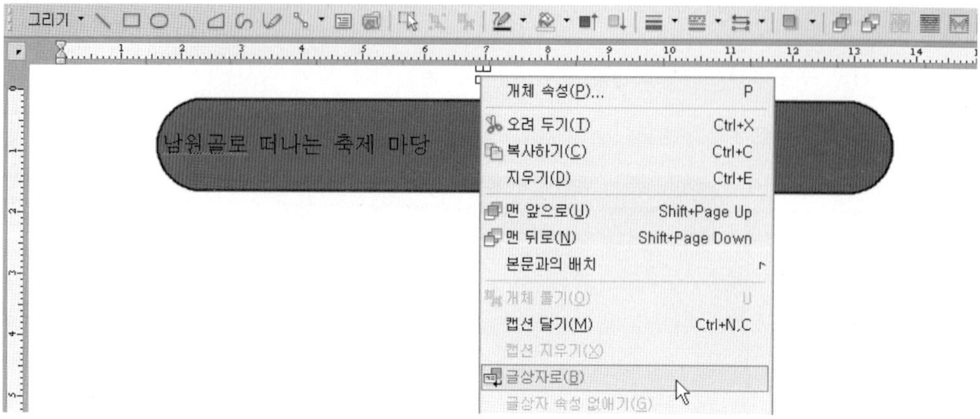

② 도형에 입력된 '남원골로 떠나는 축제 마당' 을 블록으로 설정한다. [서식] 도구 모음에서 글꼴(굴림), 글자 크기(24pt), 글꼴 색(하양(RGB:255,255,255))을 각각 선택한다.

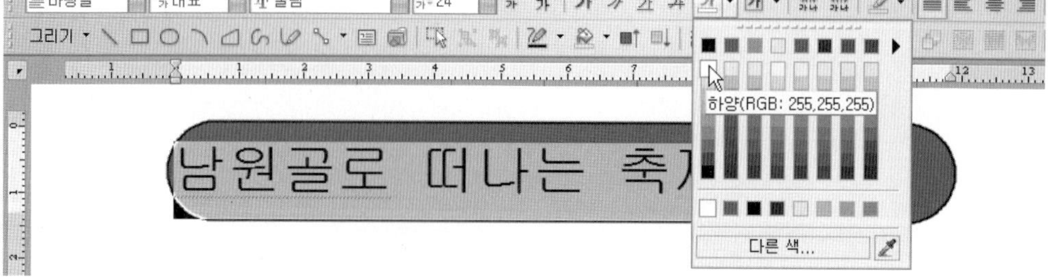

③ [서식] 도구 모음에서 ‘가운데 정렬’로 설정한다.

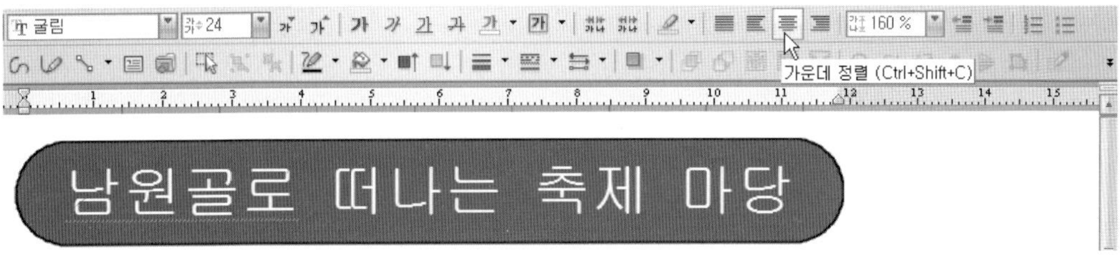

(3) 글맵시

글맵시는 글자를 구부리거나 글자에 외곽선, 면 채우기, 그림자, 회전 등의 효과를 주어 문자를 꾸미는 기능이다.

① [입력]→[개체]→[글맵시]를 실행하거나, [기본] 도구 상자에서 글맵시 아이콘( )을 클릭한다.

② [글맵시 개체 만들기] 대화상자가 나타나면, [내용]에 “남원축제”를 입력하고, [글꼴]은 ‘돋움’을 선택한다.

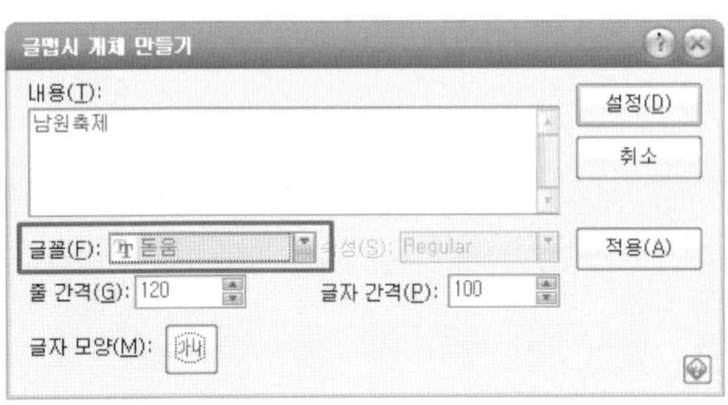

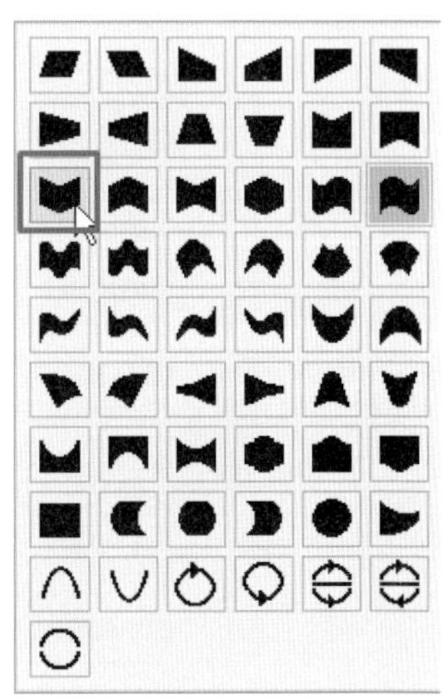

③ [글자 모양] 목록 단추를 눌러 ‘ ’ 모양을 선택한다.

④ [설정] 단추를 누르면 편집 화면에 글맵시 개체가 삽입된다.

⑤ 편집 화면에 글맵시를 선택하면, [글맵시] 도구 상자가 나타난다. [채우기 색] 색상 팔레트 단추를 눌러 '파랑(RGB: 0,0,255)' 색을 설정한다. [글맵시] 도구 상자는 [보기]→[도구 상자]→[글맵시 개체]에서 표시/숨기기 할 수 있다.

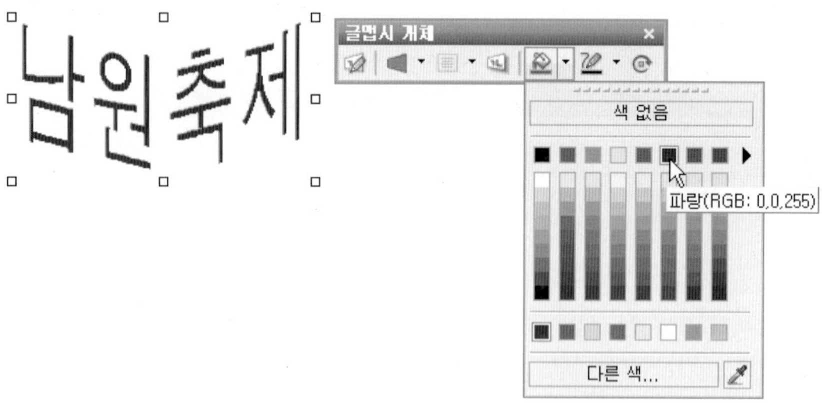

⑥ 삽입된 글맵시를 선택한 상태에서 마우스로 더블 클릭하거나, Ⓟ 키를 누른다. 마우스 오른쪽을 눌러 [개체 속성]을 선택해도 된다.

⑦ [개체 속성] 대화상자의 [기본] 탭에서 너비(40), 높이(40)를 선택하고, [본문과의 배치]에서 '글 앞으로' 를 누른다. [설정] 단추를 누른다.

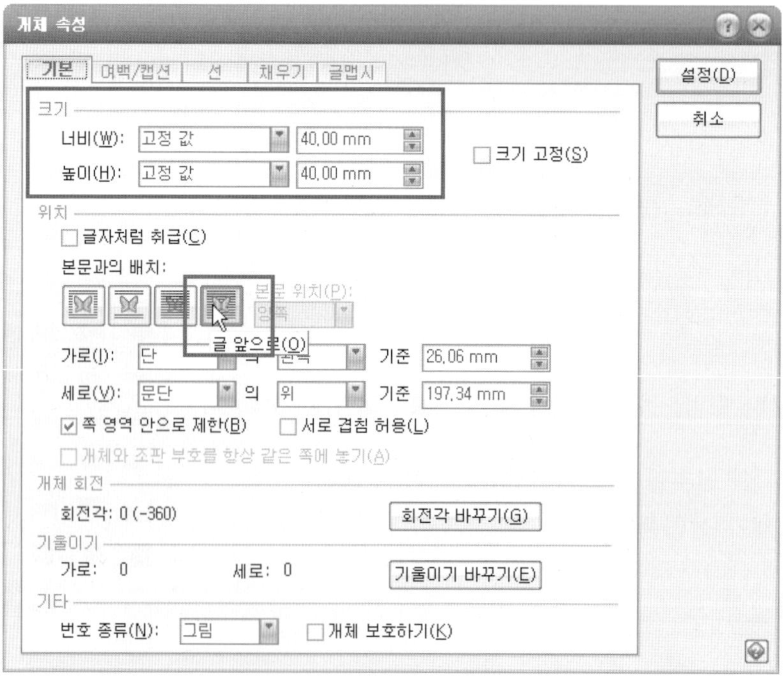

⑧ 글맵시를 선택한 상태에서 다시 한 번 더 마우스 오른쪽을 눌러 [맨 앞으로]를 선택한다.

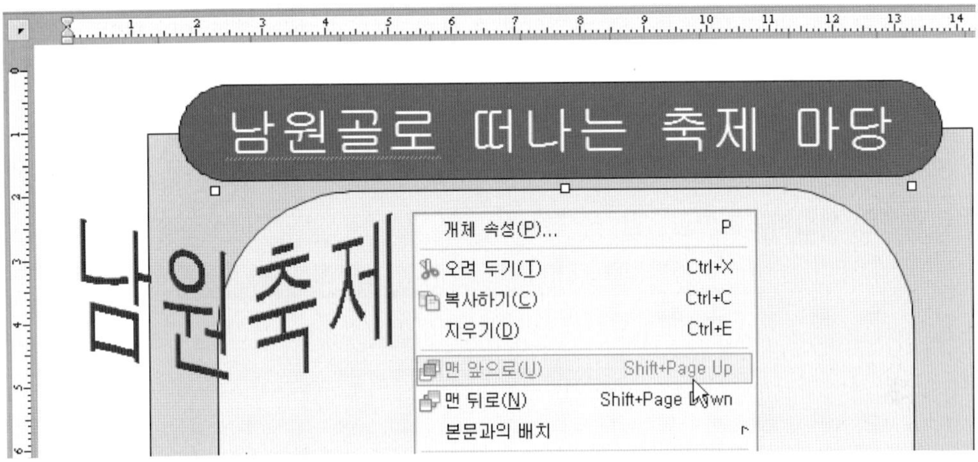

⑨ 완성된 글맵시를 드래그 하여 《출력 형태》에 맞게 위치를 이동시킨다.

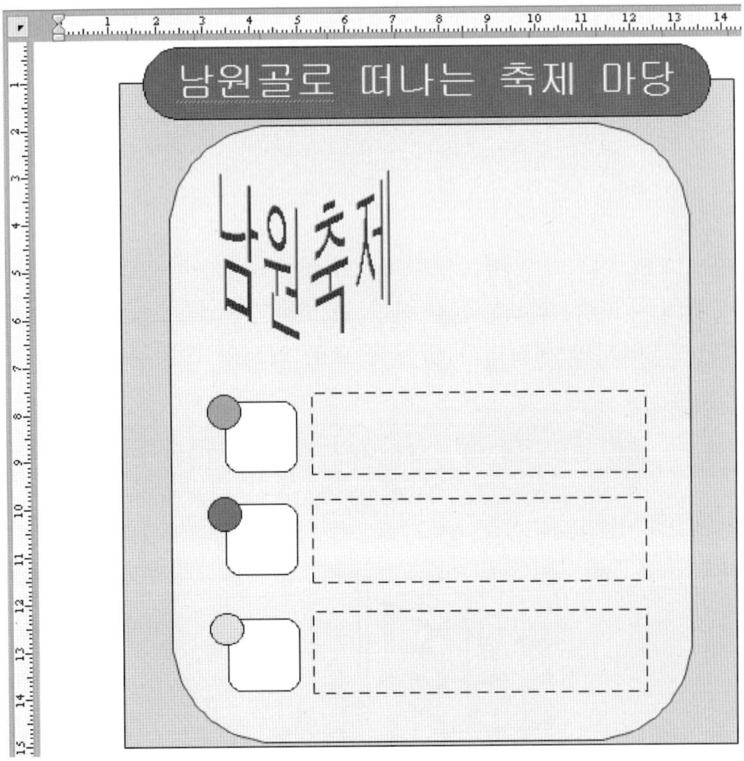

(4) 책갈피와 하이퍼링크

편집 화면 3페이지 첫째 줄에 책갈피를 달고, 2페이지의 글맵시인 '남원축제' 에 하이퍼링크를 연결한 후 '남원축제' 를 클릭하면 커서가 3페이지 첫째 줄로 이동한다.

① 글맵시를 선택하고 마우스 오른쪽을 눌러 [하이퍼링크]를 선택한다.

② [하이퍼링크] 대화상자의 [연결 종류]에서 'ᄒᆞᆫ글 문서' 를 선택하고, [연결 대상]은 책갈피 '춘향골' 을 선택한다.

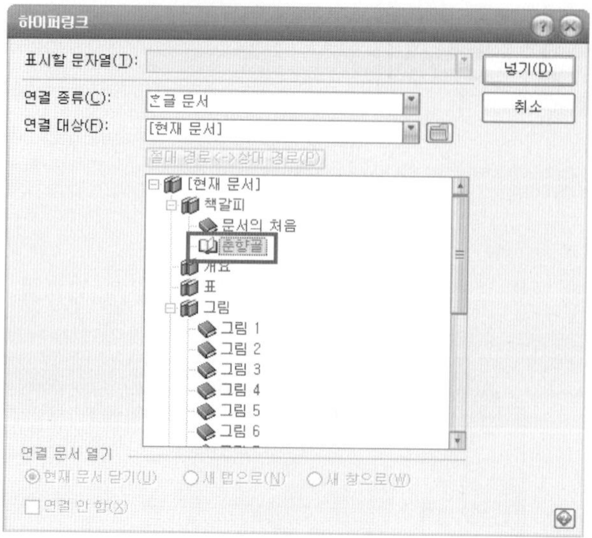

③ 글맵시 위에 마우스 포인트를 올리면, 마우스 포인트가 손 모양(☝)으로 변하고, 클릭하면 3페이지의 책갈피가 있는 곳으로 커서가 이동된다.

(5) 그림 삽입

① 그림을 삽입하기 위해 [입력]→[개체]→[그림] 메뉴를 실행하거나, Ctrl+N, I 키를 누른다.

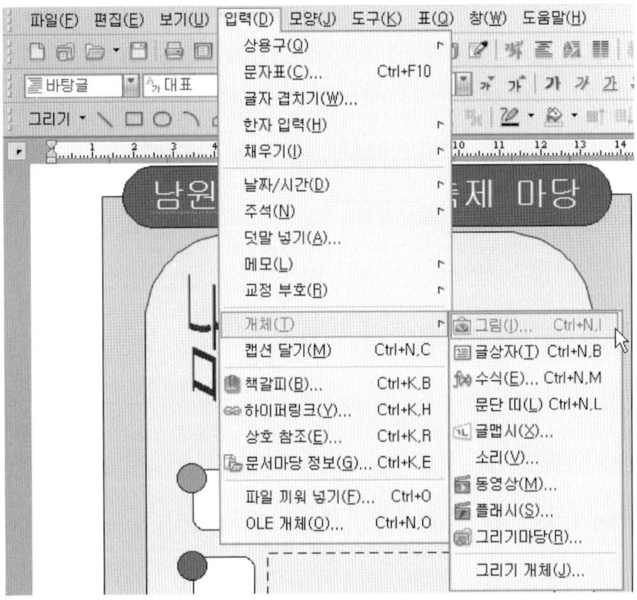

② [그림 넣기] 대화상자가 나타나면 'Picture' 폴더에서 삽입할 그림을 선택하고, '문서에 포함' 을 체크한 후 [열기] 단추를 누르면 그림이 문서에 삽입된다.

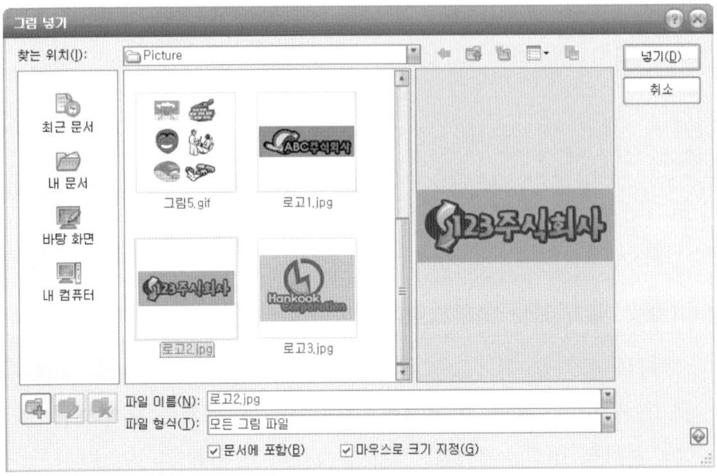

③ 삽입된 그림을 고치기 위해서는 그림을 선택하고 더블 클릭한다. 또는 마우스 오른쪽 버튼을 눌러 [개체 속성] 바로 가기 메뉴를 실행한다.

④ [개체 속성] 대화상자가 나타나면 [기본] 탭에서 너비(40), 높이(40)를 입력한다. [크기 고정]을 체크하고, [본문과의 배치]는 '글 앞으로' 를 선택한다.

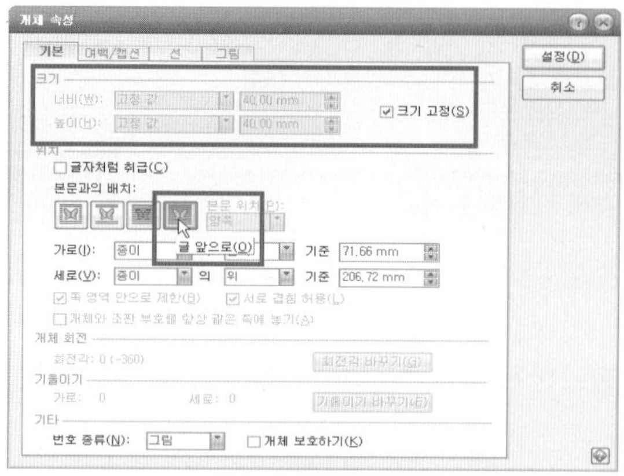

⑤ [그림] 탭의 [그림 효과]에서 '회색조' 를 선택하고 [설정] 단추를 누른다.

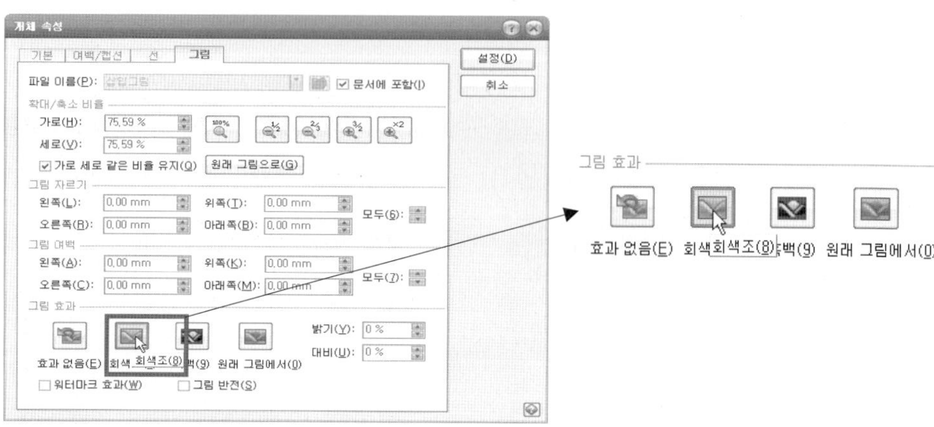

TIP

• [그림 넣기]에서 마우스로 크기 지정

☞ 그림을 삽입할 때 [그림 넣기] 대화상자에서 [마우스로 크기 지정]이 체크되어 있으면, 편집 화면에서 그림을 넣을 위치로 마우스를 옮긴 후, 원하는 크기로 마우스를 드래그하여 그림을 삽입할 수 있다.

☞ [마우스로 크기 지정]이 해제되어 있으면 그림 파일이 바로 삽입된다.

§ 연습문제 3.1 다음 조건에 맞는 문서를 작성하시오.

TIP!

- 답안 환경 설정
  - ☞ 글자체는 별도의 지시사항이 없는 경우는 바탕(또는 신명조), 글자 크기는 10포인트로 한다.
  - ☞ 수식 및 도형 작업은 2페이지에서 작업 하고, 문제 번호 '3', '4' 를 각각 입력한다.
  - ☞ 수식의 각 항목에 문제 번호 (1), (2)를 각각 표시한다.

1. 수식 편집기로 다음 수식 (1), (2)를 각각 입력하시오.

(1) $a^2 = b^2 + c^2 - 2bc\cos A \Leftrightarrow \cos A = \frac{b^2 + c^2 - a^2}{2bc}$

(2) $\frac{c}{\sqrt{a} \pm \sqrt{b}} = \frac{c(\sqrt{a} \mp \sqrt{b})}{a - b}$

2. 다음의 《조건》 에 따라 《출력 형태》 와 같이 작성하시오.

《조건》

(1) 그리기 도구를 이용하여 작성을 하고, 모든 도형(글맵시, 지정된 그림 포함)을 《출력 형태》 와 같이 작성하시오.
(2) 도형의 면색은 지시사항이 없으면 색 없음을 제외하고 서로 다르게 임의로 지정하시오.

《출력 형태》

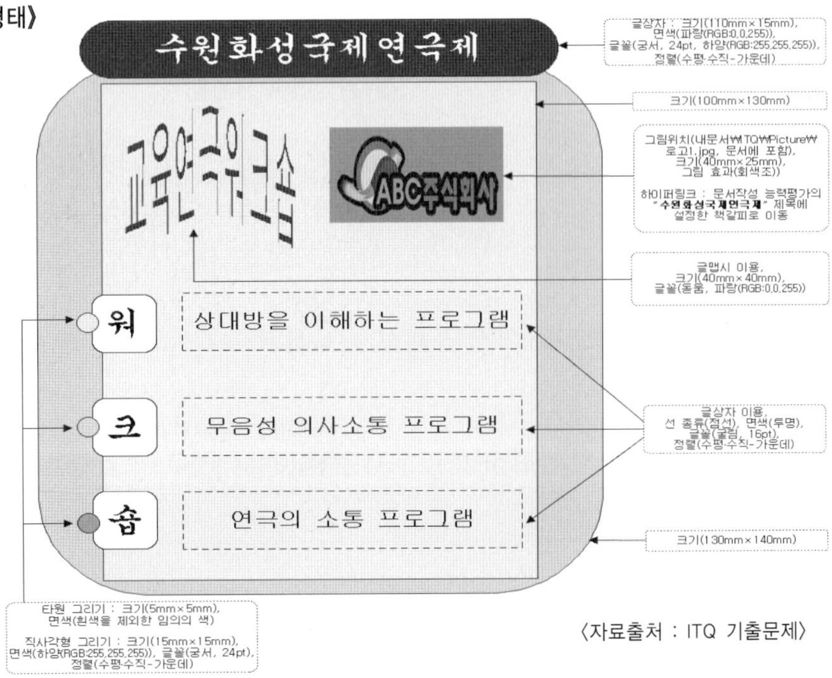

〈자료출처 : ITQ 기출문제〉

§ 연습문제 3.2 다음 조건에 맞는 문서를 작성하시오.

1. 수식 편집기로 다음 수식 (1), (2)를 각각 입력하시오.

(1) $\overline{AB} = \sqrt{(x_2 - x_1)^2 + (y_2 - y_1)^2}$ (2) $l = r\theta, S = \frac{1}{2}r^2\theta = \frac{1}{2}rl$

2. 다음의 《조건》 에 따라 《출력 형태》 와 같이 작성하시오.

《조건》

(1) 그리기 도구를 이용하여 작성을 하고, 모든 도형(글맵시, 지정된 그림 포함)을 《출력 형태》 와 같이 작성하시오.
(2) 도형의 면색은 지시사항이 없으면 색 없음을 제외하고 서로 다르게 임의로 지정하시오.

《출력 형태》

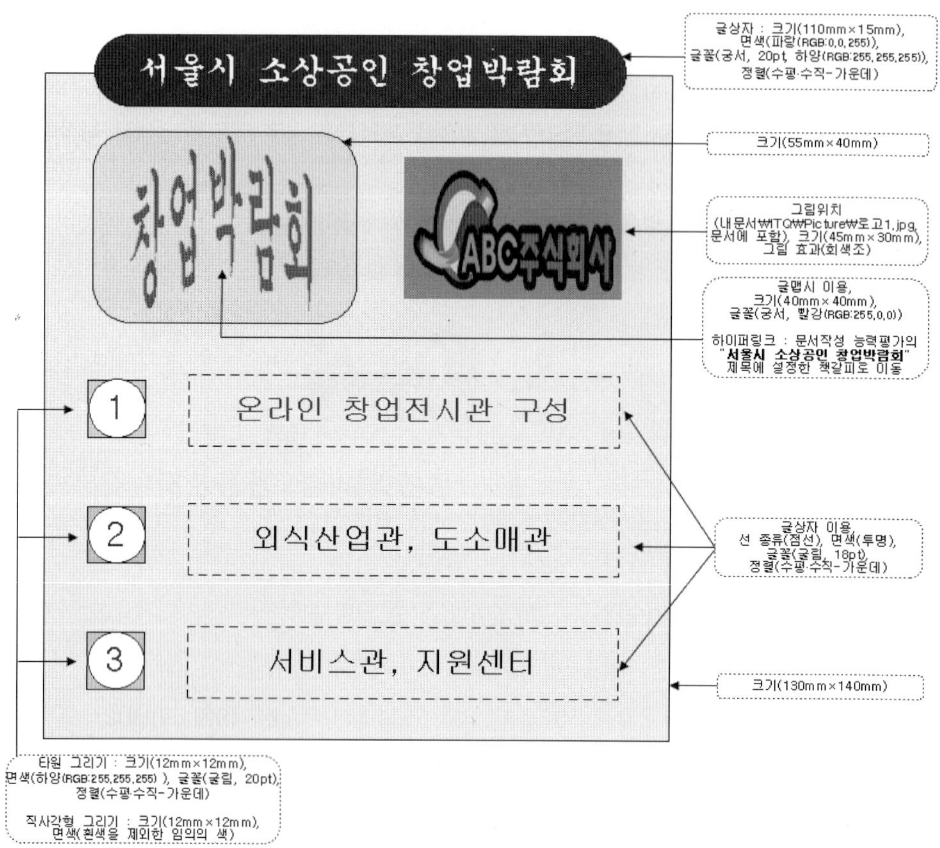

〈자료출처 : ITQ 기출문제〉

한글 종합문제 I 한글 2007을 이용하여 다음 조건에 맞는 문서를 작성하시오.

TIP!

• 답안 환경 설정

☞ 파일명은 '학번-이름' 으로 저장한다. (자격증 시험 답안 파일명: 수험번호-이름)

☞ 편집 용지는 A4(국배판)로 선택하고, 용지 여백은 위쪽(10), 아래쪽(10), 왼쪽(11), 오른쪽(11), 머리말(10), 꼬리말(10), 제본(0) 으로 각각 설정한다.

☞ 글자체는 별도의 지시사항이 없는 경우는 바탕(또는 신명조), 글자 크기는 10포인트로 한다.

☞ 각 항목은 지정된 페이지에 출력 형태와 같이 정확히 작성하시기 바라며, 그렇지 않을 경우 0점 처리

※ 페이지구분 : 1페이지 – 기능평가 I (1, 2번 문제번호 표시),
2페이지 – 기능평가 II (3, 4번 문제번호 표시),
3페이지 – 문서작성 능력평가

☞ 4번 문제(도형)은 묶기를 했을 경우 0점 처리

기능평가 I (150점)

1. 다음의 《조건》 에 따라 스타일 기능을 적용하여 《출력 형태》 와 같이 작성하시오. (50점)

《스타일 조건》

(1) 스타일 이름 – icheon
(2) 문단모양 – 왼쪽 여백 : 10pt, 문단 아래 간격 : 10pt
(3) 글자모양 – 글꼴 : 한글(궁서)/영문(굴림), 크기 : 10pt, 장평 : 95%, 자간 : –5%

《스타일 출력 형태》

Icheon is well known for its rice that served to the King. Icheon's Rice is the 'best rice', made by rich soil, fresh water, and warm sunlight.

윤기 있고 밥맛 좋은 이천쌀은 따사로운 햇살과 맑은 물이 기름진 흙과 어우러져서 만들어내는 '전국 제일의 쌀이다'라는 명성을 얻고 있습니다.

2. 다음의 《조건》 에 따라 《출력 형태》 와 같이 표와 차트를 작성하시오. (100점)

《표 조건》

(1) 표 전체(표, 캡션) – 굴림, 10pt
(2) 정렬 – 문자 : 가운데 정렬, 숫자 : 오른쪽 정렬
(3) 셀 배경색 : 노랑(RGB:255,255,0)
(4) 한글의 계산 기능을 이용하여 빈칸에 평균을 구하고, 캡션 기능 사용할 것
(5) 선 모양은 《출력 형태》 와 동일하게 처리할 것

《표 출력 형태》

이천쌀문화축제 현황(단위 : 명)

구분	2014년	2013년	2012년	2011년	2010년
자원봉사자	485	472	458	424	341
행사참여자	213	235	222	307	279
관람객	1,782	1,631	1,749	1,589	1,863
평균					

《차트 조건》

(1) 차트 데이터는 표 내용에서 구분별 2014년, 2013년, 2012년의 값만 이용할 것
(2) 종류 – 〈묶은 세로 막대형〉으로 작업할 것
(3) 제목 – 굴림, 진하게, 12pt, 배경 – 선 모양(한 줄로), 그림자(2pt)
(4) 제목 이외의 전체 글꼴 – 굴림, 보통, 10pt
(5) 기타 나머지 사항은 《출력 형태》 와 동일하게 처리할 것

《차트 출력 형태》

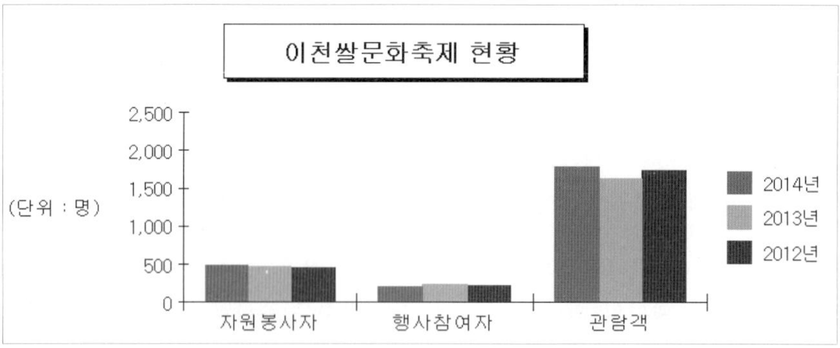

기능평가 II (150점)

3. 수식 편집기로 다음 수식 (1), (2)를 각각 입력하시오. (40점)

《수식 출력 형태》

(1) $\sum_{k=1}^{n} = 1^3 + 2^3 + 3^3 + \cdots + n^3 = \left(\frac{1}{2}n(n+1)\right)^2$ (2) $a(1+r)^n = \frac{a((1+r)^n - 1)}{r}$

4. 다음의 《조건》 에 따라 《출력 형태》 와 같이 문서를 작성하시오. (110점)

《도형 조건》

(1) 그리기 도구를 이용하여 작성을 하고, 모든 도형(글맵시, 지정된 그림 포함)을 《출력 형태》 와 같이 작성하시오.
(2) 도형의 면색은 지시사항이 없으면 색 없음을 제외하고 서로 다르게 임의로 지정하시오.

《도형 출력 형태》

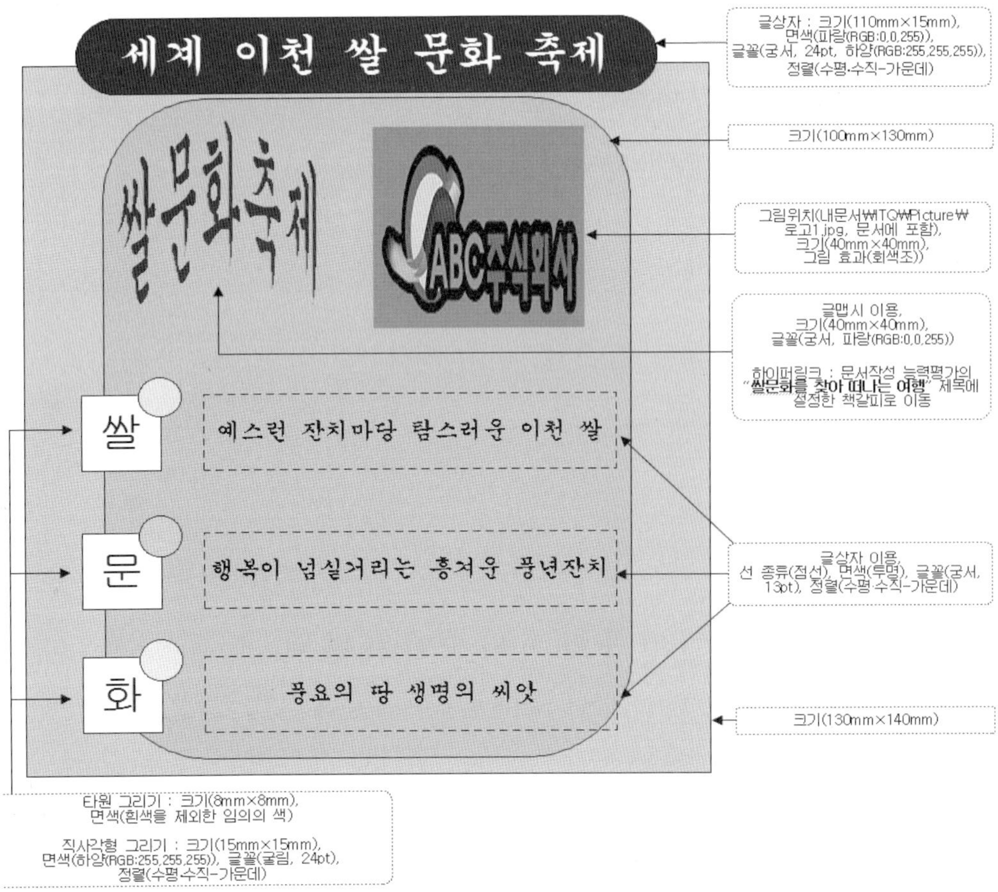

문서작성 능력평가 (200점)

글꼴 : 궁서, 18pt, 진하게, 가운데 정렬, 책갈피 이름 : 이천, 덧말 넣기

머리말 기능 돋움, 10pt, 오른쪽 정렬 → 이천쌀문화축제

쌀문화를 찾아 떠나는 여행 (전통의 이천)

문단 첫 글자 장식 기능 글꼴 : 굴림, 면색 : 노랑(RGB:255,255,0)

그림위치(내문서₩ITQ₩Picture₩그림4.jpg, 문서에 포함) 자르기 기능 이용, 크기(45mm×30mm), 바깥 여백 왼쪽 : 2mm

이천쌀문화축제는 2001년부터 시작되어 현재까지 이어지고 있다. 명실상부한 세계적 쌀문화 축제로 자리를 잡아가고 있는 이천의 쌀문화 축제는 우리나라를 대표하는 문화관광 축제 중 하나로 다채로운 프로그램이 준비되어 있다. 대표적인 프로그램인 무지개 가래떡 만들기 행사는 쌀의 소중함을 재인식하고 축제의 성공을 기원하는 퍼포먼스로 진행된다. 그 외에도 체험과 관련된 많은 프로그램과 이벤트가 개최되고 있다. 그 가운데 방문객들이 가장 선호하는 체험 행사로 거북놀이① 시연이 있다. 이천 거북이 만들기 체험(體驗)을 통해 관람객에게 거북놀이의 호기심을 유발하고, 무병장수를 기원하며 함께 음식을 나누어 먹던 조상들의 아름다운 풍습을 새롭게 느낄 수 있는 기회를 제공하고 있다. 이러한 거북놀이 시연을 대동놀이 체험행사로 확대하여 많은 호응을 얻고 있다.

각주

또 풍년마당, 동화마당, 문화마당, 햅쌀거리, 놀이마당, 기원마당, 농경마당, 햅쌀장터와 난전 등 다양한 프로그램을 준비하여 손님맞이에 만전을 기하고 있다. 이처럼 이천쌀문화축제는 우리나라뿐만 아니라 주식을 쌀에 의존(依存)하는 세계의 다른 나라들에서 찾아볼 수 없는 세계적인 쌀문화 축제의 선도 역할을 하고 있다.

◆ 축제 내용

글꼴 : 굴림, 18pt, 흰색, 음영색 : 파랑(RGB:0,0,255)

가) 주요 경연 내용
- a) 풍년마당 : 무지개 가래떡 만들기, 거북놀이 등
- b) 문화마당 : 임금님 진상 행렬, 추수감사제 등

나) 주요 부대 행사 내용
- a) 농심풍년큰잔치, 이천씨름왕선발대회, 설봉미술대회 등
- b) 햅쌀장터, 난전, 한우홍보행사, 이천쌀밥명인전 등

문단 번호 기능 사용, 왼쪽 여백 : 15pt(1수준), 25pt(2수준), 줄 간격 : 180%

◆ *주요 행사 일정*

글꼴 : 굴림, 18pt, 기울임, 강조점

표 전체 글꼴 : 굴림, 10pt, 가운데 정렬, 셀 배경색(그러데이션) : 유형(수직), 시작색(하양(RGB:255,255,255)), 끝색(노랑(RGB:255,255,0))

일정	주제	내용		
1일차	풍년마당	무지개 가래떡 만들기	전통 혼례	거북놀이
2일차	동화마당	이천쌀 홍보 전시	어린이 그림 전시회	가족인형극
3일차	문화마당	임금님 진상 행렬	추수감사제	공연행사
4일차	놀이마당	체험놀이	행복가족 체험	풍년대박놀이
5일차	기원마당	해학풀이 마당극	이천쌀해원제	체험마당

- 기타 자세한 정보는 홈페이지(www.ricefestival.or.kr)를 참고하기 바랍니다.

이천쌀문화축제준비위원회

글꼴 : 궁서, 20pt, 진하게, 장평 110%, 가운데 정렬

① 민속놀이의 하나로 추석날 저녁에 잡귀를 쫓고 마을 사람들의 무병장수를 기원하는 놀이

- B -

쪽 번호 매기기 2로 시작

〈자료출처 : ITQ 기출문제〉

한글 종합문제 II 한글 2007을 이용하여 다음 조건에 맞는 문서를 작성하시오.

TIP!

• 답안 환경 설정

☞ 파일명은 '학번-이름' 으로 저장한다. (자격증 시험 답안 파일명: 수험번호-이름)

☞ 편집 용지는 A4(국배판)로 선택하고, 용지 여백은 위쪽(10), 아래쪽(10), 왼쪽(11), 오른쪽(11), 머리말(10), 꼬리말(10), 제본(0) 으로 각각 설정한다.

☞ 글자체는 별도의 지시사항이 없는 경우는 바탕(또는 신명조), 글자 크기는 10포인트로 한다.

☞ 각 항목은 지정된 페이지에 출력 형태와 같이 정확히 작성하시기 바라며, 그렇지 않을 경우 0점 처리

※ 페이지구분 : 1페이지 – 기능평가 I (1, 2번 문제번호 표시),
2페이지 – 기능평가 II (3, 4번 문제번호 표시),
3페이지 – 문서작성 능력평가

☞ 4번 문제(도형)은 묶기를 했을 경우 0점 처리

기능평가 I (150점)

1. 다음의 《조건》에 따라 스타일 기능을 적용하여 《출력 형태》와 같이 작성하시오. (50점)

《스타일 조건》

(1) 스타일 이름 – contest

(2) 문단모양 – 왼쪽 여백 : 15pt, 문단 아래 간격 : 10pt

(3) 글자모양 – 글꼴 : 한글(굴림)/영문(궁서), 크기 : 10pt, 장평 : 97%, 자간 : –5%

《스타일 출력 형태》

산업사회의 변화에 따른 경쟁력 있는 상업계열 전문기능인 양성과 취업역량 강화를 위하여 제1회 전국상업정보능력경진대회를 개최한다.

This is to secure national competitiveness by cultivating human resources in the changing global economy.

2. 다음의 《조건》 에 따라 《출력 형태》 와 같이 표와 차트를 작성하시오. (100점)

《표 조건》

(1) 표 전체(표, 캡션) – 굴림, 10pt
(2) 정렬 – 문자 : 가운데 정렬, 숫자 : 오른쪽 정렬
(3) 셀 배경색 : 노랑(RGB:255,255,0)
(4) 한글의 계산 기능을 이용하여 빈칸에 평균을 구하고, 캡션 기능 사용할 것
(5) 선 모양은 《출력 형태》 와 동일하게 처리할 것

《표 출력 형태》

연도별 상업계열 특성화고 학생 현황(단위 : 명)

구분	2013년	2012년	2011년	2010년
대구	26,491	28,413	31,113	32,479
경북	14,872	15,396	17,397	19,330
서울	41,204	44,913	48,075	51,067
부산	8,639	8,326	9,142	10,560
평균				

《차트 조건》

(1) 차트 데이터는 표 내용에서 대구, 경북, 서울의 2013년, 2012년, 2011년의 값만 이용할 것
(2) 종류 – 〈묶은 세로 막대형〉으로 작업할 것
(3) 제목 – 궁서, 진하게, 12pt, 배경 – 선 모양(한 줄로), 그림자(2pt)
(4) 제목 이외의 전체 글꼴 – 궁서, 보통, 10pt
(5) 기타 나머지 사항은 《출력 형태》 와 동일하게 처리할 것

《차트 출력 형태》

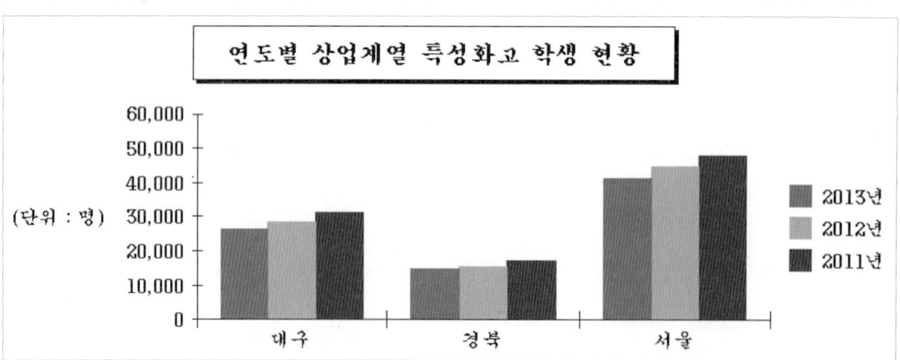

기능평가 II (150점)

3. 수식 편집기로 다음 수식 (1), (2)를 각각 입력하시오. (40점)

《수식 출력 형태》

(1) $f(x)=\dfrac{\frac{x}{2}-\sqrt{5}+2}{\sqrt{1-x^2}}$ (2) $\int(\sin x+\frac{x}{2}dx)=\int\frac{1+\sin x}{2}dx$

4. 다음의 《조건》 에 따라 《출력 형태》 와 같이 문서를 작성하시오. (110점)

《도형 조건》

(1) 그리기 도구를 이용하여 작성을 하고, 모든 도형(글맵시, 지정된 그림 포함)을 《출력 형태》 와 같이 작성하시오.
(2) 도형의 면색은 지시사항이 없으면 색 없음을 제외하고 서로 다르게 임의로 지정하시오.

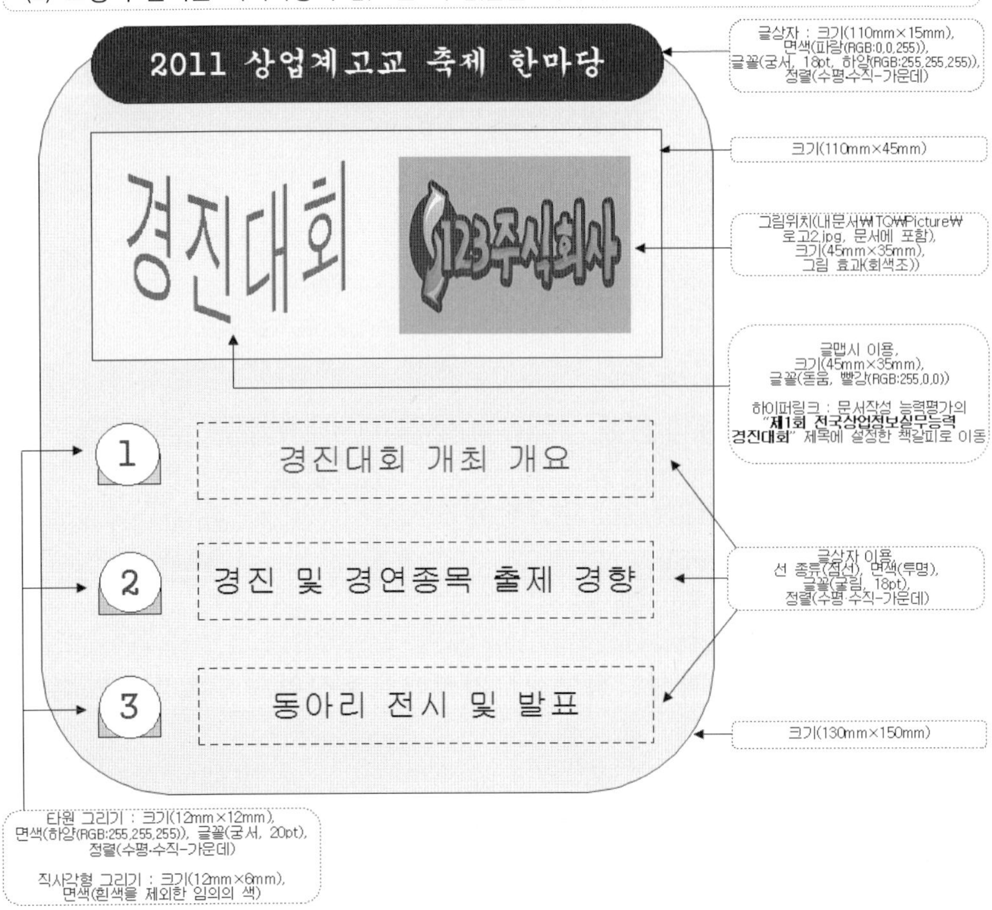

문서작성 능력평가 (200점)

글꼴 : 굴서, 18pt, 진하게, 가운데 정렬, 책갈피 이름 : 상업계고교, 덧말 넣기

머리말 기능 돋움, 10pt, 오른쪽 정렬 → 상업정보능력

문단 첫 글자 장식 기능 글꼴 : 굴림, 면색 : 노랑(RGB:255,255,0)

제1회 전국상업정보실무능력경진대회

(덧말: 상업계열 특성화 고교)

각주

그림위치(내문서\ITQ\Picture\그림4.jpg, 문서에 포함) 자르기 기능 이용, 크기(45mm×30mm), 바깥 여백 왼쪽 : 2mm

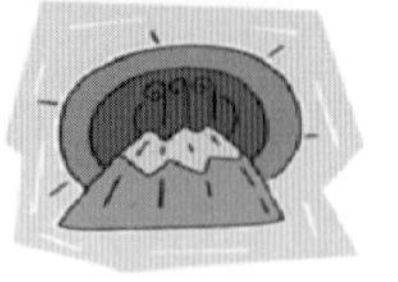

제1회 전국상업정보실무능력경진대회①는 전국 상업계열 특성화 고교에 재학 중인 학생들에게 참여와 도전의 기회를 제공함으로써 미래 사회에 적응할 수 있는 창의성을 계발하여 직업교육(職業敎育) 선진화 실현을 통한 국가 경쟁력(競爭力)을 확보하는 데 그 목적이 있습니다. 즉 21세기 지식정보화 사회를 선도할 상업 정보 분야에 재능이 있는 창의적인 글로벌 인재를 육성하고자 상업교육의 정체성 확립을 위한 취지에서 개최하게 되었습니다.

2010년까지는 각 시도별로 상업정보실무능력경진대회가 운영되어 왔으나 2011년부터는 16개 시도 상업계열 특성화 고교의 교육 과정과 연계된 경진분야대회와 교과 외 특별활동 및 재량활동과 연계된 경연 분야, 전시 및 예능발표 등 다양한 행사를 통하여 학생, 교사, 학교의 참여와 도전정신을 발휘하는 축제의 장을 마련하고자 전국적으로 본 경진대회를 계획하고 있습니다. 학생, 학부모, 대학, 기업체 및 지역사회를 대상으로 상업교육을 홍보하고 그 중요성을 재인식하는 계기를 마련하고자 제1회 전국상업정보실무능력경진대회를 개최하오니 관심 있는 분들의 많은 성원을 바랍니다.

▶ 대회 개최 개요

글꼴 : 굴림, 18pt, 흰색, 음영색 : 파랑(RGB:0,0,255)

가) 일시 및 장소
  a) 일시 : 2011. 11. 29. 09:00 - 2011. 11. 30. 13:00
  b) 장소 : 삼일상업고등학교(제1경진장), 매향여자정보고등학교(제2경진장)
나) 주최 및 후원
  a) 주최 : 경기도교육청, (사)한국상업교육학회
  b) 후원 : 교육과학기술부, 지식경제부, 중소기업청, 경기도 등

문단 번호 기능 사용, 왼쪽 여백 : 15pt(1수준), 25pt(2수준), 줄 간격 : 180%

▶ *대회 일정*

글꼴 : 굴림, 18pt, 기울임, 강조점

표 전체 글꼴 : 굴림, 10pt, 가운데 정렬, 셀 배경색(그러데이션) : 유형(수직), 시작색(하양(RGB:255,255,255)), 끝색(노랑(RGB:255,255,0))

시간	내용	11월 29일(화)	11월 30일(수)	비고
09:30-12:00	개회식 및 경진/경연 진행	회계, 창업, 비즈니스 영어	경제골든벨	동아리 페스티벌(전시 포함)은 양일간 각 경진장에서 진행
12:00-13:00	중식		시상 및 폐회식	
13:00-17:00	경진/경연 진행	정보 활용, 쇼핑몰, ERP	-	
17:00-19:00	석식			
19:00-21:00	동아리 한마당	-		

- 경진 6종목(6명), 경연 3종목, 경제골든벨(10명), 동아리페스티벌 50팀 등 총 1,274명 참가

전국상업정보실무경진대회추진위 ← 글꼴 : 돋움, 16pt, 진하게, 장평 110%, 가운데 정렬

① 전국 상업계열 특성화 고교 학생들의 직업교육 실현을 위한 경진대회

- Ⅳ - ← 쪽 번호 매기기 4로 시작

〈자료출처 : ITQ 기출문제〉

엑셀 2007

4장. 엑셀 2007 기초

학습목표

엑셀 2007의 서식 지정과 수식 및 연산자에 대해 살펴보고 함수를 사용하여《출력 형태》와 같은 문서를 작성한다.

《출력 형태》

대한펜션 2월 예약현황

결재	담당	팀장	부장

예약코드	고객명	목적	예약일자	평형	요금(1박)	예약일수	고객구분	이용금액
A-101-1	김미영	가족여행	2012-02-05	15평	120,000	3	우수고객	324,000
B-102-2	강은덕	직장인워크샵	2012-02-19	25평	250,000	2	일반고객	400,000
A-103-1	신유복	가족여행	2012-02-12	17평	150,000	1	우수고객	135,000
B-104-2	소지우	친구모임	2012-02-05	25평	250,000	1	일반고객	200,000
C-105-3	최미순	가족여행	2012-02-23	20평	210,000	2		294,000
B-106-2	박아름	직장인워크샵	2012-02-12	30평	300,000	3	일반고객	720,000
D-107-3	황장군	친구모임	2012-02-18	25평	250,000	2		350,000
B-102-2	홍지수	가족여행	2012-02-21	17평	150,000	2	일반고객	240,000
가족여행의 요금(1박) 평균			158,000		평형이 가장 큰 고객명			박아름
평형이 25평 이상인 예약건수			4건		고객명	김미영	목적	가족여행

제1작업 / 제2작업 / 제3작업

4.1 엑셀 2007 기초

엑셀 2007은 마이크로소프트사에서 제작한 스프레드시트 프로그램으로서 사용하기에 편리하고 계산기능이 더욱 강력해진 문서 편집 기능을 제공한다. 또한 엑셀 2007 프로그램 사용자 인터페이스는 초보자에서부터 전문적인 사용자에 이르기까지 문서 작업에 있어서 최상의 작업 환경을 제공하는 스프레드시트 프로그램이라 할 수 있다.

4.1.1 엑셀 2007 실행

엑셀 2007을 설치한 후 [시작]→[프로그램]→[Microsoft Office]→[Microsoft Office Excel 2007]을 실행한다.

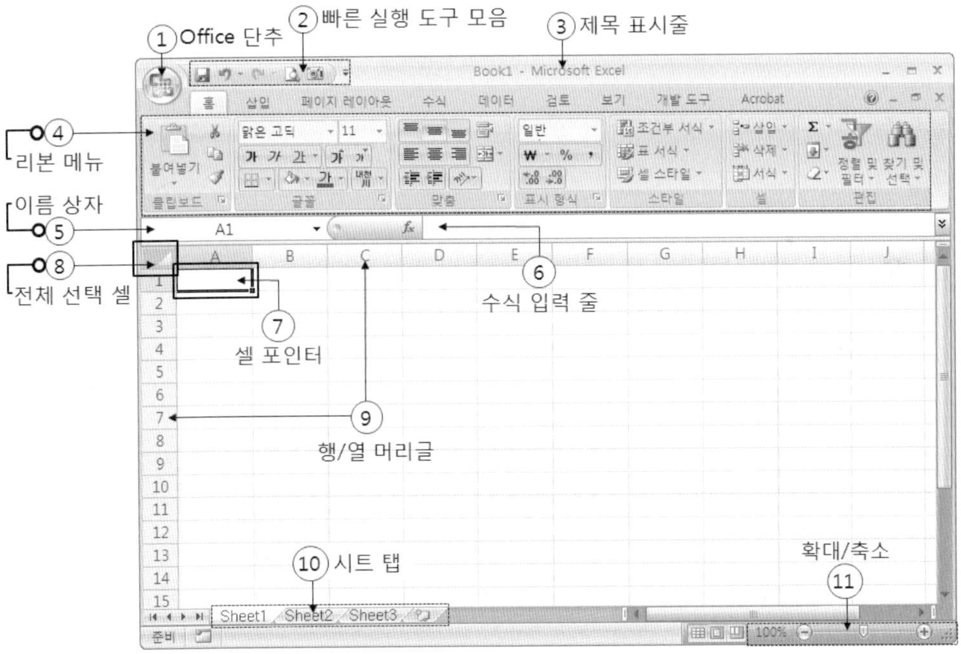

① **Office 단추** : [새로 만들기], [열기], [저장], [인쇄] 등의 메뉴와 엑셀 옵션 및 끝내기로 구성되어 있다.

② **빠른 실행 도구 모음** : 자주 사용하는 도구를 실행할 수 있는 도구 모음이다.

③ **제목 표시줄** : 현재 작업 중인 파일 이름이 표시되며 파일 이름을 지정하지 않았을 경우 Book1로 표시된다.

④ **리본 메뉴** : 메뉴와 도구 모음이 하나로 통합된 엑셀 2007의 새로운 메뉴로서 모든 명령들을 포함하고 있다.

⑤ **이름 상자** : 선택한 셀의 주소나 개체의 이름이 표시되는 곳으로서 특정 셀 범위에 대한 이름도 정의할 수 있다.

⑥ **수식 입력 줄** : 선택한 셀에 입력된 데이터나 수식이 표시되며, 수식이나 데이터를 수정할 수 있다.

⑦ **셀 포인터** : 데이터를 입력하거나 수정할 수 있도록 선택된 셀을 말한다.

⑧ **전체 선택 셀** : 클릭하면 시트의 전체 셀 범위가 블록설정 된다.

⑨ **행/열 머리글** : 행/열 번호가 표시되는 부분이다.

⑩ **시트 탭** : 작업할 워크시트의 이름이 표시된다.

⑪ **확대/축소** : 시트 화면의 확대 및 축소 배율을 지정할 수 있다.

4.1.2 데이터 입력과 표시 형식

(1) 데이터 입력

① 숫자는 오른쪽 맞춤으로 입력되고, 텍스트는 왼쪽 맞춤으로 입력된다. 하나의 셀에 여러 줄을 입력할 경우 Alt+Enter↵ 키로 줄 바꾸기를 하고, 여러 셀에 동일한 데이터를 입력할 경우 셀 블록을 선택하고 내용을 입력한 후에 Ctrl+Enter↵ 키를 누른다.

② 한자입력은 텍스트를 입력한 후 키보드의 [한자] 키를 눌러 원하는 한자로 지정할 수 있다.

③ 날짜 입력은 '–' 또는 '/' 로 년, 월, 일을 구분하여 입력한다.

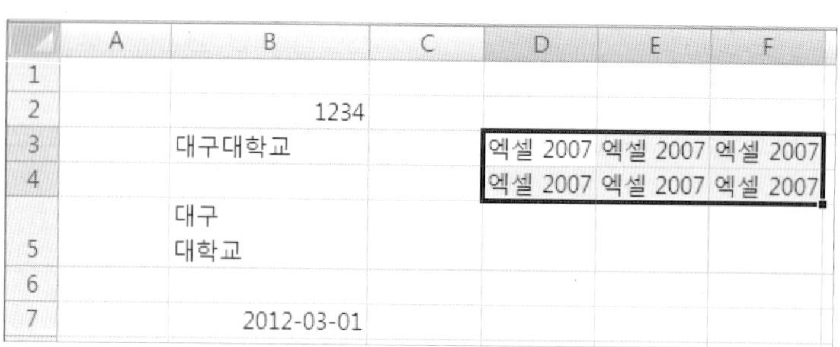

④ 특수 문자 입력은 한글 자음을 입력한 후 [한자] 키를 누르면 특수 문자 목록이 나타난다. 다음 표는 한글 자음 'ㄱ~ㅎ' 에 해당하는 특수 문자표를 보여주고 있다.

자음	특수 문자	자음	특수 문자
ㄱ	! , . / ; : ? ^ ‥ ― ~ ₩ 등	ㅅ	㉠ ㉡ ㉮ ㉯ ㈀ ㈁ ㈎ ㈏ 등
ㄴ	( ) [ ] { } 〈 〉 《 》 「 」 등	ㅇ	ⓐ ⓑ ① ② ⒜ ⒝ ⑴ ⑵ 등
ㄷ	+ − 〈 = 〉 ± × ÷ ≠ ≤ ≥ 등	ㅈ	0 1 2 Ⅰ Ⅱ ⅰ ⅱ 등
ㄹ	$ % ₩ ′ ″ ℃ Å ㎝ ㎞ ㎳ 등	ㅊ	⅓ ⅔ 1 2 1 2 등
ㅁ	# & * @ ※ ☆ ○ ◆ → ↑ 등	ㅍ	A B C D a b c d 등
ㅂ	─ │ ┌ ┐ ┘ └ ├ ┬ ┤ 등	ㅎ	*Α Β Γ Δ Ε Ζ Η Θ* 등

(2) 데이터 표시 형식

① 셀 서식 지정은 [홈] 탭→[셀] 그룹→[셀 서식] 메뉴를 실행하거나, 단축키 Ctrl+1 또는 마우스 오른쪽 버튼을 눌러 [셀 서식] 바로가기 메뉴를 실행할 수 있다.

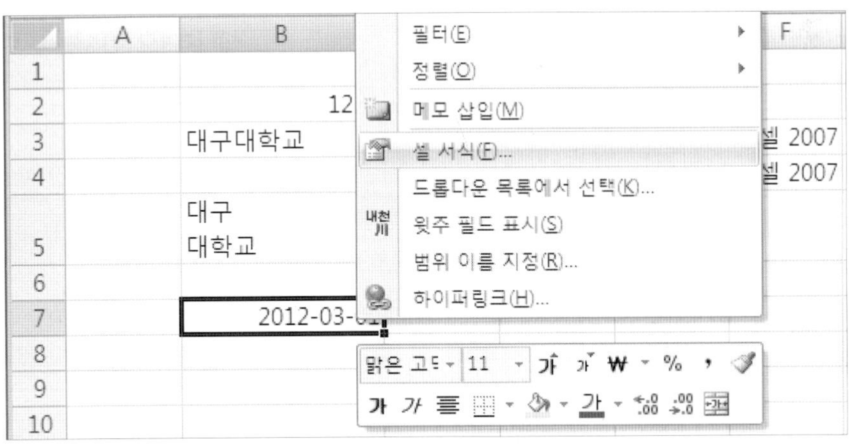

② [셀 서식] 대화상자의 [표시 형식] 탭에서 각 범주에 해당하는 형식으로 지정할 수 있다.

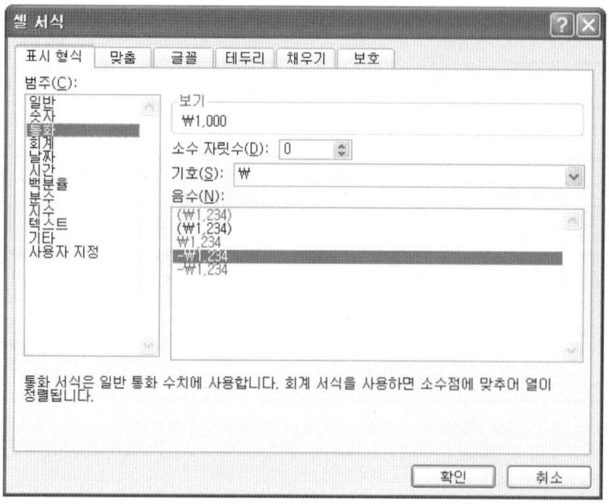

TIP!

• **표시 형식 범주의 내용은 다음과 같다.**

① 일반: 모든 표시 형식을 없애고, 기본 표시 형식으로 설정한다.

② 숫자: 일반적으로 숫자를 나타낼 때 사용하고 소수점 이하 자릿수, 천 단위 구분을 표시한다.

③ 통화: 통화 기호를 표시하고, 소수점 이하 자릿수, 천 단위 구분을 표시한다.

④ 회계: 통화 기호와 소수점에 맞추어 정렬된다.

⑤ 날짜 : 다양한 날짜 형식을 아래와 같이 표시한다.

구분	사용자 형식	예시
년	• YY : 년도를 숫자 2자리로 표현	12년
	• YYYY : 년도를 숫자 4자리로 표현	2012년
월	• M : 월을 원래 자리수대로 표현	1월
	• MM : 월을 숫자 2자리로 표현	01월
	• MMM : 월을 영문 약자 3자리로 표현	Jan
	• MMMM : 월을 영문(full name)으로 표현	January
일	• D : 일을 원래 자리수대로 표현	1일
	• DD : 일을 숫자 2자리로 표현	01일
	• DDD : 요일을 영문 약자 3자리로 표현	Mon
	• DDDD : 요일을 영문(full name)으로 표현	Monday

⑥ 시간 : 다양한 시간 형식을 표시한다.

- 시스템의 현재 날짜 ➜ Ctrl+;
- 시스템의 현재 시간 ➜ Shift+Ctrl+;

⑦ 사용자 정의 : 데이터를 엑셀에서 제공하는 서식 형태로 표현할 수 있다.

기호	내용
0	• 숫자가 들어가는 자리를 표시하는 기호 • 숫자가 존재하지 않을 때는 빈자리를 '0' 으로 채움
?	• 값이 '0' 일 경우에는 공백을 주어 자릿수를 맞춤
#	• 유효숫자를 표시 • 숫자가 '0' 값이면 빈 셀로 표시
@	• 셀에 입력된 문자열을 출력할 경우 (예: 형식을 '@대학교' 로 지정할 경우 그 셀에 "대구" 를 입력하면 '대구대학교' 라는 내용으로 표시

4.1.3 엑셀 2007 함수

(1) 연산자

엑셀 2007의 수식에서 사용하는 연산자는 산술 연산자, 비교 연산자, 문자열 연결 연산자, 참조 연산자로 구분하며 다음 표와 같은 형태로 사용된다.

연산자	형태
산술 연산자	+, −, *, /
비교 연산자	>(초과), =(같다), <(미만), >=(이상), <=(이하), <>(같지 않다)
문자열 연결 연산자	& (예 : 대구 & 대학교 ⇒ 대구대학교)
참조 연산자	상대참조(A1), 절대참조($A$1), 혼합참조($A1)로 구성 F4 : 참조형태를 변경하는 단축키

(2) 함수의 기초

엑셀 2007에서의 함수는 인수를 사용하여 편리하게 값을 구할 수 있도록 미리 정의된 수식이다. 엑셀 2007에서는 다양한 함수를 제공한다.

(3) 함수의 구조

① 함수 또는 수식은 등호(=)로 시작되며, '함수이름', '왼쪽 괄호', '인수', '오른쪽 괄호' 순으로 작성되고, 인수의 구분은 쉼표(,)로 한다. 함수의 구조는 다음과 같다.

=함수명(인수1, 인수2, ... , 인수n)

=SUM(F5:F12)

SUM 함수이며, F5 셀에서 F12 셀에 있는 모든 값들의 합을 구한다.

② 인수로 사용되는 것은 숫자, 텍스트, 참(TRUE)이나 거짓(FALSE)과 같은 논리 값, 배열, 셀 참조, 수식, 함수 등이 사용된다. 그러므로 함수마다 사용되는 인수의 개수와 형태는 다르다.

③ 함수에서 인수로 사용하는 값이 텍스트일 경우에는 반드시 인용 부호(" ")로 묶어야 한다.

(4) 함수 실행하기

① [수식] 탭→[함수 라이브러리] 그룹→[함수 삽입] 메뉴를 실행하거나, 수식 입력줄의 '함수 마법사(fx)' 아이콘을 클릭하면 [함수 마법사] 대화상자가 실행된다.

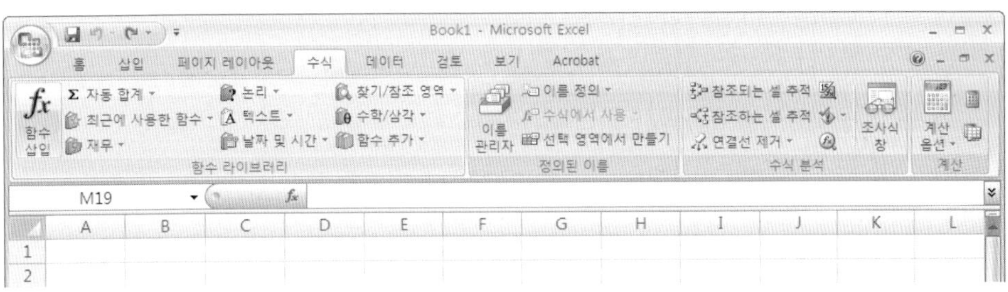

② [함수 마법사] 대화상자가 나타나면 함수를 선택하고 [확인] 단추를 누른 뒤, [함수 인수] 대화상자의 인수 값을 각각 입력하여 값을 구한다.

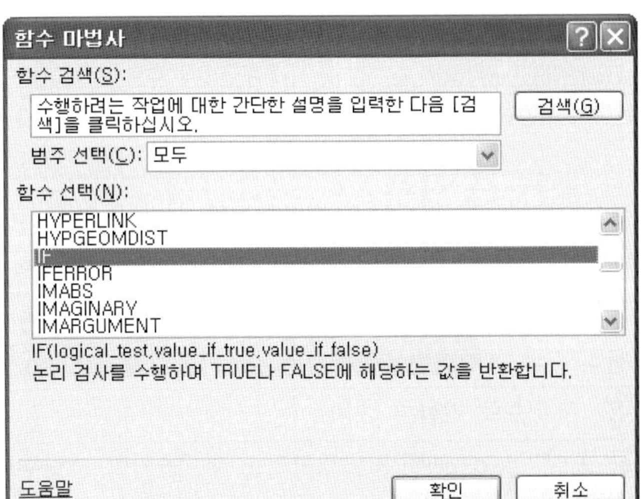

4.1.4 함수의 종류

엑셀 2007에서는 다음과 같은 다양한 함수들을 제공함으로써 엑셀 문서에서 수식을 간편하게 작성할 수 있도록 해준다.

(1) 수학/삼각함수

SUM, SUMIF, SUMPRODUCT, ROUND, ROUNDUP, ROUNDDOWN, INT, TRUNC, MOD

① SUM 함수 : =SUM(셀 범위)

엑셀 2007에서 지정된 셀 범위 인수의 숫자 데이터들의 합계를 구한다.

F2 =SUM(C2:E2)

	A	B	C	D	E	F
1		이름	글쓰기	영어	OA실무	합계
2		김사랑	88	85	80	253
3		이은숙	85	86	100	271
4		홍길동	93	88	91	272

② SUMIF 함수 : =SUMIF(셀 범위, 조건, 실제 합을 구할 셀 범위)

지정한 셀 범위에서 주어진 조건에 만족하는 데이터들의 합계를 구한다.

D6 =SUMIF(C2:C5,"영문과",D2:D5)

	A	B	C	D
1		이름	학과	장학금
2		김사랑	영문과	650,000
3		이은숙	국문과	250,000
4		홍길동	영문과	300,000
5		우원택	전산과	500,000
6		학과가 영문과인 장학금 합계		950,000

③ SUMPRODUCT 함수 : =SUMPRODUCT(배열1, 배열2, ... , 배열30)

지정한 배열 또는 셀 범위에서 서로 대응되는 값끼리 곱하여 합을 구한다.

④ ROUND 함수 : =ROUND(반올림하려는 수, 반올림할 자릿수)

수를 지정한 자릿수로 반올림 한다.

⑤ ROUNDUP 함수 : =ROUNDUP(올림하려는 수, 올림할 자릿수)

수를 지정한 자릿수로 올림한다.

⑥ ROUNDDOWN 함수 : =ROUNDDOWN(내림하려는 수, 내림할 자릿수)
수를 지정한 자릿수로 내림한다.

⑦ INT 함수 : =INT(값)
소수점 아래를 버리고 정수로 내림한다.

⑧ TRUNC 함수 : =TRUNC(값, 소수점 이하 자릿수 지정)
지정한 자릿수만큼의 소수점만 남기고, 나머지는 버린다.

⑨ MOD 함수 : =MOD(피제수, 제수)
나눗셈의 나머지 값을 구해주는 함수이다.

(2) 통계 함수

RANK, AVERAGE, MAX, MIN, MEDIAN, LARGE, SMALL, COUNT, COUNTA, COUNTIF

① RANK 함수: =RANK(순위를 구할 값, 참조 범위, 순위 형식)
엑셀의 지정한 수 목록 내에서 값의 순위를 구해준다. 순위 형식 인수에서 '0' 또는 생략하면 '내림차순' 으로, '0' 이 아닌 임의의 숫자를 넣으면 '오름차순' 으로 순위를 구한다.

② AVERAGE 함수 : =AVERAGE(셀 범위)
엑셀 2007에서 지정한 셀 범위 인수들의 평균 값을 구하는 함수이다.

③ MAX 함수 : =MAX(셀 범위)
엑셀 2007에서 지정한 셀 범위 인수들의 최대값을 구하는 함수이다.

④ MIN 함수 : =MIN(셀 범위)
엑셀 2007에서 지정한 셀 범위 인수들의 최소값을 구하는 함수이다.

⑤ MEDIAN 함수 : =MEDIAN(셀 범위)
엑셀 2007에서 주어진 수들의 중간 값을 구하는 함수이다.

⑥ LARGE 함수 : =LARGE(셀 범위, K)
엑셀 2007의 지정한 셀 범위에서 K번째로 큰 값을 구해주는 함수이다.

⑦ SMALL 함수 : =SMALL(셀 범위, K)
엑셀 2007의 지정한 셀 범위에서 K번째로 작은 값을 구해주는 함수이다.

⑧ COUNT 함수 : =COUNT(셀 범위)

엑셀 2007에서 지정한 셀 범위의 값들 중 숫자가 입력된 셀의 개수만을 구하는 함수이다.

⑨ COUNTA 함수 : =COUNTA(셀 범위)

엑셀 2007에서 지정한 셀 범위에서 빈 셀을 제외하고 데이터가 입력되어 있는 셀들의 개수를 구하는 함수이다.

⑩ COUNTIF 함수 : =COUNTIF(셀 범위, 조건)

엑셀 2007에서 지정한 셀 범위 내에서 조건에 만족하는 셀의 개수만을 구하는 함수이다.

(3) 논리 함수

IF, AND, OR

① IF 함수 : =IF(조건, 참인 경우의 값, 거짓인 경우의 값)

조건에 만족하면 참(TURE)에 해당하는 값을 표시하고, 그렇지 않으면 거짓(FALSE)에 해당하는 값을 표시한다.

② AND 함수 : =AND(조건1, 조건2, ... 조건30)

모든 조건을 만족할 경우에만 참(TRUE)을 표시하고, 그렇지 않으면 거짓(FALSE)을 표시한다.

③ OR 함수 : =OR(조건1, 조건2, ... 조건30)

단 하나의 조건만 만족해도 참(TRUE)을 표시하고, 모든 조건을 만족하지 않을 경우에만 거짓(FALSE)을 표시한다.

(4) 날짜 함수

WEEKDAY, DATE, TODAY, YEAR, MONTH, DAY, NOW

① WEEKDAY 함수 : =WEEKDAY(날짜, 유형)

지정한 날짜에 해당하는 요일 번호를 구해주는 함수로서 유형이 '1' 이면 일요일(1) ~ 토요일(7)이고, 유형이 '2' 이면 월요일(1) ~ 일요일(7)로 구해준다.

② DATE 함수 : =DATE(년, 월, 일)

인수에 입력된 년, 월, 일의 값을 이용하여 날짜형식으로 표시해주는 함수이다.

③ TODAY 함수 : =TODAY( )

엑셀 2007에서 시스템의 현재 날짜를 표시해 주는 함수이며 인수가 없다.

④ YEAR 함수 : =YEAR(날짜)

엑셀 2007에서 지정한 날짜에 대한 '해당 연도'를 구해주는 함수이다.

⑤ MONTH 함수 : =MONTH(날짜)

엑셀 2007에서 지정한 날짜에 대한 '월'을 구해주는 함수이다.

⑥ DAY 함수 : =DAY(날짜)

엑셀 2007에서 지정한 날짜에 대한 '일'을 구해주는 함수이다.

⑦ NOW 함수 : =NOW()

현재의 날짜와 시간을 날짜와 시간 형식으로 구해주는 함수이다.

(5) 텍스트 함수

LEFT, RIGHT, MID, REPT, LEN

① LEFT 함수 : =LEFT(텍스트, 추출할 문자 수)

추출하고자 하는 텍스트의 왼쪽에서부터 원하는 수만큼의 문자를 추출하여 표시해주는 함수이다.

② RIGHT 함수 : =RIGHT(텍스트, 추출할 문자 수)

추출하고자 하는 텍스트의 오른쪽에서부터 원하는 수만큼의 문자를 추출하여 표시해주는 함수이다.

③ MID 함수 : =MID(텍스트, 시작 위치, 추출할 문자 수)

추출하고자 하는 텍스트의 시작 위치와 추출할 문자수를 지정하여 원하는 문자를 추출하여 표시해주는 함수이다.

④ REPT 함수 : =REPT(반복할 텍스트, 반복 횟수)

텍스트를 지정한 횟수만큼 반복하여 표시하는 함수이다.

⑤ LEN 함수 : =LEN(텍스트)

텍스트 문자열 내의 문자 개수를 구하는 함수이다.

(6) 찾기/참조함수

VLOOKUP, CHOOSE, MATCH, INDEX

① VLOOKUP 함수 : =VLOOKUP(찾을 값, 참조할 셀 범위, 열 번호, 찾는 방법)
표 배열의 첫째 열에서 값을 찾아서 같은 행에 있는 다른 열의 값을 구하는 함수이다. 찾는 방법에서 정확하게 일치하는 값을 찾기 위해서는 "FALSE" 또는 "0"을 입력한다.

② CHOOSE 함수 : =CHOOSE(인덱스 번호, 값1, 값2, ... , 값29)
인수 목록 중에서 인덱스 번호에 해당하는 값을 선택하여 표시한다. 인덱스 번호는 29번까지 줄 수 있다.

③ MATCH 함수 : =MATCH(찾을 값, 찾을 값이 있는 셀 범위, 찾는 방법)
지정한 값을 셀 범위에서 찾아 그 값의 상대 위치를 구해주는 함수이다. 찾는 방법은 "0"을 입력하여 정확하게 일치하는 값의 행 번호를 찾아준다.

④ INDEX 함수 : =INDEX(배열, 행 번호, 열 번호)
배열에서 원하는 행과 열 번호에 위치한 값을 찾아준다.

(7) 데이터베이스 함수

DAVERAGE, DSUM, DCOUNTA, DMAX, DMIN

① DAVERAGE 함수 : =DAVERAGE(데이터베이스, 열 번호, 조건범위)
데이터베이스의 열에서 지정한 조건에 맞는 값의 평균을 계산하는 함수이다.

② DSUM 함수 : =DSUM(데이터베이스, 열 번호, 조건범위)
데이터베이스의 열에서 지정한 조건에 맞는 값의 합을 구하는 함수이다.

③ DCOUNTA 함수 : =DCOUNTA(데이터베이스, 열 번호, 조건범위)
데이터베이스의 열에서 지정한 조건에 맞는 값의 개수를 구하는 함수이다.

④ DMAX 함수 : =DMAX(데이터베이스, 열 번호, 조건범위)
데이터베이스의 열에서 지정한 조건에 맞는 값의 최대값을 구하는 함수이다.

⑤ DMIN 함수 : =DMIN(데이터베이스, 열 번호, 조건범위)
데이터베이스의 열에서 지정한 조건에 맞는 값의 최소값을 구하는 함수이다.

4.2 표 서식 작성 및 값 계산

[실습문제]

☞ 다음은 '대한펜션 2월 예약현황' 에 대한 자료이다. 자료를 입력하고 조건에 맞도록 작업하시오.

《출력 형태》

대한펜션 2월 예약현황

결재	담당	팀장	부장

	A	B	C	D	E	F	G	H	I	J
4		예약코드	고객명	목적	예약일자	평형	요금(1박)	예약일수	고객구분	이용금액
5		A-101-1	김미영	가족여행	2012-02-05	15	120,000	3	(1)	(2)
6		B-102-2	강은덕	직장인워크샵	2012-02-19	25	250,000	2	(1)	(2)
7		A-103-1	신유복	가족여행	2012-02-12	17	150,000	1	(1)	(2)
8		B-104-2	소지우	친구모임	2012-02-05	25	250,000	1	(1)	(2)
9		C-105-3	최미순	가족여행	2012-02-23	20	210,000	2	(1)	(2)
10		B-106-2	박아름	직장인워크샵	2012-02-12	30	300,000	3	(1)	(2)
11		D-107-3	황장군	친구모임	2012-02-18	25	250,000	2	(1)	(2)
12		B-102-2	홍지수	가족여행	2012-02-21	17	150,000	2	(1)	(2)
13		가족여행의 요금(1박) 평균			(3)		평형이 가장 큰 고객명			(5)
14		평형이 25평 이상인 예약건수			(4)		고객명	김미영	목적	(6)

《조건》

- ○ 모든 데이터의 서식에는 글꼴(돋움, 10pt), 맞춤은 《출력 형태》 를 참조하시오.
- ○ 제 목 ⇒ 그리기 도구모음의 모서리가 둥근 직사각형과 바깥쪽 그림자 스타일(오프셋 대각선 오른쪽 아래)을 이용하여 작성하고 "대한펜션 2월 예약현황" 을 입력한 후 다음 서식을 적용하시오(글꼴-맑은고딕, 20pt, 굵게, 검정색/채우기-노랑).
- ○ 임의의 셀에 결재란을 작성하여 카메라 또는 그림복사 기능을 이용하여 붙이기 하시오(단, 원본 삭제).
- ○ 「B4:J4, G14, I14」 영역은 '주황' 으로 채우기 하시오.
- ○ 유효성 검사를 이용하여 「H14」 셀에 고객명(「C5:C12」 영역)이 선택 표시되도록 하시오.
- ○ 셀 서식 ⇒ 「F5:F12」 영역에 셀 서식을 이용하여 숫자 뒤에 '평' 을 표시하시오 (예 : 10 → 10평).
- ○ 「F5:F12」 영역에 대해 '평형' 으로 이름정의를 하시오.

◉ (1)~(6) 셀은 반드시 주어진 함수를 이용하여 값을 구하시오(결과값을 직접 입력하면 해당 셀은 0점 처리됨).

(1) 고객구분 ⇒ 예약코드의 첫 글자가 A이면 "우수고객", B이면 "일반고객", 그 외에는 공백으로 표시하시오(IF, LEFT 함수).

(2) 이용금액 ⇒ [요금(1박) × 예약일수 − 할인금액]으로 구하시오(RIGHT 함수).
단, 할인금액은 [요금(1박) × 예약일수 × 예약코드의 마지막 숫자 × 10%]로 계산하시오.

(3) 가족여행의 요금(1박) 평균 ⇒ 목적이 가족여행인 요금(1박)의 평균을 구하여 백원 단위에서 반올림하시오(ROUND, DAVERAGE 함수)(예 : 123,500 → 124,000).

(4) 평형이 25평 이상인 예약건수 ⇒ 정의된 이름(평형)을 사용하여 값을 구하시오 (COUNTIF 함수).

(5) 평형이 가장 큰 고객명 ⇒ 평형이 가장 큰 고객명을 구하시오(INDEX, MATCH, MAX 함수).

(6) 목적 ⇒ 「H14」 셀에서 선택한 고객명에 대한 목적을 표시하시오(VLOOKUP 함수).

(7) 조건부 서식을 이용하여 '요금(1박)' 셀에 데이터 막대 스타일(빨강)을 최소값 및 최대값으로 적용하고, 수식을 이용하여 예약일수가 3인 행 전체에 다음 서식을 적용하시오(글꼴 : 파랑).

〈자료출처 : ITQ 기출문제〉

4.2.1 파일 저장 및 기본 설정하기

(1) 파일 저장 및 시트이름 바꾸기

① [시작]→[프로그램]→[Microsoft Office]→[Microsoft Office Excel 2007]을 클릭하여 엑셀 2007 프로그램이 실행되면, 단축키 Ctrl+S를 누른다.

> TIP!
>
> • [Office 단추( )]를 누르거나 [빠른 실행 도구 모음]의 저장( ) 단추를 눌러 저장할 수 있다.

② [다른 이름으로 저장] 대화상자가 나타나면 [내 문서]→[ITQ] 폴더에 '수험번호-성명.xlsx' 을 입력한 후, [저장] 단추를 누른다.

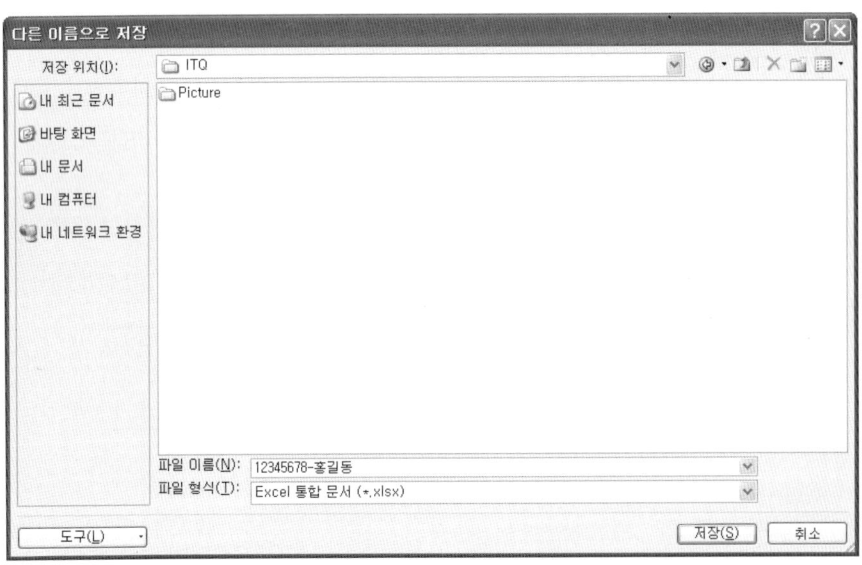

③ 'Sheet1' 에서 마우스 오른쪽 버튼을 눌러 [이름 바꾸기] 바로가기 메뉴를 클릭하거나, 시트를 두 번 클릭하여 "제1작업" 을 입력한 후 Enter↵ 키를 누른다.

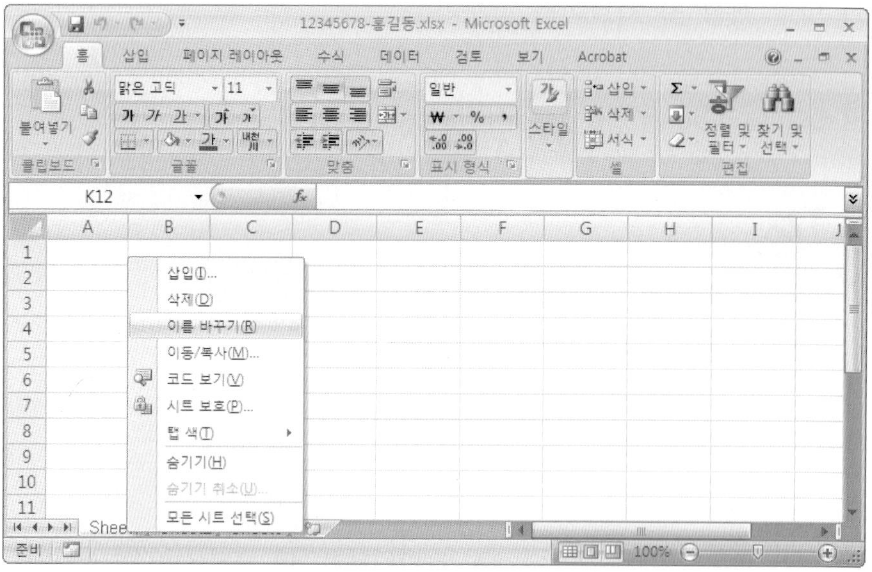

④ 'Sheet2' 와 'Sheet3' 의 이름도 시트를 더블 클릭하여 "제2작업", "제3작업" 으로 각각 수정한다.

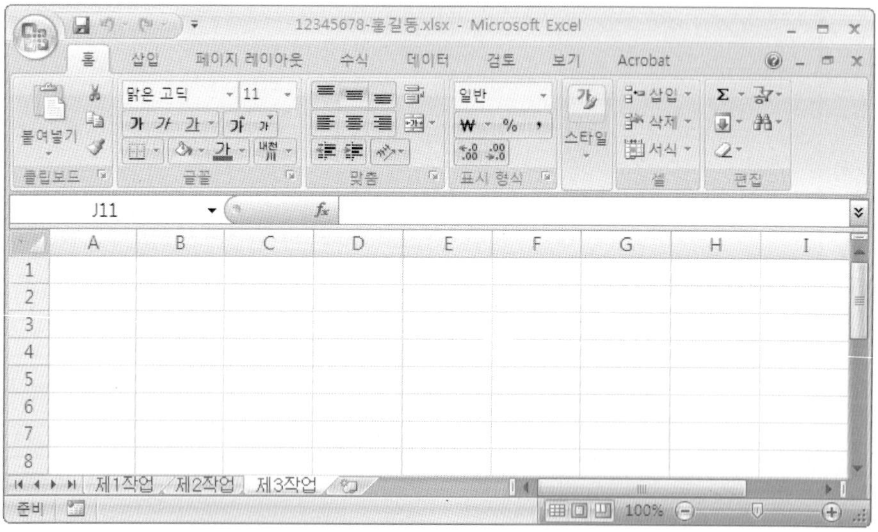

(2) [A열] 너비 지정과 글꼴 서식 지정하기

① '제3작업' 이 선택된 상태에서 Shift 키를 누른 상태로 '제1작업' 을 클릭하면, 세 개의 워크시트가 선택되고 제목 표시줄에 [그룹]으로 표시된다.

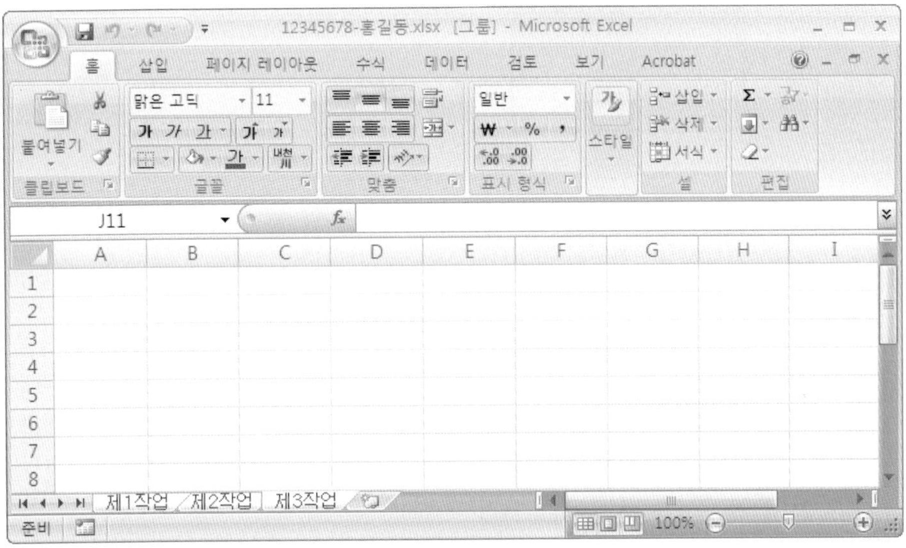

② [A열]의 머리글 위에서 마우스 오른쪽 버튼을 눌러 [열 너비] 바로가기 메뉴를 실행한다.

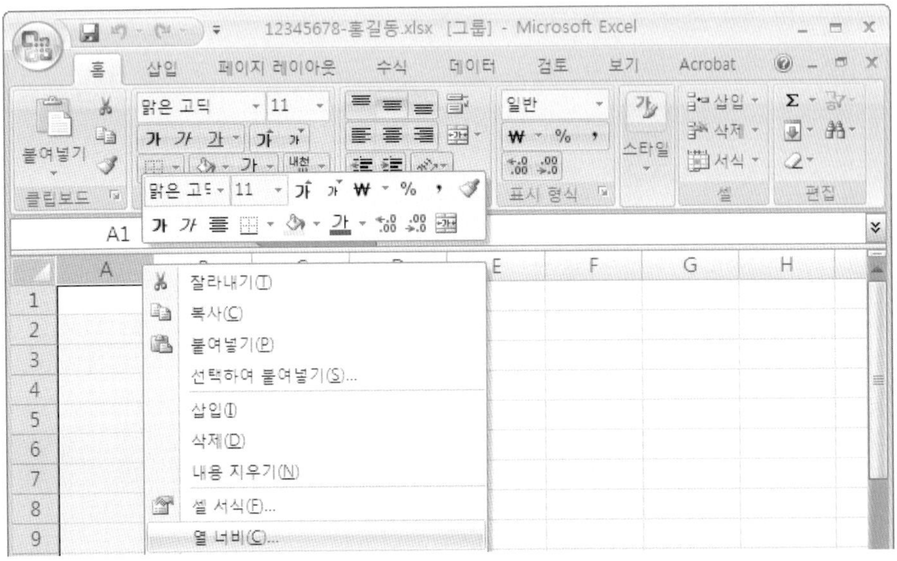

③ [열 너비] 대화상자가 나타나면 열 너비에 "1" 을 입력한 후 [확인] 단추를 누른다.

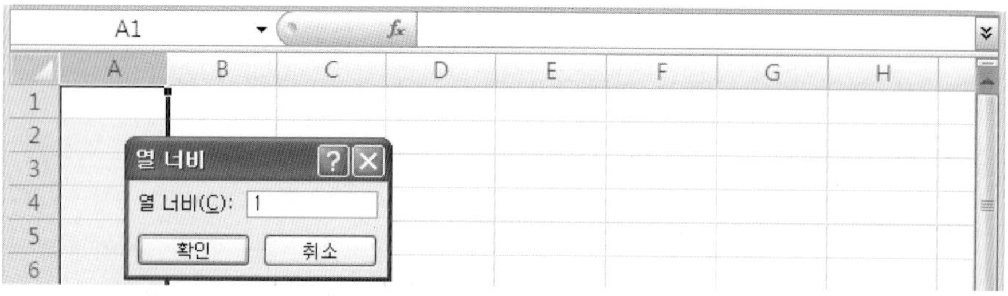

④ [모두 선택( )] 단추를 누르거나, Ctrl+A 키를 눌러 시트의 모든 셀을 선택한 후, [홈]→[글꼴]에서 글꼴(맑은 고딕), 크기(10), 가로/세로 맞춤(가운데)로 지정한다.

⑤ 임의의 셀을 클릭하여 셀 블록을 해제한 후, [제1작업] 시트를 클릭하여 그룹을 해제하거나, 시트위에서 마우스 오른쪽 버튼을 눌러 [시트 그룹 해제] 바로가기 메뉴를 실행하여 그룹을 해제한다.

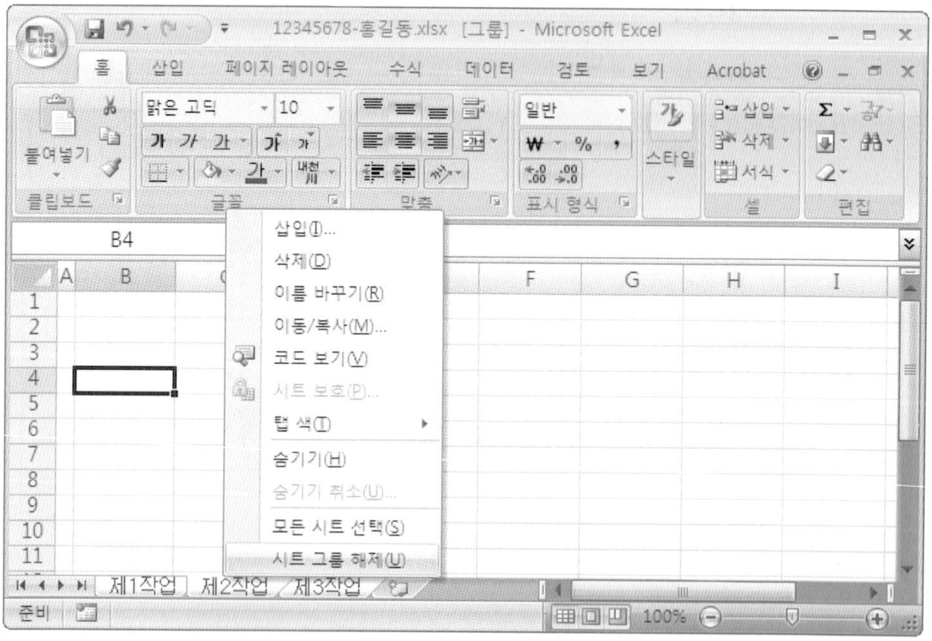

4.2.2 데이터 입력 및 테두리 지정하기

(1) 데이터 입력하기

① [제1작업] 시트를 선택하고 1행에서 14행까지 블록설정한 후, 마우스 오른쪽 버튼을 눌러 [행 높이] 바로가기 메뉴를 클릭한다.

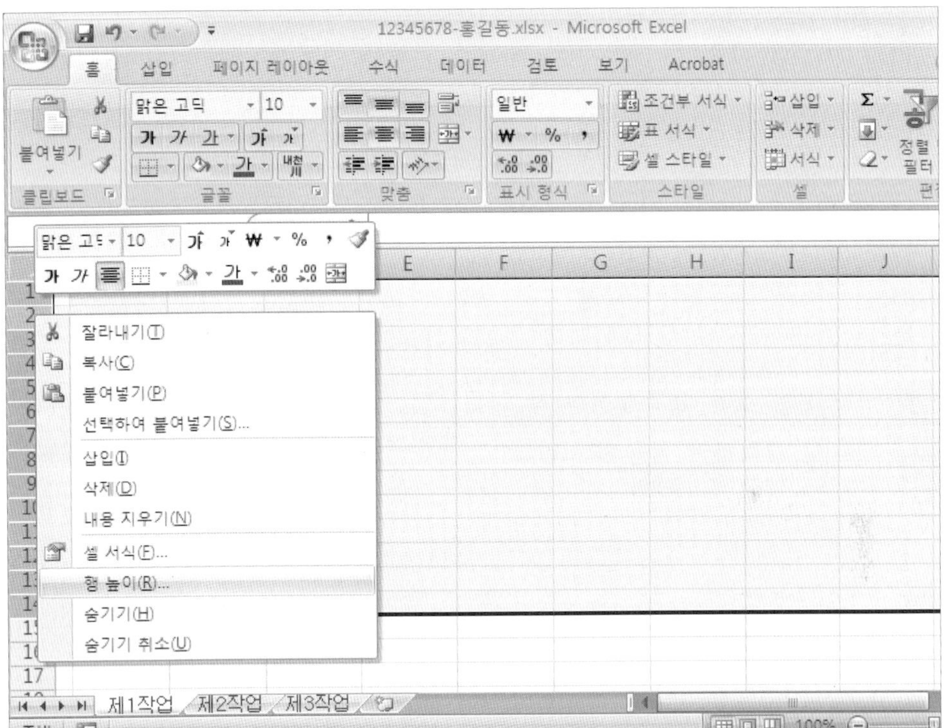

② [행 높이] 대화상자가 나타나면 '행 높이'를 "17"로 입력한 후 [확인] 단추를 누른다.

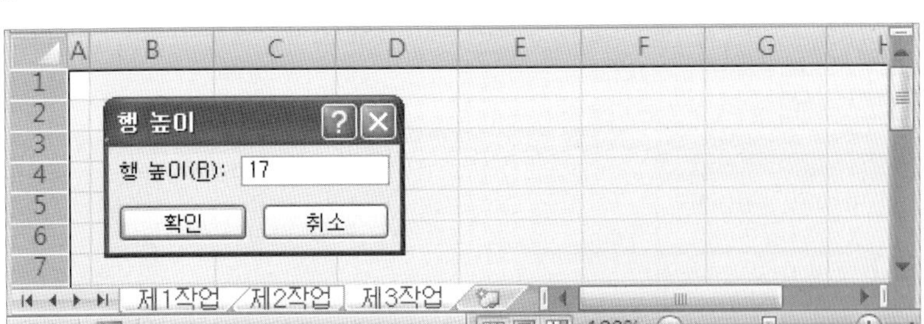

③ [G4:H4] 셀과 같이 줄 바꿈이 있는 경우에는 Alt+Enter↵ 키를 사용하고, 다음과 같이 표의 내용을 정확하게 입력한다. 열 너비와 [4행]의 행 높이는 마우스를 드래그하여 적당히 조절한다.

	A	B	C	D	E	F	G	H	I	J
1										
2										
3										
4		예약코드	고객명	목적	예약일자	평형	요금 (1박)	예약 일수	고객구분	이용금액
5		A-101-1	김미영	가족여행	2012-02-05	15	120,000	3		
6		B-102-2	강은덕	직장인워크샵	2012-02-19	25	250,000	2		
7		A-103-1	신유복	가족여행	2012-02-12	17	150,000	1		
8		B-104-2	소지우	친구모임	2012-02-05	25	250,000	1		
9		C-105-3	최미순	가족여행	2012-02-23	20	210,000	2		
10		B-106-2	박아름	직장인워크샵	2012-02-12	30	300,000	3		
11		D-107-3	황장군	친구모임	2012-02-18	25	250,000	2		
12		B-102-2	홍지수	가족여행	2012-02-21	17	150,000	2		

④ [B13:D13] 셀을 블록설정한 후, [홈] 탭→[맞춤] 그룹→[병합하고 가운데 맞춤(⊞)]을 클릭하여 셀을 병합한다.

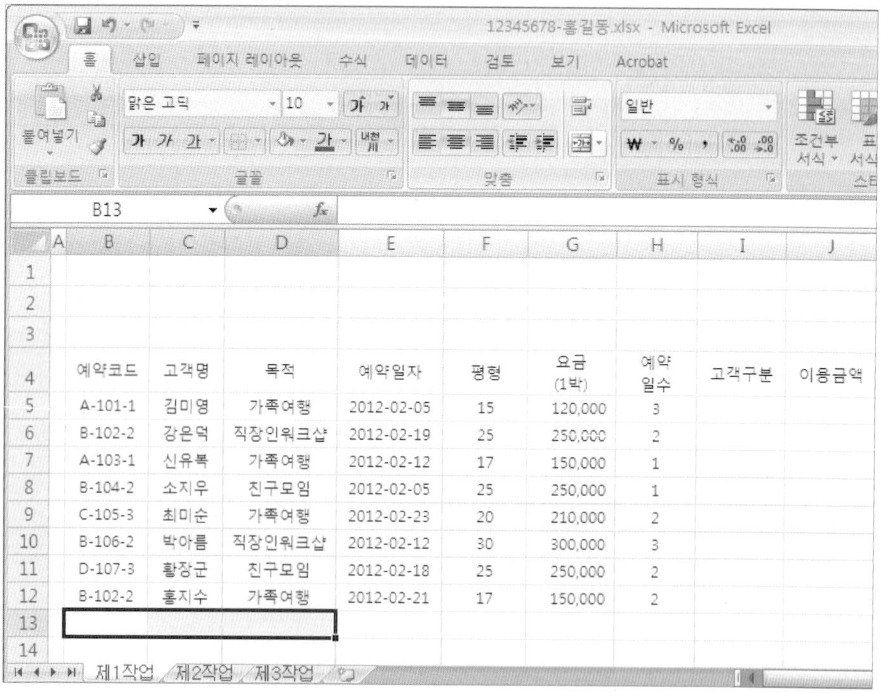

⑤ [B14:D14], [F13:F14], [G13:I13], 셀들도 각각 블록설정한 후, [홈] 탭→[맞춤] 그룹→[병합하고 가운데 맞춤()]을 실행하여 셀을 병합한 후 내용을 입력한다. [G5:G12] 셀 영역은 [홈] 탭→[표시 형식] 그룹→[쉼표 스타일]을 지정한다.

	A	B	C	D	E	F	G	H	I	J
1										
2										
3										
4		예약코드	고객명	목적	예약일자	평형	요금 (1박)	예약 일수	고객구분	이용금액
5		A-101-1	김미영	가족여행	2012-02-05	15	120,000	3		
6		B-102-2	강은덕	직장인워크샵	2012-02-19	25	250,000	2		
7		A-103-1	신유복	가족여행	2012-02-12	17	150,000	1		
8		B-104-2	소지우	친구모임	2012-02-05	25	250,000	1		
9		C-105-3	최미순	가족여행	2012-02-23	20	210,000	2		
10		B-106-2	박아름	직장인워크샵	2012-02-12	30	300,000	3		
11		D-107-3	황장군	친구모임	2012-02-18	25	250,000	2		
12		B-102-2	홍지수	가족여행	2012-02-21	17	150,000	2		

TIP!

• **표시형식 : 회계형**

☞ 통화, 백분율 스타일, 쉼표 스타일, 자릿수 늘림, 자릿수 줄임을 이용하여 상황에 맞는 표시 형식을 지정할 수 있다.

(2) 표 테두리 지정하기

① 표의 테두리를 지정하기 위해 [B4:J14] 셀 영역을 선택한 후, [홈] 탭→[글꼴] 그룹→[테두리()]→[모든 테두리(田)]를 지정한다.

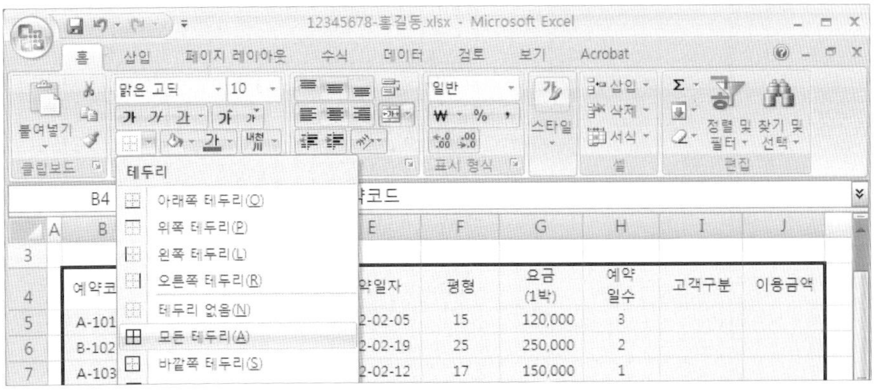

② 표의 외곽선을 굵은 테두리로 지정하기 위해 [홈] 탭→[글꼴] 그룹→[테두리( )]→[굵은 상자 테두리( )]를 지정한다.

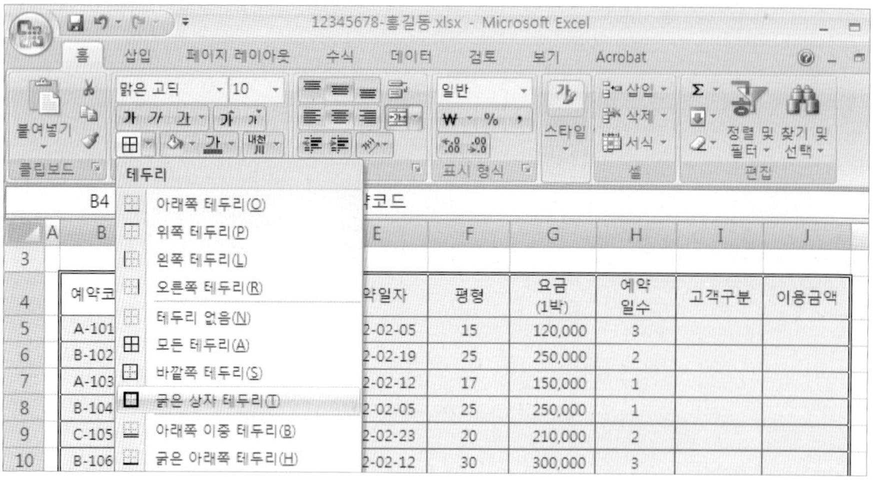

③ [B4:J4] 셀 영역을 선택하고, Ctrl 키를 누른상태로 [B13:J14] 셀 영역을 선택한 후 [홈] 탭→[글꼴] 그룹→[테두리( )]→[굵은 상자 테두리( )]를 지정한다.

④ [F13] 셀을 선택하고 Ctrl+1 키를 눌러 [셀 서식] 대화상자가 나타나면 [테두리] 탭에서 대각선을 지정한 후 [확인] 단추를 누른다.

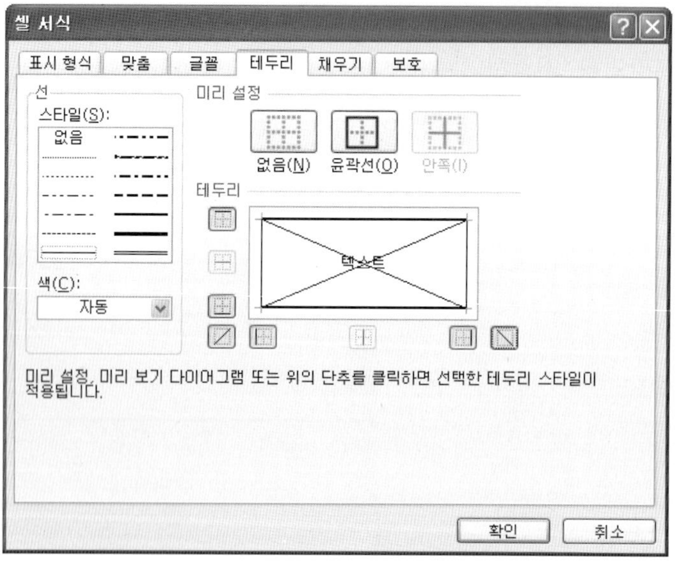

4.2.3 제목 도형과 결재란 만들기

(1) 제목 도형 만들기

① 제목 도형을 만들기 위해 [삽입] 탭→[일러스트레이션] 그룹→[도형]→[사각형]→[모서리가 둥근 직사각형]을 클릭한다.

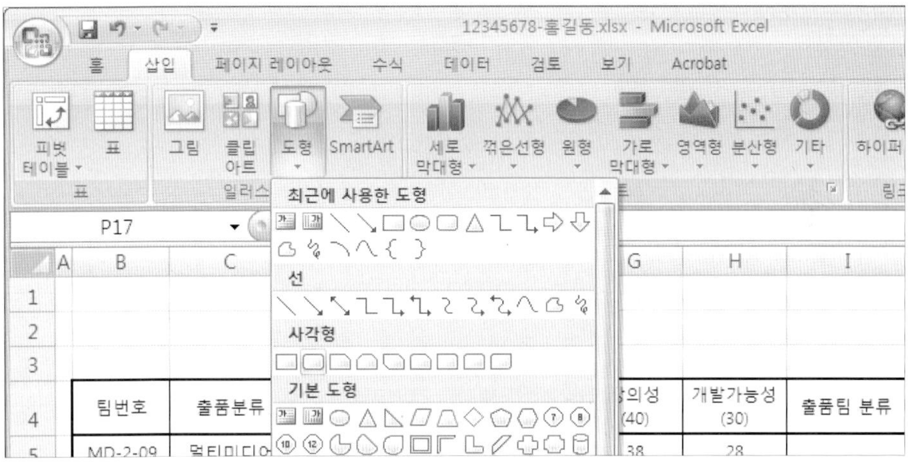

② 다음과 같이 도형을 그린다.

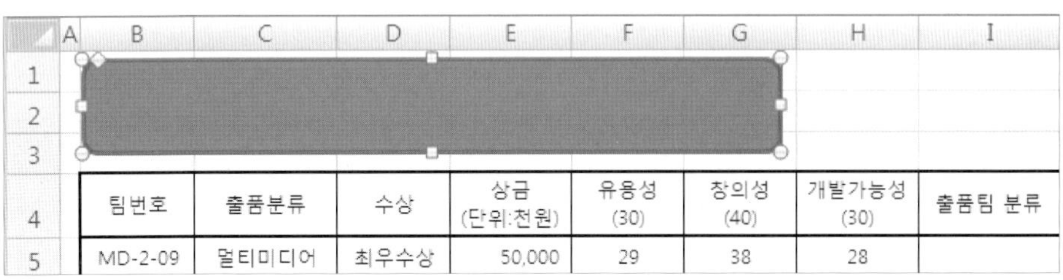

③ 도형이 선택된 상태에서 "대한펜션 2월 예약현황"을 입력한다.

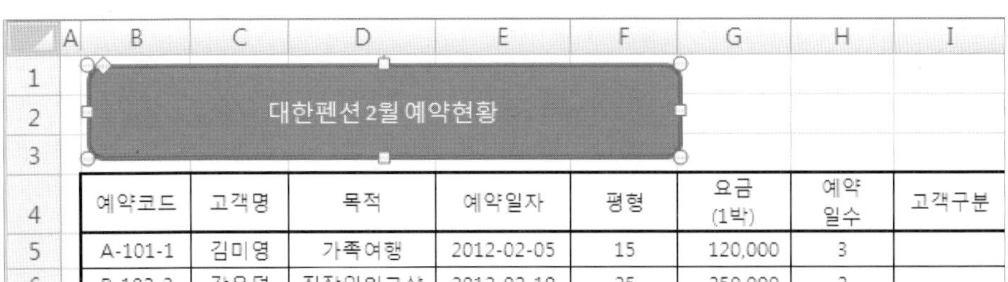

④ [홈] 탭→[글꼴] 그룹에서 글꼴(맑은 고딕), 크기(20pt), '굵게', 글꼴 색(검정)을 지정한다.

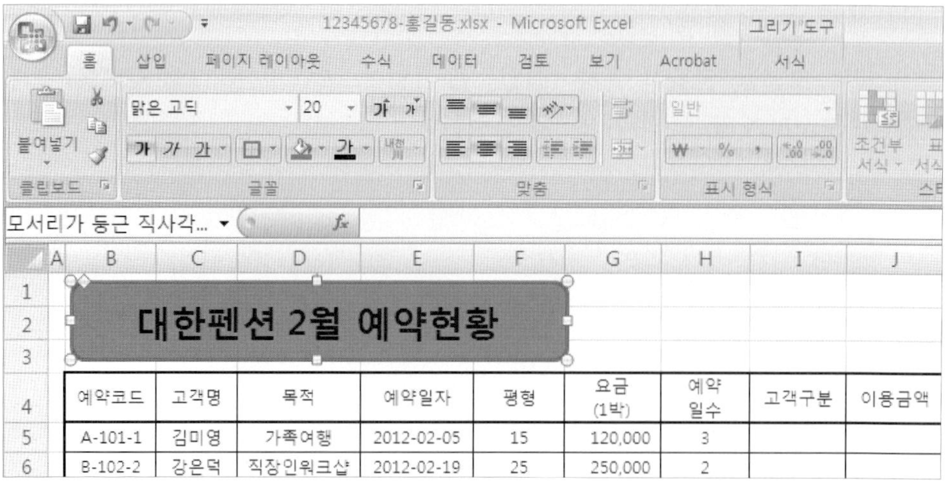

⑤ [홈] 탭→[글꼴] 그룹→[채우기 색]을 클릭하여 '노랑'을 지정한다.

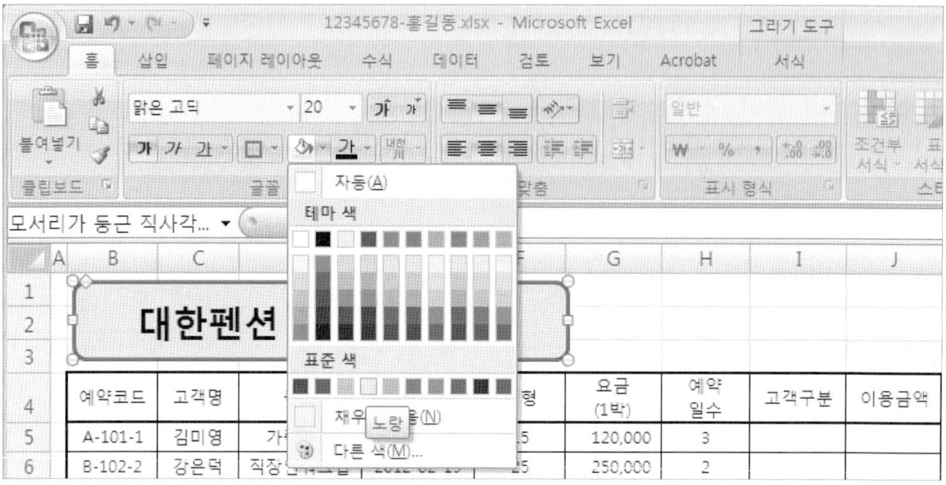

⑥ [그리기 도구]→[서식] 탭→[도형 스타일] 그룹→[도형 효과]→[그림자]→[오프셋 대각선 오른쪽 아래]를 클릭한다.

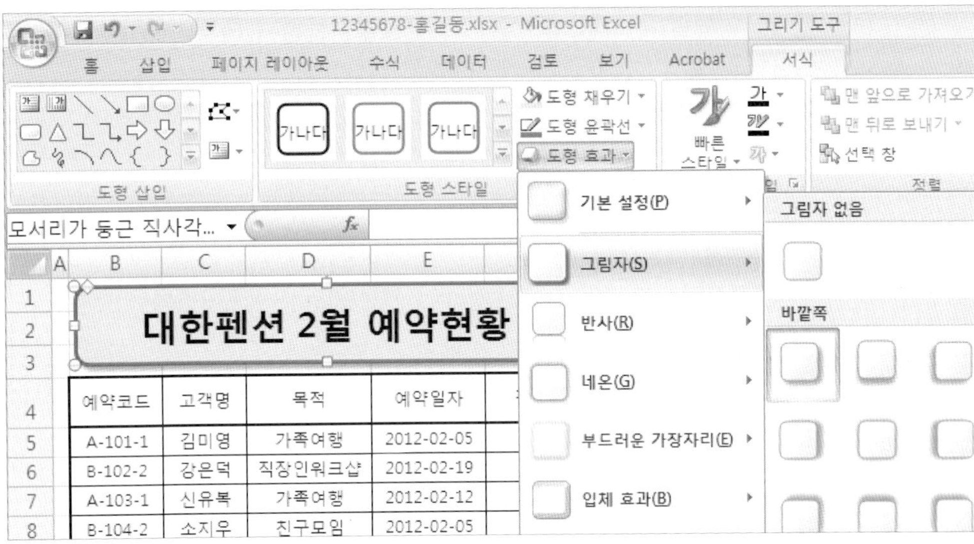

(2) 결재란 만들기

① [L열]의 너비를 줄이고, [L15:L17] 셀을 병합하여 "결" 을 입력한 후 Alt+Enter↵ 키를 누르고 "재" 를 입력한다.

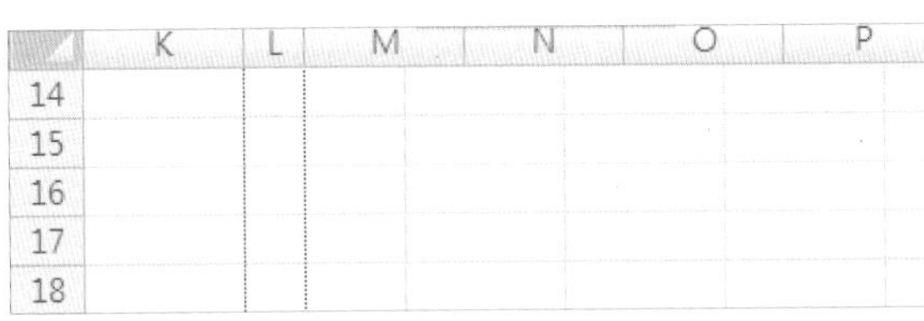

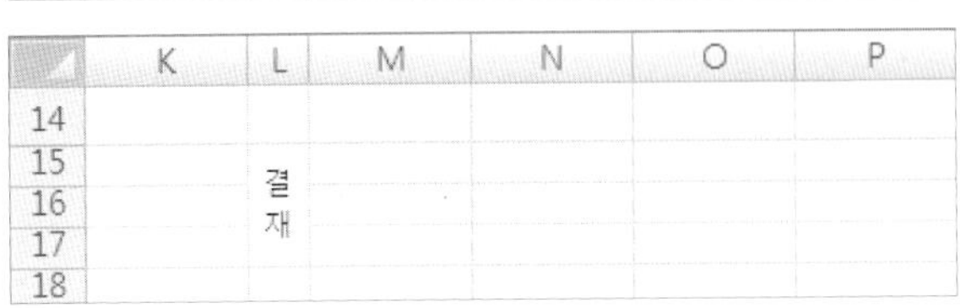

② [M16:M17], [N16:N17], [O16:O17] 셀을 각각 병합하고, [M15] 셀은 "담당" , [N15] 셀은 "팀장" , [O15] 셀은 "부장" 을 입력한다.

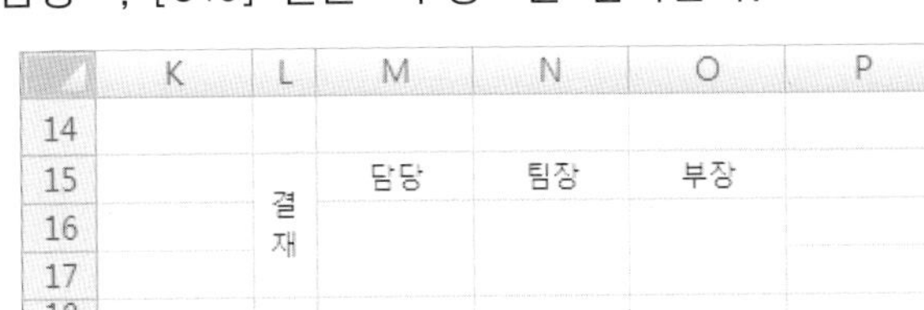

③ [L15:O17] 셀 영역을 선택한 후 [홈] 탭→[글꼴] 그룹→[테두리( )]→[모든 테두리(⊞)]를 지정한다.

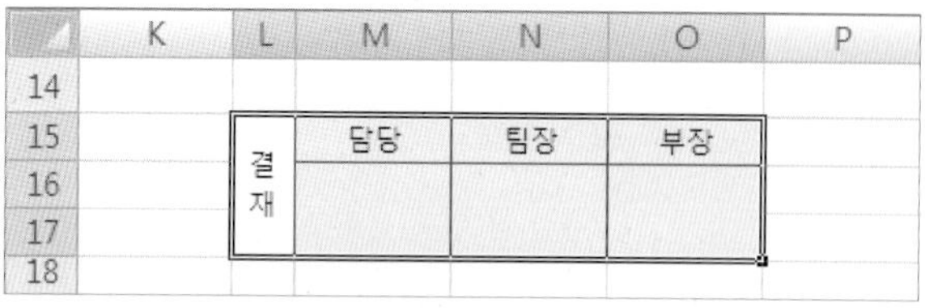

④ 완성된 결재란을 블록설정한 후 [홈] 탭→[붙여넣기] 그룹→[붙여넣기]의 목록 단추(붙여넣기)]→[그림 형식]→[그림으로 복사]를 실행한다.

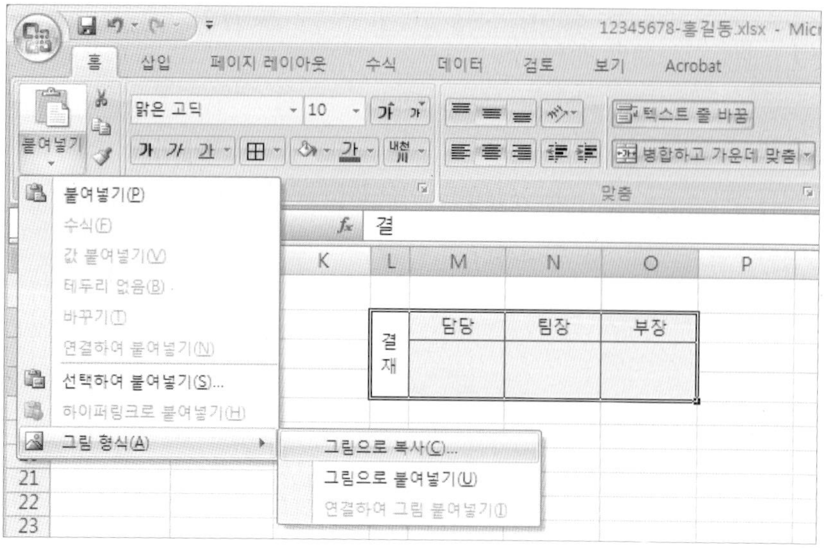

⑤ [그림 복사] 대화상자가 나타나면 [확인] 단추를 누른다.

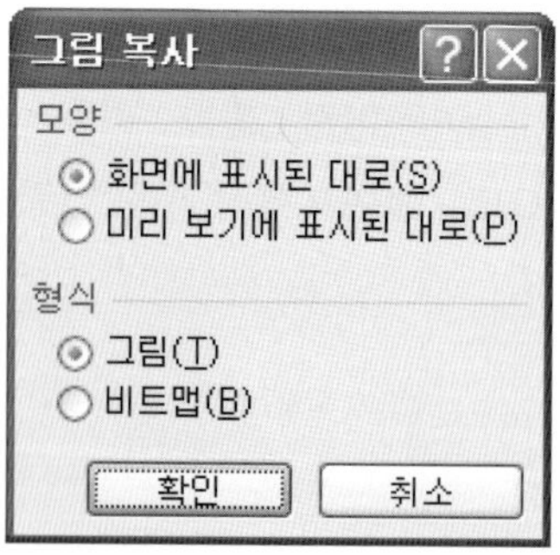

⑥ [H1] 셀을 선택한 후 Ctrl+V 키를 눌러 그림으로 복사된 결재란을 붙여넣기를 실행한 다음 결재란의 위치를 조절한다.

대한펜션 2월 예약현황

결재	담당	팀장	부장

예약코드	고객명	목적	예약일자	평형	요금(1박)	예약일수	고객구분	이용금액
A-101-1	김미영	가족여행	2012-02-05	15	120,000	3		
B-102-2	강은덕	직장인워크샵	2012-02-19	25	250,000	2		
A-103-1	신유복	가족여행	2012-02-12	17	150,000	1		
B-104-2	소지우	친구모임	2012-02-05	25	250,000	1		
C-105-3	최미순	가족여행	2012-02-23	20	210,000	2		
B-106-2	박아름	직장인워크샵	2012-02-12	30	300,000	3		
D-107-3	황장군	친구모임	2012-02-18	25	250,000	2		
B-102-2	홍지수	가족여행	2012-02-21	17	150,000	2		
가족여행의 요금(1박) 평균					평형이 가장 큰 고객명			
평형이 25평 이상인 예약건수					고객명		목적	

TIP!

• 그림으로 붙여넣기

☞ [홈] 탭→[붙여넣기의 목록 단추(붙여넣기)]→[그림 형식]→[그림으로 붙여넣기]를 실행해도 된다.

⑦ 결재란의 원본을 삭제해야 하므로 결재란의 원본 표가 있는 [L:O] 열을 선택한 후 마우스 오른쪽 버튼을 눌러 바로가기 메뉴에서 [삭제] 선택한다.

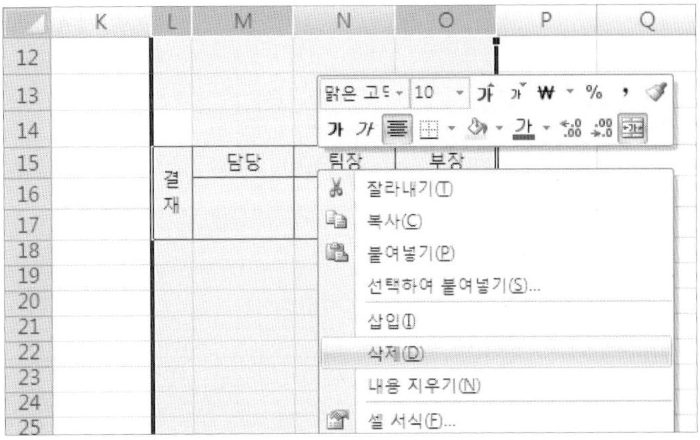

4.2.4 색 채우기와 데이터 유효성 검사

(1) 셀 영역에 색 채우기

[B4:J4] 셀 영역을 선택한 후 Ctrl 키를 누른 상태에서 [G14], [I14] 셀 영역을 선택한 다음 [홈] 탭→[글꼴] 그룹→[채우기 색( )]을 클릭하여 '주황' 으로 지정한다.

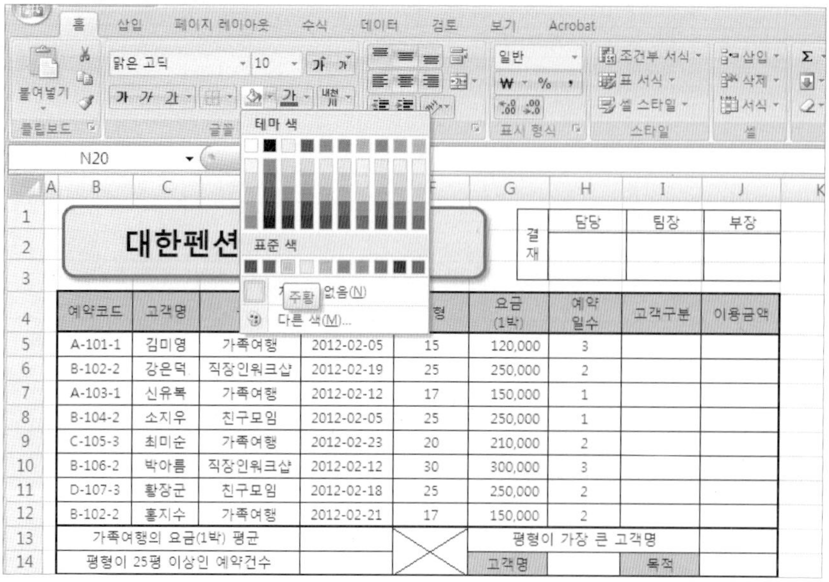

(2) 데이터 유효성 검사

① [H14] 셀을 선택한 후 [데이터] 탭→[데이터 도구] 그룹→[데이터 유효성 검사]를 클릭한다.

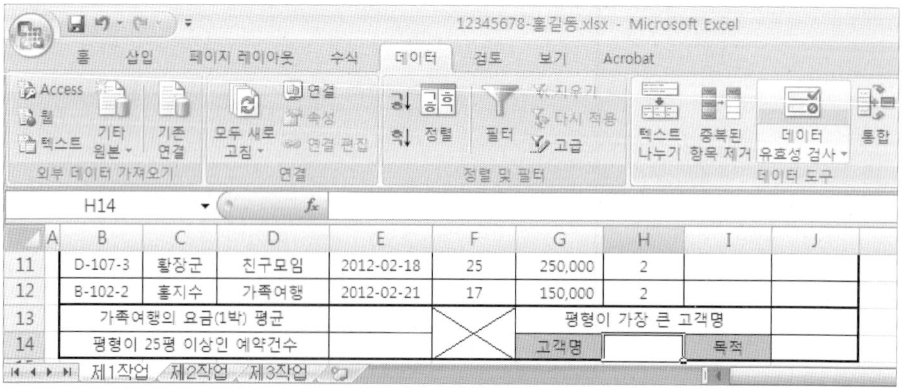

② [데이터 유효성] 대화상자가 나타나면 [설정] 탭에서 [제한 대상]은 '목록' 을 선택하고, [원본]을 클릭하여 마우스로 [C5:C12] 셀 영역을 드래그하여 '=$C$5:$C$12' 가 입력되면 [확인] 단추를 누른다.

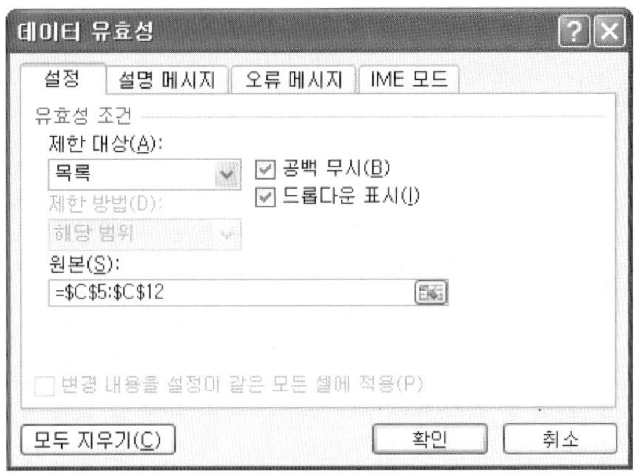

③ [H14] 셀의 목록 단추를 누르면 '고객명' 열의 데이터가 모두 나타난다.

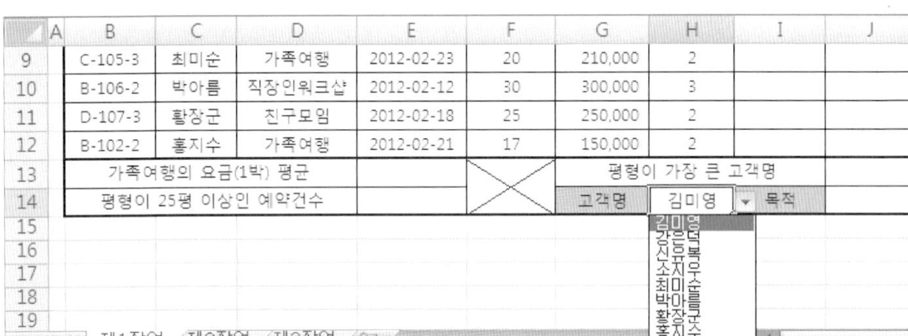

TIP

• **데이터 유효성 검사의 다른 유형**

☞ 유효성 검사로 설정할 텍스트 목록을 직접 입력하여도 된다.

• **데이터 유효성 검사 삭제**

☞ [모두 지우기] 단추를 누르면 설정된 데이터 유효성 검사가 제거된다.

예) 목록이 '단품류,세트류,포장류' 인 경우

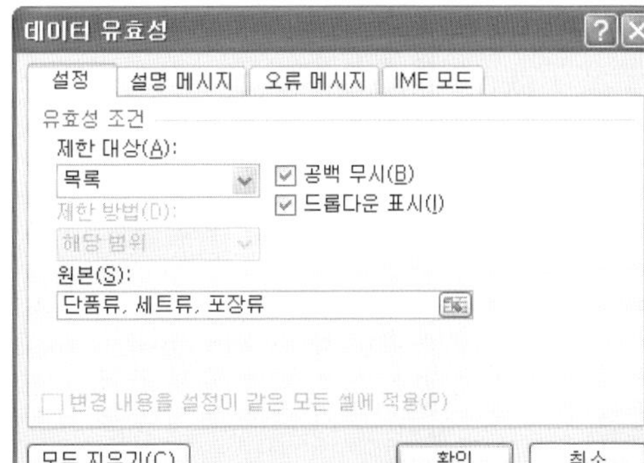

4.2.5 셀 서식 및 이름 정의하기

(1) 셀 서식 지정하기

① [F5:F12] 셀 영역을 선택한 후 마우스 오른쪽 버튼을 눌러 [셀 서식] 바로가기 메뉴를 실행한다.

② [셀 서식] 대화상자의 [표시 형식] 탭에서 범주 목록 중에서 '사용자 지정' 을 선택한 후 형식에 『0 "평"』을 입력한다.

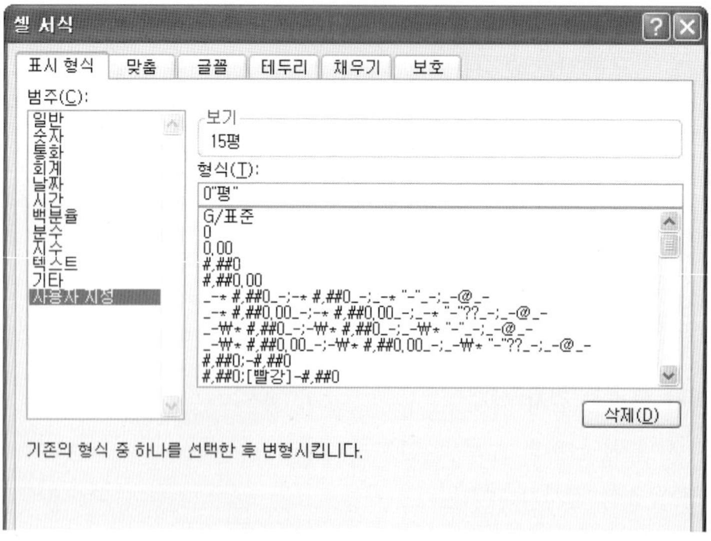

③ 다음과 같이 지정된 셀 서식이 나타난다.

	예약코드	고객명	목적	예약일자	평형	요금(1박)	예약일수	고객구분	이용금액
4	예약코드	고객명	목적	예약일자	평형	요금(1박)	예약일수	고객구분	이용금액
5	A-101-1	김미영	가족여행	2012-02-05	15평	120,000	3		
6	B-102-2	강은덕	직장인워크샵	2012-02-19	25평	250,000	2		
7	A-103-1	신유복	가족여행	2012-02-12	17평	150,000	1		
8	B-104-2	소지우	친구모임	2012-02-05	25평	250,000	1		
9	C-105-3	최미순	가족여행	2012-02-23	20평	210,000	2		
10	B-106-2	박아름	직장인워크샵	2012-02-12	30평	300,000	3		
11	D-107-3	황장군	친구모임	2012-02-18	25평	250,000	2		
12	B-102-2	홍지수	가족여행	2012-02-21	17평	150,000	2		
13	가족여행의 요금(1박) 평균					평형이 가장 큰 고객명			
14	평형이 25평 이상인 예약건수					고객명	김미영	목적	

제1작업 / 제2작업 / 제3작업

TIP!

• 셀 서식의 다른 유형

(1) 데이터가 숫자인 경우의 셀 서식

① 7500 -〉 7,500원 : #,##0 "원"

② 1234000 -〉 1,234천원 : #,###, "천원"

③ 1234000000 -〉 1,234백만원 : #,###,, "백만원"

(2) 데이터가 문자인 경우의 셀 서식 : @ "고객님"

	B	C	D
1	데이터	표시형식	셀서식
2	7500	#,##0"원"	7,500원
3	1234000	#,###,"천원"	1,234천원
4	1234000000	#,###,,"백만원"	1,234백만원
5	김미영	@"고객님"	김미영고객님

(2) 이름 정의하기

① [F5:F12] 셀 영역을 선택하고 [이름 상자]에 "평형"을 입력한 후 Enter↵ 키를 누른다.

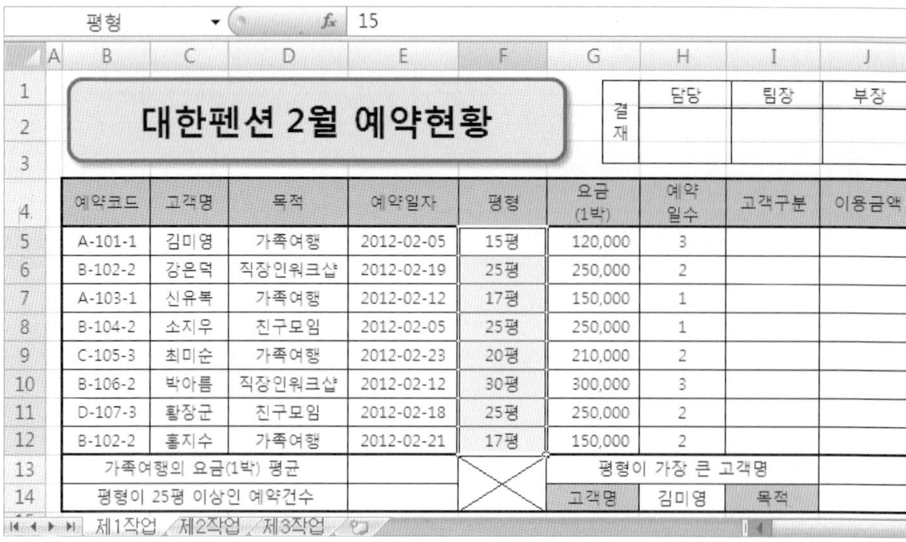

예약코드	고객명	목적	예약일자	평형	요금(1박)	예약일수	고객구분	이용금액
A-101-1	김미영	가족여행	2012-02-05	15평	120,000	3		
B-102-2	강은덕	직장인워크샵	2012-02-19	25평	250,000	2		
A-103-1	신유복	가족여행	2012-02-12	17평	150,000	1		
B-104-2	소지우	친구모임	2012-02-05	25평	250,000	1		
C-105-3	최미순	가족여행	2012-02-23	20평	210,000	2		
B-106-2	박아름	직장인워크샵	2012-02-12	30평	300,000	3		
D-107-3	황장군	친구모임	2012-02-18	25평	250,000	2		
B-102-2	홍지수	가족여행	2012-02-21	17평	150,000	2		
가족여행의 요금(1박) 평균					평형이 가장 큰 고객명			
평형이 25평 이상인 예약건수					고객명	김미영	목적	

TIP

• 정의된 이름 삭제하기

① 정의된 이름을 삭제하려면 [수식] 탭→[정의된 이름] 그룹→[이름 관리자]를 클릭한다.

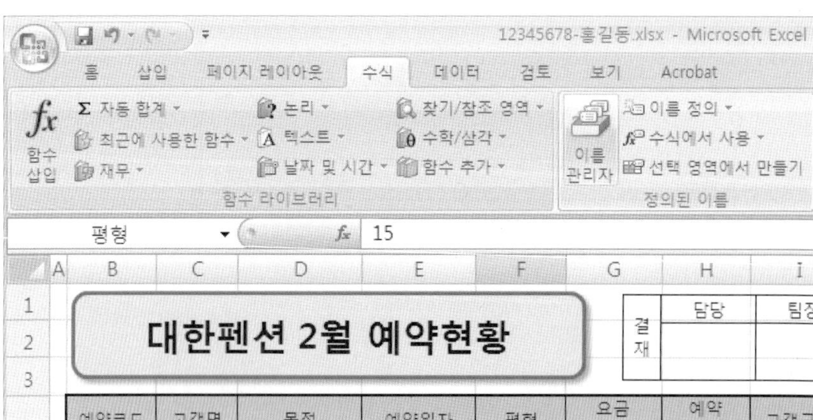

② [이름 관리자] 대화상자가 나타나면 삭제할 이름을 선택한 후 [삭제] 단추를 누르면 정의된 이름이 삭제된다.

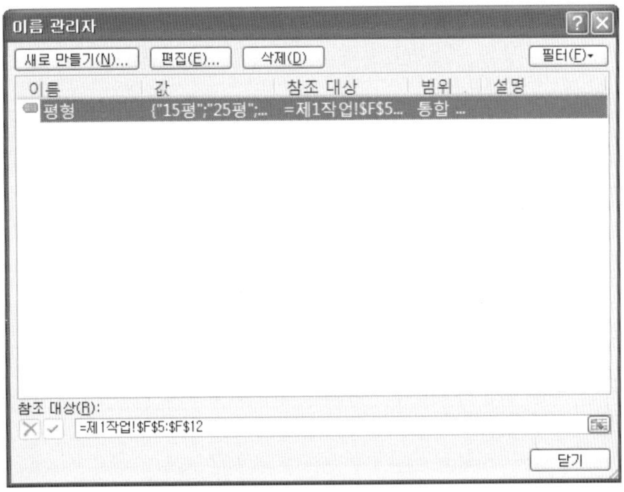

② [보기] 탭→[표시/숨기기] 그룹에서 눈금선을 클릭하여 체크 해제하면 다음과 같이 셀의 눈금선이 숨겨진다.

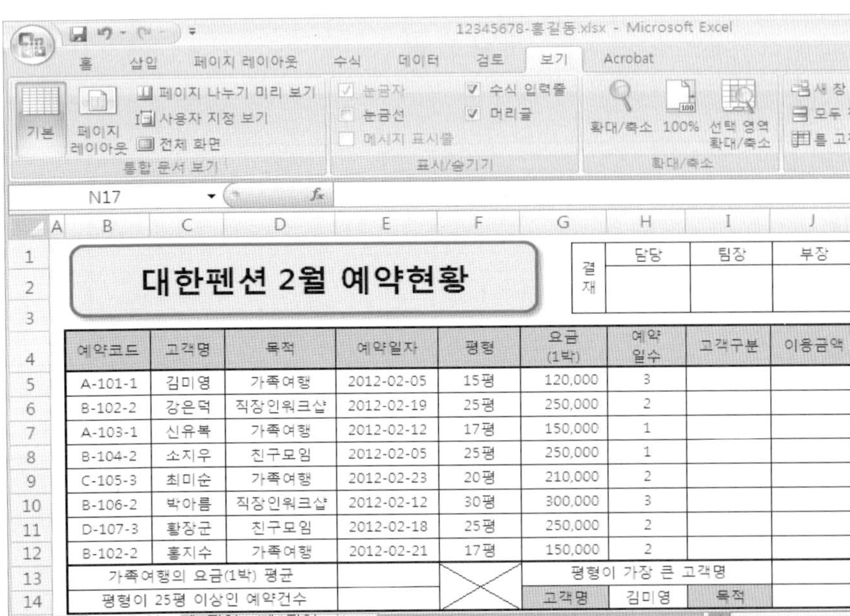

예약코드	고객명	목적	예약일자	평형	요금(1박)	예약일수	고객구분	이용금액
A-101-1	김미영	가족여행	2012-02-05	15평	120,000	3		
B-102-2	강은덕	직장인워크샵	2012-02-19	25평	250,000	2		
A-103-1	신유복	가족여행	2012-02-12	17평	150,000	1		
B-104-2	소지우	친구모임	2012-02-05	25평	250,000	1		
C-105-3	최미순	가족여행	2012-02-23	20평	210,000	2		
B-106-2	박아름	직장인워크샵	2012-02-12	30평	300,000	3		
D-107-3	황장군	친구모임	2012-02-18	25평	250,000	2		
B-102-2	홍지수	가족여행	2012-02-21	17평	150,000	2		
가족여행의 요금(1박) 평균					평형이 가장 큰 고객명			
평형이 25평 이상인 예약건수					고객명	김미영	목적	

4.2.6 함수 및 값 계산하기

(1) IF, LEFT 함수

① [I5] 셀을 선택하고 수식 입력 줄에 『=IF(LEFT(B5,1)= “A” , “우수고객” ,IF(LEFT(B5, 1)= “B” , “일반고객” , “”))』을 입력한 후 Enter↵ 키를 누른다.

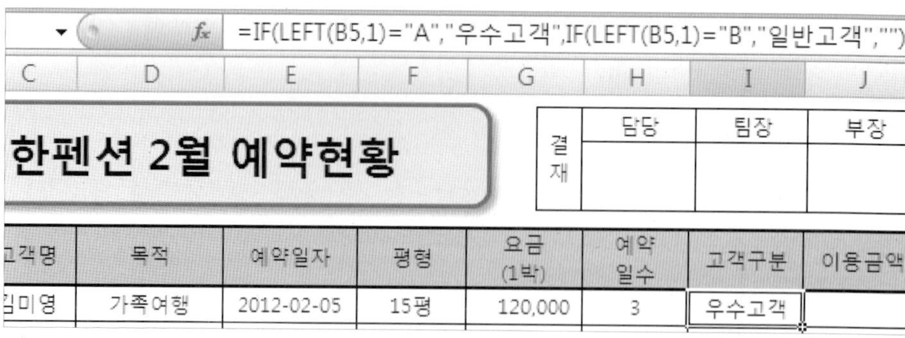

② [I5] 셀을 선택하여 채우기 핸들을 클릭한 상태에서 [I12] 셀까지 마우스를 드래그하면 수식이 복사된다. 이 때 [서식 없이 채우기]를 지정한다.

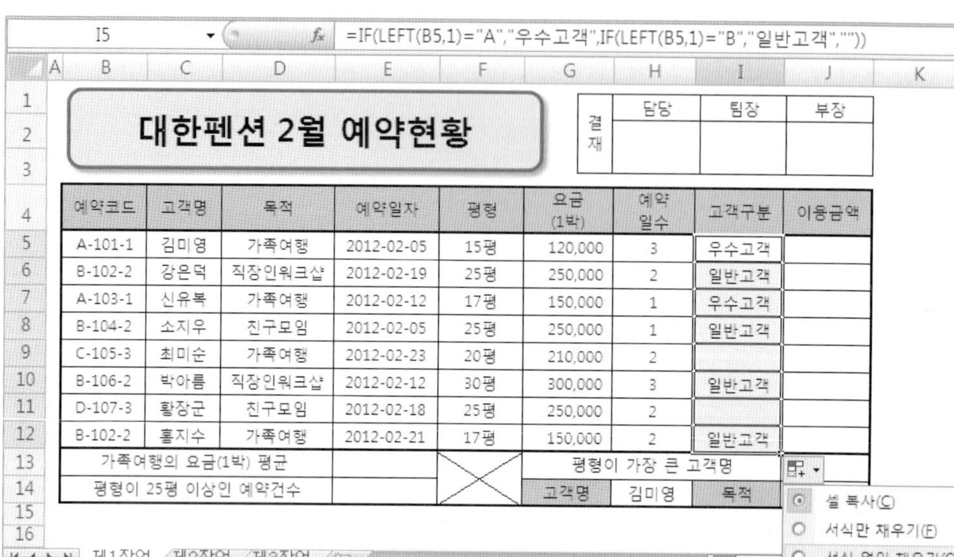

(2) RIGHT 함수

① [J5] 셀을 선택한 후 수식 입력줄에 『=G5*H5-(G5*H5*RIGHT(B5,1)*0.1)』을 입력한 후 Enter↵ 키를 누른다.

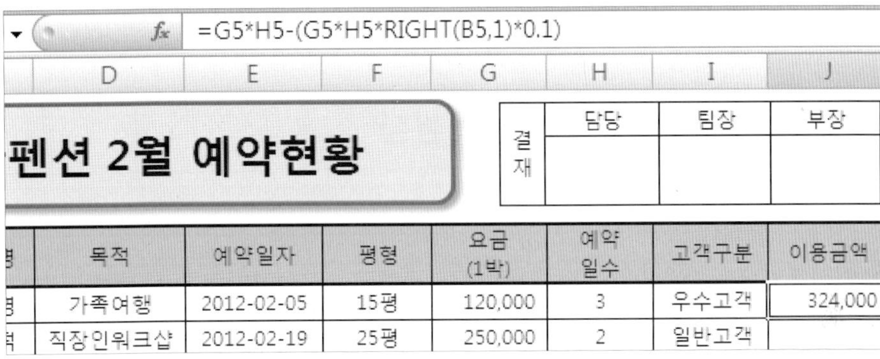

② [J5] 셀을 선택하여 채우기 핸들을 클릭한 상태에서 [J12] 셀까지 마우스를 드래그하면 수식이 복사된다. 이때, [서식 없이 채우기]를 지정한다.

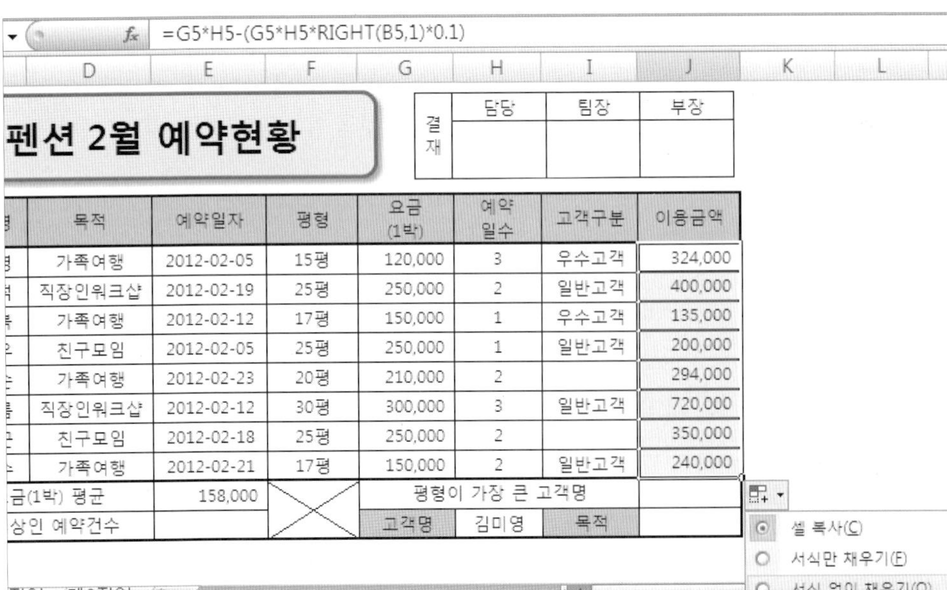

(3) ROUND, DAVERAGE 함수

[E13] 셀을 선택하고 수식 입력줄에 『=ROUND(DAVERAGE(B4:H12,G4,D4:D5),−3)』를 입력한 후 Enter↵ 키를 누른다.

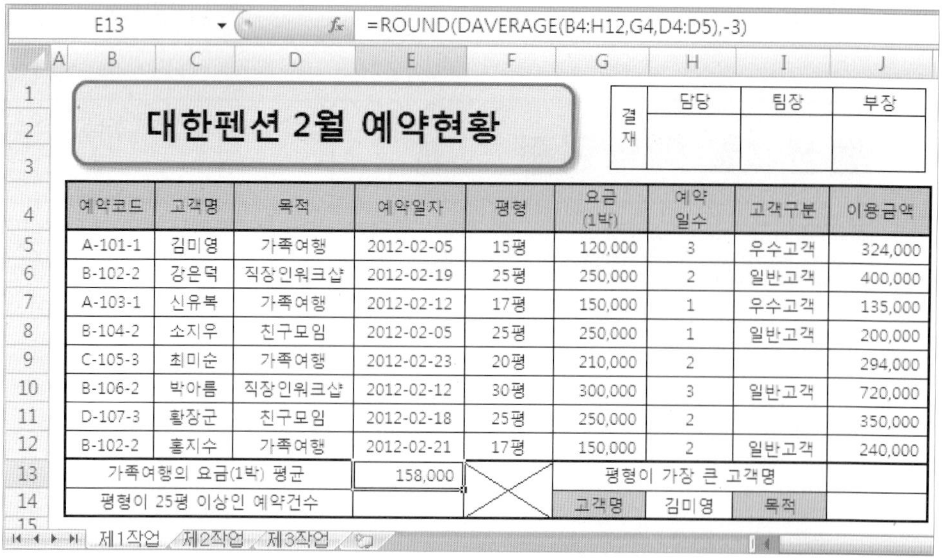

E13 =ROUND(DAVERAGE(B4:H12,G4,D4:D5),-3)

대한펜션 2월 예약현황

결재	담당	팀장	부장

예약코드	고객명	목적	예약일자	평형	요금(1박)	예약일수	고객구분	이용금액
A-101-1	김미영	가족여행	2012-02-05	15평	120,000	3	우수고객	324,000
B-102-2	강은덕	직장인워크샵	2012-02-19	25평	250,000	2	일반고객	400,000
A-103-1	신유복	가족여행	2012-02-12	17평	150,000	1	우수고객	135,000
B-104-2	소지우	친구모임	2012-02-05	25평	250,000	1	일반고객	200,000
C-105-3	최미순	가족여행	2012-02-23	20평	210,000	2		294,000
B-106-2	박아름	직장인워크샵	2012-02-12	30평	300,000	3	일반고객	720,000
D-107-3	황장군	친구모임	2012-02-18	25평	250,000	2		350,000
B-102-2	홍지수	가족여행	2012-02-21	17평	150,000	2	일반고객	240,000
가족여행의 요금(1박) 평균			158,000		평형이 가장 큰 고객명			
평형이 25평 이상인 예약건수					고객명	김미영	목적	

제1작업 / 제2작업 / 제3작업

(4) COUNTIF 함수

[E14] 셀을 선택하고 수식 입력줄에 『=COUNTIF(평형,〉=25 “)” & “건” 』을 입력한 후 Enter↵ 키를 누른다.

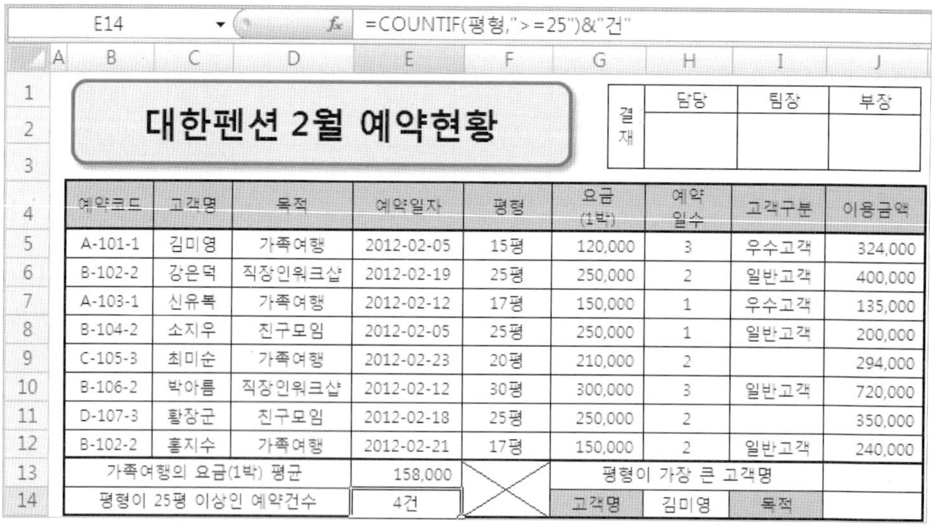

E14 =COUNTIF(평형,">=25")&"건"

대한펜션 2월 예약현황

결재	담당	팀장	부장

예약코드	고객명	목적	예약일자	평형	요금(1박)	예약일수	고객구분	이용금액
A-101-1	김미영	가족여행	2012-02-05	15평	120,000	3	우수고객	324,000
B-102-2	강은덕	직장인워크샵	2012-02-19	25평	250,000	2	일반고객	400,000
A-103-1	신유복	가족여행	2012-02-12	17평	150,000	1	우수고객	135,000
B-104-2	소지우	친구모임	2012-02-05	25평	250,000	1	일반고객	200,000
C-105-3	최미순	가족여행	2012-02-23	20평	210,000	2		294,000
B-106-2	박아름	직장인워크샵	2012-02-12	30평	300,000	3	일반고객	720,000
D-107-3	황장군	친구모임	2012-02-18	25평	250,000	2		350,000
B-102-2	홍지수	가족여행	2012-02-21	17평	150,000	2	일반고객	240,000
가족여행의 요금(1박) 평균			158,000		평형이 가장 큰 고객명			
평형이 25평 이상인 예약건수			4건		고객명	김미영	목적	

(5) INDEX, MATCH, MAX 함수

[J13] 셀을 선택하고 수식 입력줄에 『=INDEX(B5:H12,MATCH(MAX(F5:F12), F5:F12,0),2)』을 입력한 후 Enter↵ 키를 누른다.

J13 | fx =INDEX(B5:H12,MATCH(MAX(F5:F12),F5:F12,0),2)

대한펜션 2월 예약현황

결재	담당	팀장	부장

예약코드	고객명	목적	예약일자	평형	요금(1박)	예약일수	고객구분	이용금액
A-101-1	김미영	가족여행	2012-02-05	15평	120,000	3	우수고객	324,000
B-102-2	강은덕	직장인워크샵	2012-02-19	25평	250,000	2	일반고객	400,000
A-103-1	신유복	가족여행	2012-02-12	17평	150,000	1	우수고객	135,000
B-104-2	소지우	친구모임	2012-02-05	25평	250,000	1	일반고객	200,000
C-105-3	최미순	가족여행	2012-02-23	20평	210,000	2		294,000
B-106-2	박아름	직장인워크샵	2012-02-12	30평	300,000	3	일반고객	720,000
D-107-3	황장군	친구모임	2012-02-18	25평	250,000	2		350,000
B-102-2	홍지수	가족여행	2012-02-21	17평	150,000	2	일반고객	240,000
가족여행의 요금(1박) 평균			158,000		평형이 가장 큰 고객명			박아름
평형이 25평 이상인 예약건수			4건		고객명	김미영	목적	

(6) VLOOKUP 함수

[J14] 셀을 선택하고 수식 입력줄에 『=VLOOKUP(H14,C5:H12,2,0)』을 입력한 후 Enter↵ 키를 누른다.

J14 | fx =VLOOKUP(H14,C5:H12,2,0)

예약코드	고객명	목적	예약일자	평형	요금(1박)	예약일수	고객구분	이용금액
A-101-1	김미영	가족여행	2012-02-05	15평	120,000	3	우수고객	324,000
B-102-2	강은덕	직장인워크샵	2012-02-19	25평	250,000	2	일반고객	400,000
A-103-1	신유복	가족여행	2012-02-12	17평	150,000	1	우수고객	135,000
B-104-2	소지우	친구모임	2012-02-05	25평	250,000	1	일반고객	200,000
C-105-3	최미순	가족여행	2012-02-23	20평	210,000	2		294,000
B-106-2	박아름	직장인워크샵	2012-02-12	30평	300,000	3	일반고객	720,000
D-107-3	황장군	친구모임	2012-02-18	25평	250,000	2		350,000
B-102-2	홍지수	가족여행	2012-02-21	17평	150,000	2	일반고객	240,000
가족여행의 요금(1박) 평균			158,000		평형이 가장 큰 고객명			박아름
평형이 25평 이상인 예약건수			4건		고객명	김미영	목적	가족여행

(7) 조건부 서식

① ‘요금(1박)’ 셀에 데이터 막대로 조건부 서식을 지정하기 위해 [G5:G12] 셀 영역을 선택한 후, [홈] 탭→[스타일] 그룹→[조건부 서식]→[데이터 막대]→[빨강 데이터 막대]를 지정한다.

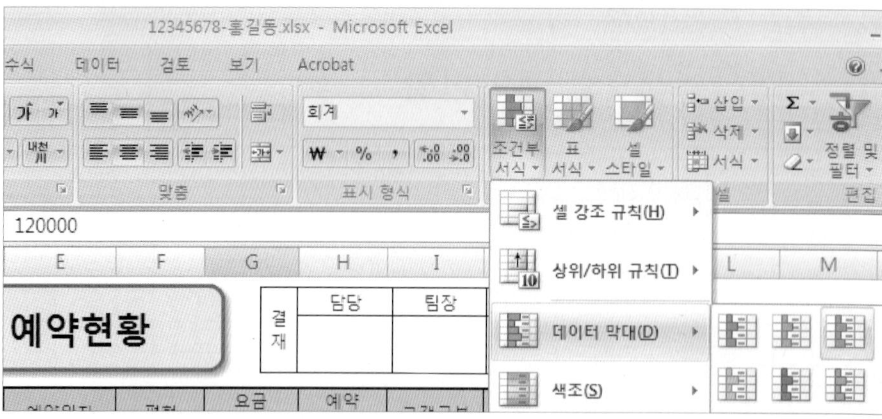

② 수식을 이용한 조건부 서식을 지정하기 위해 [B5:J12] 셀 영역을 선택한 후 [홈] 탭→[스타일] 그룹→[조건부 서식]→[새 규칙]을 실행한다.

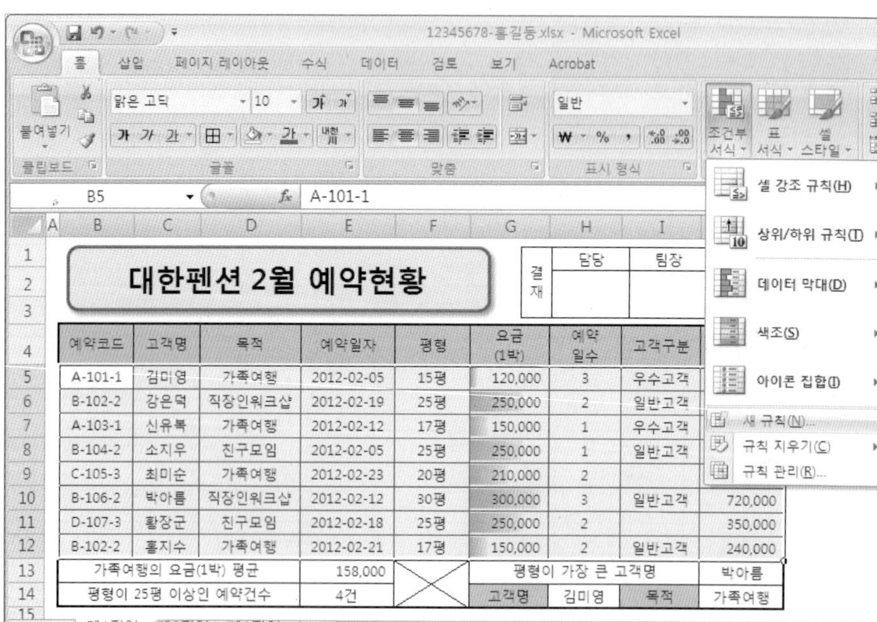

③ [새 서식 규칙] 대화상자가 나타나면 '수식을 사용하여 서식을 지정할 셀 결정'을 선택하고, [다음 수식이 참인 값의 서식 지정]에 『=$H5=3』을 입력한 후 [서식] 단추를 누른다.

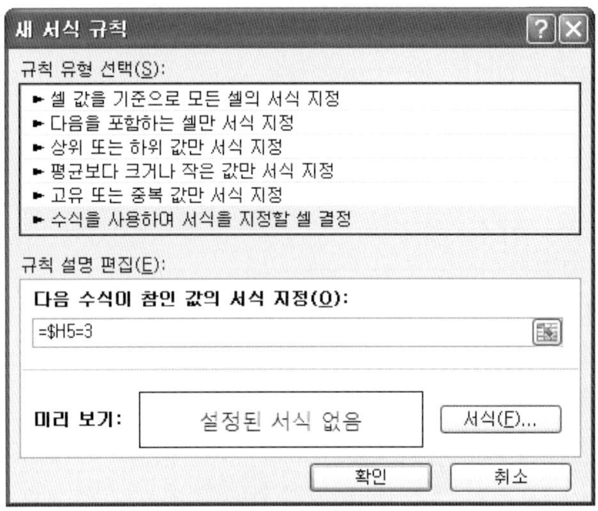

④ [셀 서식] 대화상자가 나타나면 [글꼴] 탭의 색에서 '파랑'을 지정한 후 [확인] 단추를 누른다.

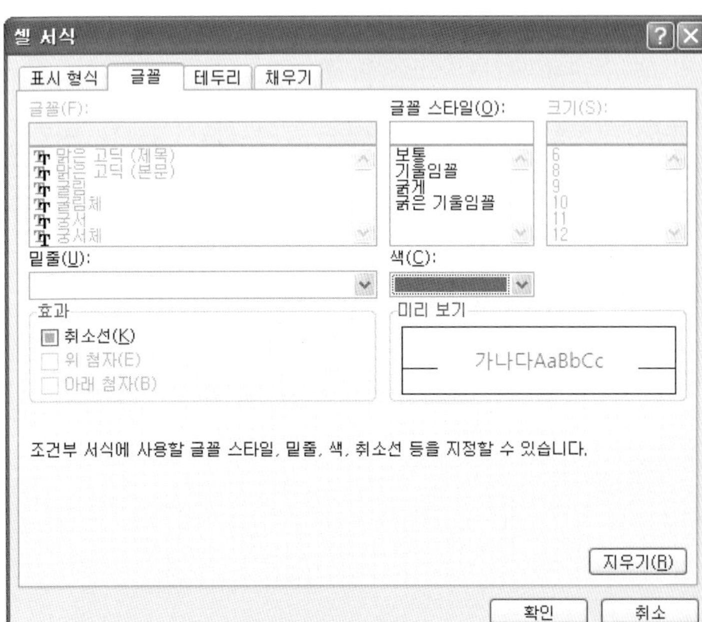

TIP!

• 조건부 서식 지우기

☞ 조건부 서식을 지우려면 [홈] 탭→[스타일] 그룹→[조건부 서식]→[규칙 지우기] 메뉴에서 '선택한 셀의 규칙 지우기' 또는 '시트 전체에서 규칙 지우기'를 실행한다.

⑤ 제1작업이 완성된 결과는 다음과 같다.

대한펜션 2월 예약현황

결재	담당	팀장	부장

예약코드	고객명	목적	예약일자	평형	요금(1박)	예약일수	고객구분	이용금액
A-101-1	김미영	가족여행	2012-02-05	15평	120,000	3	우수고객	324,000
B-102-2	강은덕	직장인워크샵	2012-02-19	25평	250,000	2	일반고객	400,000
A-103-1	신유복	가족여행	2012-02-12	17평	150,000	1	우수고객	135,000
B-104-2	소지우	친구모임	2012-02-05	25평	250,000	1	일반고객	200,000
C-105-3	최미순	가족여행	2012-02-23	20평	210,000	2		294,000
B-106-2	박아름	직장인워크샵	2012-02-12	30평	300,000	3	일반고객	720,000
D-107-3	황장군	친구모임	2012-02-18	25평	250,000	2		350,000
B-102-2	홍지수	가족여행	2012-02-21	17평	150,000	2	일반고객	240,000
가족여행의 요금(1박) 평균			158,000		평형이 가장 큰 고객명			박아름
평형이 25평 이상인 예약건수			4건		고객명	김미영	목적	가족여행

제1작업 / 제2작업 / 제3작업

§ 연습문제 4.1 다음 조건에 맞는 엑셀 문서를 작성하시오.

[제 1 작업] 표 서식 작성 및 값 계산 (240점)

☞ 다음은 '차량렌트 관리 현황' 에 대한 자료이다. 자료를 입력하고 조건에 맞도록 작업하시오.

《출력 형태》

차량렌트 관리 현황

결재	담당	과장	지점장

차량코드	렌트차종	출고일	렌트고객	렌트기간 (단위 : 일)	배기량	렌트비용	연식	차량구분
RV-0825	스타렉스	2007-05-10	김희철	3	2500	156,000	(1)	(2)
LC-0550	다이너스티	2010-09-30	박미희	1	3000	50,000	(1)	(2)
MC-0420	K5	2008-04-15	이현진	4	2000	160,000	(1)	(2)
LC-0636	에쿠스	2010-05-20	한정우	2	3500	125,000	(1)	(2)
RV-0811	뉴카니발	2008-12-20	박재민	3	3000	180,000	(1)	(2)
RV-0835	로디우스	2010-03-15	정찬은	1	2000	49,000	(1)	(2)
LC-0737	그랜져 TG	2009-02-20	박미희	2	2500	130,000	(1)	(2)
MC-0520	SM3	2009-06-10	이준희	4	2000	115,000	(1)	(2)
렌트기간이 3일 이상인 고객비율			(3)		출고일이 가장 최근인 렌트차종			(5)
배기량이 2500CC인 차량의 렌트비용 평균			(4)		렌트차종	SM3	렌트비용	(6)

《조건》

- ○ 모든 데이터의 서식에는 글꼴(돋움, 10pt), 맞춤은 《출력 형태》 를 참조하시오.
- ○ 제 목 ⇒ 그리기 도구모음의 가로로 말린 두루마리 모양 도형과 바깥쪽 그림자 스타일(오프셋 아래쪽)을 이용하여 작성하고 "차량렌트 관리 현황" 을 입력한 후 다음 서식을 적용하시오(글꼴-궁서, 20pt, 검정 / 채우기-노랑).
- ○ 임의의 셀에 결재란을 작성하여 카메라 또는 그림복사 기능을 이용하여 붙이기 하시오(단, 원본 삭제).
- ○ 「B4:J4, B13:D14, G13:I13, G14, I14」 영역은 '노랑' 으로 채우기 하시오.
- ○ 유효성 검사를 이용하여 「H14」 셀에 렌트차종(「C5:C12」 영역)이 선택 표시되도록 하시오.
- ○ 셀서식 ⇒ 「G5:G12」 영역에 셀 서식을 이용하여 숫자 뒤에 'CC' 를 표시하시오(예 : 2500 → 2500 CC).
- ○ 「C5:H12」 영역에 대해 '렌트현황' 으로 이름정의를 하시오.

◉ (1)~(6) 셀은 반드시 주어진 함수를 이용하여 값을 구하시오(결과값을 직접 입력하면 해당 셀은 0점 처리됨).

(1) 연식 ⇒ '출고일' 의 연도를 구한 결과값 뒤에 '년식' 을 표시하시오(YEAR 함수, & 연산자)(예 : 2007-05-10 → 2007 년식).

(2) 차량구분 ⇒ '차량코드' 의 앞 두 글자가 'MC' 이면 "중형" , 'LC' 이면 "대형" , 'RV' 이면 '승합' 으로 표시하시오(IF, LEFT 함수).

(3) 렌트기간이 3일 이상인 고객비율 ⇒ 전체 렌트고객 중 렌트기간(단위 : 일)이 3일 이상인 고객의 비율을 구하시오(COUNTIF, COUNTA 함수).

(4) 배기량이 2500 CC인 차량의 렌트비용 평균 ⇒ 조건범위는 입력 데이터를 이용하시오(DAVERAGE 함수).

(5) 출고일이 가장 최근인 렌트차종 ⇒(INDEX, MATCH, MAX 함수)

(6) 렌트비용 ⇒ 「H14」 셀에서 선택한 렌트차종에 대한 렌트비용을 정의된 이름(렌트현황)을 이용하여 나타내시오(VLOOKUP 함수).

(7) 조건부 서식을 이용하여 '렌트기간(단위 : 일)' 셀에 데이터 막대 스타일(빨강)을 최소값 및 최대값으로 적용하고, 수식을 이용하여 '출고일' 이 '2010' 년인 행 전체에 다음 서식을 적용하시오(굵게, 글꼴 : 파랑).

〈자료출처 : ITQ 기출문제〉

§ 연습문제 4.2 다음 조건에 맞는 엑셀 문서를 작성하시오.

[제 1 작업] 표 서식 작성 및 값 계산 (240점)

☞ 다음은 '평생교육원 강좌 현황' 에 대한 자료이다. 자료를 입력하고 조건에 맞도록 작업하시오.

《출력 형태》

평생교육원 강좌 현황

결재	담당	팀장	부장

과정명	강좌명	담당교수	주야구분	강의시간	수강 인원수	수강료 (단위:원)	강사료	비고
문화교양강좌	생활역학	송운기	야간	금 19:00-22:00	18	100,000원	(1)	(2)
문화교양강좌	부동산 경매	김대안	주간	화 10:00-13:00	25	150,000원	(1)	(2)
문화교양강좌	가야금 교실	문자영	야간	목 19:00-21:00	21	150,000원	(1)	(2)
아카데미강좌	행복한 서예	한동주	주간	수 10:00-12:00	32	80,000원	(1)	(2)
아카데미강좌	영어동화읽기	김정민	주간	월 10:00-12:00	37	80,000원	(1)	(2)
아카데미강좌	생활일본어	하진수	야간	화,목 19:00-21:00	42	100,000원	(1)	(2)
자격증강좌	독서지도사	김대안	주간	월,수 10:00-13:00	24	400,000원	(1)	(2)
자격증강좌	특수아동지도사	하영재	주간	토 14:00-20:00	19	400,000원	(1)	(2)
문화교양강좌의 평균 수강인원수			(3)		수강인원수가 가장 많은 강좌명			(5)
주간 강좌 개수			(4)		강좌명	생활역학	담당교수	(6)

《조건》

- ○ 모든 데이터의 서식에는 글꼴(돋움, 10pt), 맞춤은 《출력 형태》 를 참조하시오.
- ○ 제 목 ⇒ 그리기 도구모음의 모서리가 둥근 직사각형 도형과 바깥쪽 그림자 스타일(오프셋 대각선 왼쪽 아래)을 이용하여 작성하고 "평생교육원 강좌 현황" 을 입력한 후 다음 서식을 적용하시오(글꼴-돋움, 24pt, 굵게, 검정/채우기-노랑).
- ○ 임의의 셀에 결재란을 작성하여 카메라 또는 그림복사 기능을 이용하여 붙이기 하시오(단, 원본 삭제).
- ○ 「B4:J4, G14, I14」 영역은 '주황' 으로 채우기 하시오.
- ○ 유효성 검사를 이용하여 「H14」 셀에 강좌명(「C5:C12」 영역)이 선택 표시되도록 하시오.
- ○ 셀 서식 ⇒ 「G5:G12」 영역에 셀 서식을 이용하여 예와 같이 표시하시오(예:10 → 10명)
- ○ 「G5:G12」 영역에 대해 '수강인원' 으로 이름정의를 하시오.

◉ (1)~(6) 셀은 반드시 주어진 함수를 이용하여 값을 구하시오(결과값을 직접 입력하면 해당 셀은 0점 처리됨).

(1) 강사료 ⇒ 수강인원수의 첫 번째 숫자가 1이면 30,000을, 2이면 32,000을, 3이면 35,000을, 4이면 38,000을 표시하시오(CHOOSE, LEFT 함수).

(2) 비고 ⇒ 정의된 이름(수강인원)을 사용하여 수강인원수가 가장 많은 값이 1이 되도록 순위를 구하여 1~3위 까지는 "우수", 그 외에는 공백으로 표시하시오(IF, RANK 함수).

(3) 문화교양강좌의 평균 수강인원수 ⇒ 문화교양강좌의 평균 수강인원수를 소수 이하 1자리까지 반올림하여 표시하시오(ROUND, DAVERAGE 함수)(예 : 12.34 → 12.3).

(4) 주간 강좌 개수 ⇒ 주야구분이 '주간' 인 강좌의 개수를 구하시오(COUNTIF 함수).

(5) 수강인원수가 가장 많은 강좌명 ⇒ (INDEX, MATCH, MAX 함수)

(6) 담당교수 ⇒ 「H14」 셀에서 선택한 강좌명에 대한 담당교수를 표시하시오(VLOOKUP 함수).

(7) 조건부 서식을 이용하여 '수강인원수' 셀에 데이터 막대 스타일(녹색)을 최소값 및 최대값으로 적용하고, 수식을 이용하여 수강료(단위:원)가 '100,000원' 이하인 행 전체에 다음 서식을 적용하시오(글꼴 : 파랑).

〈자료출처 : ITQ 기출문제〉

엑셀 2007

5장. 필터 / 서식

학습목표

엑셀 2007에서 데이터 관리를 위한 필터 기능과 서식 지정 및 중복 데이터 제거 기능을 습득하고 《출력 형태》와 같은 엑셀 문서를 작성한다.

《조건》

(1) 고급필터	• 목적이 '가족여행' 이 아니면서 예약일수가 '예약일수의 평균 이상' 인 자료의 데이터만 추출하시오. – 조건 위치 : 「B13」 셀부터 입력하시오. – 복사 위치 : 「B17」 셀부터 나타나도록 하시오.
(2) 표 서식	• 표의 모든 셀을 채우기 없음으로 설정한 후, 고급필터의 결과에 '표 스타일 보통 3' 의 서식을 적용하시오.

《출력 형태》

	A	B	C	D	E	F	G	H
9		D-107-3	황장군	친구모임	2012-02-18	25평	250,000	2
10		B-102-2	홍지수	가족여행	2012-02-21	17평	150,000	2
11								
12								
13		목적	예약 일수					
14		<>가족여행	>=2					
15								
16								
17		예약코드	고객명	목적	예약일자	평형	요금 (1박)	예약 일수
18		B-102-2	강은덕	직장인워크샵	2012-02-19	25평	250,000	2
19		B-106-2	박아름	직장인워크샵	2012-02-12	30평	300,000	3
20		D-107-3	황장군	친구모임	2012-02-18	25평	250,000	2
21								

제1작업 제2작업 제3작업

〈자료출처 : ITQ 기출문제〉

5.1 고급필터와 서식 설정

[실습문제]

☞ '제1작업' 시트의 「B4:H12」 영역을 복사하여 '제2작업' 시트의 「B2」 셀부터 모두 붙여넣기를 한 후 다음 조건과 같이 작업하시오.

《조건》

(1) 고급필터	• 목적이 '가족여행' 이 아니면서 예약일수가 예약일수의 평균 이상인 자료의 데이터만 추출하시오. – 조건 위치 : 「B13」 셀부터 입력하시오. – 복사 위치 : 「B17」 셀부터 나타나도록 하시오.
(2) 표 서식	• 표의 모든 셀을 채우기 없음으로 설정한 후, 고급필터의 결과에 '표 스타일 보통 3' 의 서식을 적용하시오.

〈자료출처 : ITQ 기출문제〉

5.1.1 고급필터

① '제1작업' 시트에서 [B4:H12] 셀 영역을 선택한 후 Ctrl+C 키를 눌러 복사한다.

대한펜션 2월 예약현황

결재	담당	팀장	부장

예약코드	고객명	목적	예약일자	평형	요금(1박)	예약일수	고객구분	이용금액
A-101-1	김미영	가족여행	2012-02-05	15평	120,000	3	우수고객	324,000
B-102-2	강은덕	직장인워크샵	2012-02-19	25평	250,000	2	일반고객	400,000
A-103-1	신유복	가족여행	2012-02-12	17평	150,000	1	우수고객	135,000
B-104-2	소지우	친구모임	2012-02-05	25평	250,000	1	일반고객	200,000
C-105-3	최미순	가족여행	2012-02-23	20평	210,000	2		294,000
B-106-2	박아름	직장인워크샵	2012-02-12	30평	300,000	3	일반고객	720,000
D-107-3	황장군	친구모임	2012-02-18	25평	250,000	2		350,000
B-102-2	홍지수	가족여행	2012-02-21	17평	150,000	2	일반고객	240,000
가족여행의 요금(1박) 평균			158,000		평형이 가장 큰 고객명			박아름
평형이 25평 이상인 예약건수			4건		고객명	김미영	목적	가족여행

② '제2작업' 시트의 [B2] 셀을 선택한 후 Ctrl+V 키를 눌러 복사한 내용을 모두 붙여넣기를 실행한다.

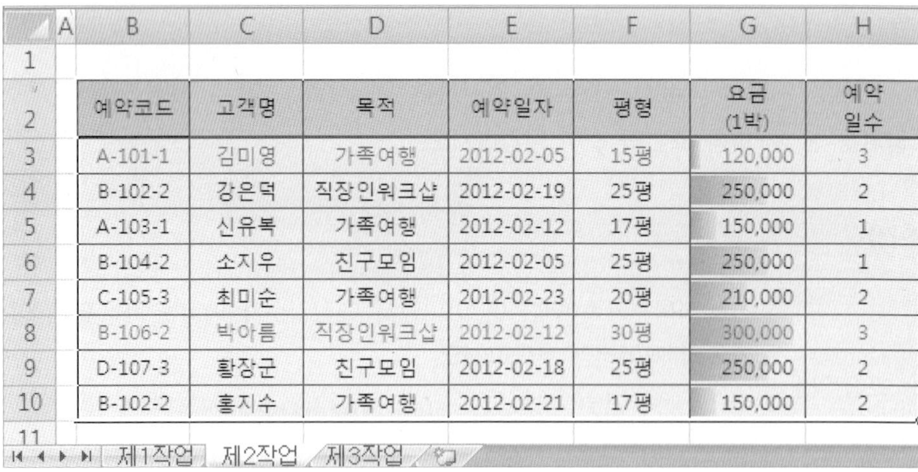

	A	B	C	D	E	F	G	H
1								
2		예약코드	고객명	목적	예약일자	평형	요금(1박)	예약일수
3		A-101-1	김미영	가족여행	2012-02-05	15평	120,000	3
4		B-102-2	강은덕	직장인워크샵	2012-02-19	25평	250,000	2
5		A-103-1	신유복	가족여행	2012-02-12	17평	150,000	1
6		B-104-2	소지우	친구모임	2012-02-05	25평	250,000	1
7		C-105-3	최미순	가족여행	2012-02-23	20평	210,000	2
8		B-106-2	박아름	직장인워크샵	2012-02-12	30평	300,000	3
9		D-107-3	황장군	친구모임	2012-02-18	25평	250,000	2
10		B-102-2	홍지수	가족여행	2012-02-21	17평	150,000	2

③ 고급필터의 조건을 입력하기 위해 [D2] 셀과 [H2] 셀을 선택하여 Ctrl+C 키를 눌러 복사한 후 [B13] 셀을 선택하고 Ctrl+V 키를 눌러 붙여넣기를 실행한다.

	A	B	C	D	E	F	G	H
1								
2		예약코드	고객명	목적	예약일자	평형	요금(1박)	예약일수
3		A-101-1	김미영	가족여행	2012-02-05	15평	120,000	3
4		B-102-2	강은덕	직장인워크샵	2012-02-19	25평	250,000	2
5		A-103-1	신유복	가족여행	2012-02-12	17평	150,000	1
6		B-104-2	소지우	친구모임	2012-02-05	25평	250,000	1
7		C-105-3	최미순	가족여행	2012-02-23	20평	210,000	2
8		B-106-2	박아름	직장인워크샵	2012-02-12	30평	300,000	3
9		D-107-3	황장군	친구모임	2012-02-18	25평	250,000	2
10		B-102-2	홍지수	가족여행	2012-02-21	17평	150,000	2
11								
12								
13		목적	예약일수					
14								
15								

④ [B14] 셀에는『 〈〉가족여행 』,[C14] 셀에는『 〉=2 』를 각각 입력하여 조건을 완성한 후 표의 테두리를 지정한다.

예약코드	고객명	목적	예약일자	평형	요금(1박)	예약일수
A-101-1	김미영	가족여행	2012-02-05	15평	120,000	3
B-102-2	강은덕	직장인워크샵	2012-02-19	25평	250,000	2
A-103-1	신유복	가족여행	2012-02-12	17평	150,000	1
B-104-2	소지우	친구모임	2012-02-05	25평	250,000	1
C-105-3	최미순	가족여행	2012-02-23	20평	210,000	2
B-106-2	박아름	직장인워크샵	2012-02-12	30평	300,000	3
D-107-3	황장군	친구모임	2012-02-18	25평	250,000	2
B-102-2	홍지수	가족여행	2012-02-21	17평	150,000	2

목적	예약일수
<>가족여행	>=2

⑤ 고급필터를 실행하기 위해 [B2:H10]을 블록선택한 후 [데이터] 탭→[정렬 및 필터] 그룹→[고급]을 클릭한다.

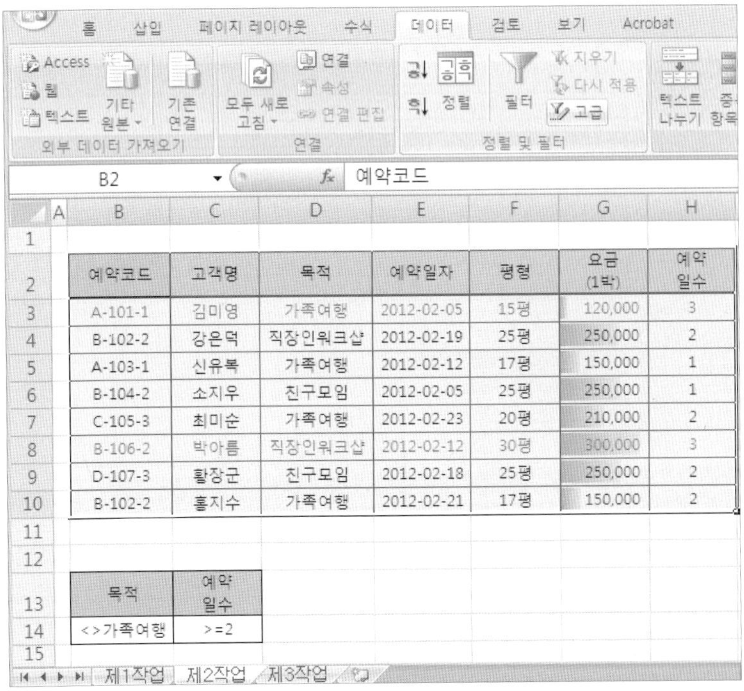

예약코드	고객명	목적	예약일자	평형	요금(1박)	예약일수
A-101-1	김미영	가족여행	2012-02-05	15평	120,000	3
B-102-2	강은덕	직장인워크샵	2012-02-19	25평	250,000	2
A-103-1	신유복	가족여행	2012-02-12	17평	150,000	1
B-104-2	소지우	친구모임	2012-02-05	25평	250,000	1
C-105-3	최미순	가족여행	2012-02-23	20평	210,000	2
B-106-2	박아름	직장인워크샵	2012-02-12	30평	300,000	3
D-107-3	황장군	친구모임	2012-02-18	25평	250,000	2
B-102-2	홍지수	가족여행	2012-02-21	17평	150,000	2

목적	예약일수
<>가족여행	>=2

⑥ [고급 필터] 대화상자가 나타나면 [결과]는 '다른 장소에 복사' 를 선택한다. [목록 범위]는 [B2:H10]으로, [조건 범위]는 [B13:C14]로, '복사 위치' 는 [B17] 셀을 선택한 후 [확인] 단추를 누른다.

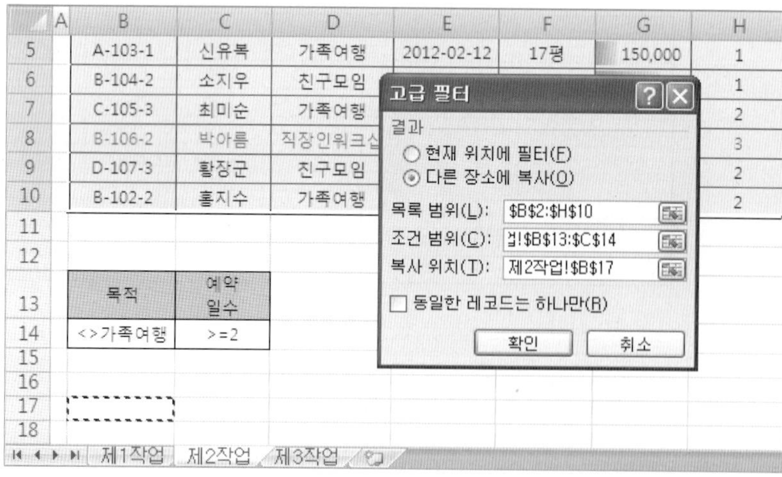

⑦ 다음과 같이 목적이 '가족여행' 이 아니면서 예약일수가 '2' 일 이상인 자료가 추출된다.

예약코드	고객명	목적	예약일자	평형	요금(1박)	예약일수
A-101-1	김미영	가족여행	2012-02-05	15평	120,000	3
B-102-2	강은덕	직장인워크샵	2012-02-19	25평	250,000	2
A-103-1	신유복	가족여행	2012-02-12	17평	150,000	1
B-104-2	소지우	친구모임	2012-02-05	25평	250,000	1
C-105-3	최미순	가족여행	2012-02-23	20평	210,000	2
B-106-2	박아름	직장인워크샵	2012-02-12	30평	300,000	3
D-107-3	황장군	친구모임	2012-02-18	25평	250,000	2
B-102-2	홍지수	가족여행	2012-02-21	17평	150,000	2

목적	예약일수
<>가족여행	>=2

예약코드	고객명	목적	예약일자	평형	요금(1박)	예약일수
B-102-2	강은덕	직장인워크샵	2012-02-19	25평	250,000	2
B-106-2	박아름	직장인워크샵	2012-02-12	30평	300,000	3
D-107-3	황장군	친구모임	2012-02-18	25평	250,000	2

5.1.2 표 서식

① 고급필터 결과인 [B17:H20] 셀 영역을 선택한 후 [홈] 탭→[글꼴] 그룹→[채우기 색]→[채우기 없음]을 실행한다.

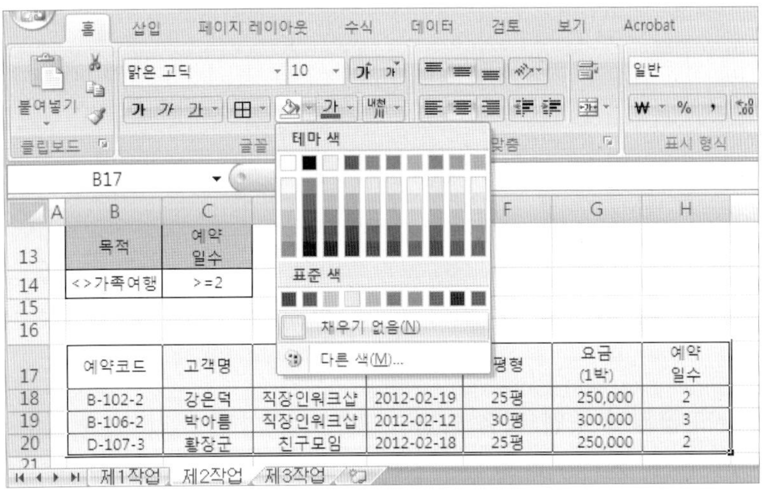

② [홈] 탭→[스타일] 그룹→[표 서식]→[표 스타일 보통 3]를 클릭한다.

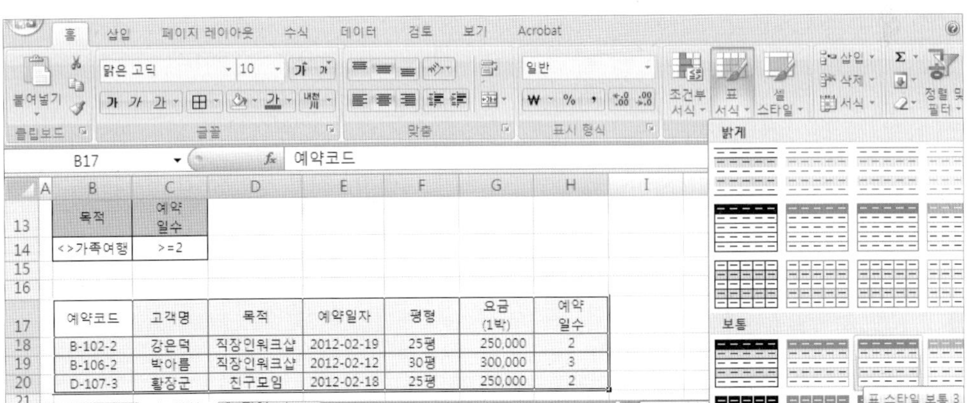

③ [표 서식] 대화상자가 나타나면 [확인] 단추를 클릭한다.

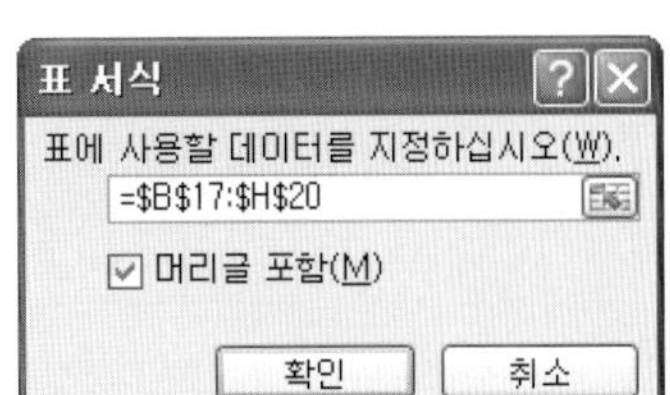

④ 다음과 같이 고급필터 결과에 표 서식이 지정된다.

	A	B	C	D	E	F	G	H
9		D-107-3	황장군	친구모임	2012-02-18	25평	250,000	2
10		B-102-2	홍지수	가족여행	2012-02-21	17평	150,000	2
11								
12								
13		목적	예약 일수					
14		<>가족여행	>=2					
15								
16								
17		예약코드	고객명	목적	예약일자	평형	요금 (1박)	예약 일수
18		B-102-2	강은덕	직장인워크샵	2012-02-19	25평	250,000	2
19		B-106-2	박아름	직장인워크샵	2012-02-12	30평	300,000	3
20		D-107-3	황장군	친구모임	2012-02-18	25평	250,000	2
21								

제1작업 제2작업 제3작업

TIP!

• 고급필터 조건 지정 방법

☞ AND, OR 조건에 따라 고급 필터 조건 지정을 다르게 설정할 수 있다.

☞ AND 조건일 경우에는 고급 필터 조건의 같은 행에, OR 조건일 경우에는 서로 다른 행에 작성한다.

그리고(AND) 조건 : ~이고, ~이면서	또는(OR) 조건 : ~이거나, ~또는
목적이 '가족모임' 이 아니**고**, 예약일자가 '2012-02-15' 이후인 데이터	목적이 '가족모임' 이 아니**거나**, 예약일자가 '2012-02-15' 이후인 데이터

그리고(AND):

	A	B
1	목적	예약일자
2	<>가족모임	>=2012-02-15

또는(OR):

	A	B
1	목적	예약일자
2	<>가족모임	
3		>=2012-02-15

그리고(AND) 조건	또는(OR) 조건
예약코드가 'A' 로 시작하**고**, 예약일자가 '2012-02-15' 이후인 데이터	예약코드가 'A' 로 시작하**거나**, 예약일자가 '2012-02-15' 이후인 데이터

그리고(AND):

	A	B
1	예약코드	예약일자
2	A*	>=2012-02-15

또는(OR):

	A	B	C
1		예약코드	예약일자
2		A*	
3			>=2012-02-15

5.2 중복 데이터 제거 및 자동 필터

[실습문제]

☞ '제1작업' 시트의 「B4:H12」 영역을 복사하여 '제2작업' 시트의 「B2」 셀부터 모두 붙여넣기를 한 후 다음의 조건과 같이 작업하시오.

《조건》

(1) 중복 데이터 제거	• '예약코드' 를 기준으로 중복된 데이터를 찾아 행 전체를 제거하시오.
(2) 자동필터	• 중복된 데이터를 제거한 결과값에서 자동필터를 이용하여 조건에 따라 값을 추출한 후 그 결과값을 복사하여 지정된 위치에 행/열 바꿈으로 선택하여 붙여넣기 하시오. – 조건 위치 : 목적이 '가족여행' 이 아니고, 예약일수가 '2' 이상인 데이터를 추출하시오. – 복사 위치 : 「B13」 셀부터 나타나도록 하시오.

《출력 형태》

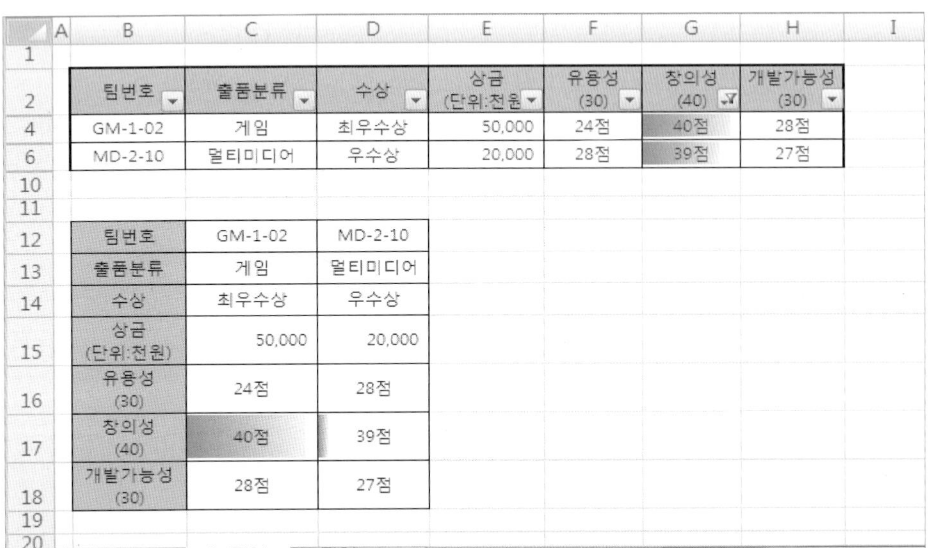

팀번호	출품분류	수상	상금(단위:천원)	유용성(30)	창의성(40)	개발가능성(30)
GM-1-02	게임	최우수상	50,000	24점	40점	28점
MD-2-10	멀티미디어	우수상	20,000	28점	39점	27점

팀번호	GM-1-02	MD-2-10
출품분류	게임	멀티미디어
수상	최우수상	우수상
상금(단위:천원)	50,000	20,000
유용성(30)	24점	28점
창의성(40)	40점	39점
개발가능성(30)	28점	27점

〈자료출처 : ITQ 기출문제〉

5.2.1 중복 데이터 제거

① '제1작업' 시트에서 [B4:H12] 셀 영역을 선택한 후 Ctrl+C 키를 눌러 복사한다.

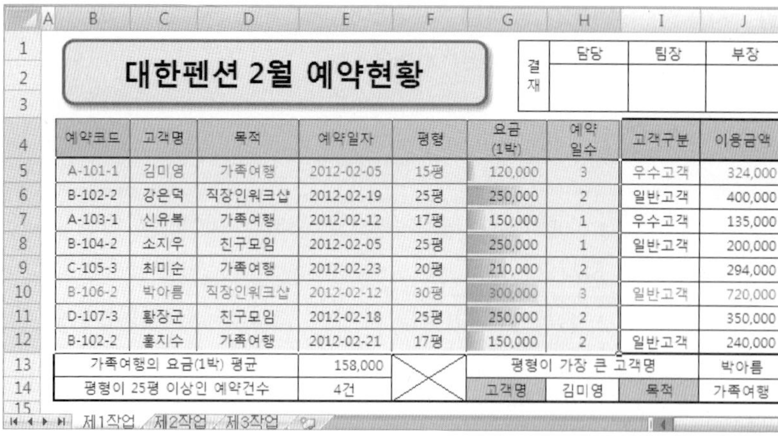

예약코드	고객명	목적	예약일자	평형	요금(1박)	예약일수	고객구분	이용금액
A-101-1	김미영	가족여행	2012-02-05	15평	120,000	3	우수고객	324,000
B-102-2	강은덕	직장인워크샵	2012-02-19	25평	250,000	2	일반고객	400,000
A-103-1	신유복	가족여행	2012-02-12	17평	150,000	1	우수고객	135,000
B-104-2	소지우	친구모임	2012-02-05	25평	250,000	1	일반고객	200,000
C-105-3	최미순	가족여행	2012-02-23	20평	210,000	2		294,000
B-106-2	박아름	직장인워크샵	2012-02-12	30평	300,000	3	일반고객	720,000
D-107-3	황장군	친구모임	2012-02-18	25평	250,000	2		350,000
B-102-2	홍지수	가족여행	2012-02-21	17평	150,000	2	일반고객	240,000
가족여행의 요금(1박) 평균			158,000		평형이 가장 큰 고객명			박아름
평형이 25평 이상인 예약건수			4건		고객명	김미영	목적	가족여행

② '제2작업' 시트의 [B2] 셀을 선택한 후 Ctrl+V 키를 눌러 복사한 내용을 모두 붙여넣기를 실행한다.

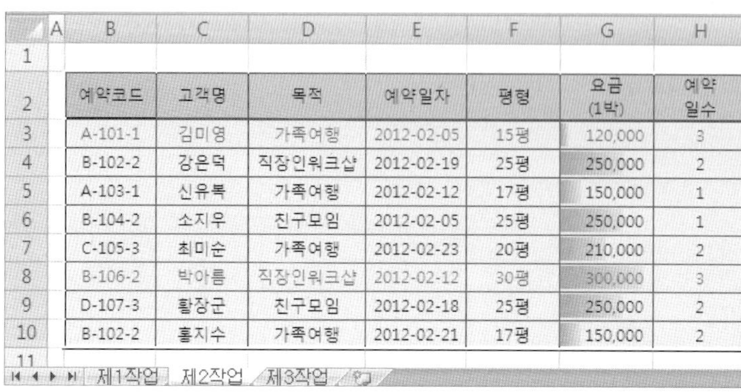

예약코드	고객명	목적	예약일자	평형	요금(1박)	예약일수
A-101-1	김미영	가족여행	2012-02-05	15평	120,000	3
B-102-2	강은덕	직장인워크샵	2012-02-19	25평	250,000	2
A-103-1	신유복	가족여행	2012-02-12	17평	150,000	1
B-104-2	소지우	친구모임	2012-02-05	25평	250,000	1
C-105-3	최미순	가족여행	2012-02-23	20평	210,000	2
B-106-2	박아름	직장인워크샵	2012-02-12	30평	300,000	3
D-107-3	황장군	친구모임	2012-02-18	25평	250,000	2
B-102-2	홍지수	가족여행	2012-02-21	17평	150,000	2

③ 중복 데이터를 제거하기 위해 '팀번호' 인 [B2] 셀을 선택한 후 [데이터] 탭→[데이터 도구] 그룹→[중복된 항목 제거]를 클릭한다.

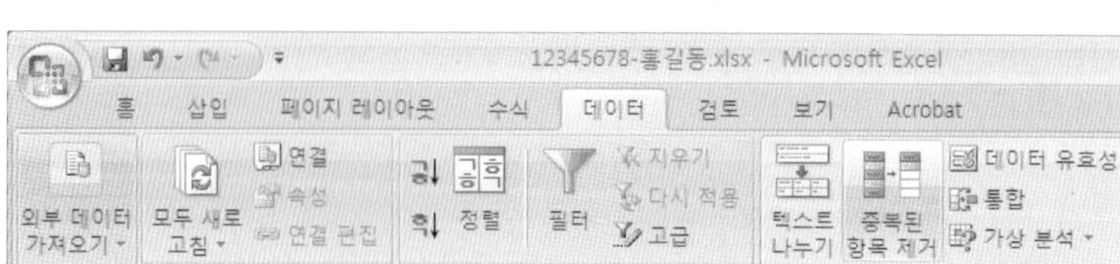

④ [중복된 항목 제거] 대화상자가 나타나면 [모두 선택 취소] 단추를 누른 후 [열] '예약코드' 를 선택한 다음 [확인] 단추를 누른다.

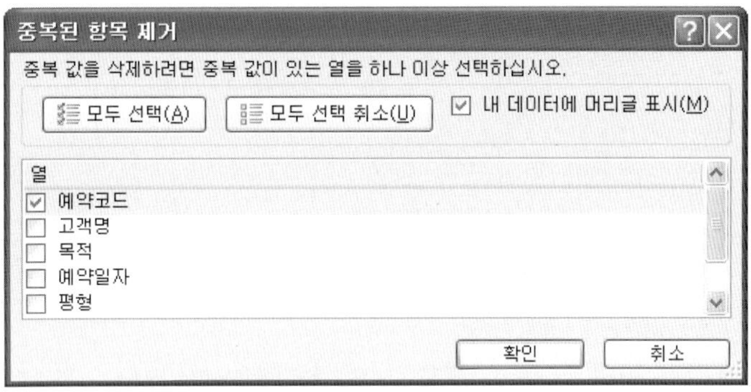

⑤ '1개의 중복된 값이 검색되어 제거했습니다.' 라는 메시지 창이 나타나면 [확인] 단추를 누른다.

⑥ 다음과 같이 중복된 데이터 항목 하나가 제거되고, 7개의 데이터만 나타난다.

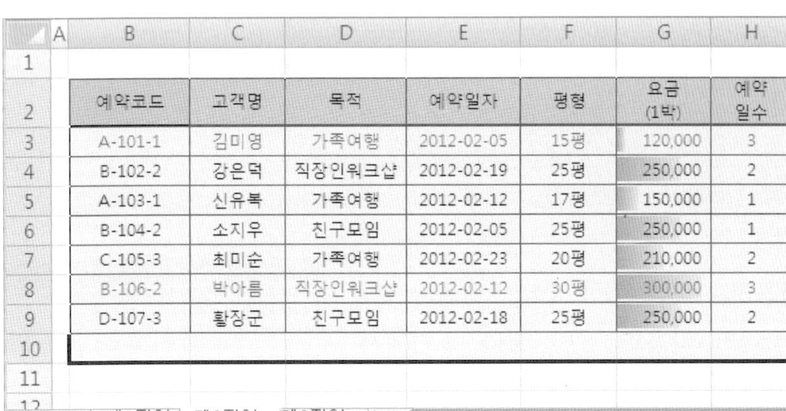

예약코드	고객명	목적	예약일자	평형	요금 (1박)	예약 일수
A-101-1	김미영	가족여행	2012-02-05	15평	120,000	3
B-102-2	강은덕	직장인워크샵	2012-02-19	25평	250,000	2
A-103-1	신유복	가족여행	2012-02-12	17평	150,000	1
B-104-2	소지우	친구모임	2012-02-05	25평	250,000	1
C-105-3	최미순	가족여행	2012-02-23	20평	210,000	2
B-106-2	박아름	직장인워크샵	2012-02-12	30평	300,000	3
D-107-3	황장군	친구모임	2012-02-18	25평	250,000	2

5.2.2 자동필터 작업

① [B2] 셀을 선택한 후 [데이터] 탭→[정렬 및 필터] 그룹→[필터]를 클릭한다.

② [목적] 필드의 필터 목록 단추를 누른 후 [텍스트 필터]→[같지 않음]을 클릭하여 실행한다.

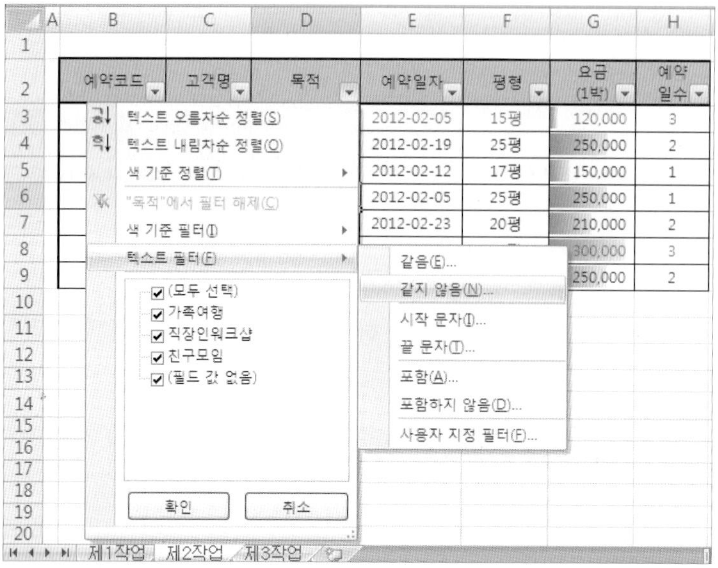

③ [사용자 지정 자동 필터] 대화상자가 나타나면 다음과 같이 찾을 조건에서 가족여행이 아닌 값의 조건을 지정한 후 [확인] 단추를 누른다.

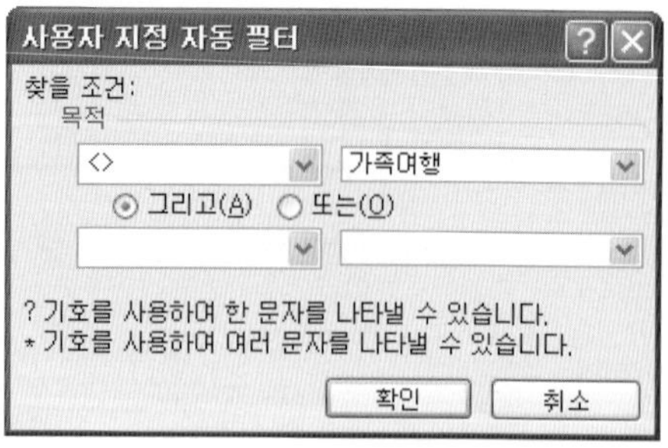

④ [목적] 필드의 조건에 맞는 값이 추출되면, [예약일수] 필드의 필터 목록 단추를 눌러 [숫자 필터]→[크거나 같음]을 실행한다.

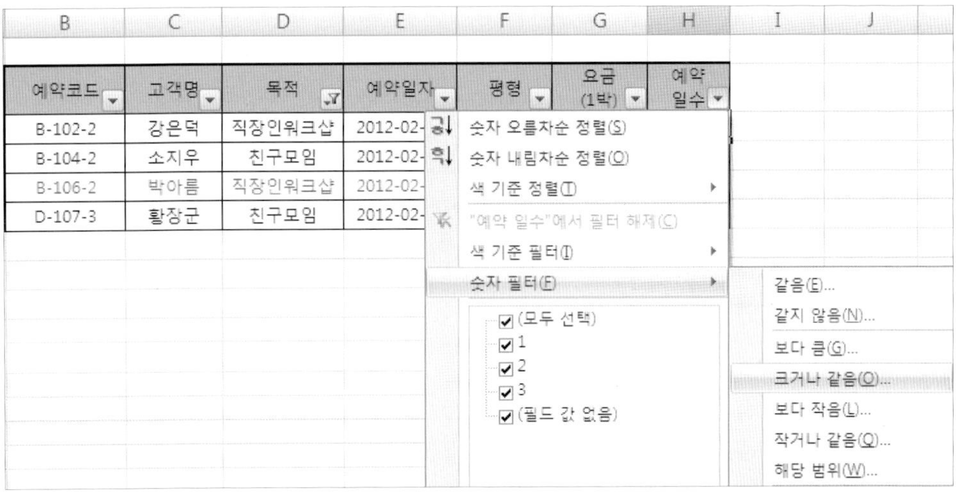

⑤ [사용자 지정 자동 필터] 대화상자가 나타나면 다음과 같이 찾을 조건에서 2보다 크거나 같은 값의 조건을 지정한 후 [확인] 단추를 누른다.

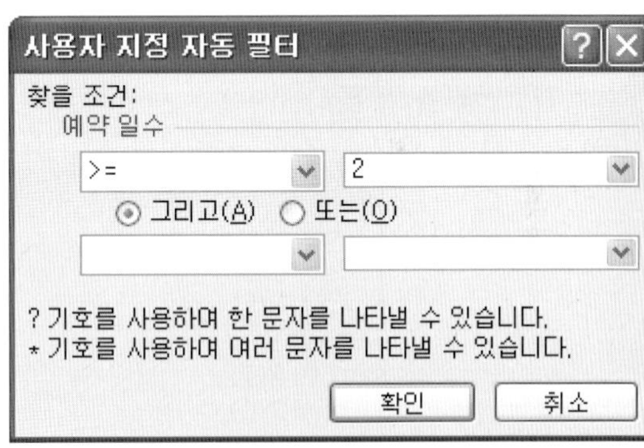

⑥ 자동필터된 결과를 복사하기 위해 다음과 같이 셀 영역을 선택한 후 Ctrl+C 키를 누른다.

⑦ [B13] 셀을 선택한 후 마우스 오른쪽 버튼을 눌러 [선택하여 붙여넣기] 바로가기 메뉴를 클릭한다.

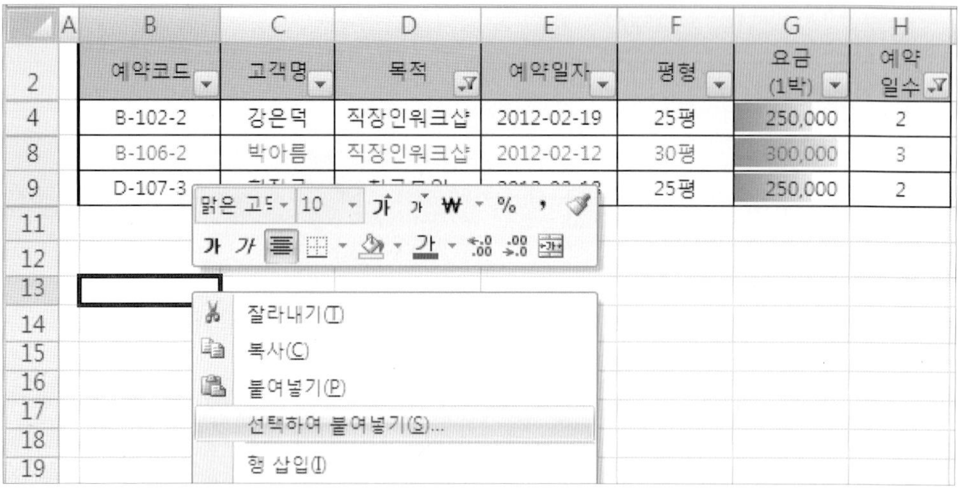

⑧ [선택하여 붙여넣기] 대화상자가 나타나면 '행/열 바꿈' 을 체크 선택한 후 [확인] 단추를 누른다.

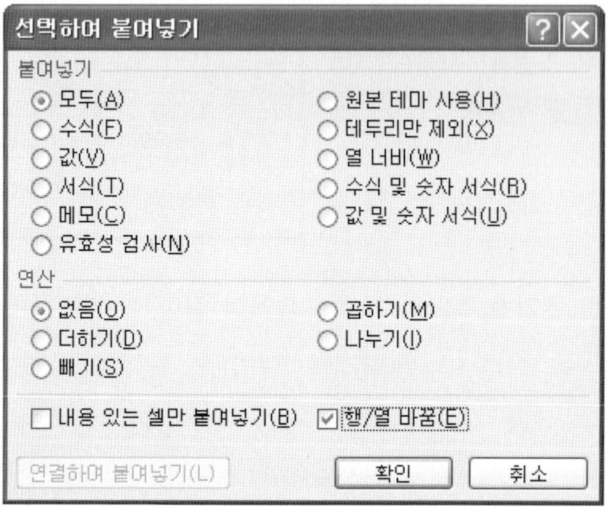

⑨ 열 너비와 행 높이를 적당히 조절하고 표의 테두리 선을 지정하여 완성한다.

§ 연습문제 5.1 다음 조건에 맞는 엑셀 문서를 작성하시오.

[제 2 작업] 필터 및 서식 (80점)

☞ '제1작업' 시트의 「B4:H12」 영역을 복사하여 '제2작업' 시트의 「B2」 셀부터 모두 붙여 넣기를 한 후 다음의 조건과 같이 작업하시오.

《조건》

(1) 고급필터	• '렌트기간(단위:일)' 이 '1' 일이 아니면서 '배기량' 이 '3000' CC 이상인 자료의 데이터만 추출하시오. – 조건 위치 : 「B13」 셀부터 입력하시오. – 복사 위치 : 「B18」 셀부터 나타나도록 하시오.
(2) 표 서식	• 표의 모든 셀을 채우기 없음으로 설정한 후, 고급필터의 결과에 '표 스타일 밝게 9' 의 서식을 적용하시오.

[제 2 작업] 중복 데이터 제거 및 필터 (80점)

☞ '제1작업' 시트의 「B4:H12」 영역을 복사하여 '제2작업' 시트의 「B2」 셀부터 모두 붙여 넣기를 한 후 다음의 조건과 같이 작업하시오.

《조건》

(1) 중복 데이터 제거	• '렌트고객' 을 기준으로 중복된 데이터를 찾아 행 전체를 제거하시오.
(2) 자동필터	• 중복된 데이터를 제거한 결과값에서 자동 필터를 이용하여 조건에 따라 값을 추출한 후 그 결과값을 복사하여 지정된 위치에 테두리만 제외, 행/열 바꿈으로 선택하여 붙여넣기 하시오. – 조건 : 출고일은 '2010' 년을 제외하고, 렌트비용이 '150,000' 원 이상인 데이터를 추출하시오. – 복사 위치 : 「B13」 셀부터 나타나도록 하시오

〈자료출처 : ITQ 기출문제〉

§ 연습문제 5.2 다음 조건에 맞는 문서를 작성하시오.

[제 2 작업] 필터 및 서식 (80점)

☞ '제1작업' 시트의 「B4:H12」 영역을 복사하여 '제2작업' 시트의 「B2」 셀부터 모두 붙여넣기를 한 후 다음의 조건과 같이 작업하시오.

《조건》

(1) 고급필터	• '과정명'이 '아카데미강좌'가 아니면서 '수강인원수'가 '20' 이상인 자료의 데이터만 추출하시오. – 조건 위치 : 「B13」 셀부터 입력하시오. – 복사 위치 : 「B18」 셀부터 나타나도록 하시오.
(2) 표 서식	• 표의 모든 셀을 채우기 없음으로 설정한 후, 고급필터의 결과에 '표 스타일 밝게 3'의 서식을 적용하시오.

[제 2 작업] 중복 데이터 제거 및 필터 (80점)

☞ '제1작업' 시트의 「B4:H12」 영역을 복사하여 '제2작업' 시트의 「B2」 셀부터 모두 붙여넣기를 한 후 다음의 조건과 같이 작업하시오.

《조건》

(1) 중복 데이터 제거	• '담당교수'를 기준으로 중복된 데이터를 찾아 행 전체를 제거하시오.
(2) 자동필터	• 중복된 데이터를 제거한 결과값에서 자동 필터를 이용하여 조건에 따라 값을 추출한 후 그 결과값을 복사하여 지정된 위치에 테두리만 제외, 행/열 바꿈으로 선택하여 붙여넣기 하시오. – 조건: '과정명'은 '아카데미강좌'가 아니면서 '수강인원수'가 '20' 이상인 자료의 데이터만 추출하시오. – 복사 위치 : 「B13」 셀부터 나타나도록 하시오

〈자료출처 : ITQ 기출문제〉

엑셀 2007

6장. 데이터 관리

학습목표

엑셀 2007의 피벗 테이블 기능을 학습하고 아래 예제를 통해 피벗 테이블을 작성한다.

《조건》

(1) 평형과 목적별로 고객명의 개수와 예약일수의 평균을 구하시오.
(2) 평형을 그룹화하고, 레이블이 있는 셀 병합 및 가운데 맞춤으로 설정하시오.
(3) 목적을 《출력 형태》 와 같이 정렬하고, 빈 셀은 '**' 로 표시하시오.
(4) 행의 총합계를 지우고, 나머지 사항은 《출력 형태》 에 맞게 작성하시오.

《출력 형태》

	A	B	C	D	E	F	G	H
1								
2			목적					
3			친구모임		직장인워크샵		가족여행	
4		평형	개수 : 고객명	평균 : 예약일수	개수 : 고객명	평균 : 예약일수	개수 : 고객명	평균 : 예약일수
5		15-19	**	**	**	**	3	2
6		20-24	**	**	**	**	1	2
7		25-30	2	1.5	2	2.5	**	**
8		**총합계**	**2**	**1.5**	**2**	**2.5**	**4**	**2**

〈자료출처 : ITQ 기출문제〉

6.1 피벗테이블

피벗 테이블은 엑셀 데이터를 테이블로 구성하고 행과 열을 중심축으로 하여 원본 데이터를 다르게 요약하여 보거나, 데이터를 필터링할 수 있고, 관심 있는 영역의 하위 수준을 나타낼 때 사용되는 대화형 테이블이다.

피벗 테이블은 부분합과 필터 기능이 포함되어 있어서 많은 양의 데이터를 피벗 테이블로 구성하면 데이터를 다양한 형태의 표로 구성할 수 있으며 내용을 한눈에 쉽게 파악할 수 있다.

6.1.1 피벗테이블 만들기

① '제1작업' 시트에서 피벗 테이블에 사용할 데이터 범위인 [B4:H12] 셀 영역을 선택한 후 [삽입] 탭→[피벗 테이블] 그룹→[피벗 테이블]을 클릭한다.

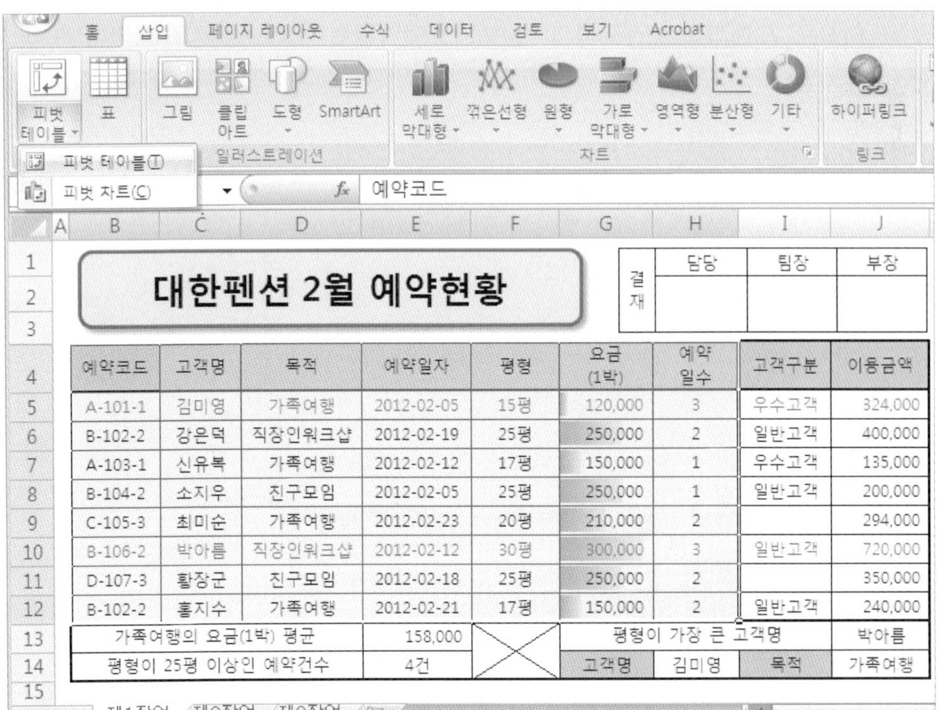

예약코드	고객명	목적	예약일자	평형	요금(1박)	예약일수	고객구분	이용금액
A-101-1	김미영	가족여행	2012-02-05	15평	120,000	3	우수고객	324,000
B-102-2	강은덕	직장인워크샵	2012-02-19	25평	250,000	2	일반고객	400,000
A-103-1	신유복	가족여행	2012-02-12	17평	150,000	1	우수고객	135,000
B-104-2	소지우	친구모임	2012-02-05	25평	250,000	1	일반고객	200,000
C-105-3	최미순	가족여행	2012-02-23	20평	210,000	2		294,000
B-106-2	박아름	직장인워크샵	2012-02-12	30평	300,000	3	일반고객	720,000
D-107-3	황장군	친구모임	2012-02-18	25평	250,000	2		350,000
B-102-2	홍지수	가족여행	2012-02-21	17평	150,000	2	일반고객	240,000
가족여행의 요금(1박) 평균			158,000		평형이 가장 큰 고객명			박아름
평형이 25평 이상인 예약건수			4건		고객명	김미영	목적	가족여행

② [피벗 테이블 만들기] 대화상자가 나타나면 '기존 워크시트'를 선택하고, [제3작업] 워크시트를 클릭한 후 [B2] 셀을 선택한 다음 [확인] 단추를 누른다.

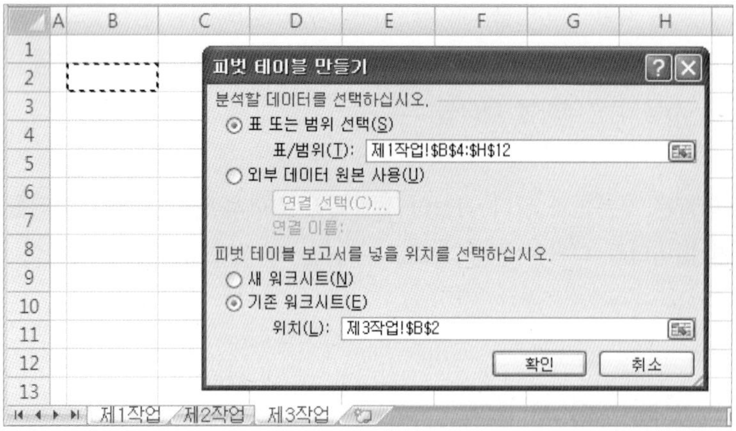

③ [제3작업] 워크시트가 나타나면 [피벗 테이블 필드 목록] 작업창에서 [목적] 필드를 선택하여 [열 레이블] 영역으로 드래그하고, [평형] 필드는 [행 레이블] 영역으로 드래그하고, [고객명] 필드와 [예약일수] 필드는 [값] 영역에 드래그하여 배치한다.

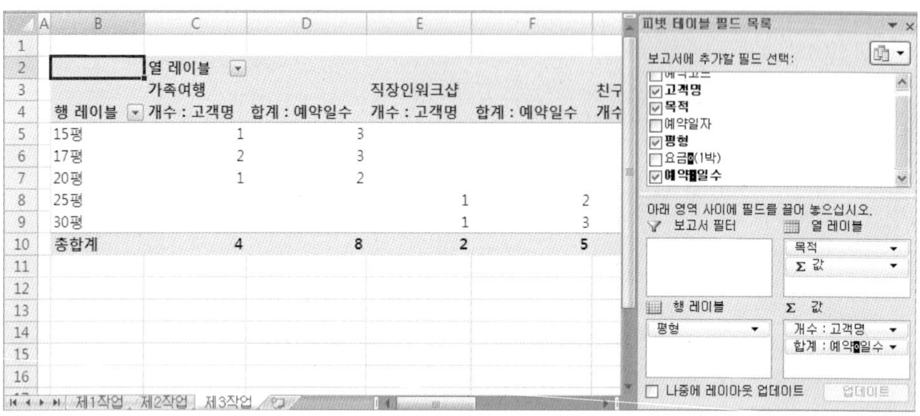

④ [예약일수]의 평균을 구해야 하므로 [값] 영역의 [예약일수] 필드를 클릭하여 [값 필드 설정]을 실행한다.

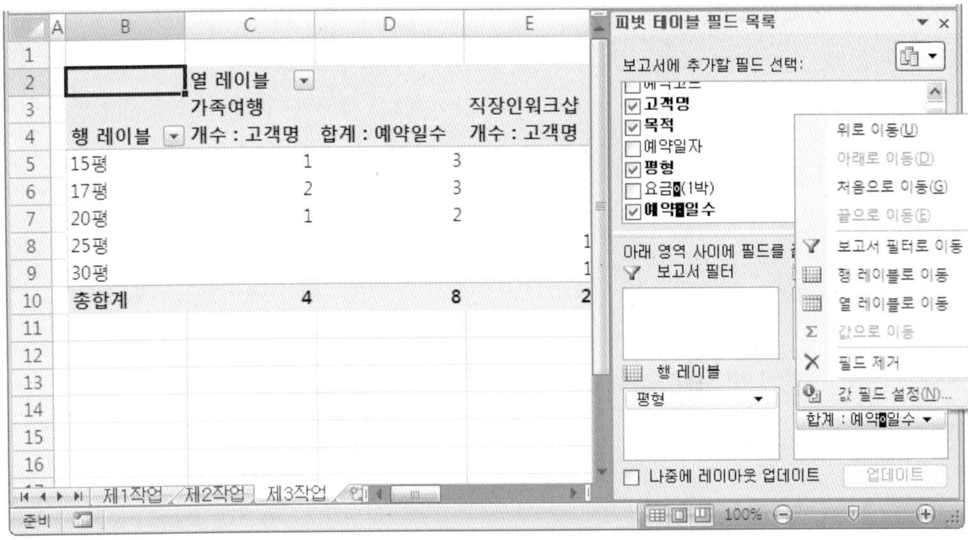

⑤ [값 필드 설정] 대화상자가 나타나면 사용자 지정 이름에 『평균 : 예약일수』를 입력한다. [사용할 함수] 탭을 클릭하여 [선택한 필드의 데이터] 목록에서 '평균'을 선택한 후 [확인] 단추를 누른다.

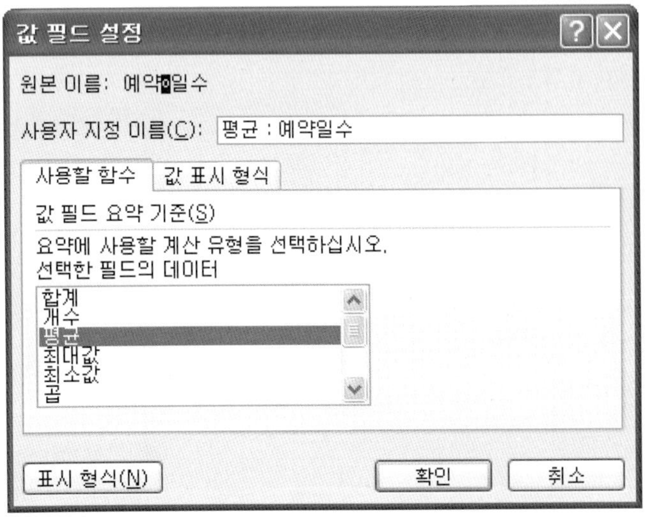

⑥ [C2] 셀을 선택하여 열 레이블의 이름은 '목적' 으로 변경하고, [B4] 셀을 선택하여 행 레이블의 이름을 '평형' 으로 변경한다.

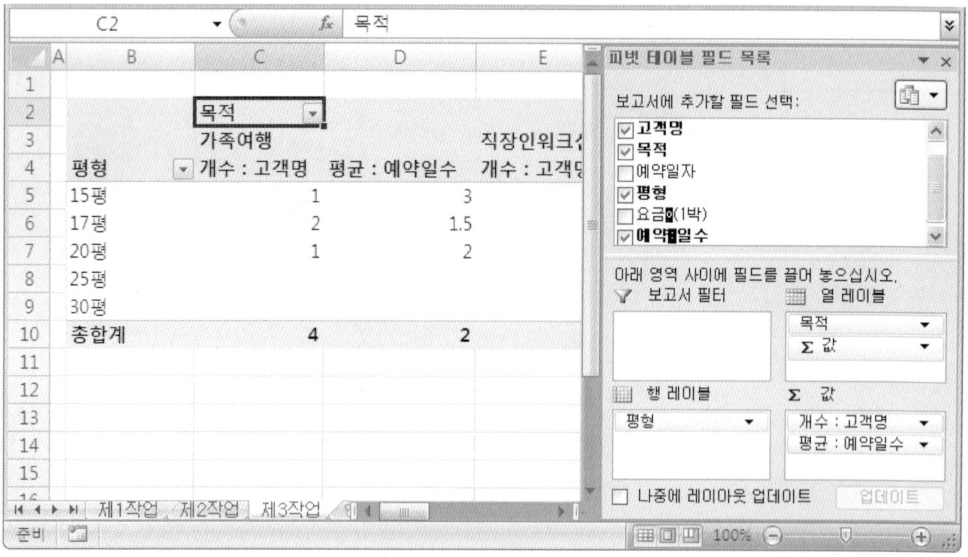

6.1.2 피벗 테이블 편집

① [평형]을 그룹화하기 위해 [B5] 셀을 선택한 후 마우스 오른쪽 버튼을 눌러 [그룹] 바로가기 메뉴를 클릭한다.

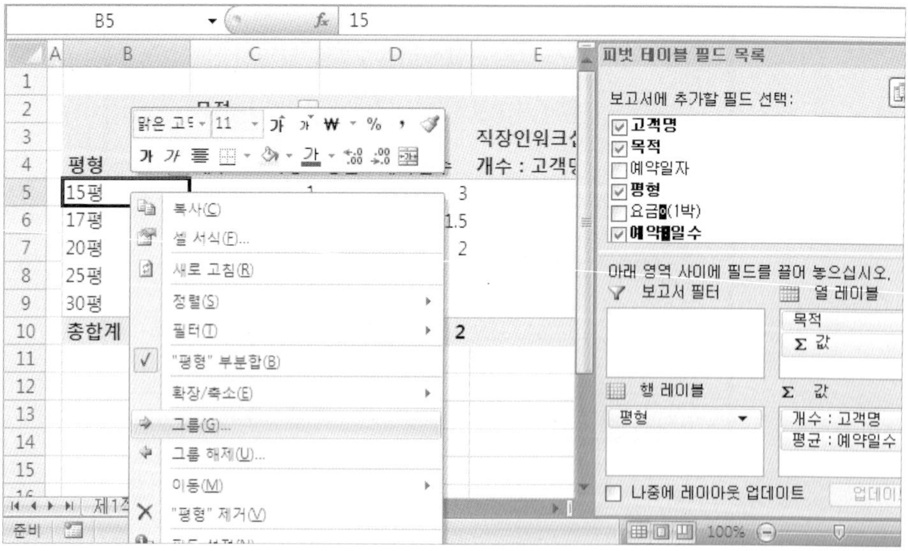

② [그룹화] 대화상자가 나타나면 시작 값 “15”, 끝 값 “30”, 단위는 “5” 를 입력한 후 [확인] 단추를 누른다.

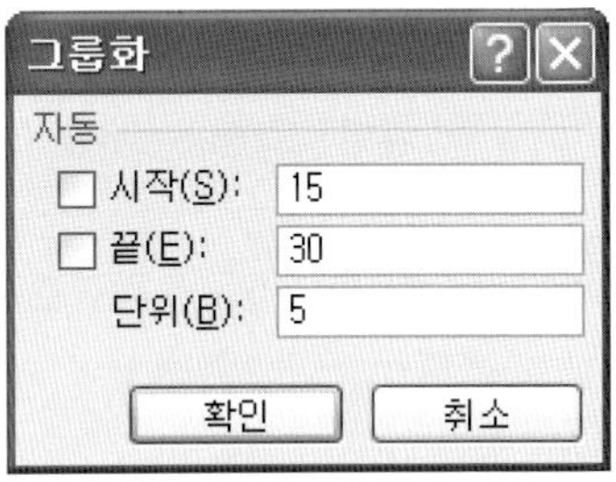

③ 레이블이 있는 셀 병합 및 가운데 맞춤과 빈 셀 표시를 설정하기 위해 마우스 오른쪽 버튼을 눌러 [피벗 테이블 옵션] 바로가기 메뉴를 클릭한다.

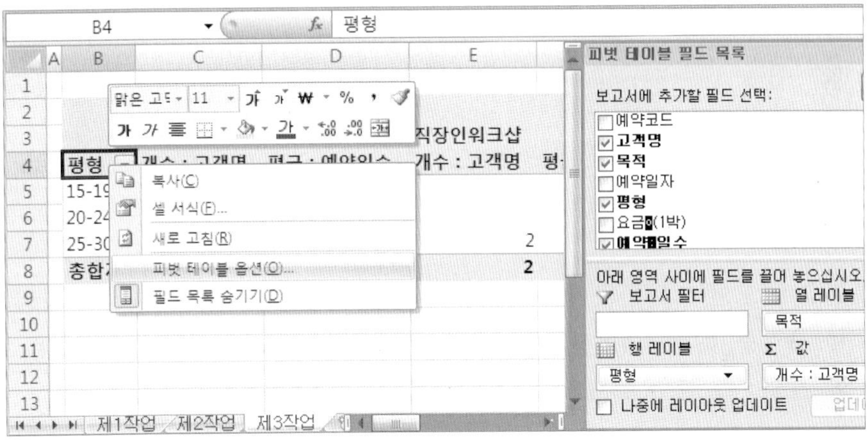

④ [피벗 테이블 옵션] 대화상자가 나타나면 ‘레이블이 있는 셀 병합 및 가운데 맞춤’을 체크 선택하고, ‘빈 셀 표시’에 “**”를 입력한 후 [확인] 단추를 누른다.

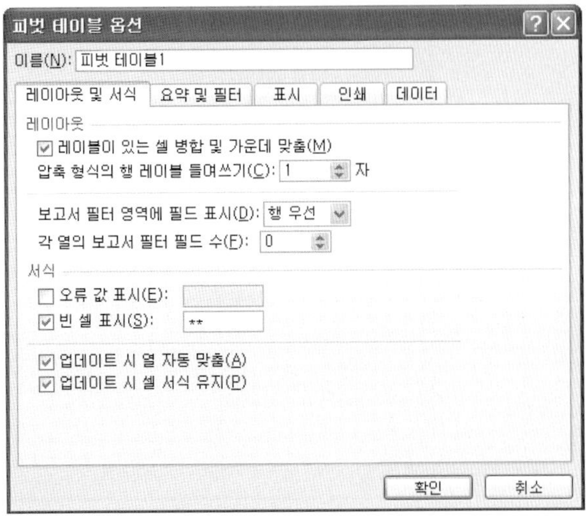

⑤ [목적] 필드를 내림차순 정렬으로 지정하기 위해 [피벗 테이블 도구]→[옵션] 탭 →[정렬] 그룹→[내림차순 정렬()]을 클릭한다.

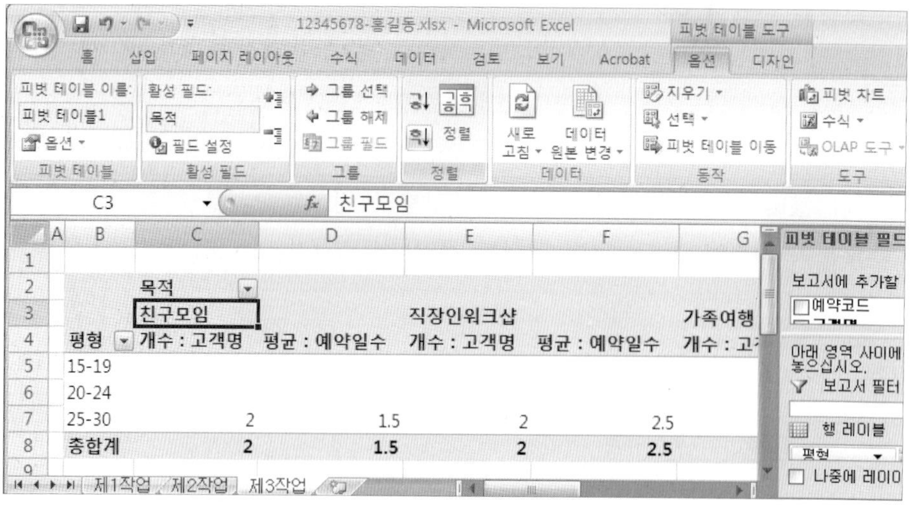

⑥ 마우스 오른쪽 버튼을 눌러 [피벗 테이블 옵션] 바로가기 메뉴를 실행하여 [피벗 테이블 옵션] 대화상자가 나타나면 [요약 및 필터] 탭을 클릭하여 '행 총합계 표시'를 체크 해제한 후 [확인] 단추를 누른다.

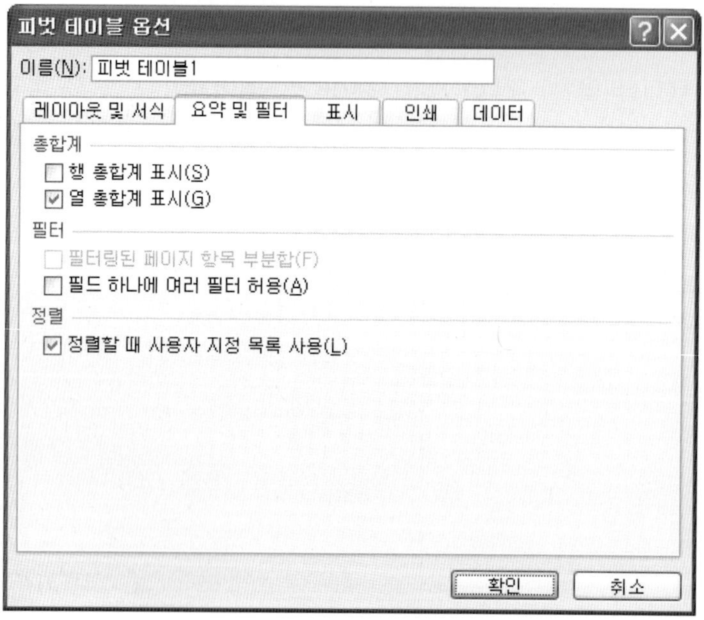

⑦ 피벗테이블을 블록선택한 후 [홈] 탭→[맞춤] 그룹→[가운데 맞춤]을 지정한다. 완성된 피벗테이블 결과는 다음과 같다.

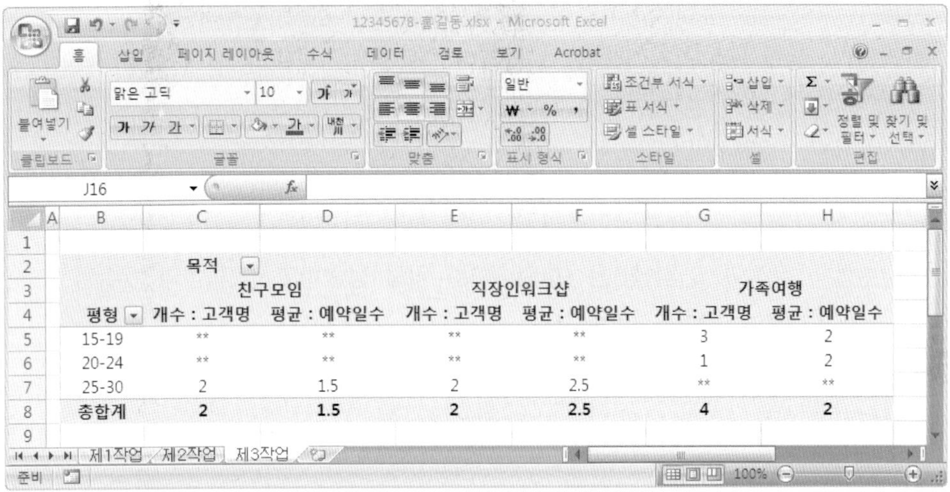

	목적					
	친구모임		직장인워크샵		가족여행	
평형	개수 : 고객명	평균 : 예약일수	개수 : 고객명	평균 : 예약일수	개수 : 고객명	평균 : 예약일수
15-19	**	**	**	**	3	2
20-24	**	**	**	**	1	2
25-30	2	1.5	2	2.5	**	**
총합계	**2**	**1.5**	**2**	**2.5**	**4**	**2**

6.2 정렬 및 부분합

[실습문제]

☞ '제1작업' 시트의 「B4:H12」 영역을 복사하여 '제3작업' 시트의 「B2」 셀부터 모두 붙여넣기를 한 후 다음의 조건과 같이 작업하시오.

《조건》

(1) 부분합 - 목적과 요금(1박)은 《출력 형태》 처럼 정렬하고, 고객명의 개수와 요금(1박)의 평균을 구하시오.

(2) 윤 곽 - 지우시오.

(3) 나머지 사항은 《출력 형태》 에 맞게 작성하시오.

《출력 형태》

	A	B	C	D	E	F	G	H
1								
2		예약코드	고객명	목적	예약일자	평형	요금 (1박)	예약 일수
3		C-105-3	최미순	가족여행	2012-02-23	20평	210,000	2
4		A-103-1	신유복	가족여행	2012-02-12	17평	150,000	1
5		B-102-2	홍지수	가족여행	2012-02-21	17평	150,000	2
6		A-101-1	김미영	가족여행	2012-02-05	15평	120,000	3
7			4	**가족여행 개수**				
8				**가족여행 평균**			157,500	
9		B-106-2	박아름	직장인워크샵	2012-02-12	30평	300,000	3
10		B-102-2	강은덕	직장인워크샵	2012-02-19	25평	250,000	2
11			2	**직장인워크샵 개수**				
12				**직장인워크샵 평균**			275,000	
13		B-104-2	소지우	친구모임	2012-02-05	25평	250,000	1
14		D-107-3	황장군	친구모임	2012-02-18	25평	250,000	2
15			2	**친구모임 개수**				
16				**친구모임 평균**			250,000	
17			8	**전체 개수**				
18				**전체 평균**			210,000	

〈자료출처 : ITQ 기출문제〉

6.2.1 정렬

① '제1작업' 시트에서 [B4:H12] 셀 영역을 선택한 후 Ctrl+C 키를 눌러 복사한다.

대한펜션 2월 예약현황

결재	담당	팀장	부장

예약코드	고객명	목적	예약일자	평형	요금(1박)	예약일수	고객구분	이용금액
A-101-1	김미영	가족여행	2012-02-05	15평	120,000	3	우수고객	324,000
B-102-2	강은덕	직장인워크샵	2012-02-19	25평	250,000	2	일반고객	400,000
A-103-1	신유복	가족여행	2012-02-12	17평	150,000	1	우수고객	135,000
B-104-2	소지우	친구모임	2012-02-05	25평	250,000	1	일반고객	200,000
C-105-3	최미순	가족여행	2012-02-23	20평	210,000	2		294,000
B-106-2	박아름	직장인워크샵	2012-02-12	30평	300,000	3	일반고객	720,000
D-107-3	황장군	친구모임	2012-02-18	25평	250,000	2		350,000
B-102-2	홍지수	가족여행	2012-02-21	17평	150,000	2	일반고객	240,000
가족여행의 요금(1박) 평균			158,000		평형이 가장 큰 고객명			박아름
평형이 25평 이상인 예약건수			4건		고객명	김미영	목적	가족여행

② '제2작업' 시트의 [B2] 셀을 선택한 후 Ctrl+V 키를 눌러 복사한 내용을 모두 붙여넣기를 실행한다.

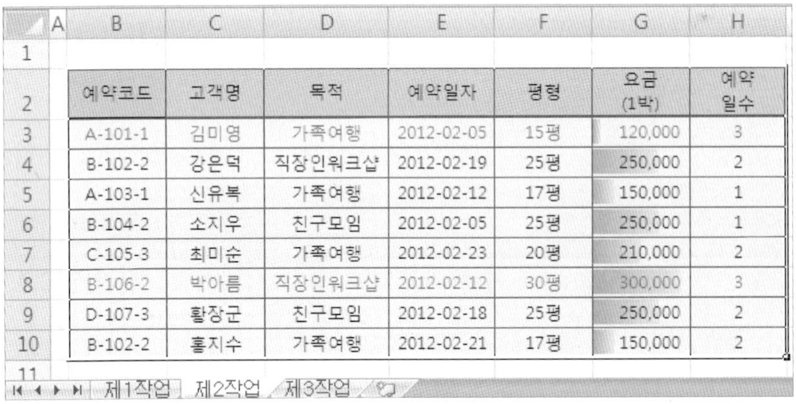

예약코드	고객명	목적	예약일자	평형	요금(1박)	예약일수
A-101-1	김미영	가족여행	2012-02-05	15평	120,000	3
B-102-2	강은덕	직장인워크샵	2012-02-19	25평	250,000	2
A-103-1	신유복	가족여행	2012-02-12	17평	150,000	1
B-104-2	소지우	친구모임	2012-02-05	25평	250,000	1
C-105-3	최미순	가족여행	2012-02-23	20평	210,000	2
B-106-2	박아름	직장인워크샵	2012-02-12	30평	300,000	3
D-107-3	황장군	친구모임	2012-02-18	25평	250,000	2
B-102-2	홍지수	가족여행	2012-02-21	17평	150,000	2

③ [데이터] 탭→[정렬 및 필터] 그룹→[정렬]을 클릭한다.

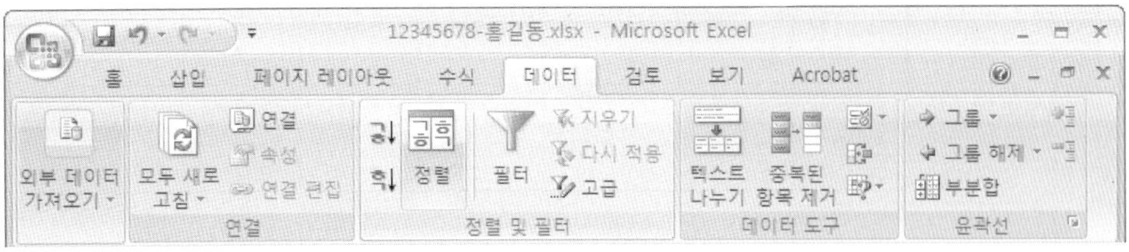

④ [정렬] 대화상자가 나타나면 정렬 기준을 '목적' 을 선택한 후 정렬은 '오름차순' 을 지정한다.

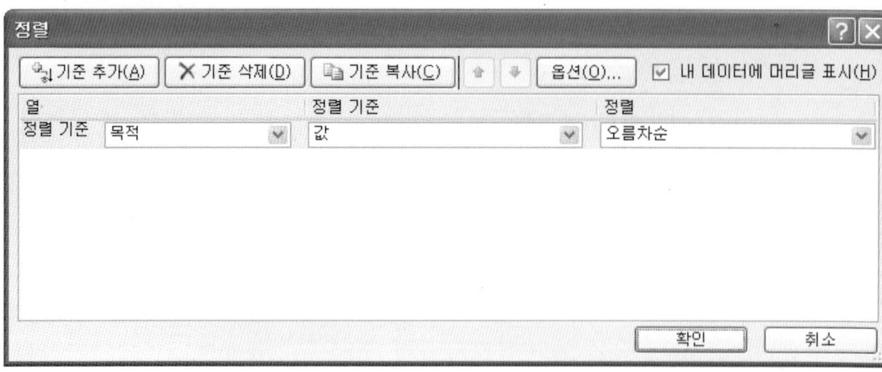

⑤ [기준 추가] 단추를 눌러 다음 기준은 '요금 (1박)' 을 선택하고, 정렬은 '내림차순' 을 지정한 후 [확인] 단추를 누른다.

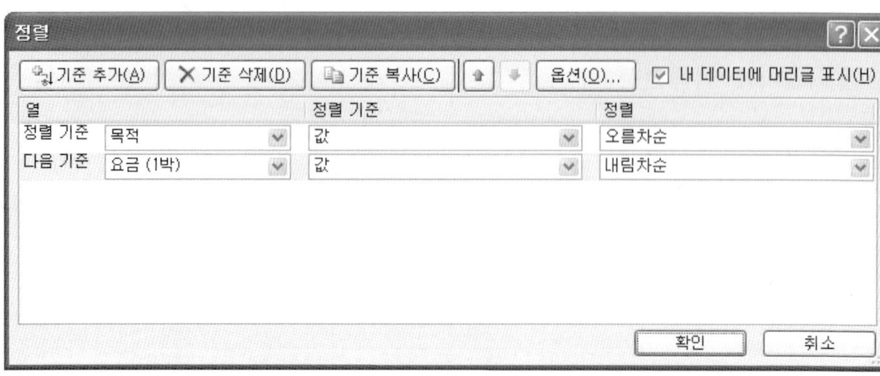

예약코드	고객명	목적	예약일자	평형	요금 (1박)	예약 일수
C-105-3	최미순	가족여행	2012-02-23	20평	210,000	2
A-103-1	신유복	가족여행	2012-02-12	17평	150,000	1
B-102-2	홍지수	가족여행	2012-02-21	17평	150,000	2
A-101-1	김미영	가족여행	2012-02-05	15평	120,000	3
B-106-2	박아름	직장인워크샵	2012-02-12	30평	300,000	3
B-102-2	강은덕	직장인워크샵	2012-02-19	25평	250,000	2
B-104-2	소지우	친구모임	2012-02-05	25평	250,000	1
D-107-3	황장군	친구모임	2012-02-18	25평	250,000	2

제1작업 제2작업 제3작업

6.2.2 부분합

① 목적별로 수상의 평균을 구하기 위해 [B2:H10] 셀 영역을 선택한 후 [데이터] 탭→[윤곽선] 그룹→[부분합]을 클릭한다.

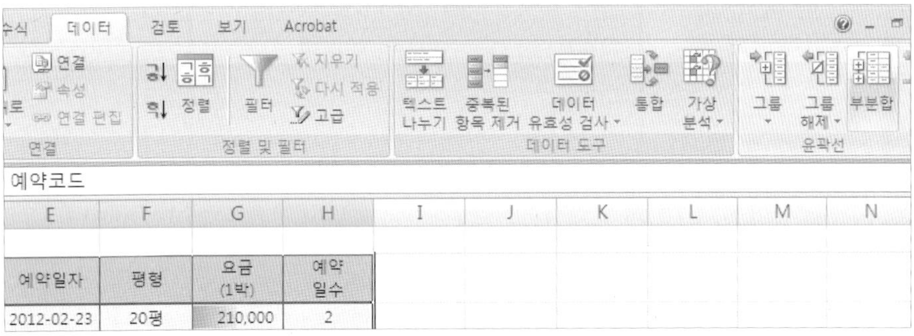

② [부분합] 대화상자가 나타나면 그룹화할 항목은 '목적', 사용할 함수는 '평균', 부분합 계산 항목은 '요금 (1박)' 을 지정한 후 [확인] 단추를 누른다.

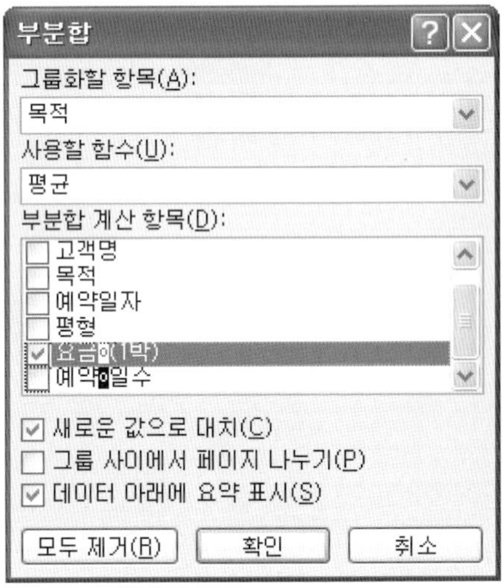

③ 이번에는 목적별로 고객명의 개수를 구하기 위해 [데이터]→[부분합] 메뉴를 다시 한 번 실행하여 [부분합] 대화상자가 나타나면 사용할 함수는 '개수', 부분합 계산 항목은 '고객명', '새로운 값으로 대치'를 체크해제한 후 [확인] 단추를 누른다.

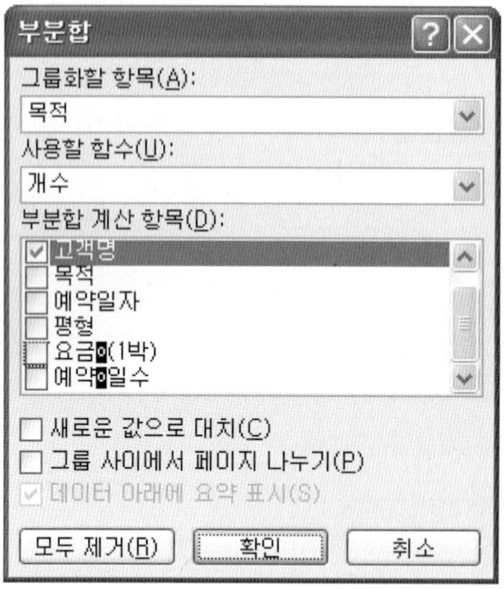

④ 부분합의 결과는 다음과 같다.

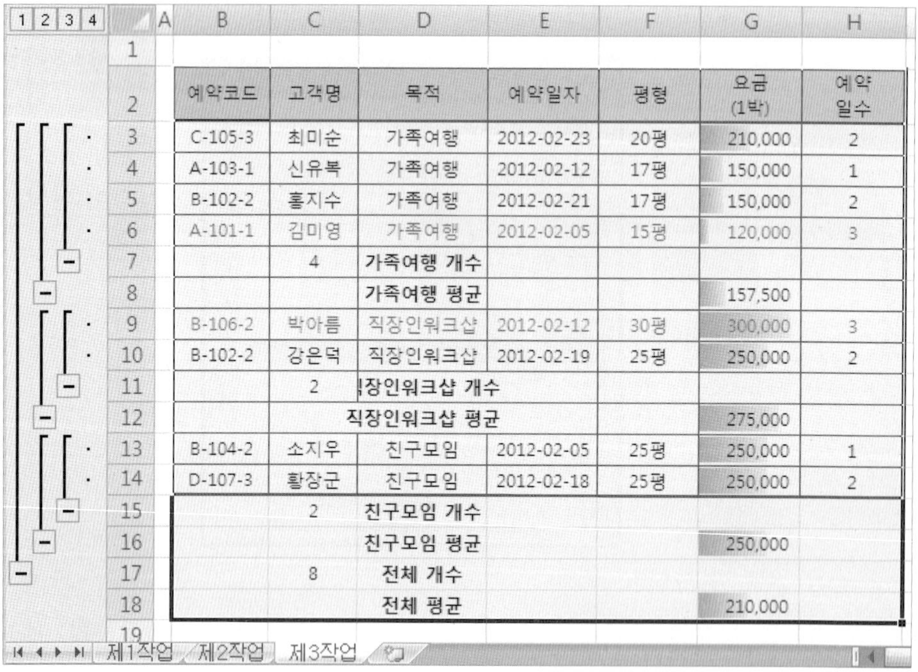

예약코드	고객명	목적	예약일자	평형	요금(1박)	예약일수
C-105-3	최미순	가족여행	2012-02-23	20평	210,000	2
A-103-1	신유복	가족여행	2012-02-12	17평	150,000	1
B-102-2	홍지수	가족여행	2012-02-21	17평	150,000	2
A-101-1	김미영	가족여행	2012-02-05	15평	120,000	3
	4	가족여행 개수				
		가족여행 평균			157,500	
B-106-2	박아름	직장인워크샵	2012-02-12	30평	300,000	3
B-102-2	강은덕	직장인워크샵	2012-02-19	25평	250,000	2
	2	직장인워크샵 개수				
		직장인워크샵 평균			275,000	
B-104-2	소지우	친구모임	2012-02-05	25평	250,000	1
D-107-3	황장군	친구모임	2012-02-18	25평	250,000	2
	2	친구모임 개수				
		친구모임 평균			250,000	
	8	전체 개수				
		전체 평균			210,000	

⑤ 부분합의 윤곽을 지우기 위해 [데이터] 탭→[윤곽선] 그룹→[그룹 해제]→[윤곽 지우기]를 클릭한다.

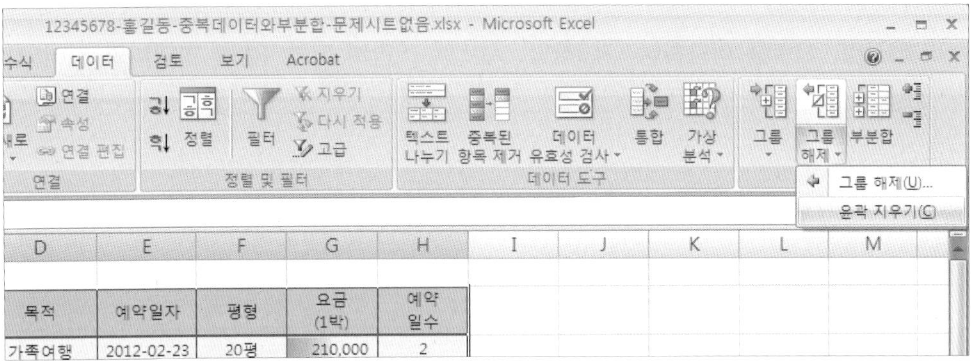

⑥ [D열]의 우측 경계선에서 마우스를 더블 클릭하여《출력 형태》에 맞게 열 너비와 나머지 사항을 수정하여 다음과 같이 완성한다.

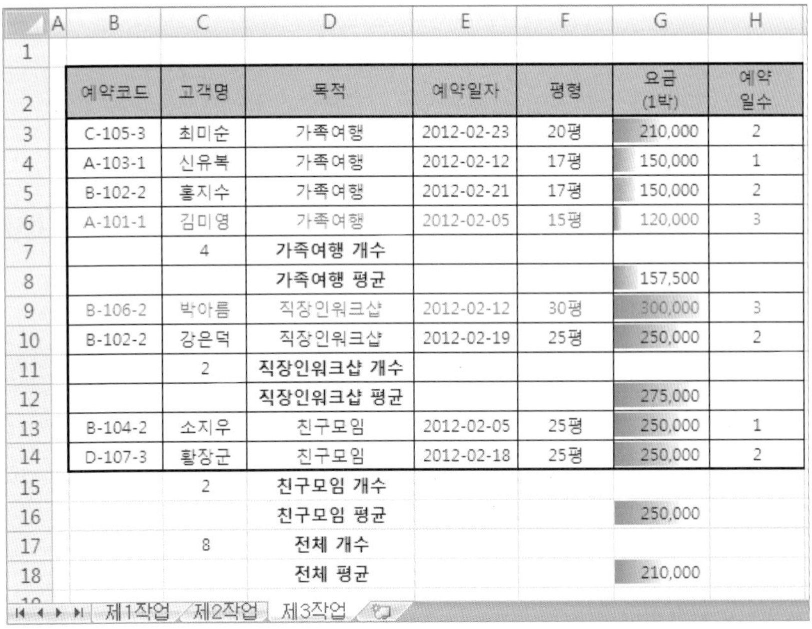

	A	B	C	D	E	F	G	H
1								
2		예약코드	고객명	목적	예약일자	평형	요금 (1박)	예약 일수
3		C-105-3	최미순	가족여행	2012-02-23	20평	210,000	2
4		A-103-1	신유복	가족여행	2012-02-12	17평	150,000	1
5		B-102-2	홍지수	가족여행	2012-02-21	17평	150,000	2
6		A-101-1	김미영	가족여행	2012-02-05	15평	120,000	3
7			4	가족여행 개수				
8				가족여행 평균			157,500	
9		B-106-2	박아름	직장인워크샵	2012-02-12	30평	300,000	3
10		B-102-2	강은덕	직장인워크샵	2012-02-19	25평	250,000	2
11			2	직장인워크샵 개수				
12				직장인워크샵 평균			275,000	
13		B-104-2	소지우	친구모임	2012-02-05	25평	250,000	1
14		D-107-3	황장군	친구모임	2012-02-18	25평	250,000	2
15			2	친구모임 개수				
16				친구모임 평균			250,000	
17			8	전체 개수				
18				전체 평균			210,000	

§ 연습문제 6.1 다음 조건에 맞는 엑셀 문서를 작성하시오.

[제 3 작업] 피벗 테이블 (80점)

☞ '제1작업' 시트를 이용하여 '제3작업' 시트에 조건에 따라 《출력 형태》와 같이 작업하시오.

《조건》

(1) 출고일과 렌트기간(단위:일)별로 렌트비용의 평균과 렌트고객의 개수를 구하시오.
(2) 출고일을 그룹화하고, 레이블이 있는 셀 병합 및 가운데 맞춤으로 설정하시오.
(3) 렌트기간(단위:일)을 《출력 형태》와 같이 정렬하고, 빈 셀은 '**' 로 표시하시오.
(4) 행의 총합계를 지우고, 나머지 사항은 《출력 형태》에 맞게 작성하시오.

《출력 형태》

	A	B	C	D	E	F	G	H	I	J
1										
2			렌트기간							
3			4		3		2		1	
4		출고년도	평균 : 렌트비용	개수 : 렌트고객	평균 : 렌트비용	개수 : 렌트고객	평균 : 렌트비용	개수 : 렌트고객	평균 : 렌트비용	개수 : 렌트고객
5		2007년	**	**	156,000	1	**	**	**	**
6		2008년	160,000	1	180,000	1	**	**	**	**
7		2009년	115,000	1	**	**	130,000	1	**	**
8		2010년	**	**	**	**	125,000	1	49,500	2
9		총합계	137,500	2	168,000	2	127,500	2	49,500	2

[제 3 작업] 정렬과 부분합 (80점)

'제1작업' 시트의 「B4:H12」 영역을 복사하여 '제3작업' 시트의 「B2」 셀부터 모두 붙여넣기를 한 후 다음의 조건과 같이 작업하시오.

《조건》

(1) 부분합 – 렌트기간(단위 : 일)과 렌트비용은 《출력 형태》 처럼 정렬하고, 렌트기간 (단위 : 일)의 개수와 렌트비용의 합계를 구하시오.
(2) 윤 곽 – 지우시오.
(3) 나머지 사항은 《출력 형태》에 맞게 작성하시오.

《출력 형태》

	A	B	C	D	E	F	G	H
1								
2		차량코드	렌트차종	출고일	렌트고객	렌트기간 (단위 : 일)	배기량	렌트비용
3		LC-0550	다이너스티	2010-09-30	박미희	1	3000 CC	50,000
4		RV-0835	로디우스	2010-03-15	정찬은	1	2000 CC	49,000
5						1 요약		99,000
6					1 개수	2		
7		LC-0737	그랜져 TG	2009-02-20	박미희	2	2500 CC	130,000
8		LC-0636	에쿠스	2010-05-20	한정우	2	3500 CC	125,000
9					2 개수	2		
10						2 요약		255,000
11		RV-0811	뉴카니발	2008-12-20	박재민	3	3000 CC	180,000
12		RV-0825	스타렉스	2007-05-10	김희철	3	2500 CC	156,000
13						3 요약		336,000
14					3 개수	2		
15		MC-0420	K5	2008-04-15	이현진	4	2000 CC	160,000
16		MC-0520	SM3	2009-06-10	이준희	4	2000 CC	115,000
17						4 요약		275,000
18					4 개수	2		
19						총합계		965,000
20					전체 개수	11		

§ 연습문제 6.2 다음 조건에 맞는 엑셀 문서를 작성하시오.

[제 3 작업] 피벗 테이블 (80점)

☞ '제1작업' 시트를 이용하여 '제3작업' 시트에 조건에 따라 《출력 형태》 와 같이 작업하시오.

《조건》

(1) 과정명 및 수강인원수별로 과정명의 개수와 수강료의 평균을 구하시오.

(2) 수강인원수를 그룹화하고, 레이블이 있는 셀 병합 및 가운데 맞춤으로 설정하시오.

(3) 과정명을 《출력 형태》 와 같이 정렬하고, 빈 셀은 '***' 로 표시하시오.

(4) 행의 총합계를 지우고, 나머지 사항은 《출력 형태》 에 맞게 작성하시오.

《출력 형태》

	과정명					
	자격증강좌		아카데미강좌		문화교양강좌	
수강인원수	개수 : 과정명	평균 : 수강료	개수 : 과정명	평균 : 수강료	개수 : 과정명	평균 : 수강료
10-19	1	400,000	***	***	1	100,000
20-29	1	400,000	***	***	2	150,000
30-39	***	***	2	80,000	***	***
40-50	***	***	1	100,000	***	***
총합계	**2**	**400,000**	**3**	**86,667**	**3**	**133,333**

[제 3 작업] 정렬과 부분합 (80점)

☞ '제1작업' 시트의 「B4:H12」 영역을 복사하여 '제3작업' 시트의 「B2」 셀부터 모두 붙여넣기를 한 후 다음의 조건과 같이 작업하시오.

《조건》

(1) 부분합 – 주야구분과 수강 인원수는 《출력 형태》 처럼 정렬하고, 강좌명의 개수와 수강 인원수의 최대값을 구하시오.

(2) 윤 곽 – 지우시오.

(3) 나머지 사항은 《출력 형태》 에 맞게 작성하시오.

《출력 형태》

과정명	강좌명	담당교수	주야구분	강의시간	수강 인원수	수강료 (단위:원)
아카데미강좌	생활일본어	하진수	야간	화,목 19:00-21:00	42명	100,000원
문화교양강좌	가야금 교실	문자영	야간	목 19:00-21:00	21명	150,000원
문화교양강좌	생활역학	송운기	야간	금 19:00-22:00	18명	100,000원
	3		야간 개수			
			야간 최대값		42명	
아카데미강좌	영어동화읽기	김정민	주간	월 10:00-12:00	37명	80,000원
아카데미강좌	행복한 서예	한동주	주간	수 10:00-12:00	32명	80,000원
문화교양강좌	부동산 경매	김대안	주간	화 10:00-13:00	25명	150,000원
자격증강좌	독서지도사	김대안	주간	월,수 10:00-13:00	24명	400,000원
자격증강좌	특수아동지도사	하영재	주간	토 14:00-20:00	19명	400,000원
	5		주간 개수			
			주간 최대값		37명	
	8		전체 개수			
			전체 최대값		42명	

〈자료출처 : ITQ 기출문제〉

엑셀 2007

7장. 그래프

학습목표

엑셀 2007에서 《출력 형태》와 같이 엑셀 차트를 작성한다.

☞ **'제1작업' 시트를 이용하여 조건에 따라 《출력 형태》와 같이 작업하시오.**

《조건》

(1) 차트 종류 ⇒ 〈묶은 세로 막대형〉으로 작업하시오.
(2) 데이터 범위 ⇒ '제1작업' 시트의 내용을 이용하여 작업하시오.
(3) 위치 ⇒ '새 시트'로 이동하고, '제4작업'으로 시트 이름을 바꾸시오.
(4) 차트 디자인 도구 ⇒ 레이아웃 3, 스타일 27을 선택하여 《출력 형태》에 맞게 작업하시오.
(5) 영역 서식 ⇒ 차트: 글꼴(맑은고딕, 11pt), 채우기 효과(질감-꽃다발)/그림: 채우기 없음
(6) 제목 서식 ⇒ 차트 제목 : 글꼴(맑은 고딕, 굵게, 20pt), 채우기(흰색), 테두리
　　　　　　　축 제목 : 《출력 형태》를 참조하시오.
(7) 서식 ⇒ 예약일수 계열의 차트 종류를 〈표식이 있는 꺾은선형〉으로 변경한 후 보조축으로 지정하시오.
- 레이블 : 최미순의 평형 값을 표시하고, 위치는 《출력 형태》와 같이 표시하시오.
- 눈금선 : 선 스타일-파선
- 축 : 《출력 형태》를 참조하시오.
(8) 범례 ⇒ 범례명을 변경하고 《출력 형태》를 참조하시오.
(9) 나머지 사항은 《출력 형태》에 맞게 작성하시오.

《출력 형태》

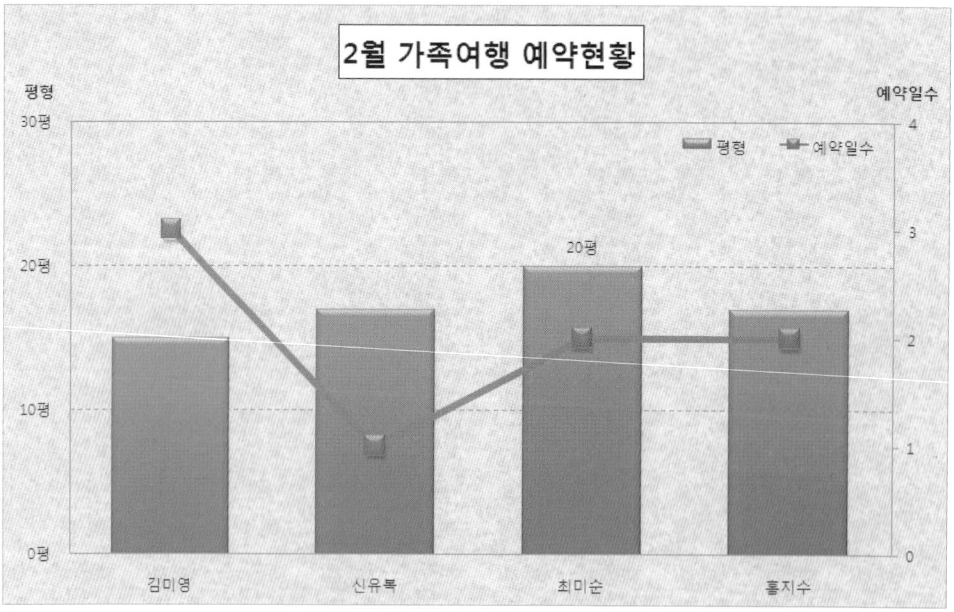

〈자료출처 : ITQ 기출문제〉

7.1 차트 만들기

7.1.1 차트 삽입 및 이동

① '2월 가족여행 예약현황' 차트를 만들기 위해 [제1작업] 시트의 [B4:H10] 셀 영역을 선택한 후, [삽입] 탭→[차트] 그룹→[세로 막대형]→[묶은 세로 막대형]을 클릭한다.

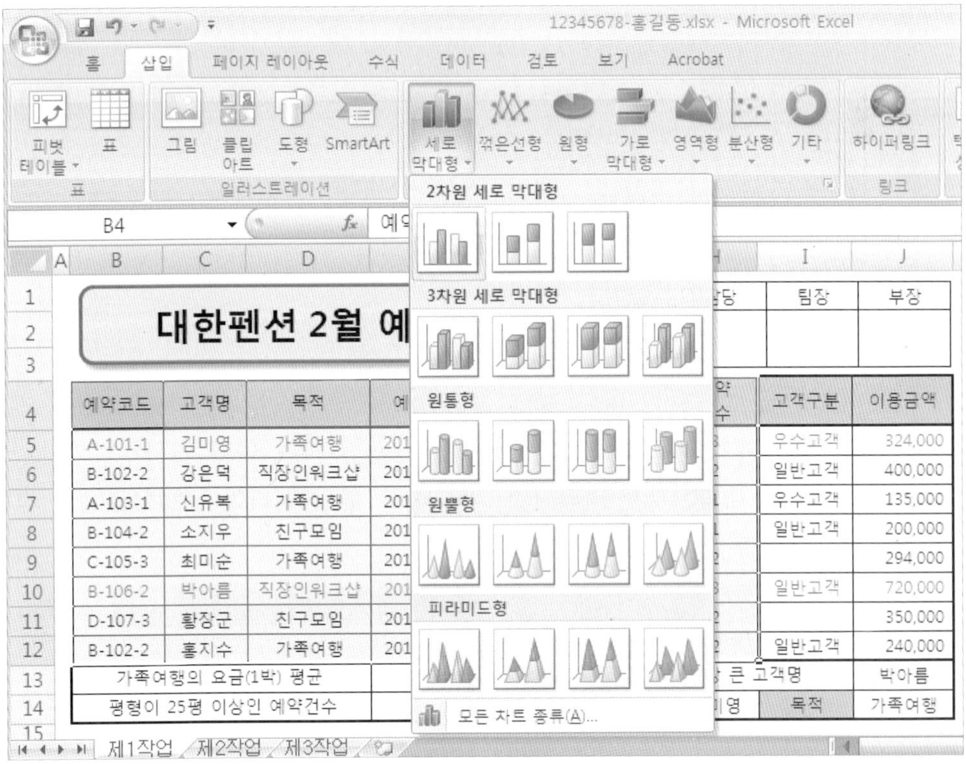

② 차트가 나타나면 차트 영역에서 마우스 오른쪽 버튼을 눌러 [차트 이동] 바로가기 메뉴를 클릭한다.

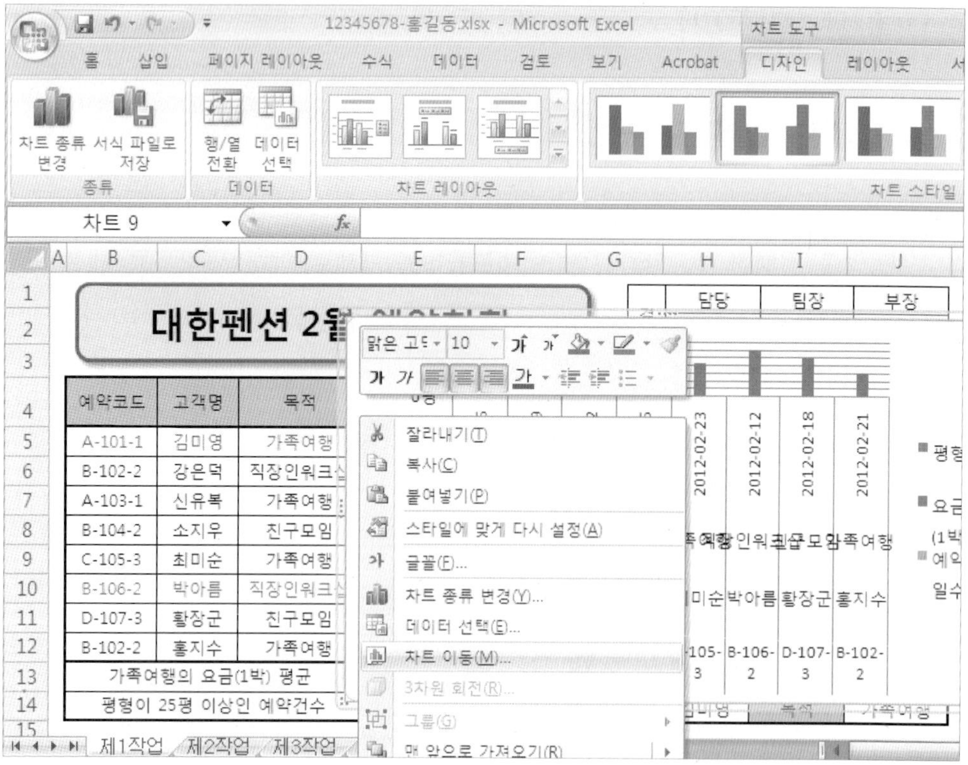

③ [차트 이동] 대화상자가 나타나면 '새 시트'를 선택하여 "제4작업"을 입력한 후 [확인] 단추를 누른다.

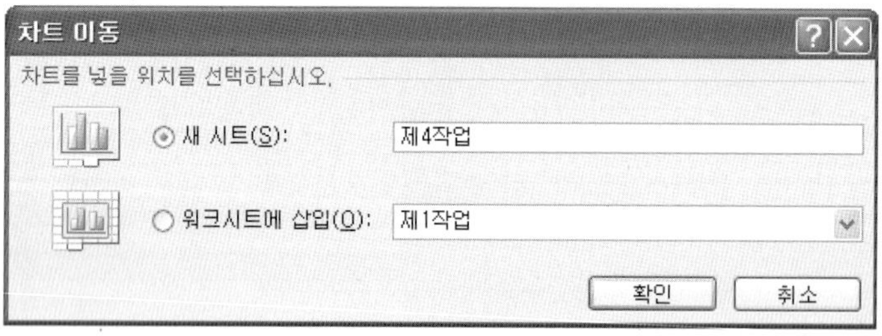

④ '제4작업' 차트 시트가 생성되면 '제4작업' 시트를 드래그하여 '제3작업' 시트 뒤로 이동한다.

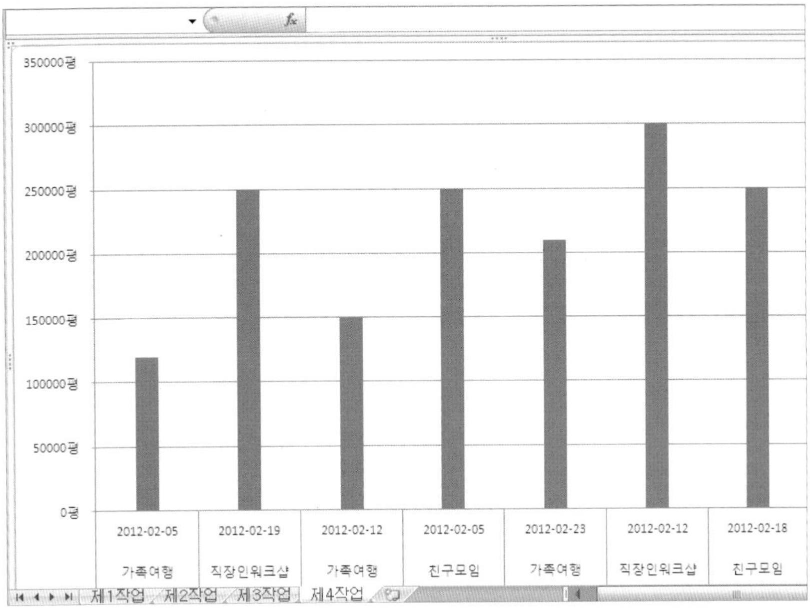

7.1.2 차트 데이터 선택

① 차트 데이터를 지정하기 위해 차트 영역에서 마우스 오른쪽 버튼을 눌러 [데이터 선택] 바로가기 메뉴를 클릭한다.

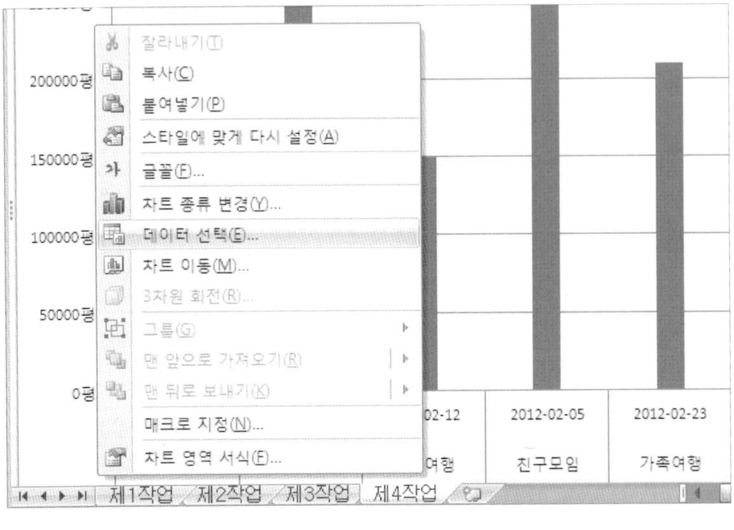

② [데이터 원본 선택] 대화상자가 나타나면 '가로(항목) 축 레이블' 의 [편집] 단추를 누른다.

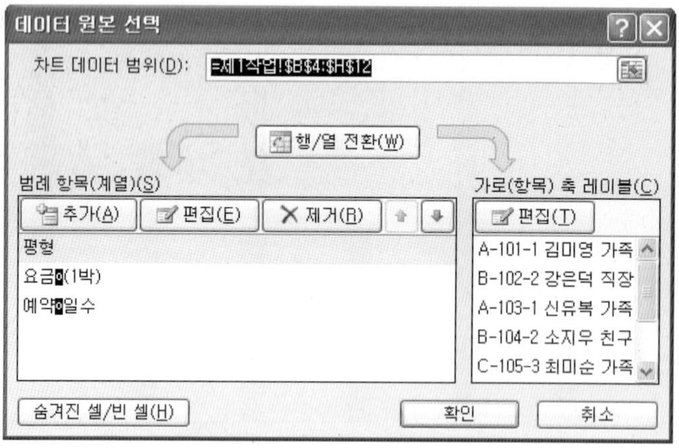

③ [축 레이블] 대화상자가 나타나면 '축 레이블 범위' 를 [C5, C7, C9, C12] 셀 영역을 선택한 후 [확인] 단추를 누른다.

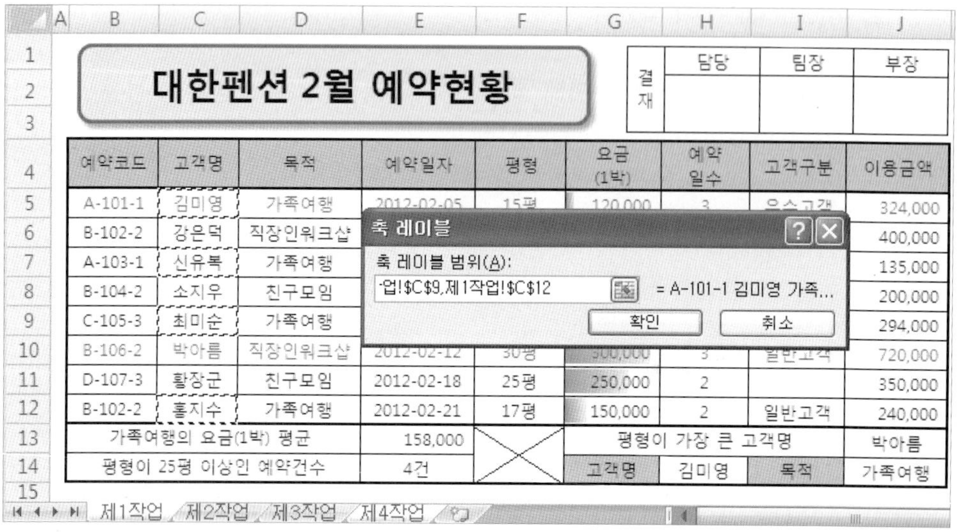

④ [데이터 원본 선택] 대화상자가 나타나면 '범례 항목(계열)' 에서 '요금(1박)' 을 선택하여 [제거] 단추를 누른다.

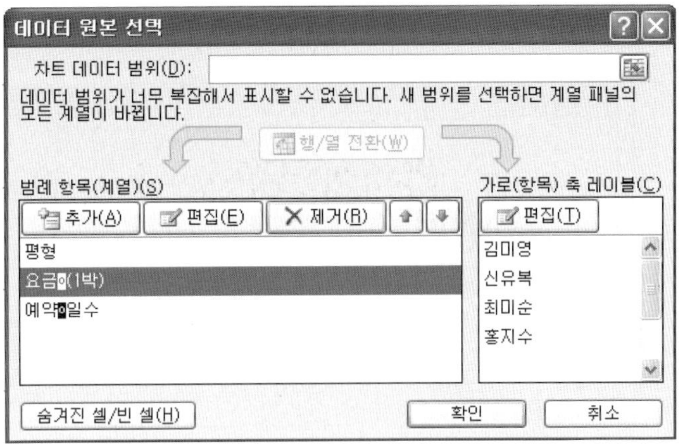

⑤ [데이터 원본 선택] 대화상자의 '범례 항목(계열)' 에서 '평형' 을 선택한 후 [편집] 단추를 누르면 [계열 편집] 대화상자가 나타난다. '계열 이름' 은 "평형" 을 입력하고, '계열 값' 은 [F5, F7, F9, F12] 셀을 선택한 다음 [확인] 단추를 누른다.

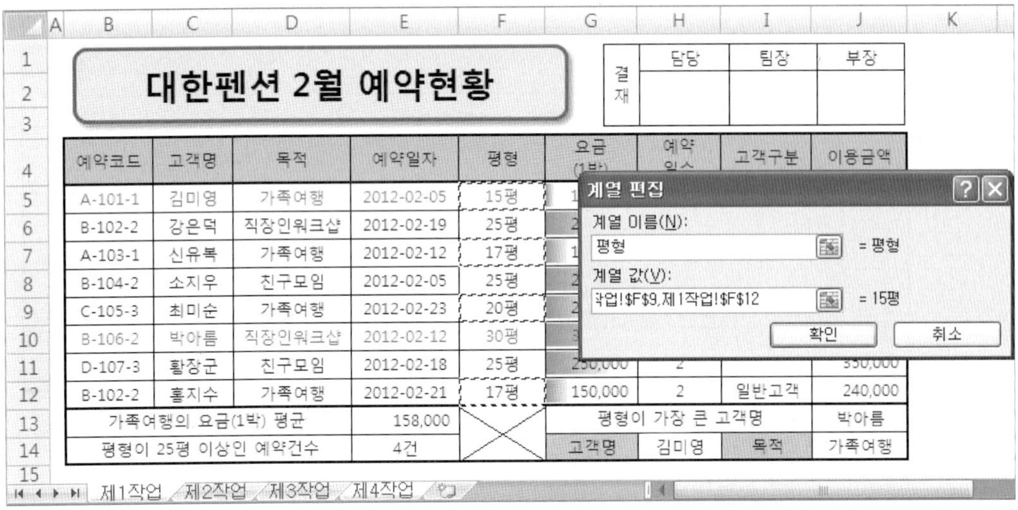

⑥ [데이터 원본 선택] 대화상자가 나타나면 '범례 항목(계열)' 에서 '예약일수' 를 선택한 후 [편집] 단추를 누른다.

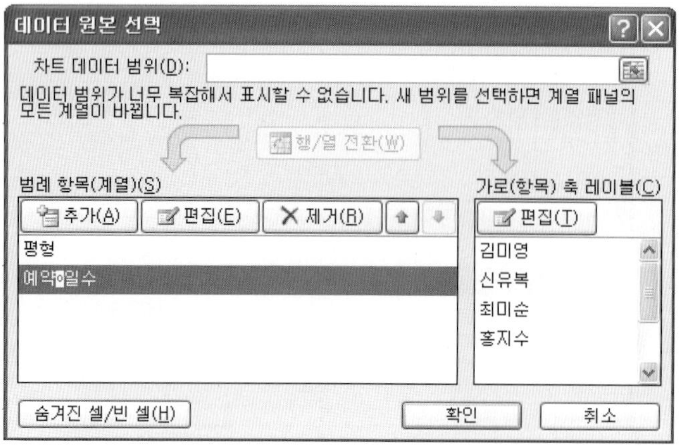

⑦ [계열 편집] 대화상자가 나타나면 '계열 이름' 은 "예약일수" 로 입력하고, '계열 값' 은 [G5, G7, G9, G12] 셀 영역을 선택한 후 [확인] 단추를 누른다.

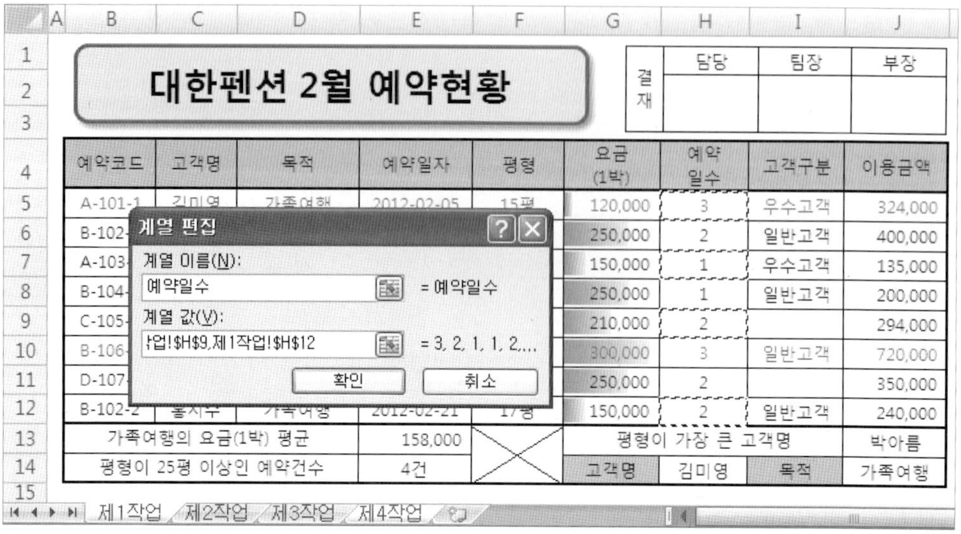

⑧ [데이터 원본 선택] 대화상자가 다시 나타나면 [확인] 단추를 눌러 데이터 선택을 완료한다.

7.2 차트 디자인

7.2.1 차트 레이아웃 지정

① 차트 레이아웃을 적용하기 위해 [차트 도구]→[디자인] 탭→[차트 레이아웃] 그룹에서 자세히(▼) 단추를 눌러 차트 레이아웃 목록이 나타나면 [레이아웃 3]을 선택한다.

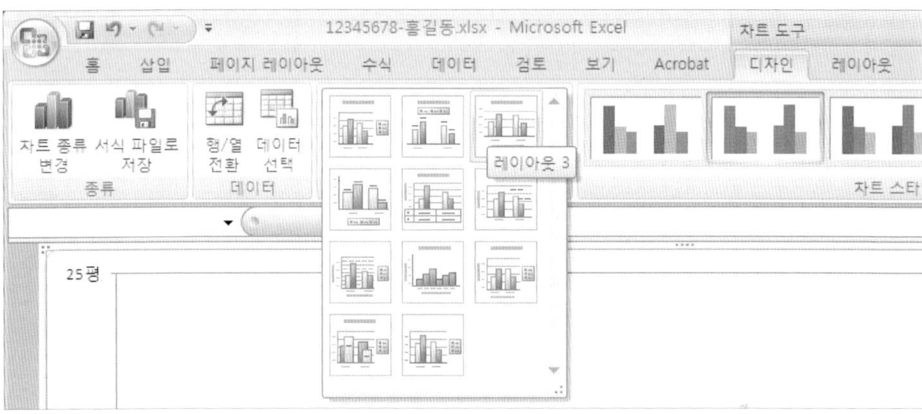

② [기본 세로 축 제목]을 삽입하기 위해 [차트 도구]→[레이블] 그룹→[축제목]→[기본 세로 축 제목]→[가로 제목]을 클릭한다.

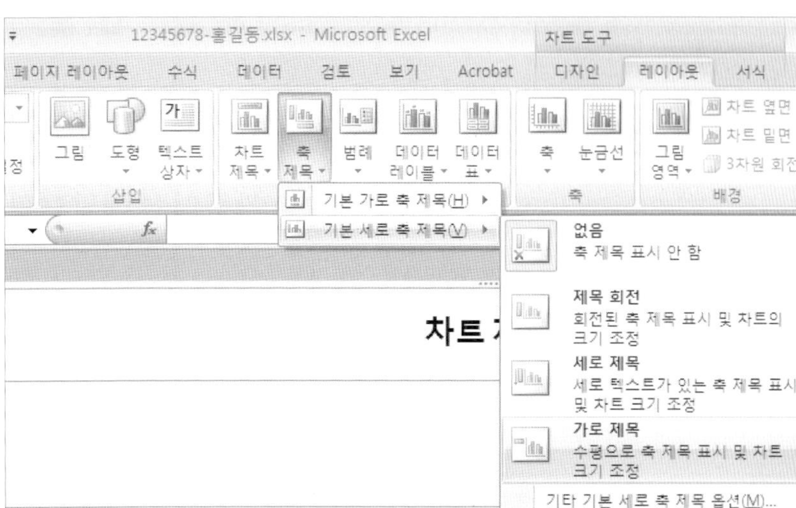

7.2.2 차트 스타일 지정

① 차트 스타일을 적용하기 위해 [차트 도구]→[디자인] 탭→[차트 스타일] 그룹에서 자세히(▼) 단추를 눌러 차트 스타일 목록이 나타나면 [스타일 26]을 선택한다.

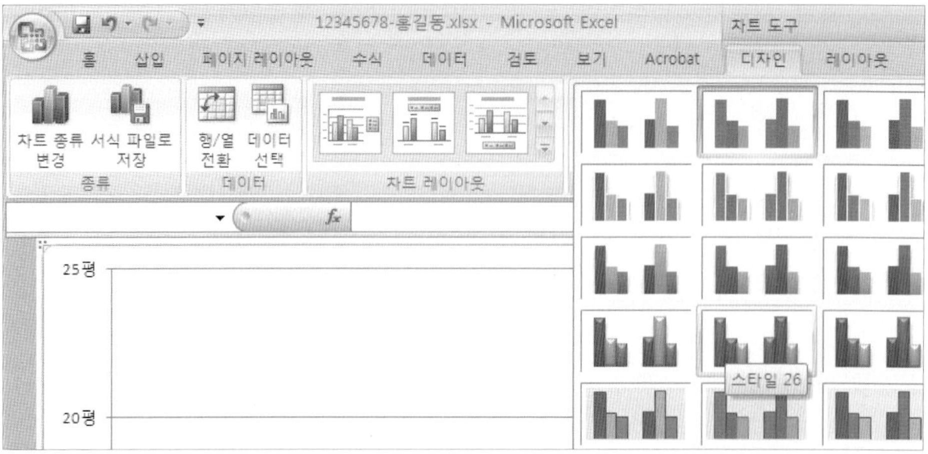

② 차트 스타일이 적용되면 다음과 같이 차트 제목은 “2월 가족여행 예약현황” 을 입력하고, 축 제목은 “평형” 으로 입력한다.

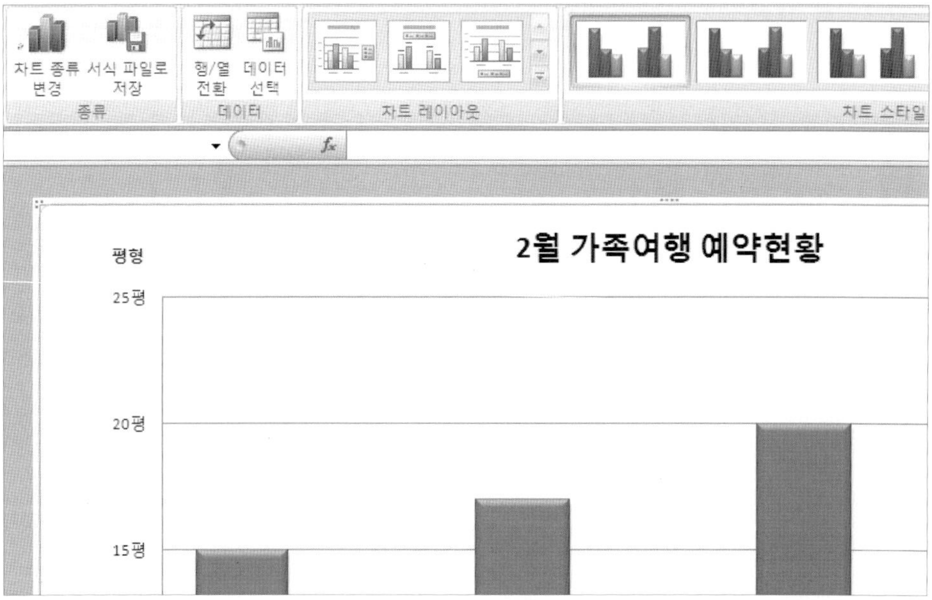

7.2.3 영역 서식 지정

(1) 차트 영역 서식 지정

① 차트 영역을 선택한 후 [홈] 탭→[글꼴] 그룹에서 글꼴(맑은고딕),크기(11pt)를 지정한다.

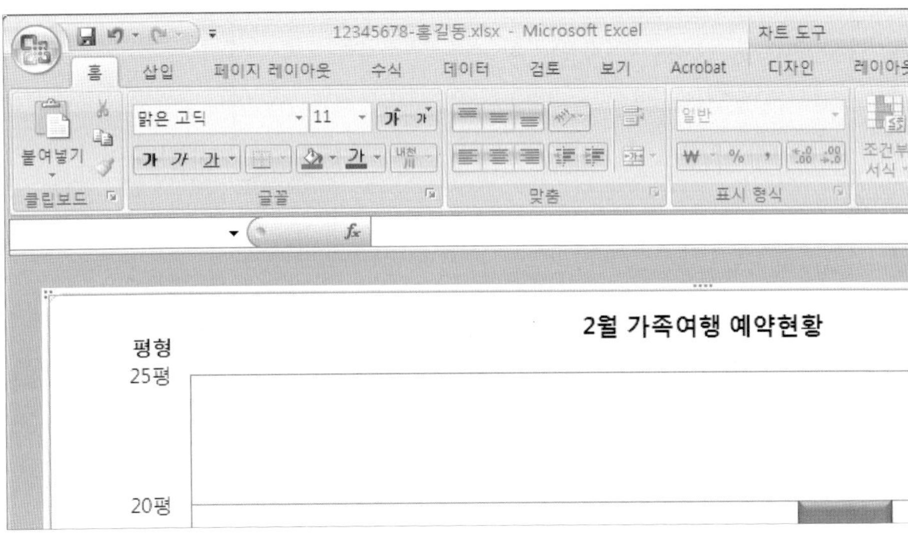

② 차트 영역에서 마우스 오른쪽 버튼을 눌러 [차트 영역 서식] 바로가기 메뉴를 클릭한다.

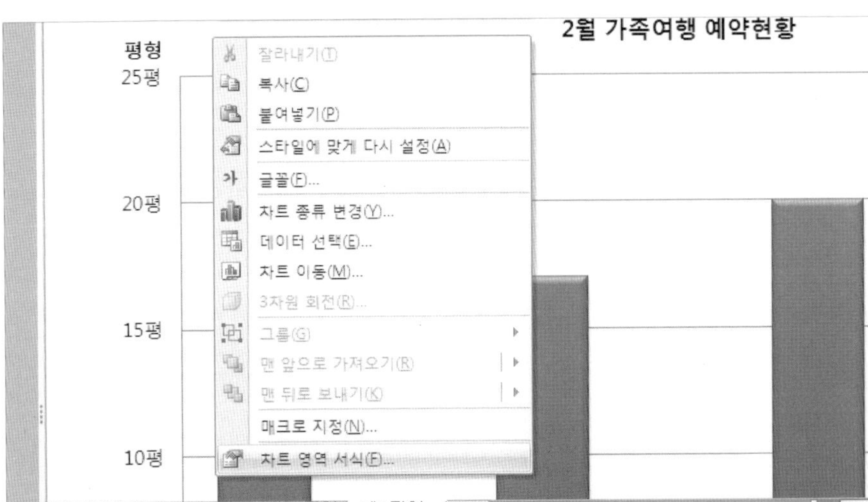

③ [차트 영역 서식] 대화상자가 나타나면 [채우기]에서 '그림 또는 질감 채우기'를 선택하고, 질감 목록 단추를 눌러 '꽂다발' 을 선택한 후 [닫기] 단추를 누른다.

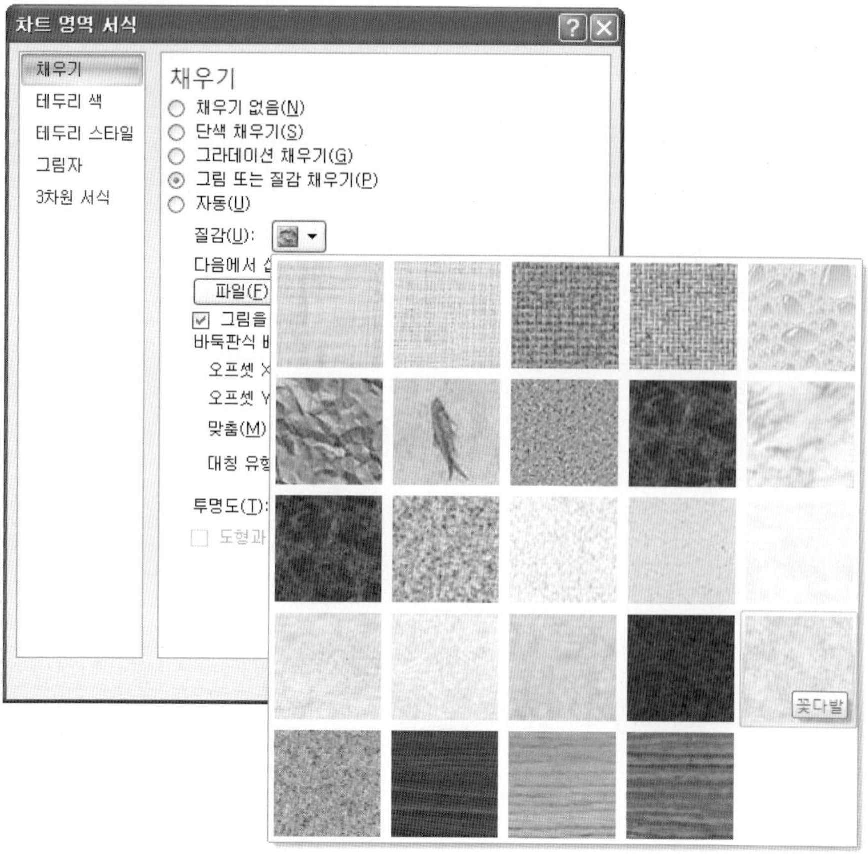

(2) 그림 영역 서식 지정

① 그림 영역에서 마우스 오른쪽 버튼을 눌러 [그림 영역 서식] 바로가기 메뉴를 클릭한다.

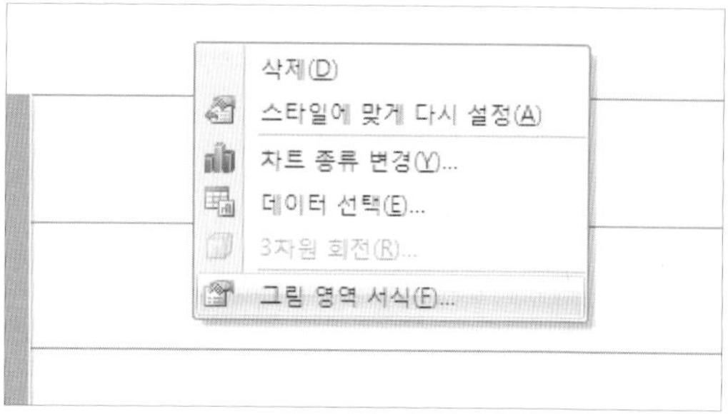

② [그림 영역 서식] 대화상자가 나타나면 [채우기] 탭에서 '채우기 없음' 을 선택한 후 [테두리 색] 탭을 클릭한다.

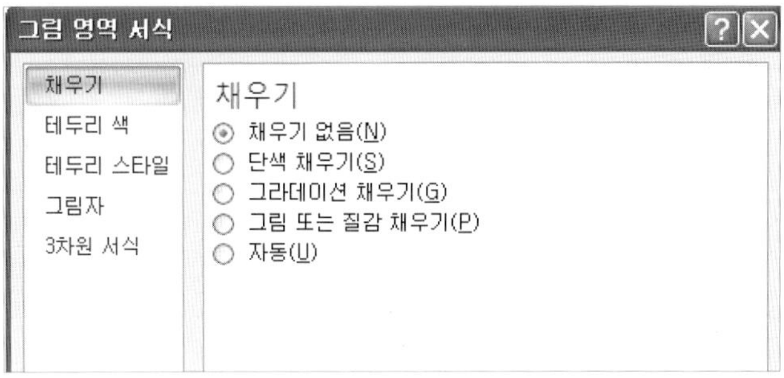

③ [테두리 색]에서 '실선' 을 선택한 후 [닫기] 단추를 누른다.

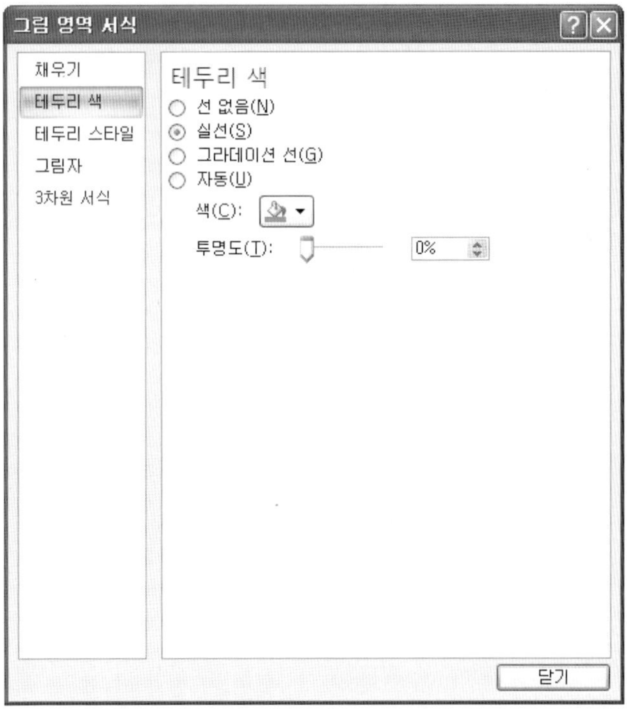

7.2.4 제목 및 계열 서식 지정

(1) 차트 제목 서식 지정

① 차트 제목을 선택한 후 [홈] 탭→[글꼴] 그룹에서 글꼴(맑은고딕), 크기(20pt), '굵게'로 지정한다.

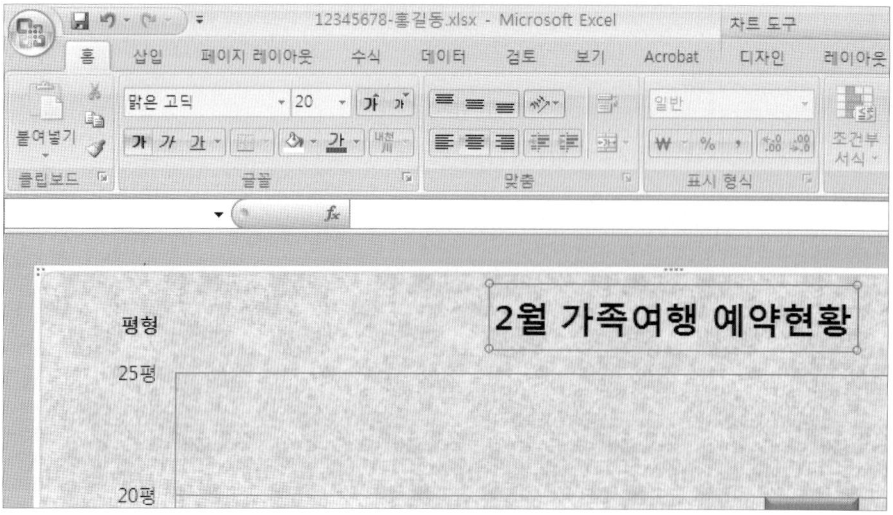

② [차트 도구]→[도형 스타일] 그룹→[도형 채우기( )]를 클릭하여 채우기 색을 '흰색'으로 지정한다.

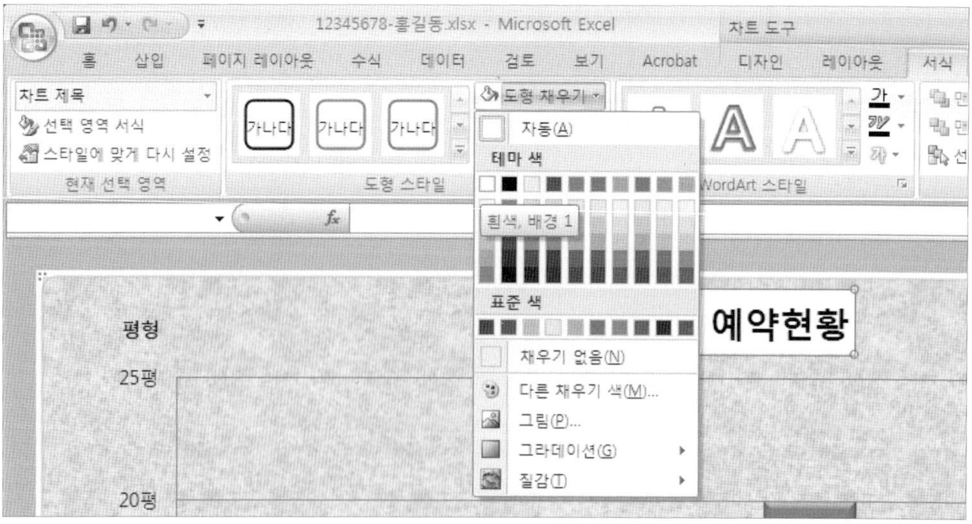

③ [차트 도구]→[도형 스타일] 그룹→[도형 윤곽선( )]을 클릭하여 테두리 색을 '검정' 으로 지정한다.

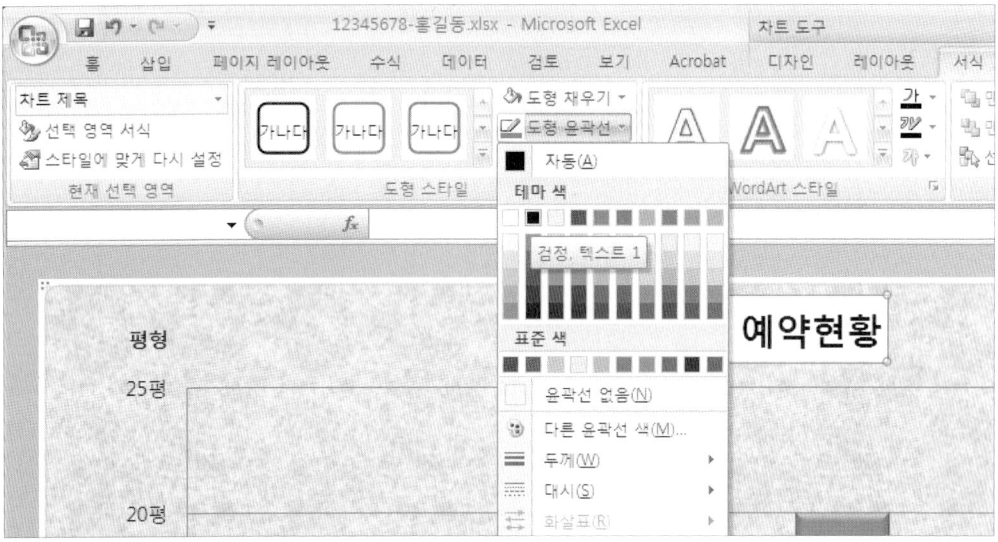

(2) 계열 차트 종류 변경 및 서식 지정

① '예약일수' 계열의 차트 종류를 변경하기 위해 '예약일수' 계열을 선택한 후 마우스 오른쪽 버튼을 눌러 [계열 차트 종류 변경] 바로가기 메뉴를 클릭한다.

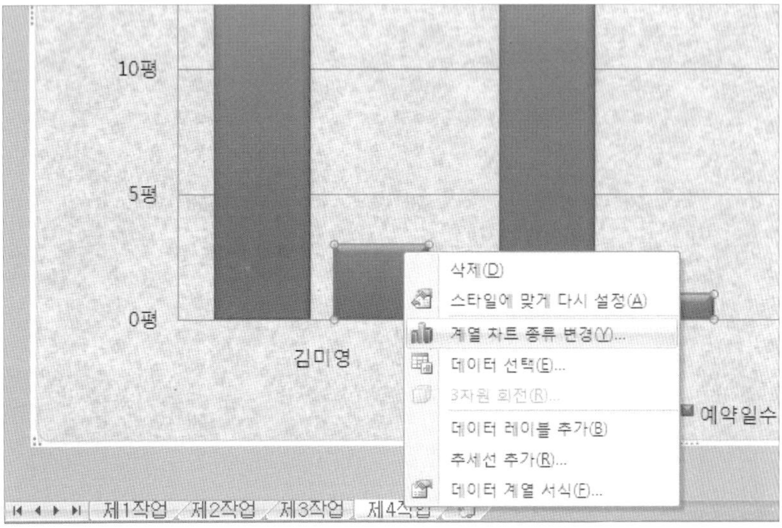

② [차트 종류 변경] 대화상자가 나타나면 [꺾은선형]→[표식이 있는 꺾은선형]을 선택한 후 [확인] 단추를 누른다.

③ '예약일수' 계열을 보조축으로 지정하기 위해 '예약일수' 계열을 선택한 후 마우스 오른쪽 버튼을 눌러 [데이터 계열 서식] 바로가기 메뉴를 클릭한다.

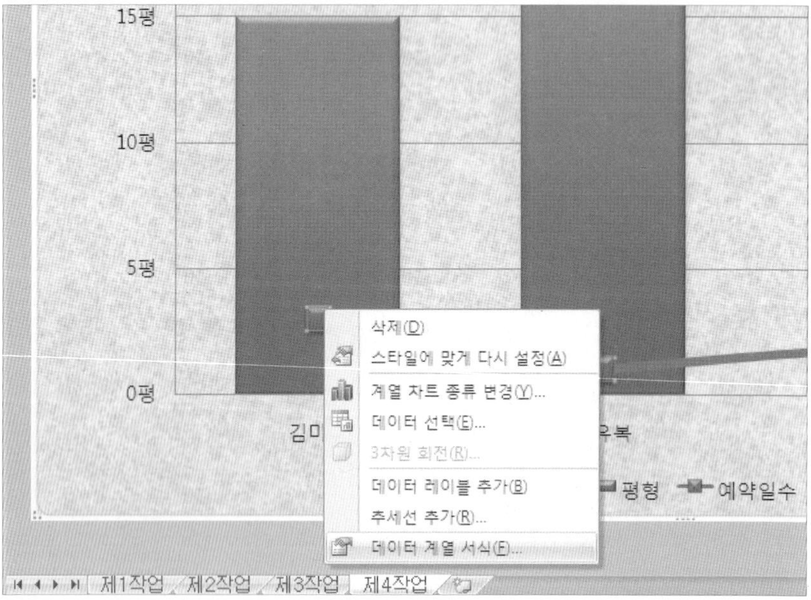

④ [데이터 계열 서식] 대화상자가 나타나면 [계열 옵션]에서 '보조 축' 을 선택한 후 [닫기] 단추를 누른다.

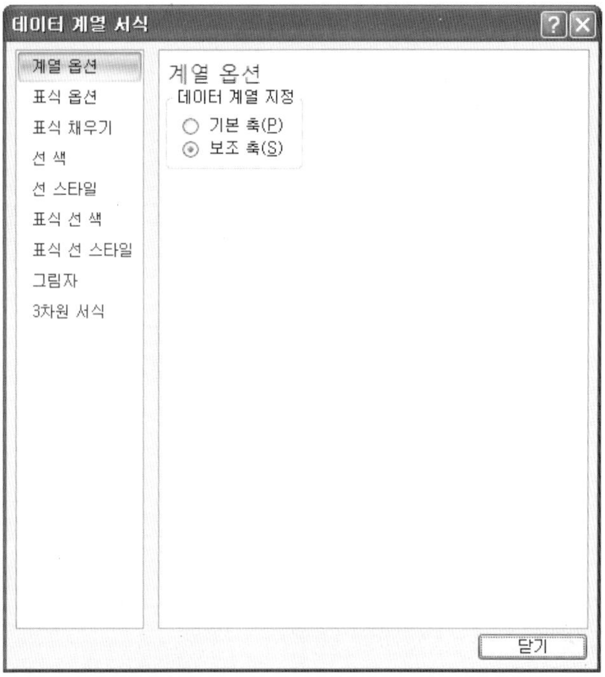

⑤ '예약일수' 계열은 다음과 같이 보조 축으로 지정된다.

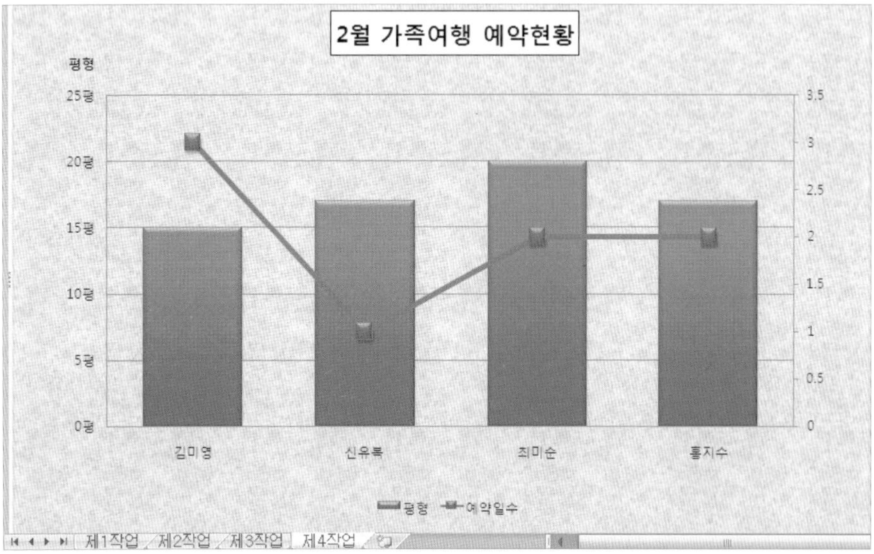

(3) 축 제목 서식 지정

① [보조 세로 축 제목]을 삽입하기 위해 [차트 도구]→[레이블] 그룹→[축제목]→[보조 세로 축 제목]→[가로 제목]을 클릭한다.

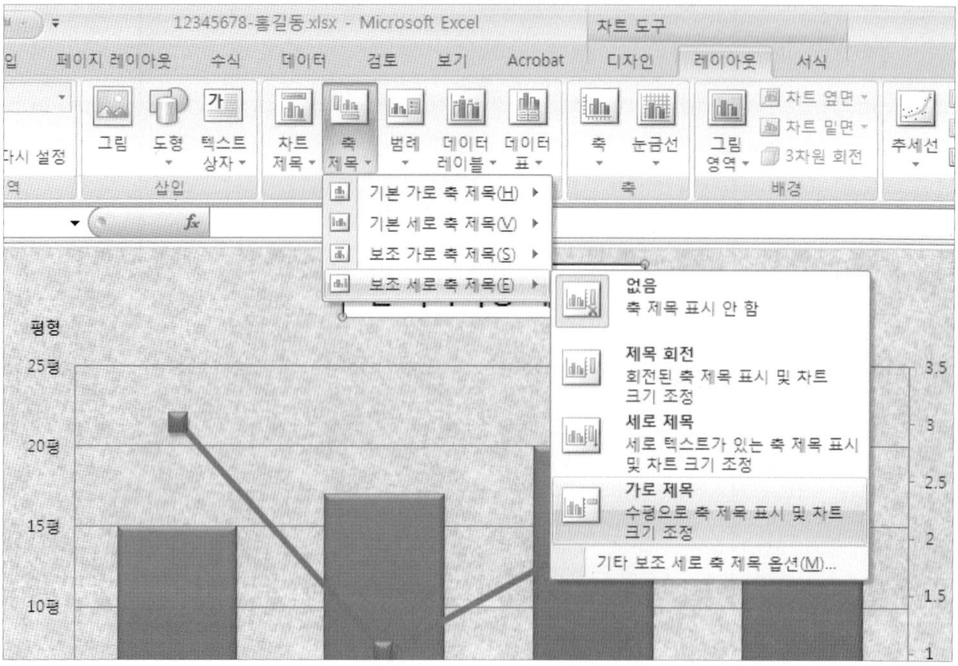

② '보조 세로 축 제목'이 삽입되면 다음과 같이 축 제목을 드래그하여 이동한 후 "예약일수"를 입력한다.

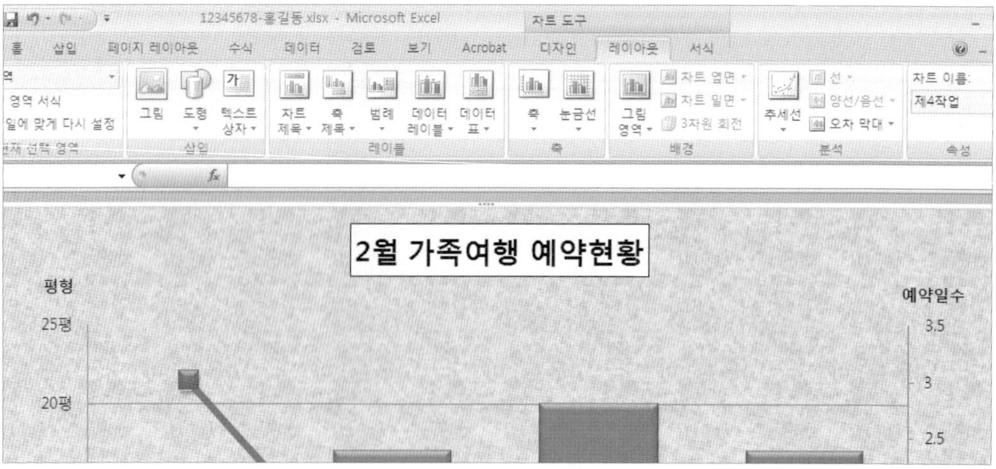

7.2.5 레이블, 눈금선, 축 서식

(1) 데이터 레이블과 눈금선 지정

① 데이터 레이블을 추가하기 위해 '평형' 계열의 '최미순' 데이터 요소를 선택한 후 마우스 오른쪽 버튼을 눌러 [데이터 레이블 추가] 바로가기 메뉴를 클릭한다.

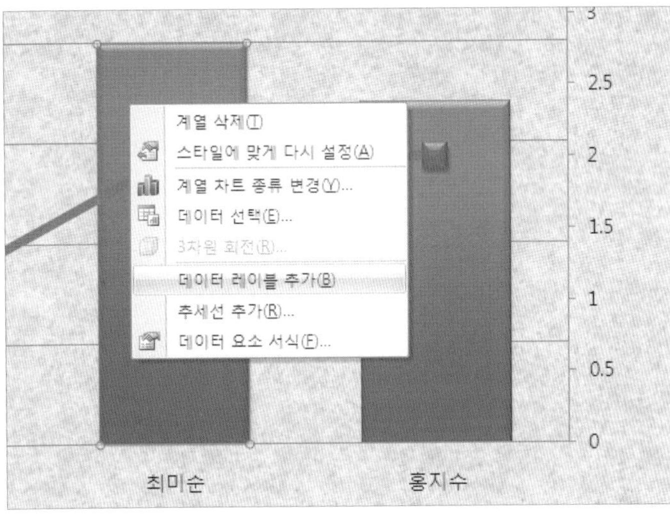

② 눈금선의 선 스타일을 '파선' 으로 지정하기 위해 눈금선을 클릭한 후 마우스 오른쪽 버튼을 눌러 [눈금선 서식] 바로가기 메뉴를 클릭한다.

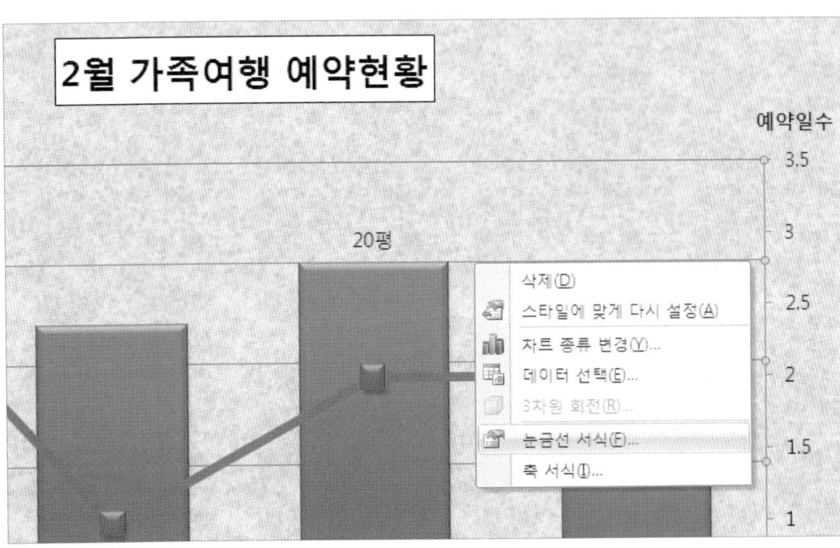

③ [주 눈금선 서식] 대화상자가 나타나면 [선 스타일]을 클릭하여 '대시 종류' 를 파선(━ ━ ━ ━ ━)으로 선택한 후 [닫기] 단추를 누른다.

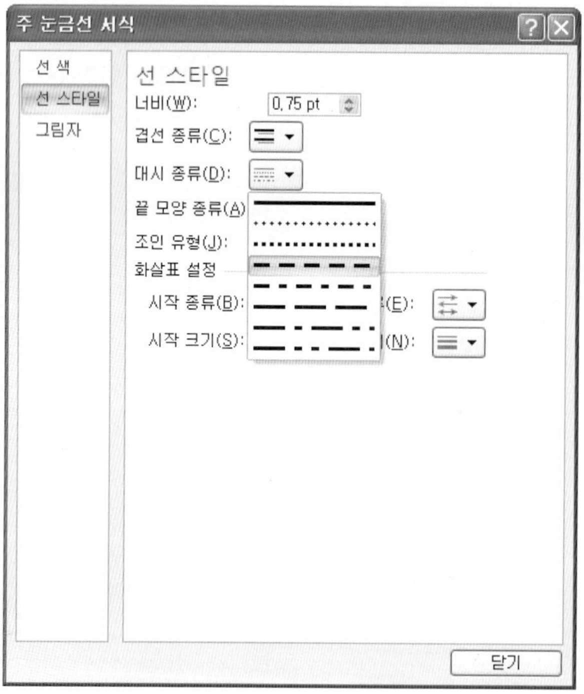

(2) 축 서식 지정

① 기본 세로(값) 축 서식을 지정하기 위해 기본 세로축에서 마우스 오른쪽 버튼을 눌러 [축 서식] 바로가기 메뉴를 클릭한다.

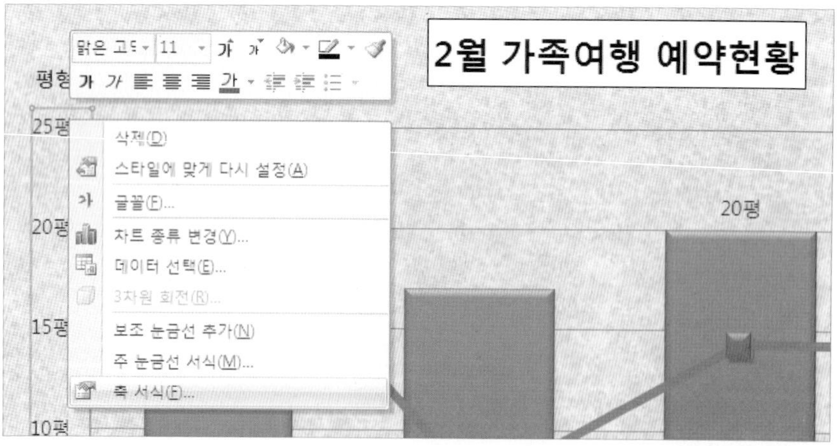

② [축 서식] 대화상자가 나타나면 [축 옵션]에서 최소값, 최대값, 주 단위를 모두 '고정' 으로 선택하여 최소값(0), 최대값(30), 주 단위(10) 을 각각 입력한 후 [닫기] 단추를 누른다.

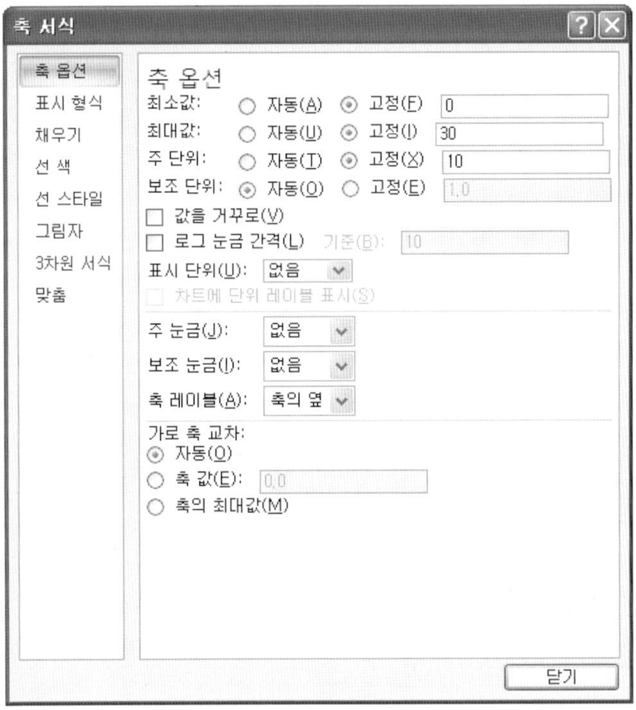

③ 보조 세로(값) 축 서식을 지정하기 위해 보조 세로축에서 마우스 오른쪽 버튼을 눌러 [축 서식] 바로가기 메뉴를 클릭한다.

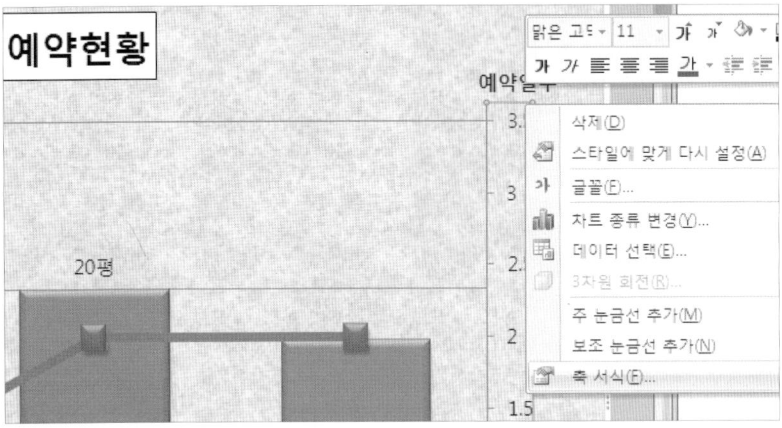

④ [축 서식] 대화상자가 나타나면 [축 옵션]에서 최소값, 최대값, 주 단위를 모두 '고정' 으로 선택하여 최소값(0), 최대값(4), 주 단위(1)을 각각 입력한 후 [닫기] 단추를 누른다.

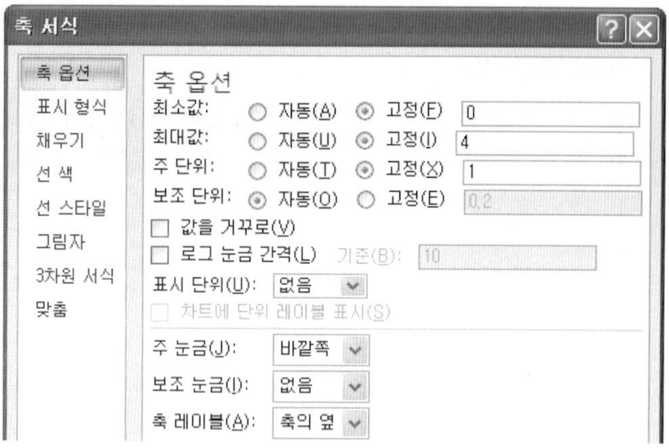

⑤ 완성된 차트의 모양은 다음과 같다.

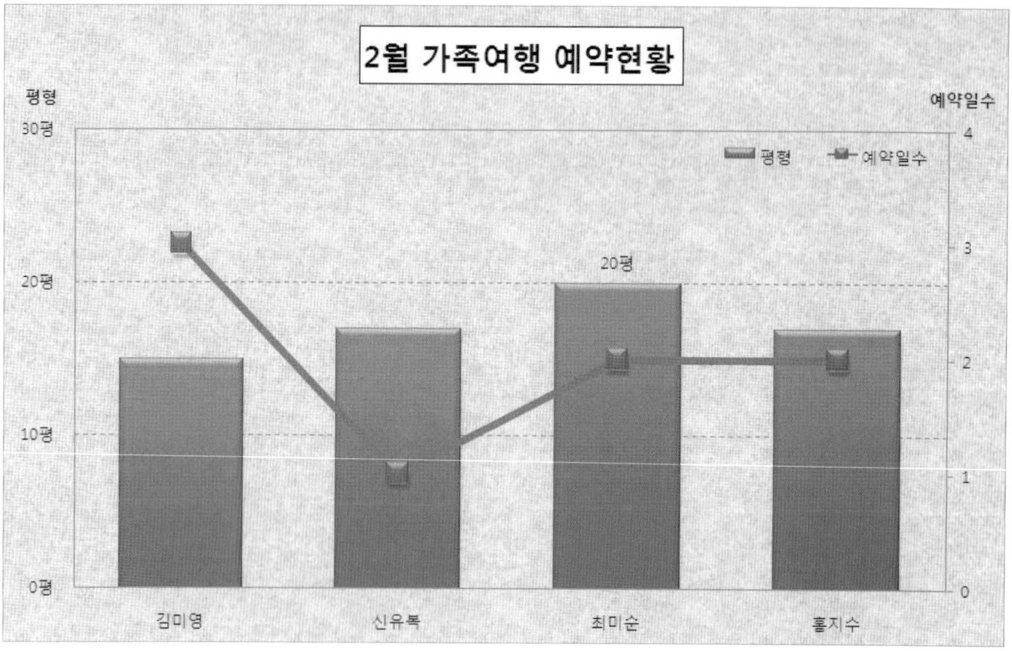

§ 연습문제 7.1 다음 조건에 맞는 엑셀 그래프를 작성하시오.

[제 4 작업] 그래프 (100점)

☞ '제1작업' 시트를 이용하여 조건에 따라 《출력 형태》와 같이 작업하시오.

《조건》

(1) 차트 종류 ⇒ 〈3차원 묶은 세로 막대형〉으로 작업하시오.
(2) 데이터 범위 ⇒ '제1작업' 시트의 내용을 이용하여 작업하시오.
(3) 위치 ⇒ '새 시트' 로 이동하고, '제4작업' 으로 시트 이름을 바꾸시오.
(4) 차트 디자인 도구 ⇒ 레이아웃 9, 스타일 10를 선택하여 《출력 형태》에 맞게 작업하시오.
(5) 영역 서식 ⇒ 차트: 글꼴(맑은고딕, 11pt), 채우기 효과(질감 - 분홍 박엽지)/뒷면: 흰색
(6) 제목 서식 ⇒ 차트 제목: 글꼴(궁서, 16pt), 채우기(흰색), 테두리, 3차원 서식(입체 효과 - 둥글게)
(7) 축 제목 : 《출력 형태》를 참조하시오.
(8) 서식 ⇒ 축 : 항목을 거꾸로 설정하고 《출력 형태》를 참조하시오.
- 계열 : 요소마다 다른색을 적용하시오.
- 레이블 : 다이너스티의 값을 표시하고, 위치는 《출력 형태》와 같이 표시하시오.
(9) 범례 ⇒ 《출력 형태》를 참조하시오.
(10) 나머지 사항은 《출력 형태》에 맞게 작성하시오.

《출력 형태》

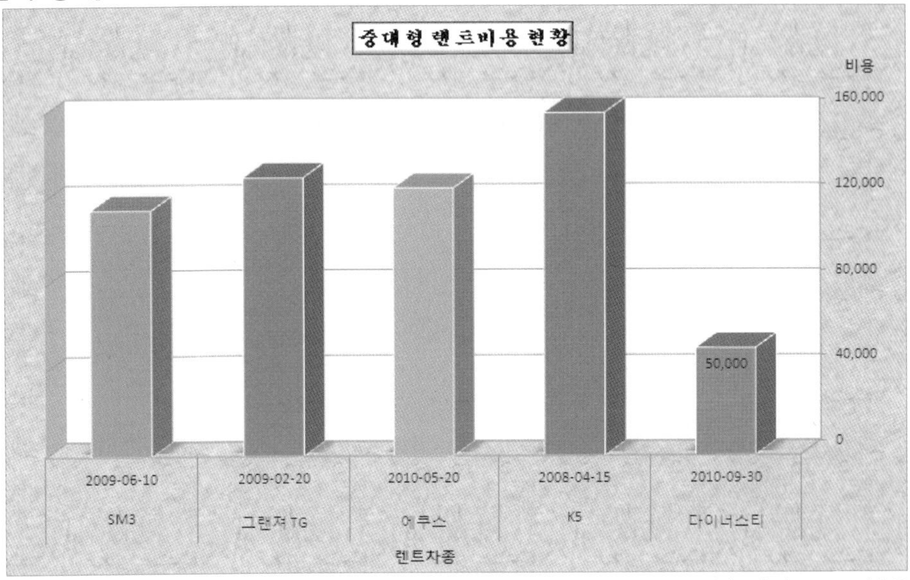

〈자료출처 : ITQ 기출문제〉

§ 연습문제 7.2 다음 조건에 맞는 엑셀 그래프를 작성하시오.

[제 4 작업] 그래프 (100점)

☞ '제1작업' 시트를 이용하여 조건에 따라 《출력 형태》와 같이 작업하시오.

《조건》

(1) 차트 종류 ⇒ 〈묶은 세로 막대형〉으로 작업하시오.
(2) 데이터 범위 ⇒ '제1작업' 시트의 내용을 이용하여 작업하시오.
(3) 위치 ⇒ '새 시트' 로 이동하고, '제4작업' 으로 시트 이름을 바꾸시오.
(4) 차트 디자인 도구 ⇒ 레이아웃 3, 스타일 26을 선택하여 《출력 형태》에 맞게 작업하시오.
(5) 영역 서식 ⇒ 차트 : 글꼴(맑은고딕, 11pt), 채우기 효과(질감-꽃다발)/그림: 채우기 없음
(6) 제목 서식 ⇒ 차트 제목 : 글꼴(맑은 고딕, 굵게, 20pt), 채우기(흰색), 테두리
(7) 축 제목 : 《출력 형태》를 참조하시오.
(8) 서식 ⇒ 수강료 계열의 차트 종류를 〈표식이 있는 꺾은선형〉으로 변경한 후 보조축으로 지정하시오.
  - 레이블 : 영어동화읽기의 수강인원수 값을 표시하고, 위치는 《출력 형태》와 같이 표시하시오.
  - 눈금선 : 선 스타일-파선 / 축 : 《출력 형태》를 참조하시오.
(9) 범례 ⇒ 범례명을 변경하고 《출력 형태》를 참조하시오.
(10) 나머지 사항은 《출력 형태》에 맞게 작성하시오.

《출력 형태》

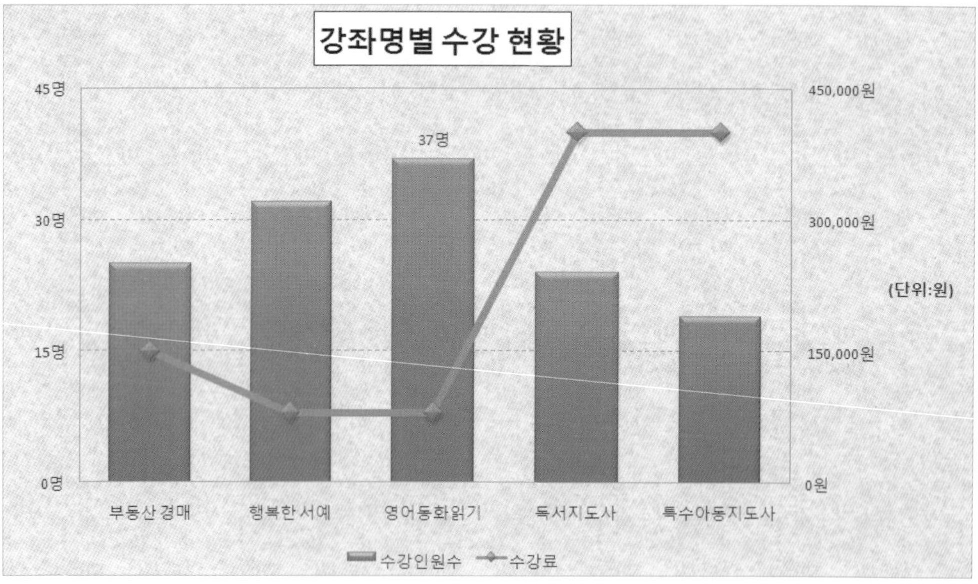

〈자료출처 : ITQ 기출문제〉

엑셀 종합문제 I 다음 조건에 맞는 엑셀 문서를 작성하시오.

[제 1 작업] 표 서식 작성 및 값 계산 (240점)

☞ 다음은 '스마트폰 액세서리 판매 현황' 에 대한 자료이다. 자료를 입력하고 조건에 맞도록 작업하시오.

《출력 형태》

결재	담당	팀장	과장

스마트폰 액세서리 판매 현황

제품번호	제품명	분류	관련기종	가격 (단위:원)	판매량	재고량	판매 순위	배송비
SG-02	올케	기타케이스	갤럭시 S2	₩18,000	325	675	(1)	(2)
SO-01	클로시스	전신보호필름	옵티머스	₩27,800	251	749	(1)	(2)
SI-03	Double Mesh	기타케이스	iPhone 4	₩59,000	458	542	(1)	(2)
SG-01	Grip Graphix	젤리케이스	갤럭시 S2	₩19,800	324	676	(1)	(2)
SI-02	Trans Suit	액정보호필름	iPhone 4	₩39,800	858	142	(1)	(2)
SI-01	Super Juice Power	하드케이스	iPhone 4	₩99,000	760	240	(1)	(2)
SG-03	올레포빅	액정보호필름	갤럭시 S2	₩18,800	610	390	(1)	(2)
SO-02	마이크로USB	차량용충전기	옵티머스	₩15,000	567	433	(1)	(2)
분류가 케이스인 제품의 수			(3)		재고량이 가장 많은 제품명			(5)
관련기종이 갤럭시 S2인 판매량 합계			(4)		제품명	올케	가격	(6)

《조건》

○ 모든 데이터의 서식에는 글꼴(맑은고딕, 11pt), 맞춤은 《출력 형태》 를 참조하시오.

○ 제 목 ⇒ 모서리가 둥근 직사각형 도형에 바깥쪽 그림자 스타일(오프셋 대각선 오른쪽 아래)을 적용하여 작성하고 "스마트폰 액세서리 판매 현황" 을 입력한 후 다음 서식을 적용하시오(글꼴-맑은고딕, 24pt, 굵게, 검정 / 채우기-노랑).

○ 임의의 셀에 결재란을 작성하여 카메라 또는 그림복사 기능을 이용하여 붙이기 하시오 (단, 원본 삭제).

○ 「B4:J4, G14, I14」 영역은 '주황' 으로 채우기 하시오.

○ 유효성 검사를 이용하여 「H14」 셀에 제품명(「C5:C12」 영역)이 선택 표시되도록 하시오.

○ 셀 서식 ⇒ 「G5:H12」 영역에 셀 서식을 이용하여 숫자 뒤에 'EA' 를 표시하시오 (예 : 325 → 325EA).

○ 「G5:G12」 영역에 대해 '판매량' 으로 이름정의를 하시오.

◉ (1)~(6) 셀은 반드시 주어진 함수를 이용하여 값을 구하시오(결과값을 직접 입력하면 해당 셀은 0점 처리됨).

(1) 판매순위 ⇒ 정의된 이름(판매량)을 사용하여 '판매량' 이 많은 값이 1이 되도록 순위를 구하시오(RANK 함수).

(2) 배송비 ⇒ '제품번호' 의 마지막 문자가 '1' 이면 '2,500' , '2' 이면 '1,500' , 그 외에는 '무료' 로 표시하시오(IF, RIGHT 함수).

(3) 분류가 케이스인 제품의 수 ⇒ 분류가 케이스인 제품의 수를 구한 결과값 뒤에 '개' 를 표시하시오(COUNTIF 함수, & 연산자)(예 : 2 → 2개).

(4) 관련기종이 갤럭시 S2인 판매량 합계 ⇒ 단, 조건은 입력데이터를 이용하시오(DSUM 함수).

(5) 재고량이 가장 많은 제품명 ⇒ (INDEX, MATCH, MAX 함수)

(6) 가격 ⇒ 「H14」 셀이 변할 때마다 자동으로 가격(단위:원)을 표시하시오(VLOOKUP 함수).

(7) 조건부 서식을 이용하여 '가격(단위:원)' 셀에 데이터 막대 스타일(녹색)을 최소값 및 최대값으로 적용하고, 수식을 이용하여 '가격(단위:원)' 이 '50,000' 원 이상인 행 전체에 다음 서식을 적용하시오(글꼴 : 파랑).

[제 2 작업] 필터 및 서식 (80점)

☞ '제1작업' 시트의 「B4:H12」 영역을 복사하여 '제2작업' 시트의 「B2」 셀부터 모두 붙여넣기를 한 후 다음의 조건과 같이 작업하시오.

《조건》

(1) 고급필터 – '분류' 가 '케이스' 를 포함하고, '가격(단위:원)' 이 '50,000' 원 이하인 데이터만 추출하시오.
- 조건 위치 : 「B13」 셀부터 입력하시오.
- 복사 위치 : 「B17」 셀부터 나타나도록 하시오.

(2) 표 서식 – 표의 모든 셀을 채우기 없음으로 설정한 후, 고급필터의 결과에 '표 스타일 밝게 11' 의 서식을 적용하시오.

[제 3 작업] 피벗 테이블 (80점)

☞ '제1작업' 시트를 이용하여 '제3작업' 시트에 조건에 따라 《출력 형태》와 같이 작업하시오.

《조건》

(1) 가격(단위:원) 및 관련기종별 제품명의 개수와 판매량의 합계를 구하시오.
(2) 가격(단위:원)을 그룹화하고, 레이블이 있는 셀 병합 및 가운데 맞춤으로 설정하시오.
(3) 관련기종을 《출력 형태》와 같이 정렬하고, 빈 셀은 '**' 로 표시하시오.
(4) 행의 총합계를 지우고, 나머지 사항은 《출력 형태》에 맞게 작성하시오.

《출력 형태》

	A	B	C	D	E	F	G	H
1								
2			관련기종					
3			iPhone 4		옵티머스		갤럭시 S2	
4		가격(단위:원)	개수 : 제품명	합계 : 판매량	개수 : 제품명	합계 : 판매량	개수 : 제품명	합계 : 판매량
5		<20000	**	**	1	567	3	1259
6		20000-39999	1	858	1	251	**	**
7		40000-59999	1	458	**	**	**	**
8		80000-100000	1	760	**	**	**	**
9		총합계	3	2076	2	818	3	1259

[제 4 작업] 그래프 (100점)

☞ '제1작업' 시트를 이용하여 조건에 따라 《출력 형태》와 같이 작업하시오.

《조건》

(1) 차트 종류 ⇒ 〈묶은 세로 막대형〉으로 작업하시오.
(2) 데이터 범위 ⇒ '제1작업' 시트의 내용을 이용하여 작업하시오.
(3) 위치 ⇒ '새 시트' 로 이동하고, '제4작업' 으로 시트 이름을 바꾸시오.
(4) 차트 디자인 도구 ⇒ 레이아웃 1, 스타일 4를 선택하여 《출력 형태》에 맞게 작업하시오.
(5) 영역 서식 ⇒ 차트 영역 : 글꼴(맑은고딕, 11pt), 채우기 효과(질감-꽃다발)
　　그림 영역 : 채우기 없음
(6) 제목 서식 ⇒ 차트 제목 : 글꼴(맑은고딕, 굵게, 20pt), 채우기(흰색), 테두리
　　축 제목 : 《출력 형태》를 참조하시오.

⑺ 서식 ⇒ 가격(단위:원) 계열의 차트 종류를 〈표식이 있는 꺾은선형〉으로 변경한 후 보조 축으로 지정하시오.

- 레이블 : 올레포빅의 판매량 계열 값을 표시하고, 위치는 《출력 형태》 와 같이 표시하시오.
- 눈금선 : 선 스타일-파선
- 축 : 《출력 형태》 를 참조하시오.

⑻ 범례 ⇒ 범례명을 변경하고 《출력 형태》 를 참조하시오.

⑼ 도형 ⇒ '모서리가 둥근 사각형 설명선' 을 삽입한 후 내용을 입력하시오.

⑽ 나머지 사항은 《출력 형태》 에 맞게 작성하시오.

《출력 형태》

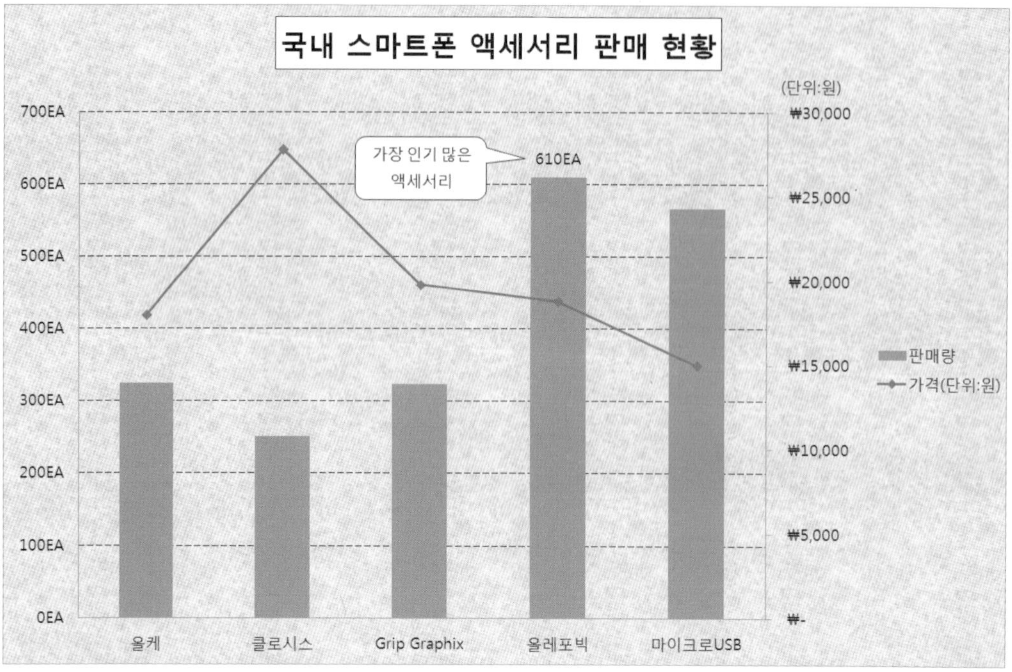

주의 ☞ 시트명 순서가 차례대로 '제1작업', '제2작업', '제3작업', '제4작업' 이 되도록 할 것.

〈자료출처 : ITQ 기출문제〉

엑셀 종합문제 II 다음 조건에 맞는 엑셀 문서를 작성하시오.

[제 1 작업] 표 서식 작성 및 값 계산 (240점)

☞ 다음은 '국내 중고차 판매정보 관리' 에 대한 자료이다. 자료를 입력하고 조건에 맞도록 작업하시오.

《출력 형태》

	A	B	C	D	E	F	G	H	I	J
1		국내 중고차 판매정보 관리						결재	담당 / 팀장	과장
2										
3										
4		판매번호	모델명	차종	제조사	연식	가격	주행거리(km)	연료	최신모델순위
5		S2-01	로이제	승용	세기	2005-04-01	5,850,000	53,200	(1)	(2)
6		R3-01	스포티어	RV	대성	2006-02-01	6,670,000	89,560	(1)	(2)
7		S3-02	뉴SS5	승용	BMA	2004-09-01	4,320,000	102,300	(1)	(2)
8		M1-01	그랜드스타	승합	대성	2008-07-01	10,750,000	33,240	(1)	(2)
9		M2-02	그레이션	승합	세기	2004-11-01	5,980,000	57,860	(1)	(2)
10		S2-03	카리오	승용	대성	2006-05-01	7,070,000	78,650	(1)	(2)
11		R1-02	투렌스	RV	세기	2005-08-01	10,300,000	118,950	(1)	(2)
12		R3-01	뉴카이란	RV	BMA	2007-10-01	12,570,000	47,630	(1)	(2)
13		주행거리(km) 50,000 미만인 모델 수			(3)		가장 저렴한 모델		모델명	가격
14		스포티어 사용기간(개월)			(4)		(5)		로이제	(6)

《조건》

○ 모든 데이터의 서식에는 글꼴(맑은고딕, 11pt), 맞춤은 《출력 형태》 를 참조하시오.

○ 제 목 ⇒ 모서리가 둥근 직사각형 도형에 바깥쪽 그림자 스타일(오프셋 대각선 오른쪽 아래)을 적용하여 작성하고 "국내 중고차 판매정보 관리" 를 입력한 후 다음 서식을 적용하시오(글꼴-맑은고딕, 24pt, 굵게, 검정 / 채우기-노랑).

○ 임의의 셀에 결재란을 작성하여 카메라 또는 그림복사 기능을 이용하여 붙이기 하시오(단, 원본 삭제).

○ 「B4:J4, I13:J13」 영역은 '주황' 으로 채우기 하시오.

○ 유효성 검사를 이용하여 「I14」 셀에 모델명(「C5:C12」 영역)이 선택 표시되도록 하시오.

○ 셀 서식 ⇒ 「F5:F12」 영역에 셀 서식을 이용하여 날짜를 '년-월' 형태로 표시하시오(예 : 2005-04-01 → 2005-04).

○ 「F5:F12」 영역에 대해 '연식' 으로 이름정의를 하시오.

◉ (1)~(6) 셀은 반드시 주어진 함수를 이용하여 값을 구하시오(결과값을 직접 입력하면 해당 셀은 0점 처리됨).

(1) 연료 ⇒ 판매번호의 두 번째 글자가 '1' 이면 '경유', '2' 이면 '휘발유', '3' 이면 'LPG' 로 구하시오(CHOOSE, MID 함수).

(2) 최신모델순위 ⇒ 정의된 이름(연식)을 사용하여 연식의 순위를 최근 날짜순으로 구하시오(RANK 함수).

(3) 주행거리(km) 50,000 미만인 모델 수 ⇒ '주행거리(km)' 가 50,000 미만인 모델의 수량을 구한 결과값 뒤에 '건' 을 붙이시오(COUNTIF 함수, & 연산자)(예 : 1건).

(4) 스포티어 사용기간(개월) ⇒ 「(2011-스포티어 연식의 연도)×12+(11-스포티어 연식의 월)」로 구하시오(YEAR, MONTH 함수).

(5) 가장 저렴한 모델 ⇒ 가격이 가장 적은 '모델명' 을 구하시오(INDEX, MATCH, MIN 함수).

(6) 가격 ⇒ 「I14」 셀이 변할 때마다 자동으로 가격이 표시되도록 구하시오(VLOOKUP 함수).

(7) 조건부 서식을 이용하여 '주행거리(km)' 셀에 데이터 막대 스타일(빨강)을 최소값 및 최대값으로 적용하고, 수식을 이용하여 '주행거리(km)' 가 100,000 이상인 데이터 행 전체에 다음 서식을 적용하시오(글꼴 : 빨강).

[제 2 작업] 중복 데이터 제거 및 필터 (80점)

☞ **'제1작업' 시트의 「B4:H12」 영역을 복사하여 '제2작업' 시트의 「B2」 셀부터 모두 붙여넣기를 한 후 다음의 조건과 같이 작업하시오.**

《조건》

(1) 중복 데이터 제거 - '판매번호' 를 기준으로 중복된 데이터를 찾아 행 전체를 제거하시오.

(2) 자동필터 - 중복된 데이터를 제거한 결과값에서 자동필터를 이용하여 조건에 따라 값을 추출한 후 그 결과값을 복사하여 지정된 위치에 행/열 바꿈으로 선택하여 붙여넣기 하시오.

- 조건 위치 : '차종' 이 '승합' 이 아니면서 '가격' 이 '6,000,000' 이하인 데이터만 추출하시오.
- 복사 위치 : 「B13」 셀부터 나타나도록 하시오.

[제 3 작업] 정렬과 부분합 (80점)

☞ '제1작업' 시트의 「B4:H12」 영역을 복사하여 '제3작업' 시트의 「B2」 셀부터 모두 붙여넣기를 한 후 다음의 조건과 같이 작업하시오.

《조건》

(1) 부분합 – 차종과 주행거리(km)는 《출력 형태》 처럼 정렬하고, 모델명의 개수와 주행거리(km)의 평균을 구하시오.

(2) 윤 곽 – 지우시오.

(3) 나머지 사항은 《출력 형태》 에 맞게 작성하시오.

《출력 형태》

	A	B	C	D	E	F	G	H
1								
2		판매번호	모델명	차종	제조사	연식	가격	주행거리 (km)
3		S3-02	뉴SS5	승용	BMA	2004-09	4,320,000	102,300
4		S2-03	카리오	승용	대성	2006-05	7,070,000	78,650
5		S2-01	로이제	승용	세기	2005-04	5,850,000	53,200
6			3	승용 개수				
7				승용 평균				78,050
8		M2-02	그레이션	승합	세기	2004-11	5,980,000	57,860
9		M1-01	그랜드스타	승합	대성	2008-07	10,750,000	33,240
10			2	승합 개수				
11				승합 평균				45,550
12		R1-02	투런스	RV	세기	2005-08	10,300,000	118,950
13		R3-01	스포티어	RV	대성	2006-02	6,670,000	89,560
14		R3-01	뉴카이란	RV	BMA	2007-10	12,570,000	47,630
15			3	RV 개수				
16				RV 평균				85,380
17			8	전체 개수				
18				전체 평균				72,674

[제 4 작업] 그래프 (100점)

☞ '제1작업' 시트를 이용하여 조건에 따라 《출력 형태》 와 같이 작업하시오.

《조건》

(1) 차트 종류 ⇒ 〈묶은 세로 막대형〉으로 작업하시오.

(2) 데이터 범위 ⇒ '제1작업' 시트의 내용을 이용하여 작업하시오.

(3) 위치 ⇒ '새 시트' 로 이동하고, '제4작업' 으로 시트 이름을 바꾸시오.

(4) 차트 디자인 도구 ⇒ 레이아웃 3, 스타일 8을 선택하여 《출력 형태》 에 맞게 작업하시오.
(5) 영역 서식 ⇒ 차트 영역: 글꼴(맑은고딕, 11pt), 채우기 효과(질감-분홍 박엽지)
그림 영역: 채우기 없음
(6) 제목 서식 ⇒ 차트 제목 : 글꼴(맑은고딕, 굵게, 20pt), 채우기(흰색), 테두리
(7) 서식 ⇒ 가격 계열의 차트 종류를 〈표식이 있는 꺾은선형〉으로 변경한 후 보조축으로 지정하시오.
- 레이블 : 뉴카이란의 가격 계열 값을 표시하고, 위치는 《출력 형태》 와 같이 표시하시오.
- 눈금선 : 선 스타일-파선
- 축 : 《출력 형태》 를 참조하시오.

(8) 범례 ⇒ 범례명을 변경하고 《출력 형태》 를 참조하시오.
(9) 도형 ⇒ '구름 모양 설명선' 을 삽입한 후 내용을 입력하시오.
(10) 나머지 사항은 《출력 형태》 에 맞게 작성하시오.

《출력 형태》

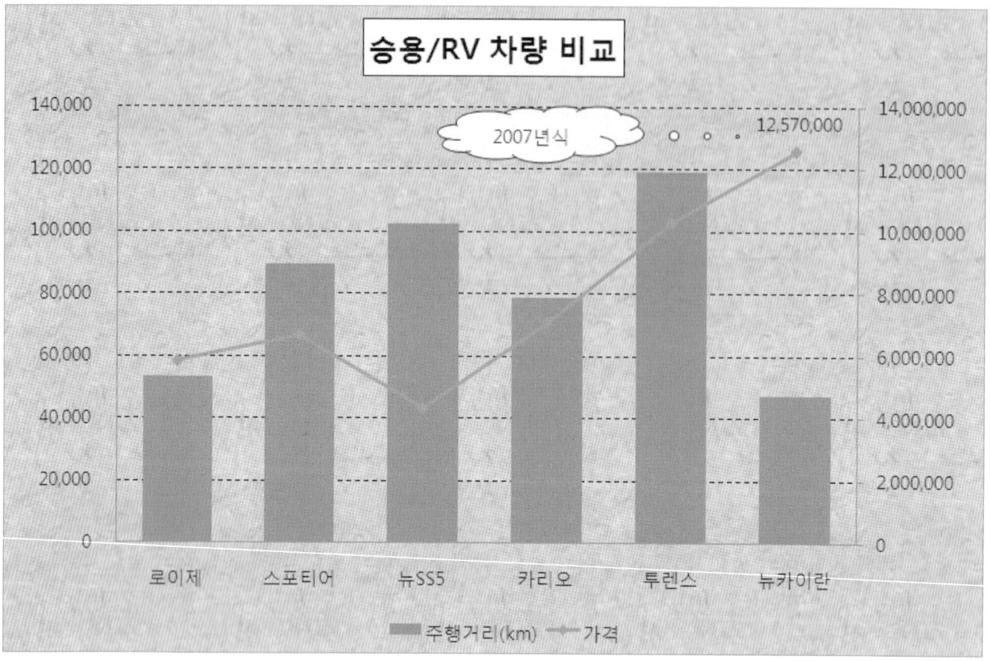

주의 ☞ 시트명 순서가 차례대로 '제1작업' , '제2작업' , '제3작업' , '제4작업' 이 되도록 할 것.

〈자료출처 : ITQ 기출문제〉

엑셀 종합문제 III 다음 조건에 맞는 엑셀 문서를 작성하시오.

[제 1 작업] 표 서식 작성 및 값 계산 (240점)

☞ 다음은 '전문인력 파견업무 관리현황' 에 대한 자료이다. 자료를 입력하고 조건에 맞도록 작업하시오.

《출력 형태》

전문인력 파견업무 관리현황

결재	담당	팀장	과장

관리번호	업무구분	이름	급여(시간당)	근무시간(일)	계약일	근무지	계약만료일	총급여
T01-2	여행안내	이우주	55,000	5	2010-07-20	경주	(1)	(2)
C01-3	IT컨설팅	김나라	72,000	6	2009-12-20	서울	(1)	(2)
C02-2	IT컨설팅	박진수	80,000	5	2011-03-20	대전	(1)	(2)
E01-2	전기기술	최주호	65,000	5	2011-05-20	서울	(1)	(2)
T02-3	여행안내	장영수	54,000	7	2010-09-20	광주	(1)	(2)
E02-3	전기기술	신미래	58,000	6	2009-11-20	천안	(1)	(2)
C03-2	IT컨설팅	정미주	63,000	4	2010-11-20	대전	(1)	(2)
T03-2	여행안내	김호영	55,000	5	2011-02-20	서울	(1)	(2)
여행안내 급여(시간당) 평균			(3)		급여가 두 번째로 많은 사람		이름	근무지
근무지 서울의 평균 근무시간			(4)		(5)		이우주	(6)

《조건》

○ 모든 데이터의 서식에는 글꼴(맑은고딕, 11pt), 맞춤은 《출력 형태》를 참조하시오.

○ 제 목 ⇒ 그리기 도구모음의 모서리가 둥근 직사각형 도형과 바깥쪽 그림자 스타일(오프셋 대각선 오른쪽 아래)을 이용하여 작성하고 "전문인력 파견업무 관리현황" 을 입력한 후 다음 서식을 적용하시오(글꼴-맑은고딕, 24pt, 굵게, 검정 / 채우기-노랑).

○ 임의의 셀에 결재란을 작성하여 카메라 또는 그림복사 기능을 이용하여 붙이기 하시오(단, 원본 삭제).

○ 「B4:J4, I13:J13」 영역은 '주황' 으로 채우기 하시오.

○ 유효성 검사를 이용하여 「I14」 셀에 이름(「D5:D12」 영역)이 선택 표시되도록 하시오.

○ 셀 서식 ⇒ 「F5:F12」 영역에 셀 서식을 이용하여 숫자 뒤에 'H' 를 표시하시오(예 : 5 → 5H).

○ 「H5:H12」 영역에 대해 '근무지' 로 이름정의를 하시오.

◉ (1)~(6) 셀은 반드시 주어진 함수를 이용하여 값을 구하시오(결과값을 직접 입력하면 해당 셀은 0점 처리됨).

(1) 계약만료일 ⇒ 「계약일 + 관리번호 맨 뒤 숫자 × 30 × 12」로 구하시오(RIGHT 함수).

(2) 총급여 ⇒ 「급여(시간당) × 근무시간(일) × 20 × 비율」로 구하되 비율은 '근무지' 가 '서울' 이면 1, 아니면 1.1로 계산하시오(IF 함수).

(3) 여행안내 급여(시간당) 평균 ⇒ 조건은 입력데이터를 이용하고, 반올림하여 백원 단위까지 구하시오(ROUND, DAVERAGE 함수)(예 : 12345.6 → 12,300).

(4) 근무지 서울의 평균 근무시간 ⇒ 정의된 이름(근무지)을 사용하여 '근무지' 가 서울인 '근무시간(일)' 의 평균을 구하고, 소수 이하 한 자리까지 표시하시오(SUMIF, COUNTIF 함수)(예 : 12.34 → 12.3).

(5) 급여가 두 번째로 많은 사람 ⇒ '급여(시간당)' 가 두 번째로 많은 사람의 '이름' 을 구하시오 (INDEX, MATCH, LARGE 함수).

(6) 근무지 ⇒ 「I14」 셀에서 선택한 이름에 대한 근무지를 구하시오(VLOOKUP 함수).

(7) 조건부 서식을 이용하여 '급여(시간당)' 셀에 데이터 막대 스타일(녹색)을 최소값 및 최대값으로 적용하고, 수식을 이용하여 '급여(시간당)' 가 '60,000' 원 이상인 행 전체에 다음 서식을 적용하시오(글꼴 : 파랑).

[제 2 작업] 필터 및 서식 (80점)

☞ '제1작업' 시트의 「B4:H12」 영역을 복사하여 '제2작업' 시트의 「B2」 셀부터 모두 붙여넣기를 한 후 다음의 조건과 같이 작업하시오.

《조건》

(1) 고급필터 – '근무지' 가 '서울' 이거나 '계약일' 이 '2011-01-01' 이후(해당일 포함)인 자료의 데이터만 추출하시오.
- 조건 위치 : 「B13」 셀부터 입력하시오.
- 복사 위치 : 「B18」 셀부터 나타나도록 하시오.

(2) 표 서식 – 표의 모든 셀을 채우기 없음으로 설정한 후, 고급필터의 결과에 '표 스타일 밝게 6' 의 서식을 적용하시오.

[제 3 작업] 피벗테이블 (80점)

☞ '제1작업' 시트를 이용하여 '제3작업' 시트에 조건에 따라 《출력 형태》와 같이 작업하시오.

《조건》

(1) 계약일과 업무구분별 이름의 개수와 급여(시간당)의 평균을 구하시오.
(2) 계약일을 그룹화하고, 레이블이 있는 셀 병합 및 가운데 맞춤으로 설정하시오.
(3) 업무구분을 《출력 형태》와 같이 정렬하고, 빈 셀은 '***' 로 표시하시오.
(4) 행의 총합계를 지우고, 나머지 사항은 《출력 형태》에 맞게 작성하시오.

《출력 형태》

	A	B	C	D	E	F	G	H
1								
2			업무구분 ▾					
3				IT컨설팅		전기기술		여행안내
4		계약일 ▾	개수 : 이름	평균 : 급여(시간당)	개수 : 이름	평균 : 급여(시간당)	개수 : 이름	평균 : 급여(시간당)
5		2009년	1	72,000	1	58,000	***	***
6		2010년	1	63,000	***	***	2	54,500
7		2011년	1	80,000	1	65,000	1	55,000
8		**총합계**	**3**	**71,667**	**2**	**61,500**	**3**	**54,667**

[제 4 작업] 그래프 (100점)

☞ '제1작업' 시트를 이용하여 조건에 따라 《출력 형태》와 같이 작업하시오.

《조건》

(1) 차트 종류 ⇒ 〈묶은 세로 막대형〉으로 작업하시오.
(2) 데이터 범위 ⇒ '제1작업' 시트의 내용을 이용하여 작업하시오.
(3) 위치 ⇒ '새 시트' 로 이동하고, '제4작업' 으로 시트 이름을 바꾸시오.
(4) 차트 디자인 도구 ⇒ 레이아웃 9, 스타일 5을 선택하여 《출력 형태》에 맞게 작업하시오.
(5) 영역 서식 ⇒ 차트 영역: 글꼴(맑은고딕, 11pt), 채우기 효과(질감-파랑 박엽지)
　　　　　　　그림 영역 : 채우기 없음
(6) 제목 서식 ⇒ 차트 제목 : 글꼴(맑은고딕, 굵게, 20pt), 채우기(흰색), 테두리
　　　　　　　축 제목 : 《출력 형태》를 참조하시오.

(7) 서식 ⇒ 시간당 급여 계열의 차트 종류를 〈표식이 있는 꺾은선형〉으로 변경한 후 보조축으로 지정하시오.

- 레이블 : IT컨설팅 박진수의 시간당 급여 값을 표시하고, 위치는 《출력 형태》 와 같이 표시하시오.
- 눈금선 : 선 스타일-파선
- 축 : 《출력 형태》 를 참조하시오.

(8) 범례 ⇒ 범례명을 변경하고 《출력 형태》 를 참조하시오.

(9) 나머지 사항은 《출력 형태》 에 맞게 작성하시오.

《출력 형태》

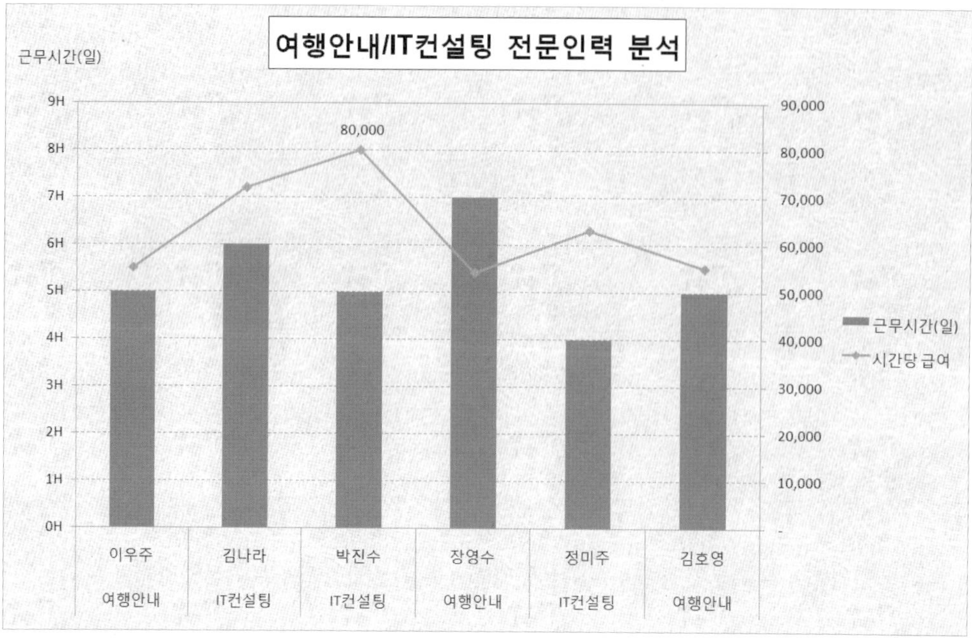

주의 ☞ 시트명 순서가 차례대로 '제1작업', '제2작업', '제3작업', '제4작업' 이 되도록 할 것.

〈자료출처 : ITQ 기출문제〉

파워포인트 2007

8장. 파워포인트 2007 기초

학습목표

파워포인트 2007의 기본 기능을 익히고 아래와 같이 '해외 도시 탐방' 을 주제로 한 프레젠테이션을 작성한다.

(1) 제목 슬라이드

(2) 내용 슬라이드

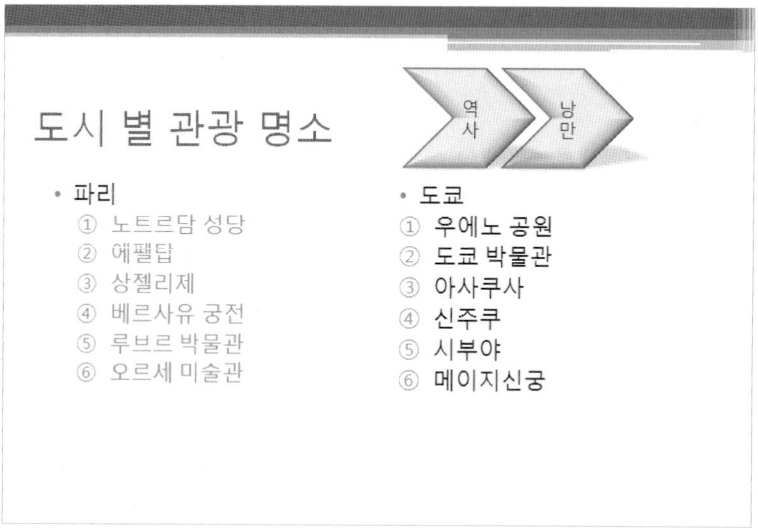

8.1 파워포인트 2007 기초

파워포인트 2007은 다양한 그림효과와 입체적인 도형을 작성할 수 있는 3차원 효과 등을 이용하여, 고급 수준의 발표용 프레젠테이션을 작성할 수 있는 프로그램이다.

윈도우 왼쪽 하단의 [시작] 단추를 누른 다음 [프로그램]→[Microsoft Office]→[Microsoft]→[Office PowerPoint 2007]을 선택하여 프로그램을 실행한다.

8.1.1 파워포인트 2007 화면 구성

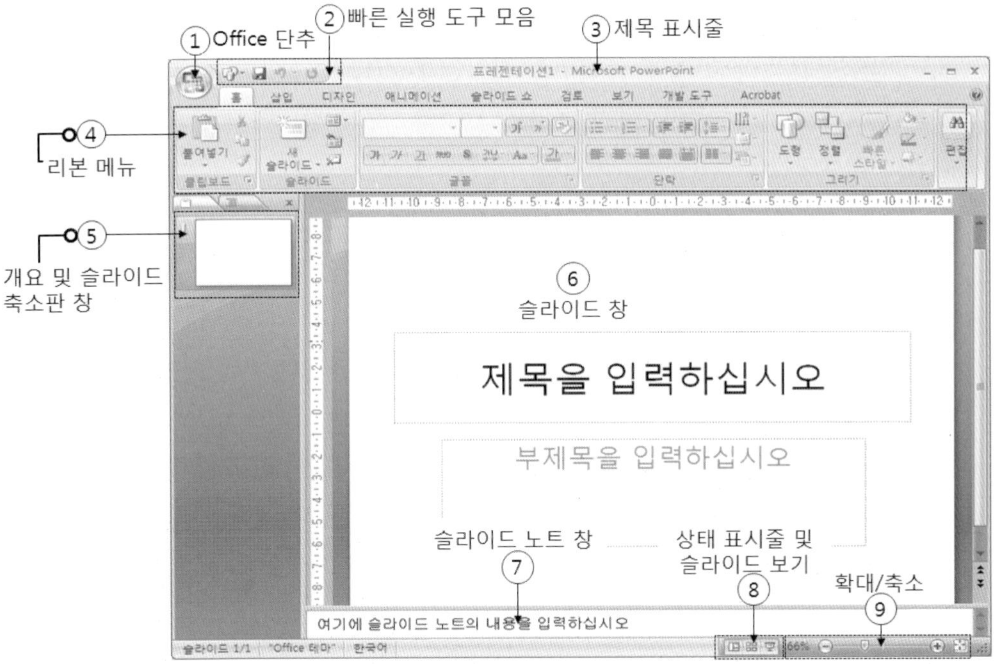

① **Office 단추( )** : 파워포인트 기능 중에서 파일 열기, 저장, 인쇄 등 문서와 관련된 기본 작업 기능들이 모여 있다.

② **빠른 실행도구 모음** : 사용자가 자주 사용하는 기능을 모아두는 곳으로, 각종 기능을 추가하거나 삭제할 수 있다.

③ **제목 표시줄** : 현재 편집 중인 문서의 이름이 나타난다.

④ **리본 메뉴** : 슬라이드 작성에 필요한 각종 기능들을 탭 형태로 모아놓은 곳이다.

⑤ **개요 및 슬라이드 축소판 창** : '개요' 탭은 각 슬라이드의 제목 텍스트 및 텍스트 개체 틀의 입력된 텍스트가 나타난다. '슬라이드 축소판' 탭은 각각의 슬라이드를 작은 그림으로 보여준다.

⑥ **슬라이드 창** : 슬라이드 창은 실제로 슬라이드를 편집하는 영역으로 도형, 텍스트, 차트, 표 등의 개체를 삽입하고 편집하여 슬라이드를 작성한다.

⑦ **슬라이드 노트 창** : 발표자가 슬라이드에 대한 부연 설명 혹은 발표할 내용을 입력하는 공간이다. 인쇄 시에 슬라이드 노트를 포함하여 인쇄할 수 있다.

⑧ **상태 표시줄 및 슬라이드 보기** : 현재 편집 중인 슬라이드의 번호, 테마 이름 및 언어 등이 나타나며, 슬라이드 기본 보기, 여러 슬라이드 보기, 현재 슬라이드에서부터 쇼 보기를 할 수 있다.

- **기본 보기** : 개요 탭과 슬라이드 탭, 현재 선택된 슬라이드, 슬라이드 노트 창 등을 포함하는 기본적인 보기 형태이다. 기본 보기 상태에서 슬라이드의 편집 작업이 이루어진다.

- **여러 슬라이드 보기** : 슬라이드를 축소하여 프레젠테이션의 모든 슬라이드를 보여주는 보기 형태이다. 화면 전환효과나 슬라이드의 복사, 이동, 삭제 등의 작업을 쉽게 할 수 있다.

- **슬라이드 쇼** : 작업한 프레젠테이션 파일을 청중들에게 발표할 때 실제로 쇼 보기 형태로 보여주며, 사용자가 선택한 슬라이드에서부터 쇼 보기를 한다. 슬라이드 쇼 보기에서는 애니메이션과 화면 전환이 적용된 모든 형태까지 보여 주며, 발표 시 슬라이드 이동 과 펜의 기능도 사용할 수 있다.

⑨ **확대/축소** : 작업 중인 창들을 확대/축소할 수 있다.

TIP!

- MS Office 2007 **단축키**

☞ [Alt] 키를 누르면 각 메뉴에 작은 글자 기호가 표시된다. 해당키를 차례대로 누르면 메뉴를 실행할 수 있다.

☞ 파워포인트 2007, 엑셀 2007에서 모두 사용 가능한 기능이다.

8.1.2 리본 메뉴 구성

파워포인트 2007은 홈, 삽입, 디자인, 애니메이션, 슬라이드 쇼, 검토, 보기 탭이 각 기능별로 분류되어 있으며, 각 탭에는 관련된 기능들이 그룹별로 묶여 있다. 명령 아이콘 위에 마우스 포인터를 가져가면 각 명령의 이름을 스크린 팁으로 확인할 수 있다.

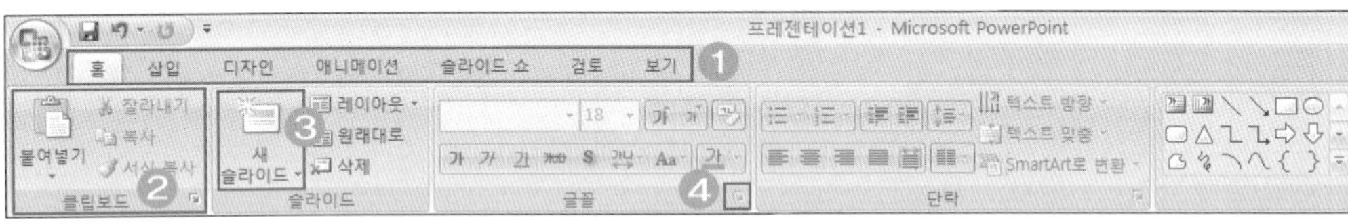

① **메뉴 탭 표시줄** : 리본 메뉴들을 모아 놓은 메뉴이다.

② **그룹** : 그룹 명칭에 관련된 도구들을 모아놓은 곳이다.

③ **명령 단추** : 슬라이드에 작업할 때 쓰는 각종 기능으로, 클릭 한 번으로 파워포인트에서 지원하는 기능들을 사용할 수 있다.

④ **대화상자 표시 아이콘** : 그룹 이름 옆에 있는 화살표 모양의 아이콘을 가리키며, 클릭하면 각 그룹에 해당하는 기능들을 대화상자로 표시한다.

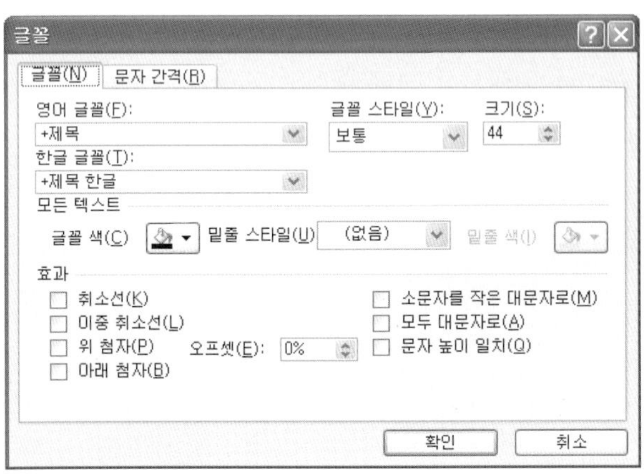

TIP!

- **개체를 더블 클릭하면 상황별 리본 메뉴가 표시**

☞ 파워포인트 2007에서는 텍스트 상자, 개체 등을 선택하여 마우스로 더블 클릭하면 해당 리본 메뉴가 상황별로 자동으로 바뀐다.

8.1.3 빠른 실행 도구 사용자 관리

빠른 실행 도구 모음의 화살표(▾) 단추를 누른 후, 추가 하고자 하는 기능을 선택하면 '빠른 실행 도구 모음' 에 아이콘이 등록된다.

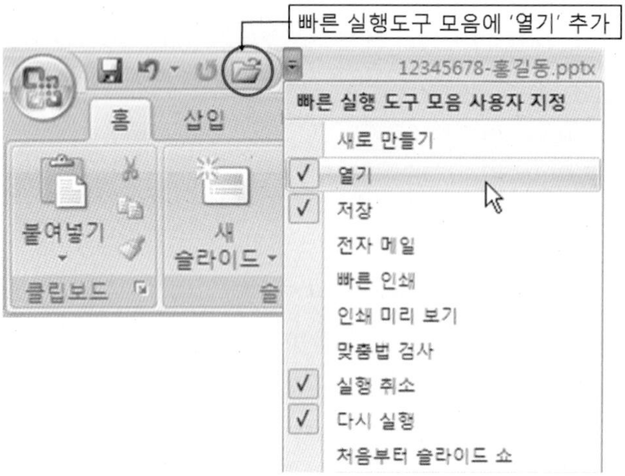

8.1.4 리본 메뉴 최소화

[리본 메뉴 최소화]를 선택하면 리본 메뉴가 숨겨지며 메뉴 탭을 클릭하면, 해당 리본 메뉴가 아래에 보여 진다.

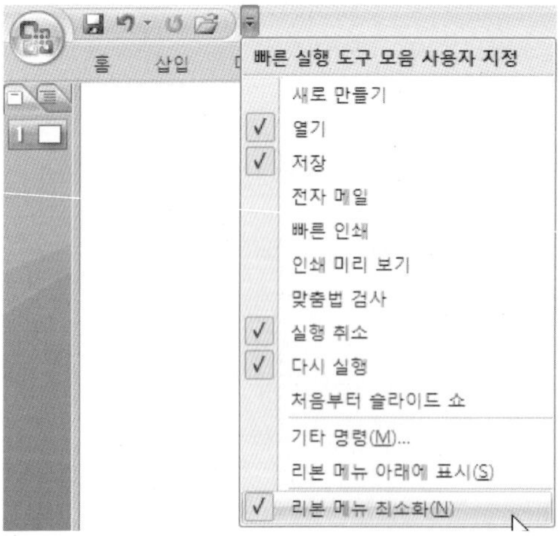

8.1.5 눈금 및 안내선

(1) 눈금자, 눈금선 표시

슬라이드에 도형을 그리거나 개체를 삽입할 경우 눈금자와 눈금선을 이용하면 해당 위치를 알 수 있다.
[보기] 탭→[표시/숨기기] 그룹→[눈금자], [눈금선]을 선택한다.

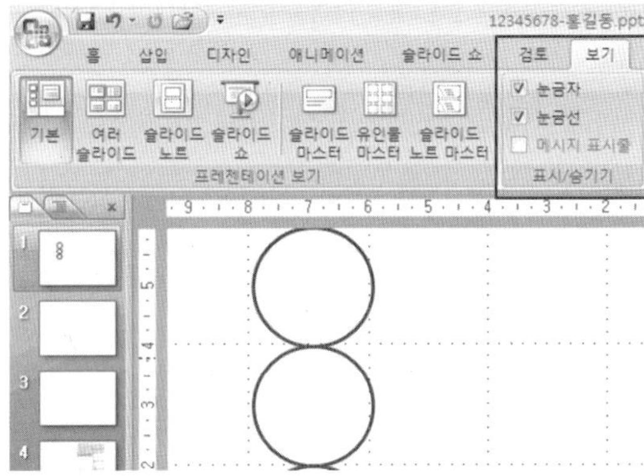

(2) 안내선

[홈] 탭→[그리기] 그룹→[정렬]→[맞춤]→[눈금 설정]을 선택한 후, [눈금 및 안내선] 대화상자에서 '화면에 그리기 안내선 표시' 체크 상자를 선택한다.

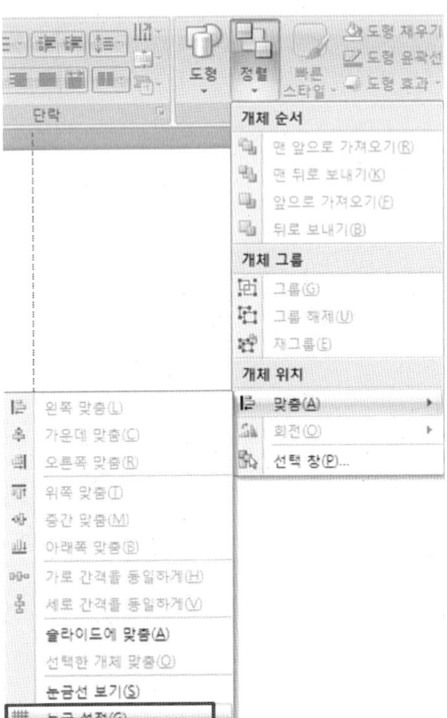

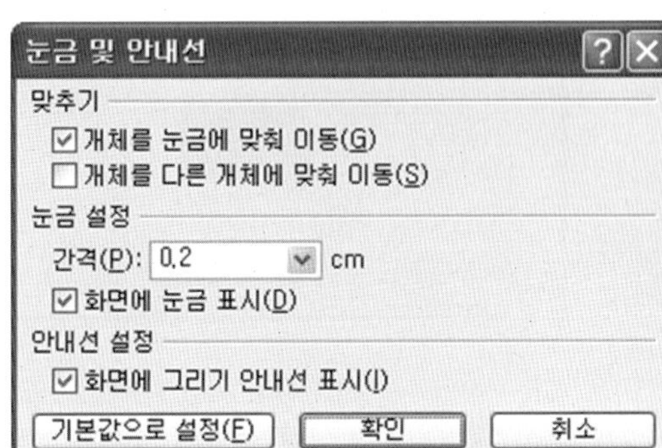

8.2 새 프레젠테이션 작성

8.2.1 새 프레젠테이션 만들기

파워포인트 2007에서 새 프레젠테이션을 만드는 방법은 [Office 단추]를 마우스로 누른 후 [새로 만들기]를 선택한다.

[새 프레젠테이션] 대화상자에서 빈 화면에서 직접 만들거나, 기존 프레젠테이션을 불러온 후 편집하기, 디자인 서식 파일 적용하기, Microsoft Office Online에 접속해서 서식을 다운 받은 후 작성하는 방법 중 한 방법을 선택할 수 있다.

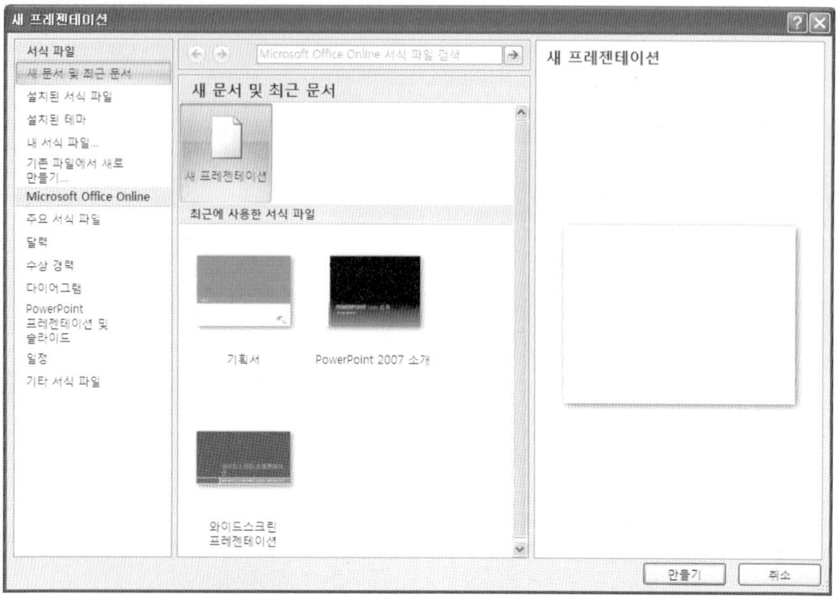

- 새 문서 및 최근 문서 : 서식이 없는 기본 슬라이드를 이용하여 새로운 슬라이드를 작성하거나, 최근에 사용한 서식 파일을 이용할 수 있다.
- Microsoft Office Online : Microsoft의 홈페이지에서 지원하는 프레젠테이션 서식 파일을 선택할 수 있다. 달력, 상장 슬라이드, 다이어그램 슬라이드 등을 이용하여 초보자들도 쉽게 서식이 있는 슬라이드를 작성할 수 있다.

8.2.2 프레젠테이션 저장

① [Office 단추]를 클릭한 후, [저장] 또는 [다른 이름으로 저장]을 선택한다.

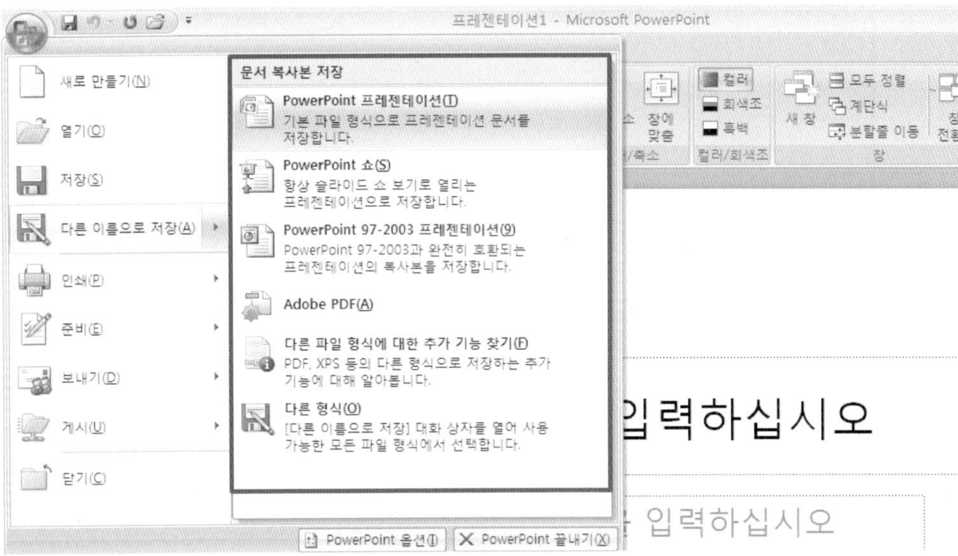

- PowerPoint 프레젠테이션: 기본 파일 형식(*.pptx)으로 프레젠테이션 문서를 저장한다.
- PowerPoint 쇼: 프레젠테이션 슬라이드 쇼 형태로 바로 볼 수 있도록 저장한다.
- PowerPoint 97-2003 프레젠테이션: 파워포인트 2007 버전의 문서를 파워포인트 2003에서 열수 있도록 저장한다.
- Adobe PDF: 다른 사람으로 하여금 슬라이드를 편집할 수 없도록 슬라이드의 컨텐츠를 보호하기위해 파워포인트 슬라이드를 PDF 문서 형식으로 저장한다.
- 다른 형식: 파워포인트 슬라이드를 HTML, 디자인 슬라이드, 그림 등 여러 형태의 다른 문서로 저장한다.

TIP

• 파일의 복사본 저장

☞ [다른 이름으로 저장]은 현재 작업 중인 파일은 그대로 두고, 이름을 변경한 파일의 복사본으로 저장할 수 있다.

② '내 문서' 폴더에 'OA실무-파워포인트' 폴더를 만든 후, 파일 이름을 "해외도시탐방"으로 입력한 다음 [저장] 단추를 누른다.

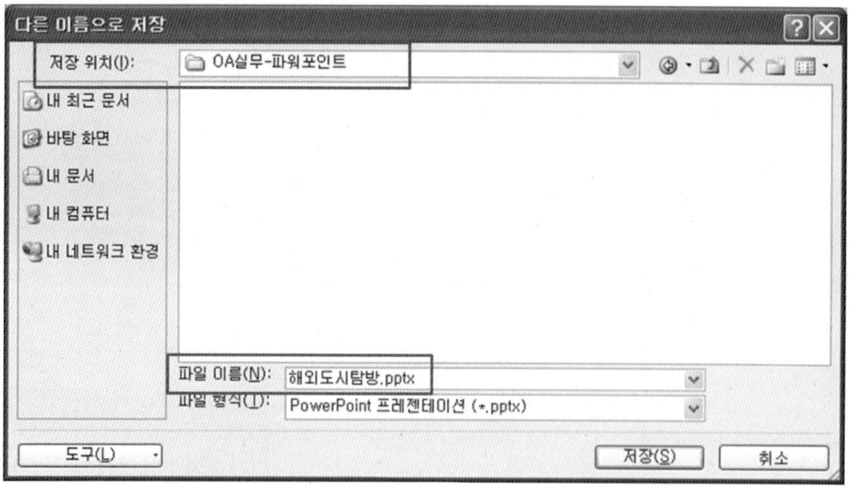

8.2.3 페이지 설정

[디자인] 탭→[페이지 설정] 그룹→[페이지 설정]을 클릭하여 슬라이드 크기를 'A4 용지(210x297 mm)'로 지정하고 [확인] 단추를 누른다.

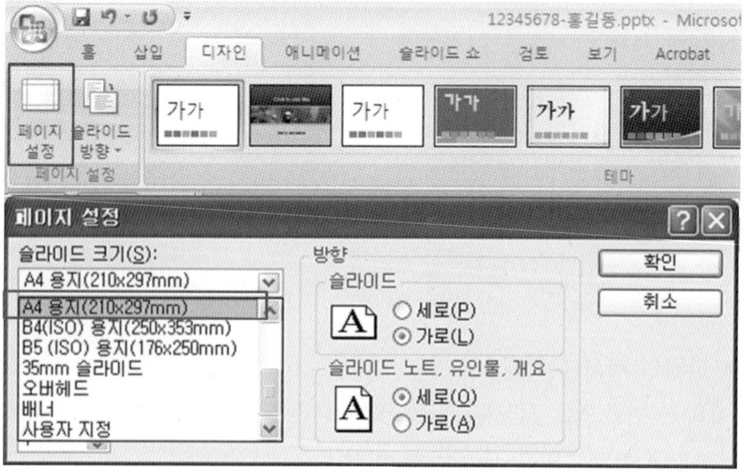

8.3 슬라이드 편집

8.3.1 슬라이드 추가

(1) Enter↵ 키로 새 슬라이드 추가

슬라이드 개요 창의 작은 슬라이드를 선택한 후, Enter↵ 키를 누르면, 현재 슬라이드 다음에 하나의 새 슬라이드가 추가된다.

(2) 메뉴를 이용하여 슬라이드 추가

'개요 및 슬라이드 축소판 창' 에서 추가하고자 하는 슬라이드 앞에 위치한 작은 슬라이드를 선택한 후, 마우스 오른쪽 버튼을 눌러 [새 슬라이드]를 선택한다.

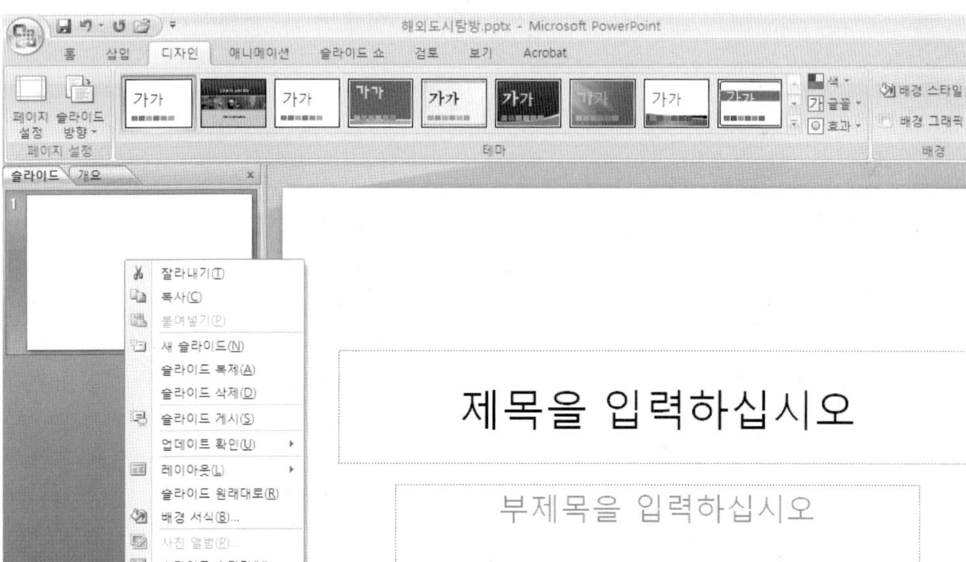

8.3.2 슬라이드 삭제

삭제 할 슬라이드를 선택하고 Delete 키를 눌러 슬라이드를 삭제한다. 또는 [홈] 탭→[슬라이드] 그룹→[삭제 삭제)]를 누른다.

8.3.3 슬라이드 이동

슬라이드 순서를 변경하는 두 가지 방법이 있다.

첫 번째, [기본 보기]의 [슬라이드 탭]에서 슬라이드의 작은 그림을 선택하고, 슬라이드 작은 그림을 이동하고자 하는 위치로 마우스로 드래그 한다.
두 번째, [여러 슬라이드 보기]에서 이동하고자 하는 슬라이드 작은 그림을 선택한 후, 원하는 위치로 드래그하여 옮긴다.

8.3.4 슬라이드 복사

① '슬라이드 및 개요 축소판 창'에서 복사하고자 슬라이드를 선택한 후 마우스 오른쪽 버튼을 눌러 [복사]를 선택한다.

② 원하는 위치에서 마우스 오른쪽을 눌러 [붙여넣기]를 선택한다.

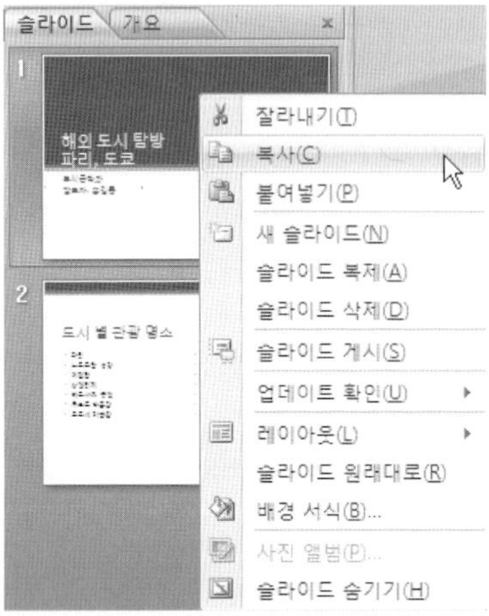

• 여러 슬라이드 선택

☞ 인접한 여러 슬라이드 선택 : Shift 키를 누른 상태에서 슬라이드 작은 그림을 클릭한다.

☞ 떨어져 있는 여러 슬라이드 선택 : Ctrl 키를 누른 상태에서 슬라이드 작은 그림을 클릭한다.

8.3.5 슬라이드 복제

슬라이드 복제는 [복사]와 [붙여넣기]가 동시에 실행되는 기능이다.

① [기본 보기]의 '개요 및 슬라이드 축소판 창' 에서 복제하고자 하는 슬라이드를 선택한다.

② 마우스 오른쪽 버튼을 누른 후 [슬라이드 복제]를 선택하면, 현재 선택된 슬라이드 뒤에 동일한 슬라이드가 하나 더 추가된다.

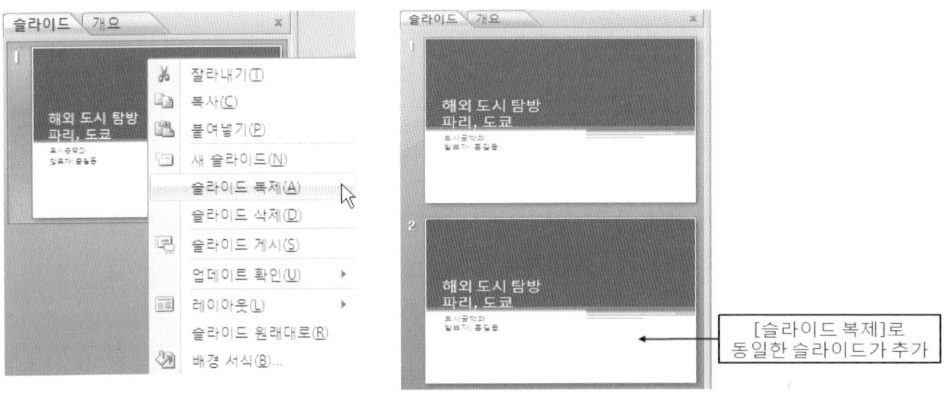

TIP!

• [여러 슬라이드 보기]에서 슬라이드 편집을 쉽게!

☞ [여러 슬라이드 보기]에서 슬라이드 이동, 복사 등을 쉽게 할 수 있다.

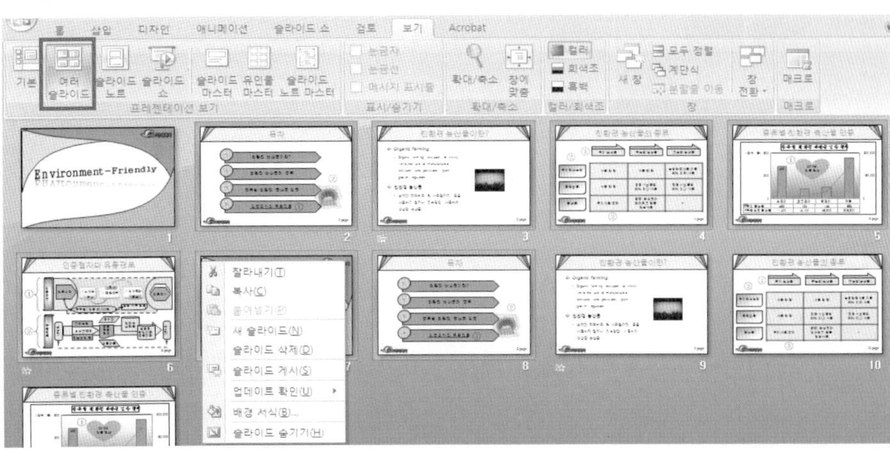

8.4 슬라이드 디자인

슬라이드 디자인(테마)은 문서 배경, 제목 및 본문 텍스트 글꼴, 선 및 채우기 스타일 등이 미리 설정된 통합 디자인 요소 집합이다.
디자인 서식 파일은 [보기] 탭→[프레젠테이션 보기] 그룹→[슬라이드 마스터]에서 슬라이드에 적용되어 있는 서식들을 변경할 수 있다.

8.4.1 디자인(테마) 적용

① [디자인] 탭→[테마] 그룹에서 원하는 문서 테마를 클릭하거나 자세히 (▼) 단추를 누르면 사용 가능한 모든 문서 테마가 표시된다.

② 원하는 테마 위에 마우스를 올리면, 테마의 이름이 보이고 해당 테마가 슬라이드에 바로 적용된 모양을 볼 수 있다. 테마에서 '도시'를 선택한다.

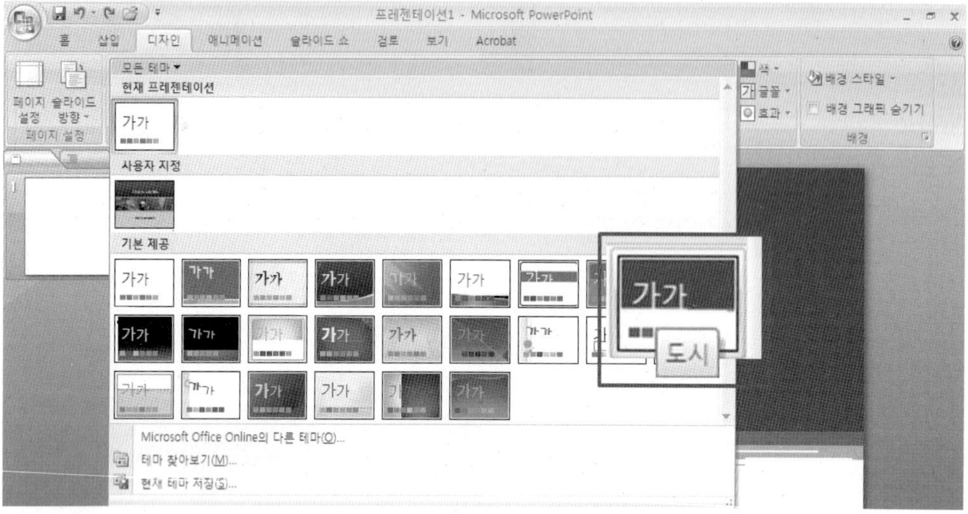

TIP!

• **슬라이드 마스터**

☞ 슬라이드의 전체적인 글꼴, 배경 등의 서식을 설정할 때 사용하는 기능이다.

☞ [보기] 탭→[프레젠테이션 보기] 그룹→[슬라이드 마스터]에서 설정한다 (250페이지 슬라이드 마스터 참고).

③ 선택한 테마 위에서 마우스 오른쪽 버튼을 눌러 [모든 슬라이드에 적용], [선택한 슬라이드에 적용], [기본 테마로 설정] 등을 선택할 수 있다.

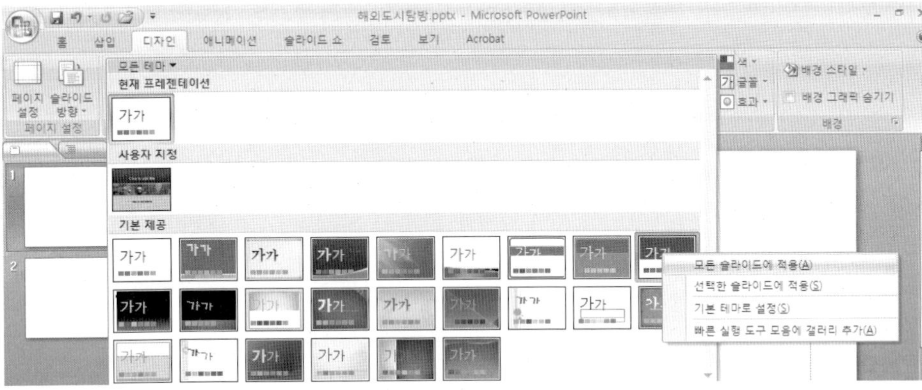

④ 파워포인트가 실행되면 제목과 부제목 개체 틀을 포함하는 제목 슬라이드 레이아웃과 작업창, 개요 및 슬라이드 탭, 슬라이드 노트 등이 나타난다.

⑤ 아래와 같이 제목과 부제목을 입력한다.

8.4.2 디자인 서식 지우기

[디자인] 탭→[테마] 그룹에서 자세히( ) 단추를 눌러 [기본 제공] 테마 중 [Office 테마]를 선택한다.

8.4.3 온라인 디자인 서식 적용

마이크로소프트(Microsoft) 에서는 온라인을 통해 다양한 프레젠테이션 서식 디자인을 제공한다.

① [디자인] 탭→[테마] 그룹에서 자세히( ) 단추를 눌러 [Microsoft Office Online의 다른 테마]를 선택하면 오피스 온라인 사이트로 자동 이동한다.

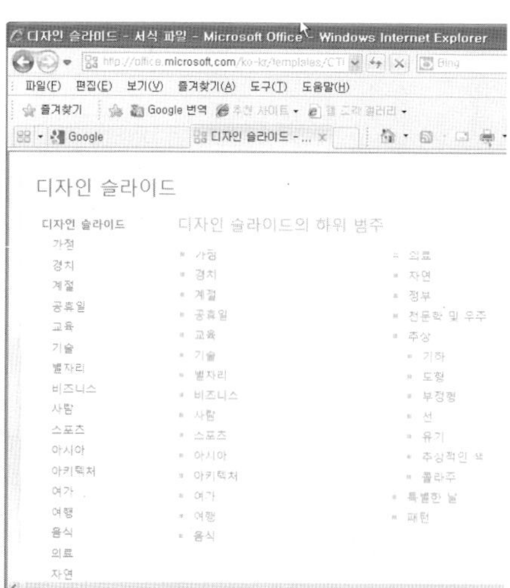

② [디자인 슬라이드]에서 범주를 선택하면 하위에 다양한 슬라이드 디자인을 볼 수 있다.

③ 주제에 어울리는 서식을 선택하여 다운로드하면 새로운 프레젠테이션 파일이 생성된다.

8.5 레이아웃

레이아웃은 슬라이드에 표시될 내용의 위치와 서식을 정의한 것이다. 슬라이드의 내용에 따라 레이아웃을 선택하여 프레젠테이션을 작성한다.

① 2번 슬라이드를 선택하고 편집창의 빈 곳에서 마우스 오른쪽 버튼을 누른다.

② [레이아웃] 목록에서 '콘텐츠 2개' 를 선택하면 슬라이드의 구성이 변경된다.

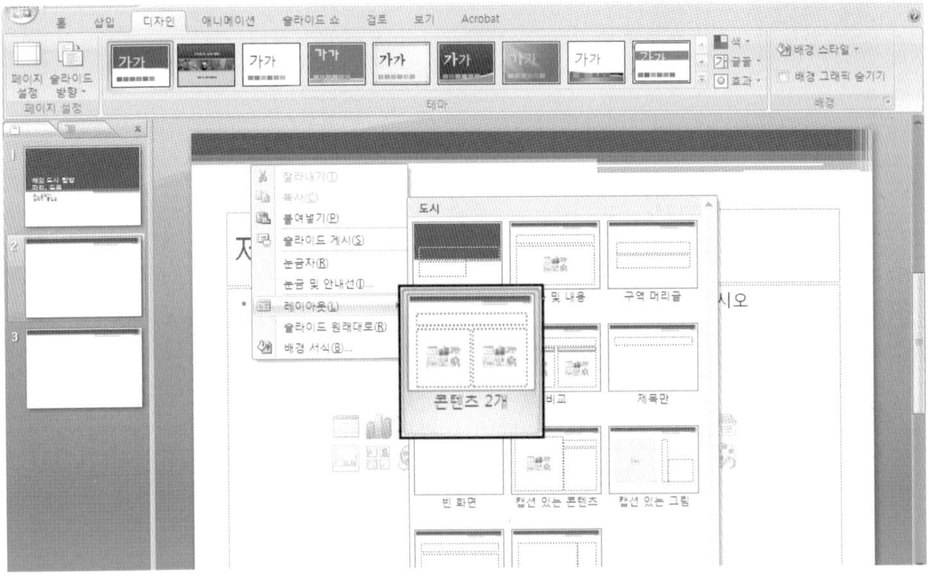

파워포인트 2007에서 기본적으로 제공되는 슬라이드 레이아웃의 대표적 종류이다.

- **제목 슬라이드** : 제목과 부제목을 입력할 수 있으며 슬라이드 표지에 사용한다.
- **제목 및 내용** : 제목과 콘텐츠 개체 틀로 구성되어 있다. 콘텐츠 개체 틀에는 텍스트, 표, 차트, SmartArt, 그림, 클립아트, 동영상 및 소리를 삽입할 수 있다.
- **콘텐츠 2개** : 제목과 함께 콘텐츠 개체 틀이 두 개로 구성되어 있다.
- **제목만** : 제목 틀로만 구성되어 있다. 추가하고 싶은 개체가 있다면 메뉴를 이용해서 추가한다.
- **빈 화면** : 틀이 없는 형태로 사용자가 자유롭게 개체를 삽입하고 배치할 수 있는 레이아웃이다.

③ 제목과 각 텍스트 개체 틀에 내용을 입력한다.

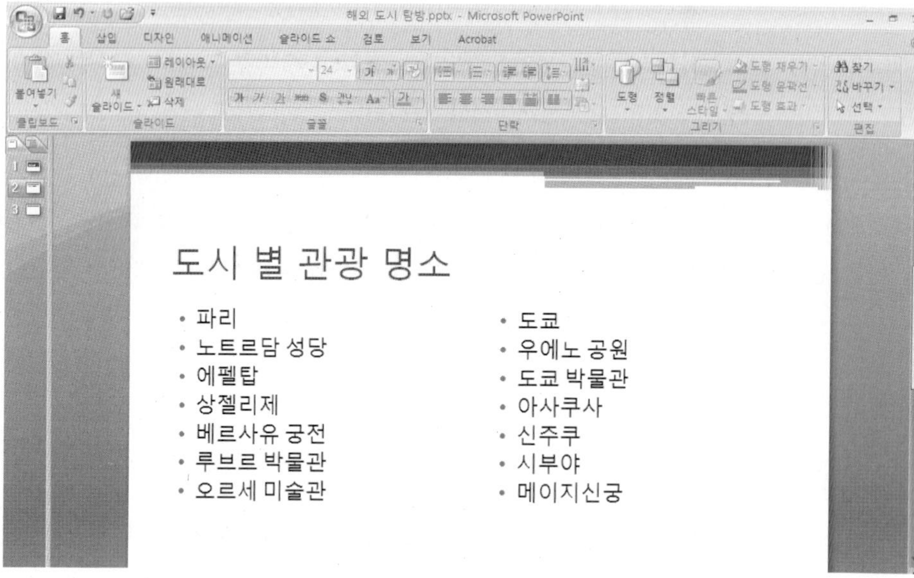

TIP!

- **텍스트 밑에 표시되는 빨간 밑줄!**

☞ 텍스트 밑에 표시되는 빨간 밑줄은 '맞춤법 검사' 기능 때문에 표시된다.

☞ 입력한 내용이 맞춤법에 맞으면 그냥 두어도 된다. '슬라이드 쇼' 보기 또는 '인쇄' 시에는 표시 되지 않는다.

- **맞춤법 검사 빨간 밑줄 없애기**

☞ 문장의 첫 글자에 빨간 밑줄이 표시될 경우에는 '글머리 기호' 또는 '번호 매기기' 기능을 사용할 수 없기 때문에 빨간 밑줄을 없애야 한다.

☞ 텍스트 위에 마우스를 올리고 마우스 오른쪽을 눌러 [모두 건너뛰기]를 선택한다.

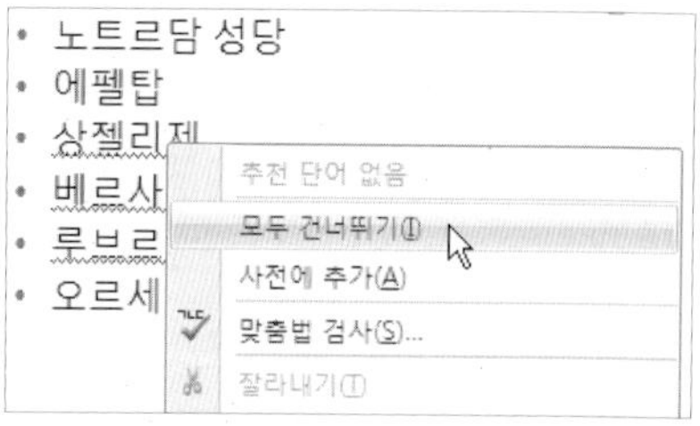

8.6 글꼴, 단락 서식 설정

8.6.1 글꼴 서식 설정

텍스트에 글꼴 설정 방법은 [글꼴] 그룹을 이용하는 방법과 [미니 도구 모음]을 이용하는 두 가지 방법이 있다.

(1) [글꼴] 그룹에서 글꼴 설정

서식을 설정할 부제목 개체 틀을 선택하고 [홈] 탭→[글꼴] 그룹에서 서식을 설정한다. (글꼴: 굴림, 크기: 28, 굵게)

(2) 미니 도구 모음에서 글꼴 설정

텍스트가 입력된 개체를 선택한 후 마우스 오른쪽을 눌러 '미니 도구 모음' 에서 글꼴 서식을 설정한다.

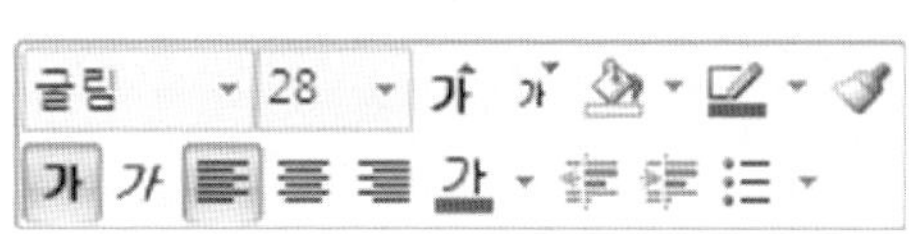

TIP!

- **개체 틀을 선택하고 서식 설정**

☞ 텍스트 또는 도형 서식을 설정할 때에는 내용을 블록 설정하지 않고 개체 틀만 선택한 후 서식 설정을 해도 된다.

8.6.2 단락 설정

단락 설정은 정렬, 줄간격, 글머리 기호, 번호 매기기, 텍스트 방향등을 설정하는 기능이다. [홈] 탭→[단락] 그룹을 이용하는 방법과 [미니 도구 모음]을 이용하는 두 가지 방법이 있다.

(1) [단락] 그룹에서 단락 설정

서식을 설정할 부제목 개체 틀을 선택하고 [홈] 탭→[단락] 그룹에서 서식을 설정한다. (텍스트 오른쪽 맞춤)

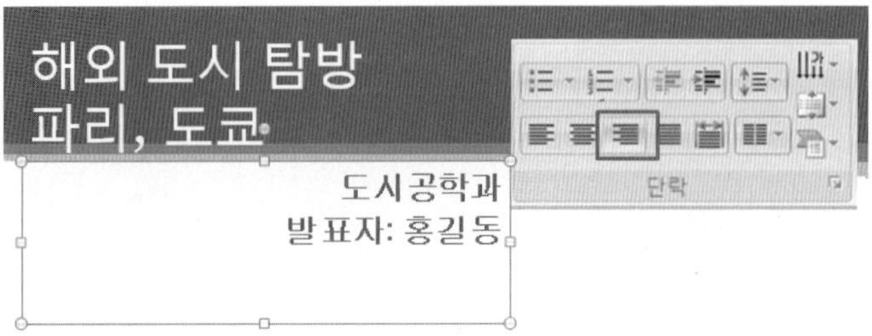

(2) 미니 도구 모음에서 단락 설정

텍스트 개체를 선택하고 마우스 오른쪽을 눌러 '미니 도구 모음' 에서 설정 한다.
(줄간격: 1.5)

TIP!

- 단락
  - ☞ 텍스트 상자에서 내용을 입력한 후 [Enter↵] 키를 누르면, 단락이 바뀌면서 자동으로 글머리 기호가 붙은 새 단락이 생긴다.
  - ☞ [Shift]+[Enter↵] 키를 누르면 단락 변경이 아니라 줄만 바뀌게 된다.

8.7 글머리 기호 및 번호 매기기

슬라이드 내용 개체에 텍스트를 입력하면 글머리 기호가 자동으로 나타난다. 이러한 글머리 기호를 다른 형태의 번호나 기호, 혹은 그림으로 바꿀 수 있다.

8.7.1 목록 수준 변경

텍스트를 선택한 후 마우스 오른쪽을 눌러 '미니 도구 모음' 의 목록 수준 변경 아이콘( )에서 [목록 수준 늘림]을 눌러 들여 쓰기 수준을 변경한다.

TIP!

- **[Tab 탭] 키를 눌러 목록 수준 변경**

☞ [Tab] 키: 목록 수준 늘임( )

☞ [Shift] + [Tab] 키: 목록 수준 줄임( )

8.7.2 글머리 기호 / 번호 매기기

텍스트를 선택한 후 마우스 오른쪽을 눌러 [글머리 기호] 또는 [번호 매기기]를 선택한 후 목록에서 해당 모양을 선택한다.

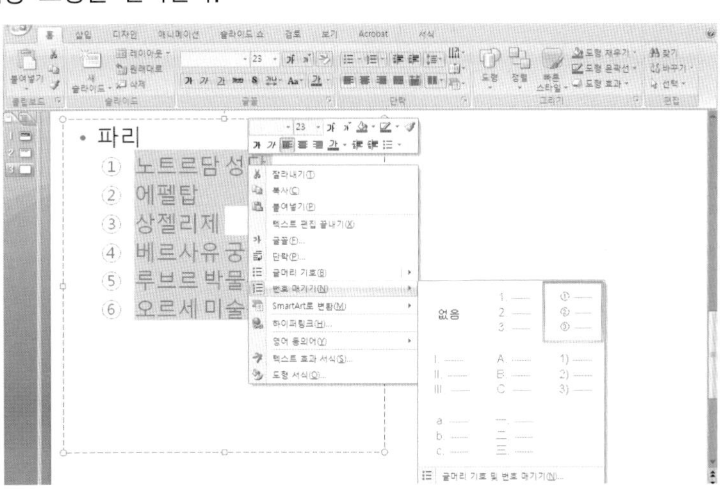

8.8 도형 다루기

8.8.1 도형에 텍스트 입력

① [홈] 탭→[일러스트레이션] 그룹→[도형(갈매기형 수장 ⪢)]을 선택하고 편집 창에 원하는 크기만큼 마우스로 그린다.

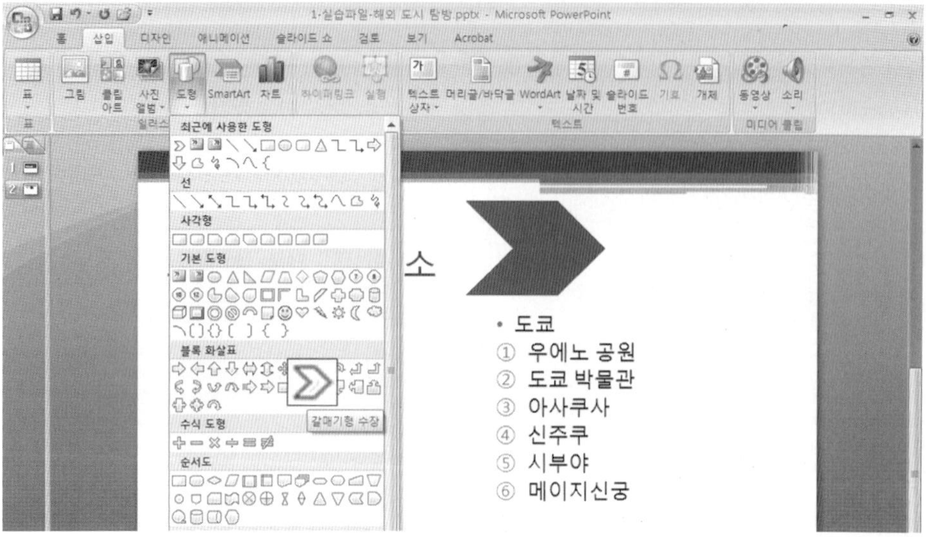

② 도형을 선택한 후 키보드로 내용을 입력한다.

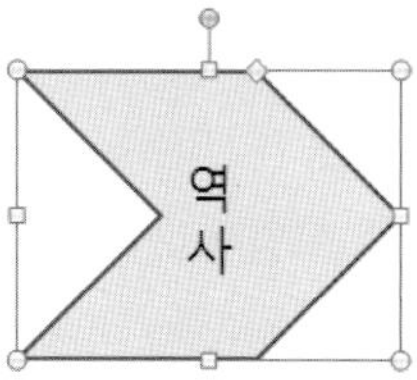

TIP!

• **도형 다루기 - 키 활용!**

☞ Ctrl+도형 이동: Ctrl을 누른 상태로 개체를 드래그하면 복사된다.

☞ Ctrl+키보드 방향키(←→↓↑): 개체를 미세하게 움직일 수 있다.

☞ Ctrl+Shift+도형 그리기: 마우스 포인트 현재 위치가 도형의 중심 좌표가 되는 정방형 도형을 그릴 수 있다.

☞ Ctrl+Shift+도형 이동: Ctrl을 누른 상태로 개체를 드래그하면 수평 또는 수직 방향으로 복사할 수 있다.

③ 도형을 선택하고 Ctrl 키를 누른 상태에서 마우스로 드래그하여 복사한다.

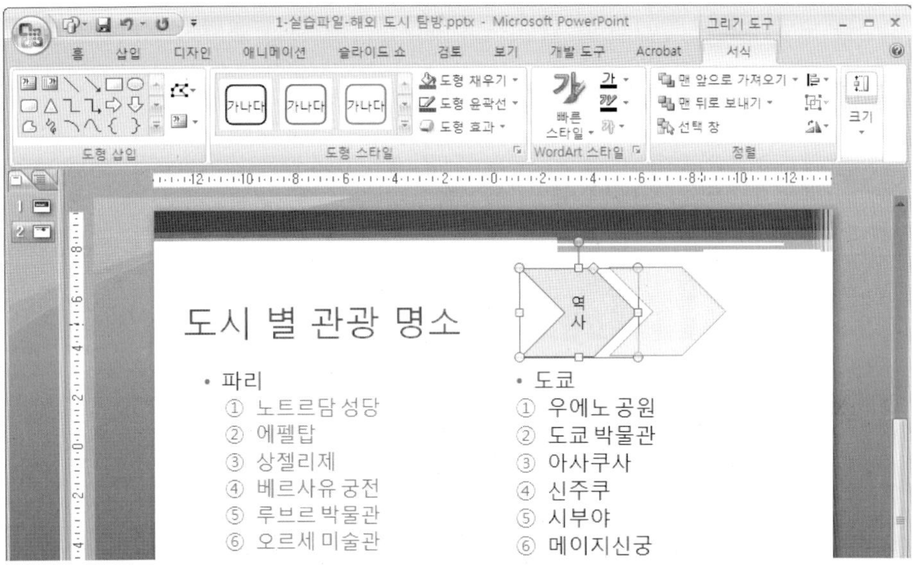

④ 복사된 도형의 내용을 수정한다.

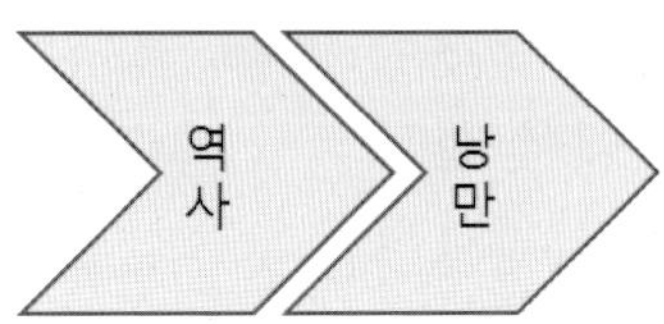

8.8.2 도형 서식 설정

도형 색채우기, 테두리, 3차원 효과, 그림자 등의 서식은 [서식] 탭→[도형 스타일] 그룹에서 설정하거나, 도형을 선택한 후 마우스 오른쪽을 눌러 [도형 서식]에서 지정할 수 있다.

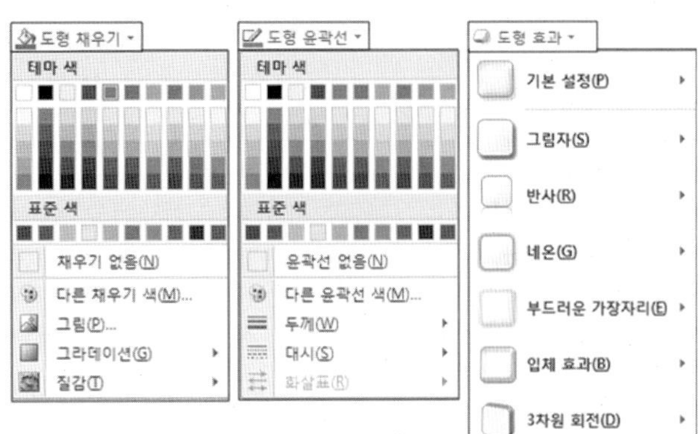

(1) [도형 스타일]에서 설정

도형을 모두 선택한 후 [서식] 탭→[도형 스타일] 그룹→[도형 채우기] 목록 단추를 눌러 색을 선택한다.

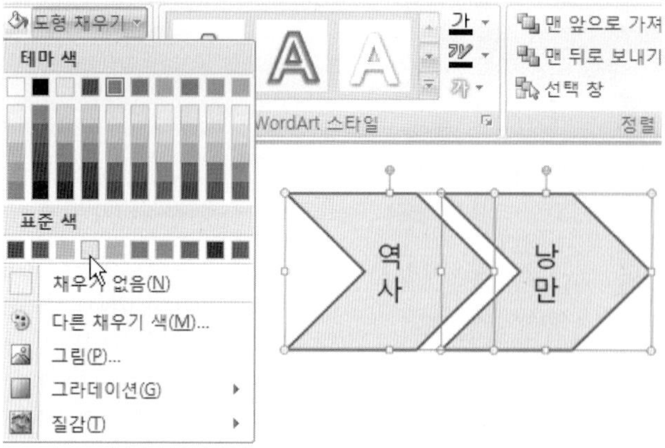

(2) [도형 서식]에서 설정

① 도형을 모두 선택한 후 마우스 오른쪽 버튼을 눌러 [개체 서식]을 선택한다.

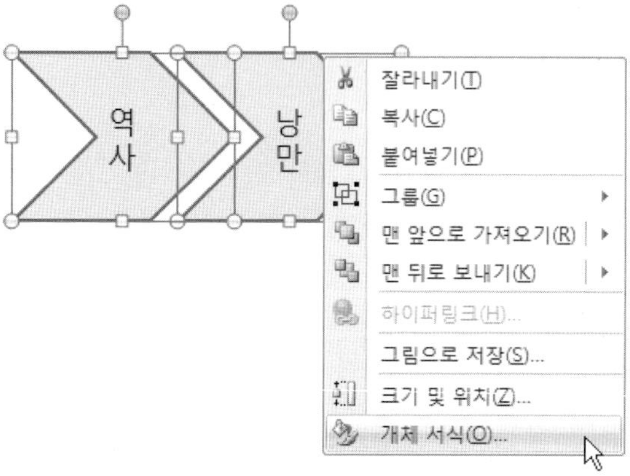

TIP

• 개체(도형) 선택

☞ 여러 개체 선택: 마우스로 개체를 포함할 정도로 범위를 설정한다.

☞ Ctrl+개체 선택: Ctrl 키를 누른 상태로 개체를 각각 선택할 수 있다.

② [도형 서식]→[3차원 서식]→[입체 효과]→[위쪽] 목록 단추를 눌러 효과 '둥글게'를 선택한다. 너비(25), 높이(15)를 변경하여 입체효과를 설정한다.

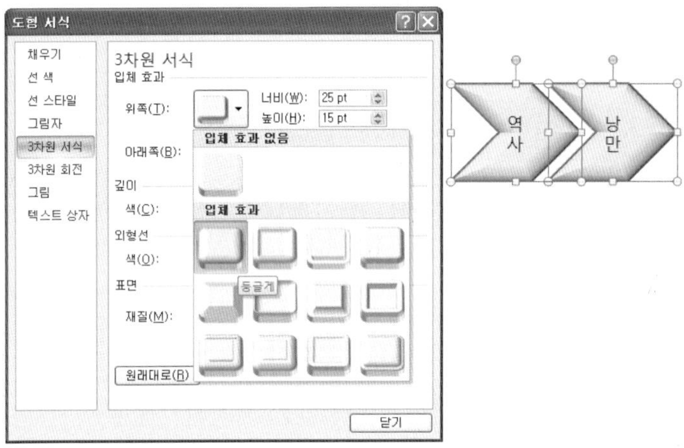

③ [그림자]→[미리 설정] 목록 단추를 눌러 효과 '원근감-원근감 대각선 오른쪽 위'를 선택한다.

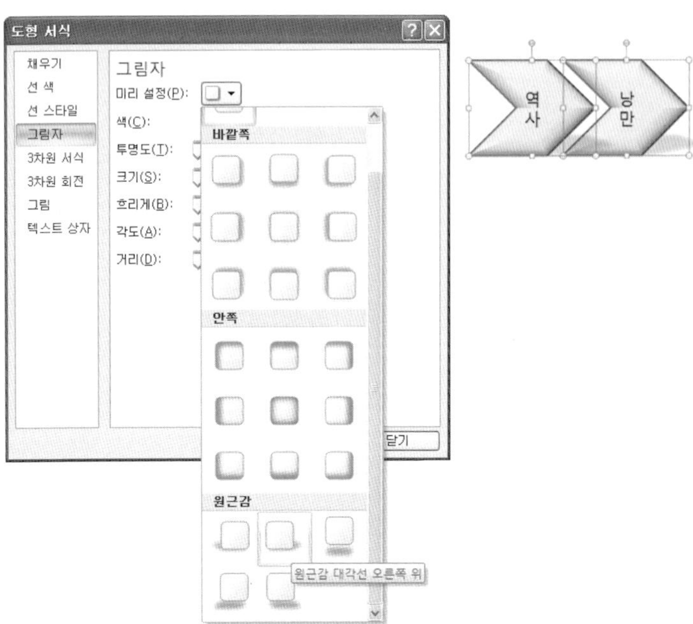

8.9 애니메이션

텍스트나 도형 등의 개체에 특수 시각 효과나 소리 효과를 추가하여 프레젠테이션을 흥미롭게 만들고 중요한 요점을 강조하며 정보의 흐름을 제어할 수 있다.

8.9.1 사용자 지정 애니메이션 설정

① 개체를 선택하고 [애니메이션] 탭→[애니메이션] 그룹→[사용자 지정 애니메이션]을 선택한다.

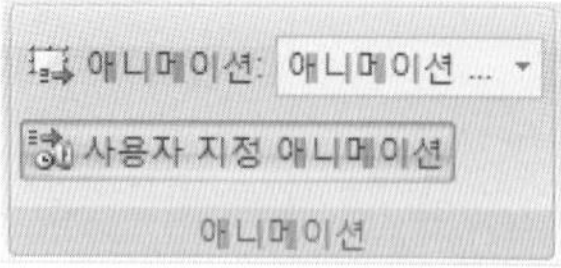

② 화면 오른쪽에 '사용자 지정 애니메이션 작업창' 이 표시되면 [효과 적용] 단추를 눌러 '나타내기-날아오기' 를 선택한다.

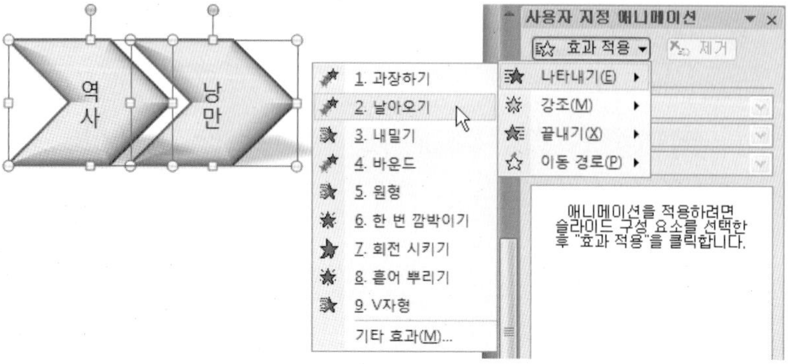

③ [사용자 지정 애니메이션] 창에서 [방향]을 '왼쪽에서' 로 설정한다.

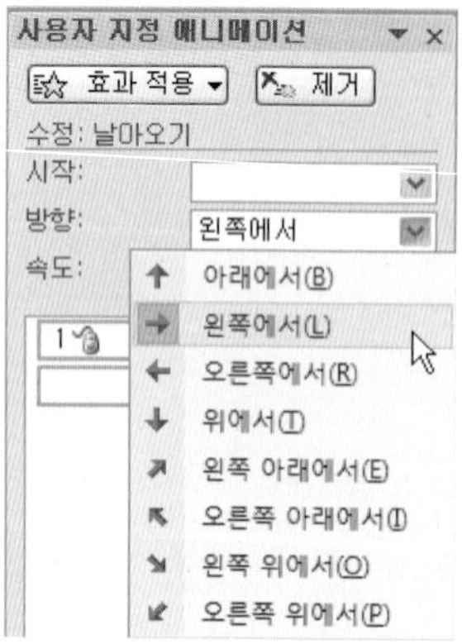

8.9.2 애니메이션 효과음 설정

개체에 애니메이션을 설정한 후, [효과 옵션]에서 애니메이션 시작 방법, 방향, 속도, 효과 옵션, 타이밍 등을 설정할 수 있다.

① '사용자 지정 애니메이션' 작업창에서 개체이름 오른쪽 목록 기호( )를 클릭한다.

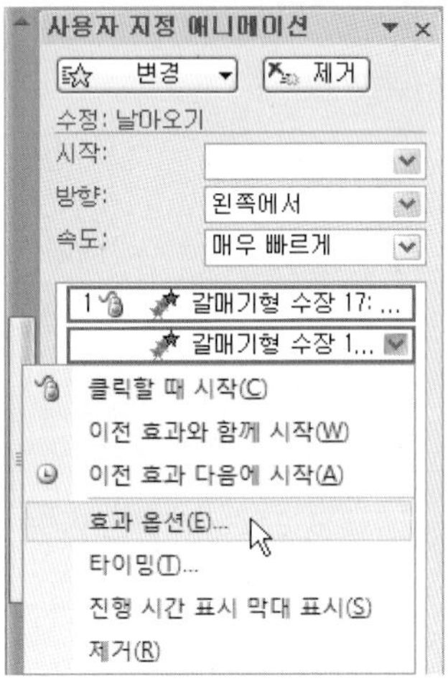

② [날아오기] 대화상자의 [소리]에서 효과음을 설정한다.

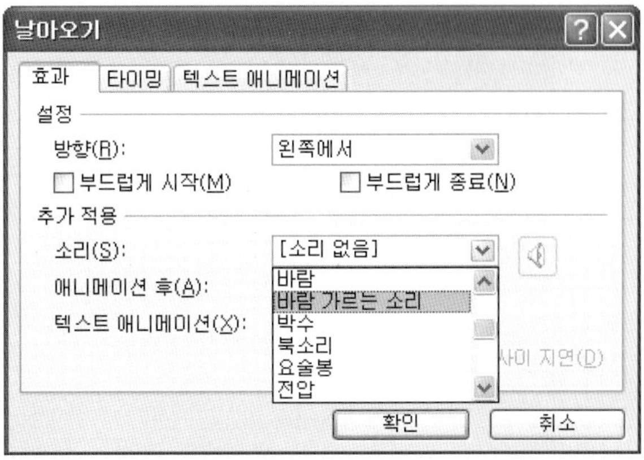

8.10 인쇄

8.10.1 인쇄

① [Office 단추]를 클릭하고 [인쇄] 옆에 있는 화살표를 클릭한 다음 [인쇄]를 클릭한다.

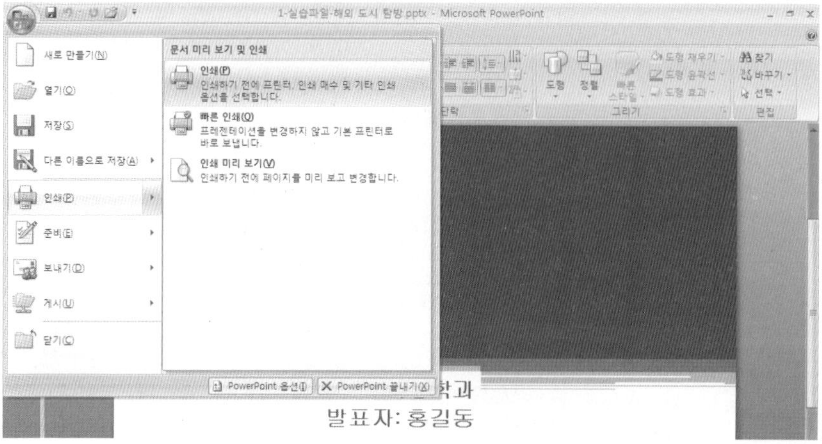

② [인쇄] 대화상자에서 인쇄 범위, 인쇄 대상, 한 페이지에 넣을 슬라이드 수 등을 설정할 수 있다.

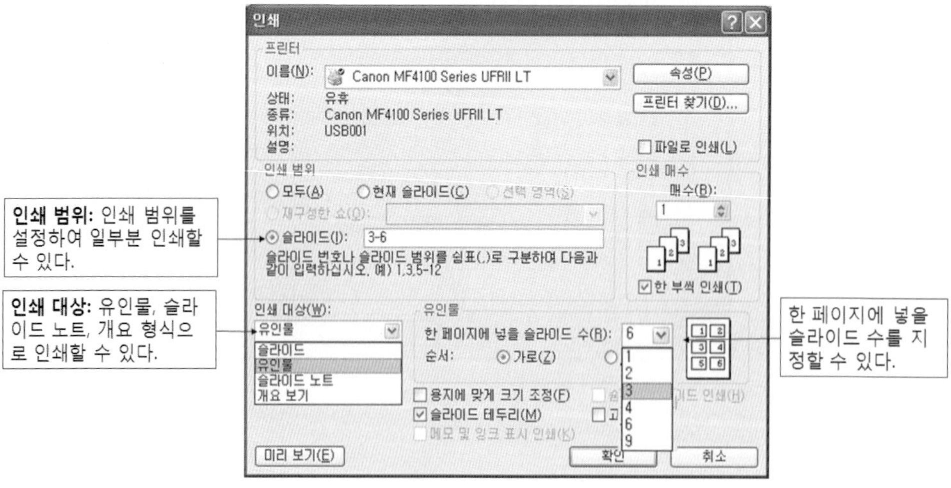

8.10.2 인쇄 미리 보기

인쇄 미리 보기는 인쇄할 때 나타나는 슬라이드 모양을 인쇄하기 전에 미리 표시해 주는 기능이다. 인쇄 미리 보기 기능을 사용하면 인쇄하기 전에 슬라이드, 유인물 등이 흑백이나 회색조로 나타나는 모양을 확인하고 잘못된 부분을 수정할 수 있어 편리하다.

[Office 단추]→[인쇄]→[인쇄 미리 보기]에서 인쇄하기 전 미리 보기를 할 수 있다.

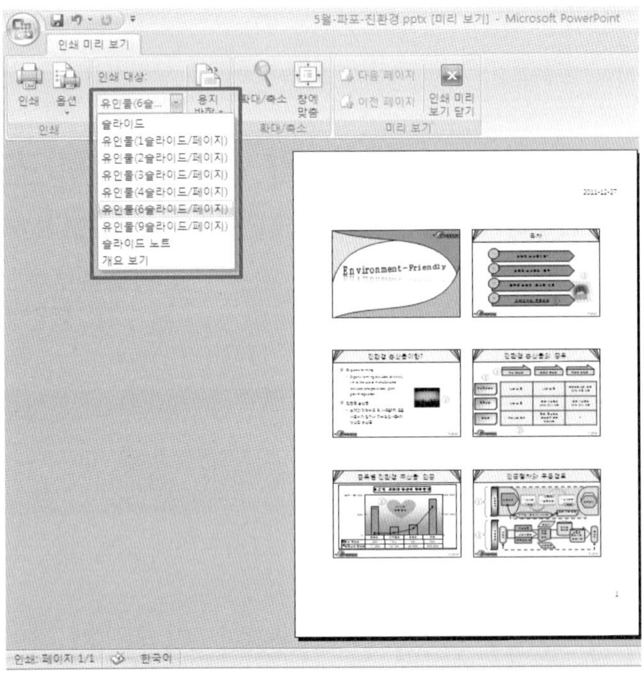

[인쇄 대상]에서 유인물을 선택하면 하나의 인쇄용지에 선택된 숫자만큼의 슬라이드가 출력된다.

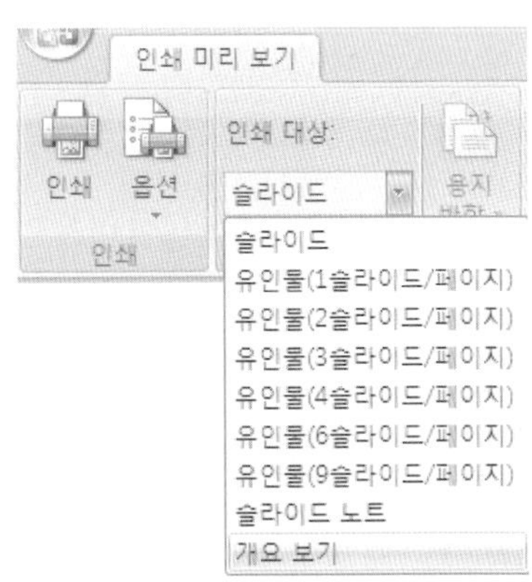

§ 연습문제 8.1 다음 조건에 맞는 제목 슬라이드와 내용 슬라이드를 작성하시오.

〈조건〉

- 슬라이드 크기 : A4 용지로 설정
- 슬라이드 디자인 : 광장

(1) 제목 슬라이드

(2) 내용 슬라이드

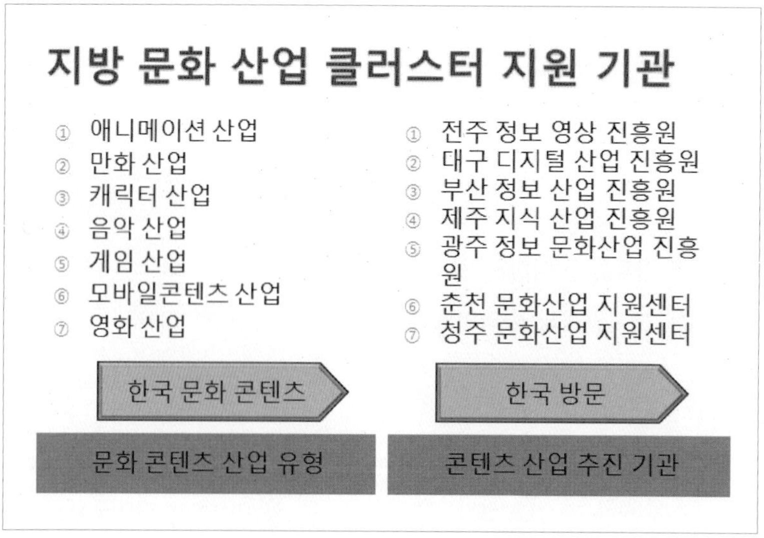

파워포인트 2007

9장. 슬라이드 마스터

학습목표

파워포인트 2007에서 슬라이드 마스터 기능을 익히고 아래《출력 형태》와 같이 슬라이드 마스터를 작성한다.

[전체구성]

슬라이드 마스터 : 2~6슬라이드의 제목, 하단 로고, 슬라이드 번호는 슬라이드 마스터를 이용하여 작성한다.

- 제목 글꼴(맑은고딕, 40pt, 파랑)
- 하단 로고(「내문서₩ITQ₩Picture₩로고1.jpg」)
- 배경(회색) 투명색으로 설정

[출력 형태]

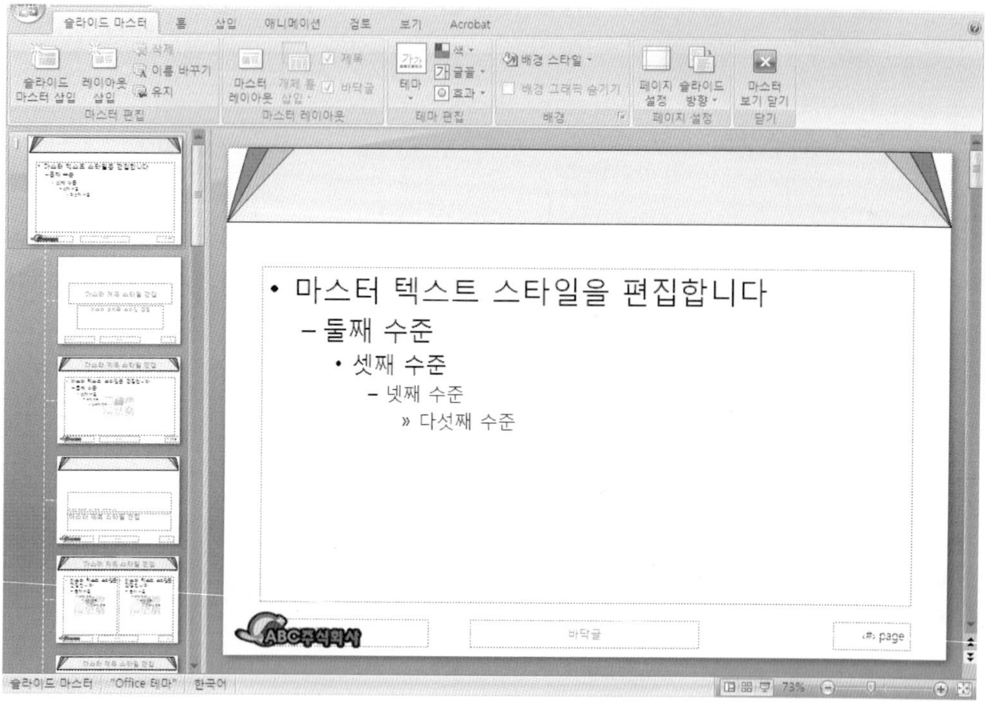

9.1 슬라이드 마스터 이해

9.1.1 슬라이드 마스터란?

슬라이드 마스터는 프레젠테이션을 구성하는 모든 슬라이드에 회사 로고와 같은 그림을 삽입하고 글자, 개체, 배경 등의 서식을 설정하여 전체적인 슬라이드 디자인을 제작하는 기능이다. '슬라이드 마스터' 에 설정된 서식 및 디자인들은 여러 슬라이드에 동일하게 적용되므로 한 번의 '슬라이드 마스터' 작업을 통해 여러 슬라이드에 계속 사용할 수 있다.

[보기] 탭→[프레젠테이션 보기] 그룹→[슬라이드 마스터]에서 설정한다.

9.1.2 슬라이드 마스터 구성

마스터 편집 창에 모든 슬라이드에 동일하게 적용될 내용을 입력하고 서식들을 디자인 한다.

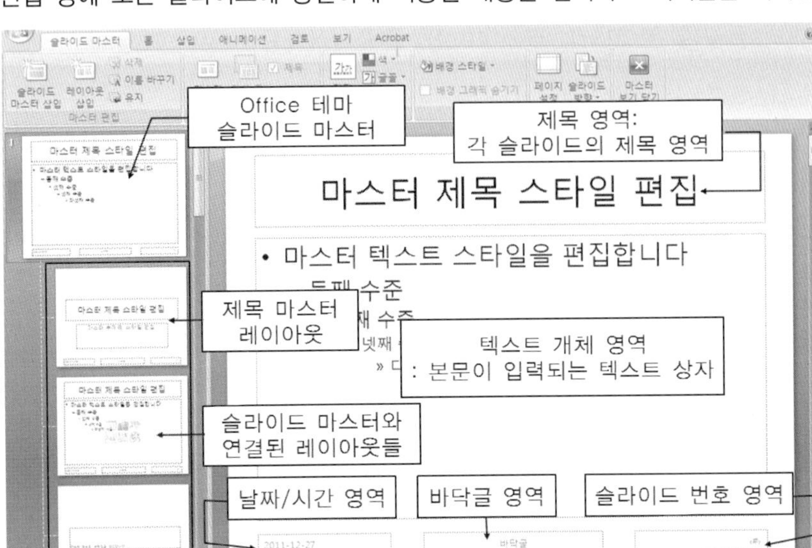

9.2 Office 테마 슬라이드 마스터 편집

① 슬라이드 마스터 편집은 왼쪽 작은 슬라이드 창의 맨 위에 있는 **'Office 테마 슬라이드 마스터'** 에서 작업을 한다. 설정된 마스터와 연결된 하위의 모든 레이아웃은 같은 테마(색 구성표, 글꼴 및 효과)를 포함한다.

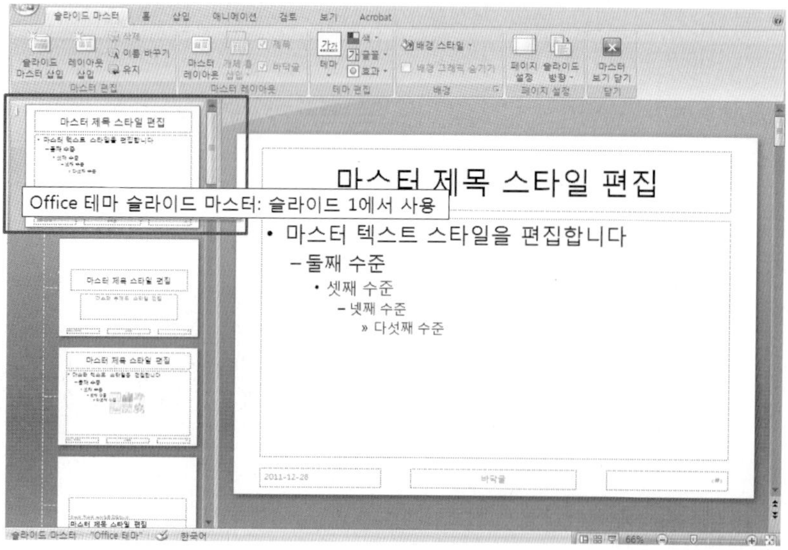

② 제목 개체인 '마스터 제목 스타일 편집' 상자를 선택한다. [홈] 탭→[글꼴] 그룹에서 글꼴(맑은 고딕), 크기(40pt), 글꼴 색(파랑)으로 선택한다.

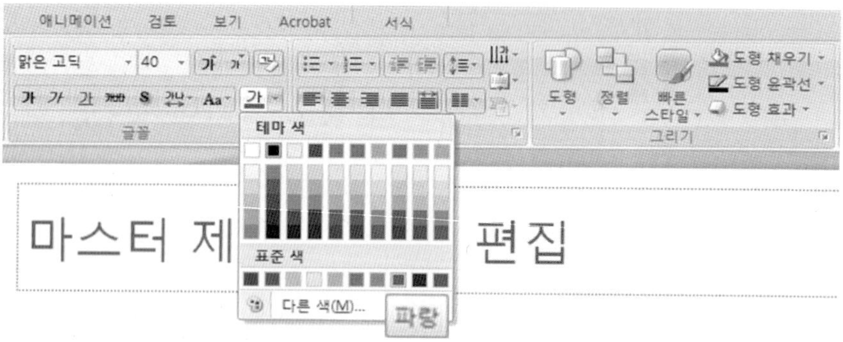

③ 제목 텍스트 상자의 크기를 적절하게 줄인 후 위치를 슬라이드 위쪽으로 이동한다.

④ [홈] 탭→[그리기] 그룹→[도형]→[사다리꼴△]을 선택한 후 오른쪽 편집 창에서 도형을 그린다.

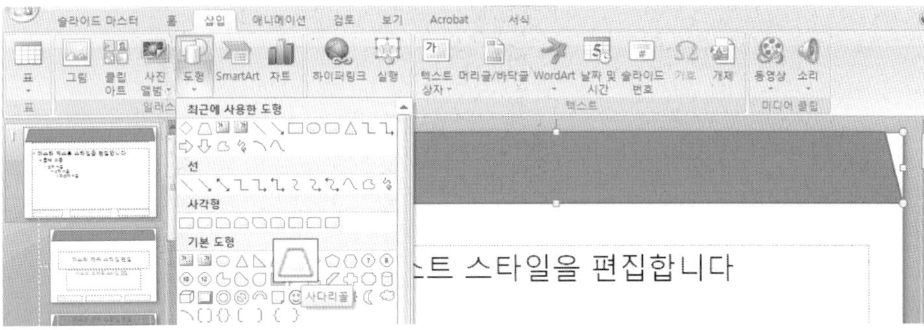

⑤ 작성한 도형을 선택한 후, Ctrl 키를 누른 상태에서 마우스로 끌어 이동하면 도형이 복사 된다.

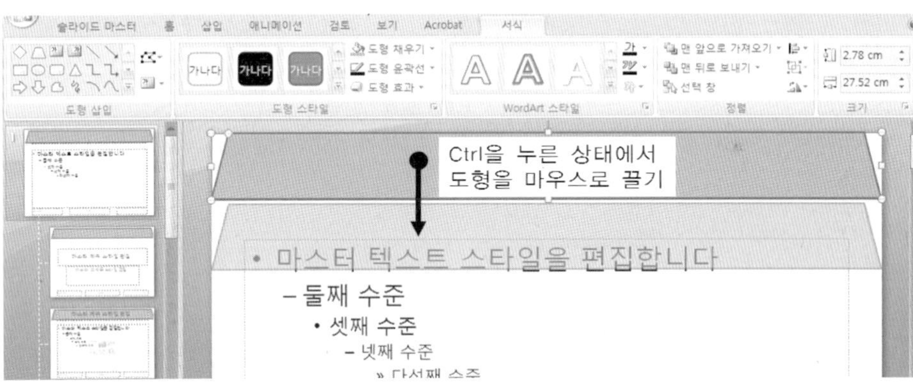

⑥ 같은 방법으로 동일한 도형을 모두 세 개 만든다.

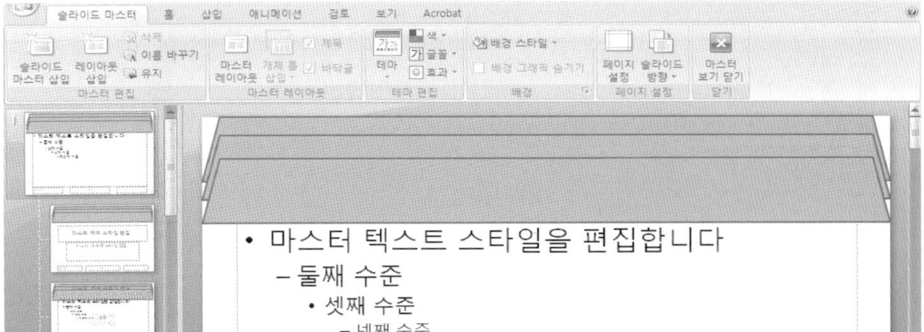

⑦ 각 도형별로 '모양 조정 핸들'을 조절하여 도형 모양을 변형한다.

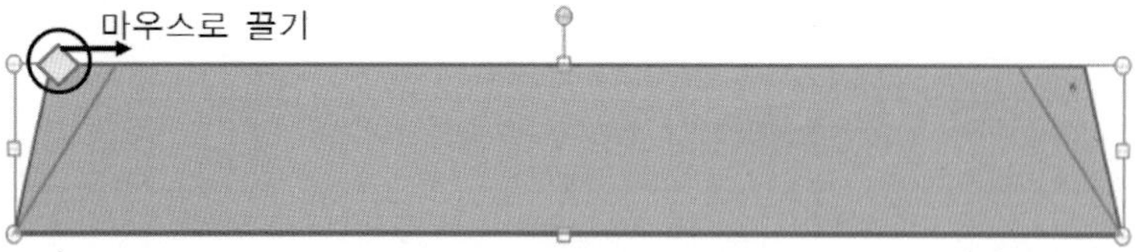

TIP!

- **도형 모양 조정 핸들**

☞ 도형을 그리면 기본적으로 도형 주위에 흰색 원 또는 사각형과 한개의 녹색 원이 표시 된다.

☞ '모양 조정 핸들'을 조절하면 도형의 모양을 변형할 수 있다.

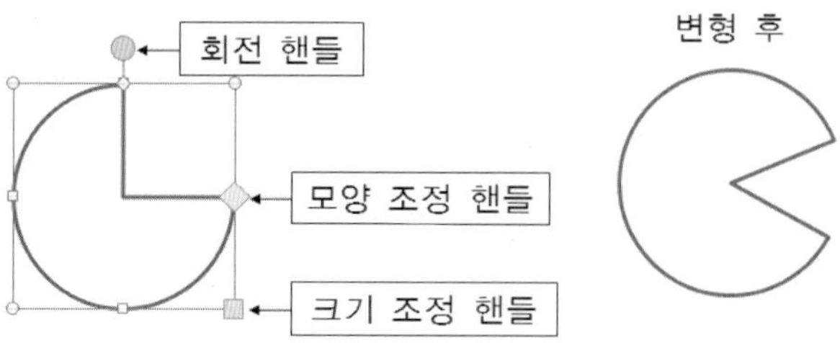

⑧ 동일한 작업을 반복하여 크기가 다른 도형으로 만든 후 [서식] 탭→[도형 스타일] 그룹→[도형 채우기]에서 각기 다른 색상을 선택한다.

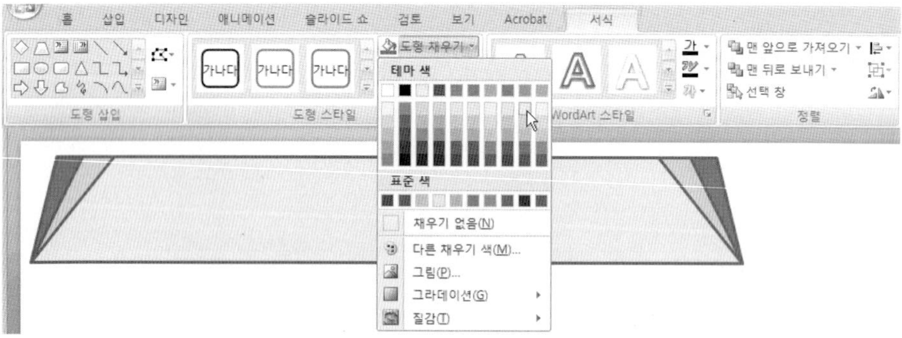

TIP!

• **도형 서식 설정 메뉴 보기**

☞ 도형을 더블 클릭하면 자동으로 '도형 서식 설정' 관련 메뉴로 바뀌어 나타난다.

⑨ 도형을 선택한 후 마우스 오른쪽 버튼을 눌러 [맨 뒤로 보내기]→[맨 뒤로 보내기]를 선택한다. 텍스트 상자가 가장 위쪽에 보이도록 도형을 뒤로 보낸다.

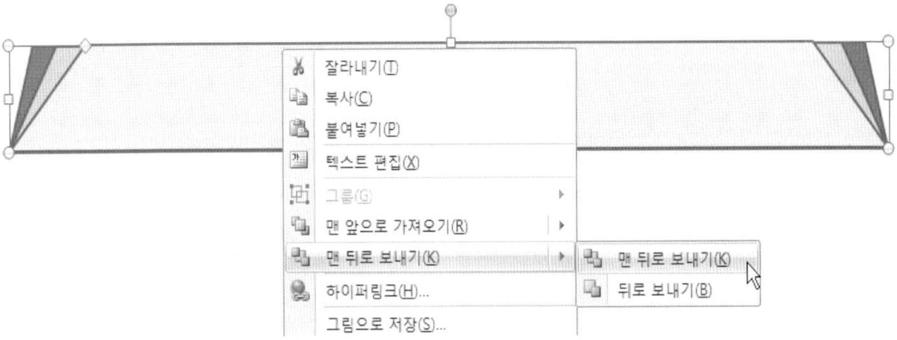

⑩ 슬라이드 왼쪽 하단에 로고를 삽입하기 위해 [삽입] 탭→[일러스트레이션] 그룹→[그림]을 클릭한다. 「내문서₩ITQ₩Picture₩로고1.jpg」 그림을 선택한다.

⑪ 삽입한 그림의 배경(회색)을 투명색으로 설정하기 위해 [서식] 탭→[조정] 그룹→[다시 칠하기]→[투명한 색 설정]을 선택한다.

⑫ 그림에서 투명색으로 설정할 배경(회색)을 마우스로 클릭한다.

⑬ ‘크기 조정 핸들’ 을 조정하여 그림 크기와 위치를 출력 형태와 같게 한다.

⑭ ‘슬라이드 번호 ’ 와 ‘바닥글’ 개체 틀을 모두 선택한 후 [홈] 탭→[글꼴] 그룹→[글꼴 색]에서 ‘검정’ 으로 설정한다.

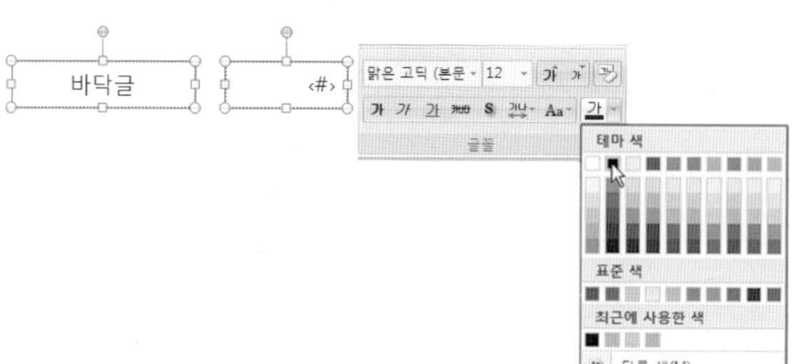

9.3 제목 슬라이드 레이아웃 편집

① 왼쪽 작은 슬라이드에서 **'제목 슬라이드 레이아웃'** 을 선택한다.

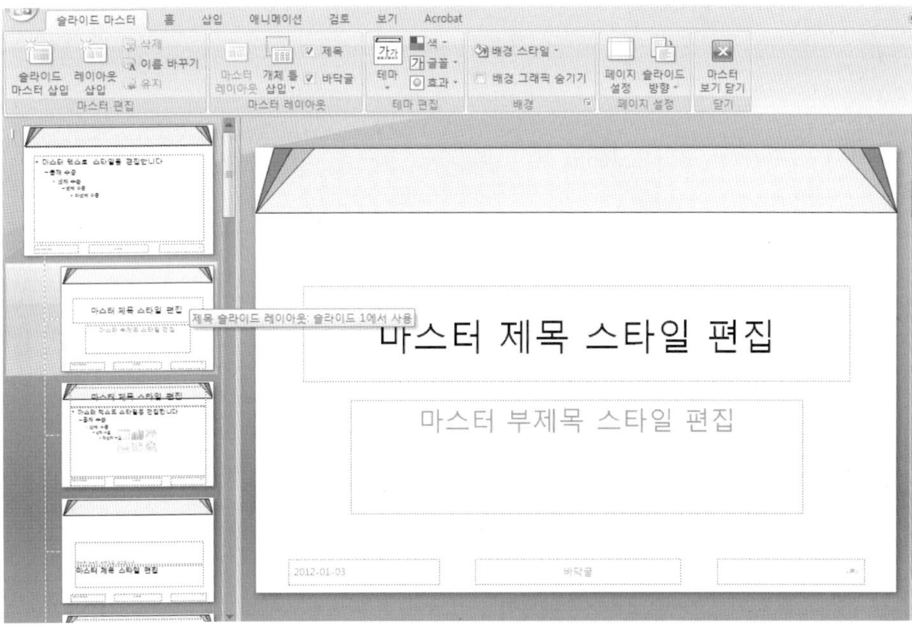

② 슬라이드의 빈 곳을 클릭한 후 마우스 오른쪽 버튼을 눌러 [배경 서식]을 선택한다. [배경 서식] 대화상자에서 [배경 그래픽 숨기기] 체크 상자를 선택하고 [닫기] 단추를 누른다.

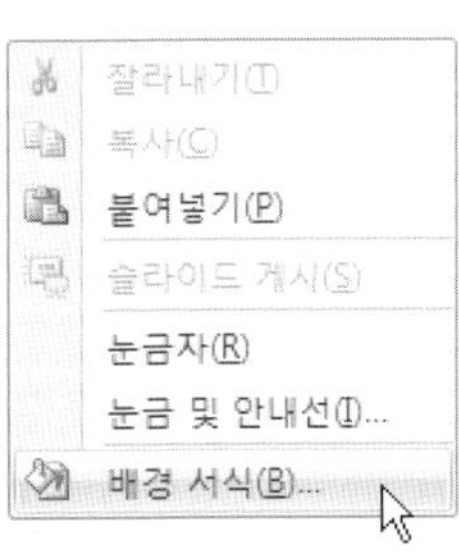

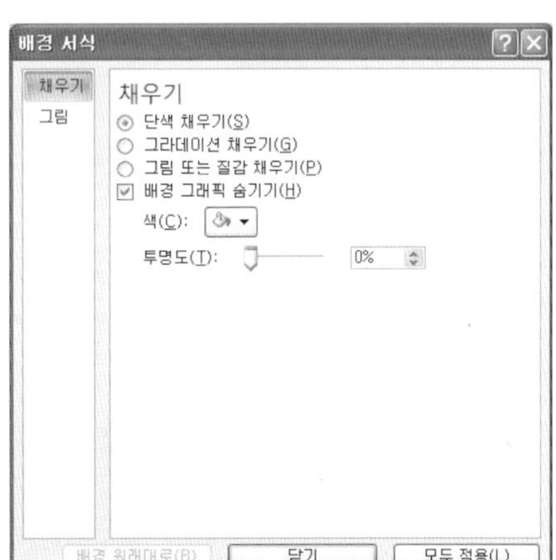

9.4 슬라이드 번호

① 왼쪽 작은 슬라이드에서 **'제목 및 내용 레이아웃'** 을 선택한다.

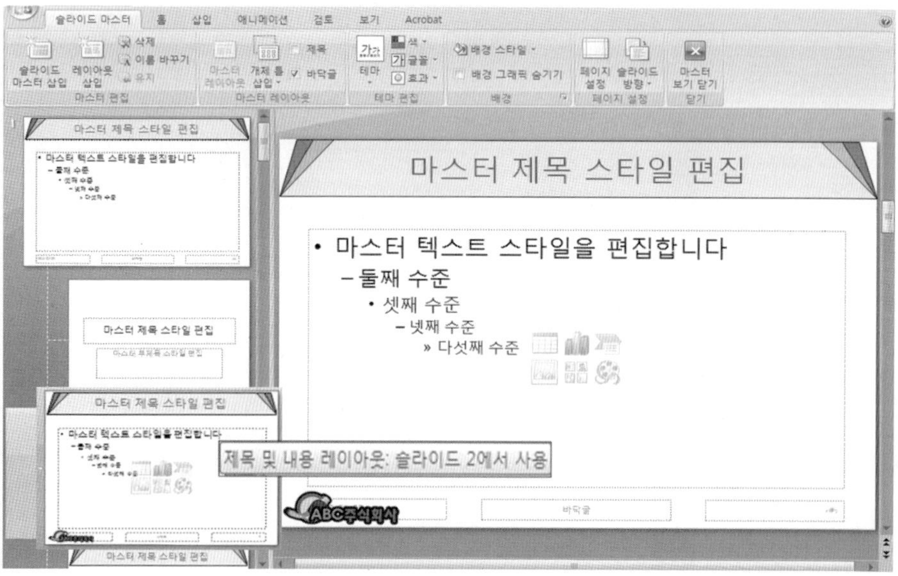

② '슬라이드 번호 ' 개체 틀에서 〈#〉 뒤에 "page" 를 입력한다.

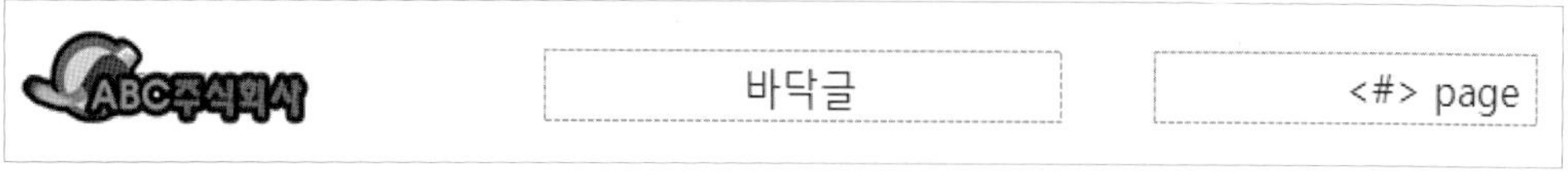

TIP!

• **'바닥글' 과 '슬라이드 번호' 위치 변경**

☞ 출력형태를 참고하여 '바닥글' 과 '슬라이드 번호' 개체 틀을 마우스로 선택하여 원하는 위치로 변경할 수 있다.

③ '슬라이드 번호' 개체 틀 밖을 마우스로 클릭한 후, [삽입] 탭→[텍스트] 그룹→[슬라이드 번호]를 선택한다.

④ [머리글/바닥글] 대화상자에서 '슬라이드 번호'와 '제목 슬라이드에는 표시 안함' 항목을 체크한 후 [모두 적용] 단추를 누른다.

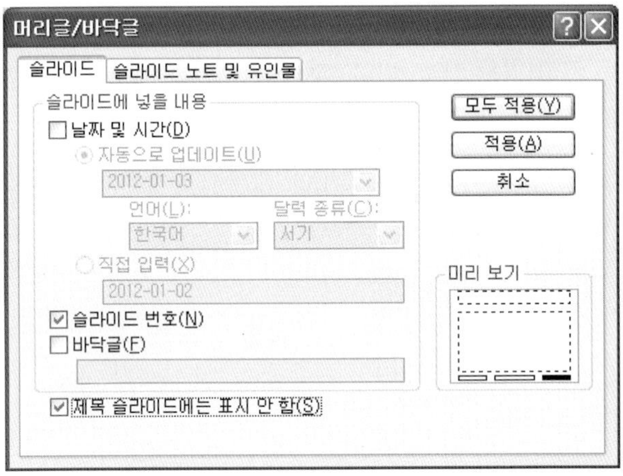

TIP!

- **바닥글**

☞ '바닥글' 슬라이드의 하단에 항상 표시되는 내용을 입력한다.

⑤ 슬라이드 마스터 닫기

슬라이드 마스터 편집을 끝내는 방법은 [슬라이드 마스터] 탭→[닫기] 그룹→[마스터 보기 닫기]를 선택한다.

또는 [보기] 탭→[프레젠테이션 보기]→[기본] 보기를 선택한다.

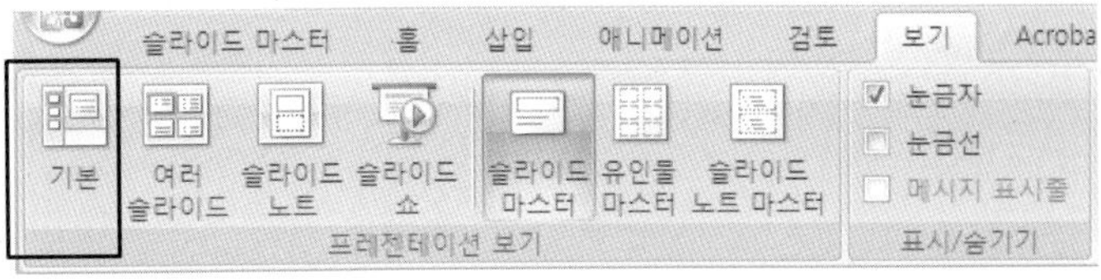

§ 연습문제 9.1 다음 조건에 맞는 슬라이드 마스터를 작성하시오.

《조건》 (1) 파일명: 재테크.pptx
(2) 슬라이드 크기 : A4 용지로 설정
(3) 제목 글꼴(맑은고딕, 40pt, 파랑), 하단 로고(「내문서₩ITQ₩Picture₩로고3.jpg」, 배경(연보라) 투명색으로 설정)

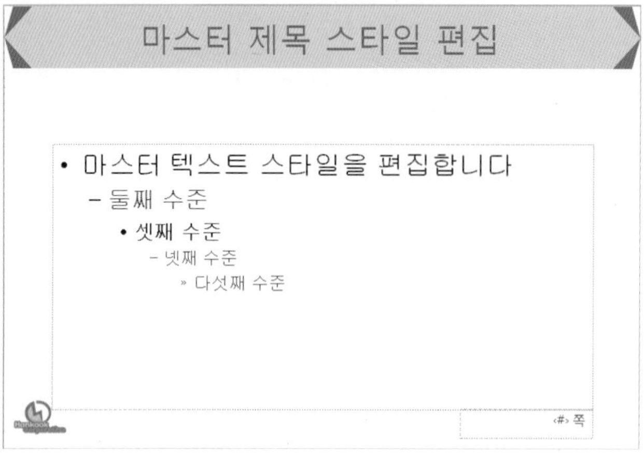

§ 연습문제 9.2 다음 조건에 맞는 슬라이드 마스터를 작성하시오.

《조건》 (1) 파일명: 공익근무.pptx
(2) 슬라이드 크기 : A4 용지로 설정
(3) 제목 글꼴(맑은고딕, 40pt, 검정), 하단 로고(「내문서₩ITQ₩Picture₩로고2.jpg」, 배경(회색) 투명색으로 설정)

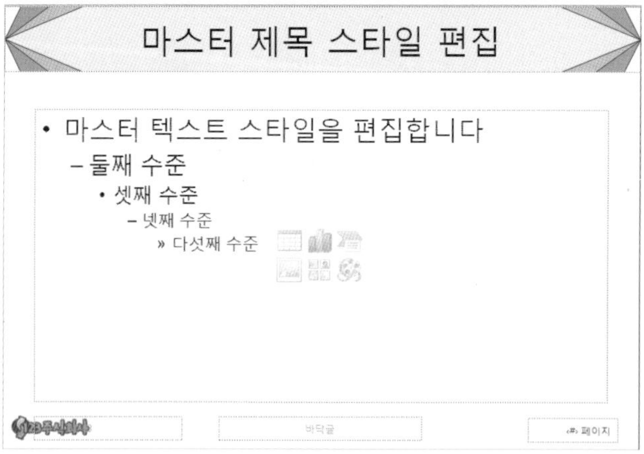

파워포인트 2007

10장. 제목 / 목차 슬라이드

학습목표

'점 편집' 및 '도형' 기능을 익히고 아래 《출력 형태》와 같이 표지 슬라이드와 목차 슬라이드를 작성한다.

[슬라이드 1] 《표지 디자인》

(1) 표지 디자인 : 도형(직각 삼각형)을 삽입하고 '점편집' 기능을 이용하여 작성한다.

세부조건

① 워드아트 삽입
- 글꼴 : 궁서, 굵게
- 반사 : 전체반사, 터치

② 그림 삽입
- 「내문서₩ITQ₩Picture₩로고1.jpg」
- 배경(회색) 투명색으로 설정

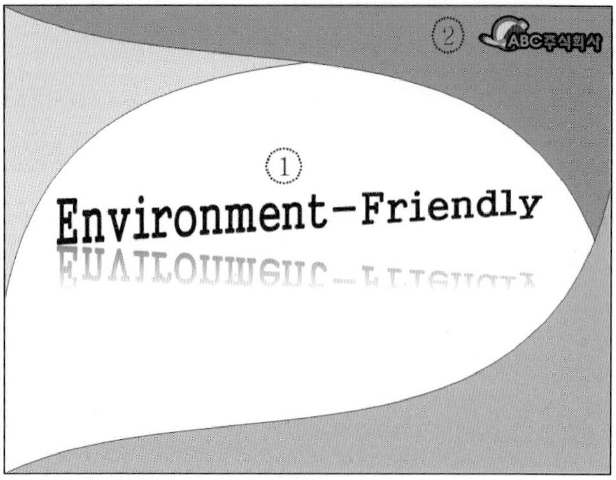

[슬라이드 2] 《목차 슬라이드》

(1) 아래와 같이 도형(그림자 : 오프셋 위쪽)을 이용하여 목차를 작성한다(글꼴 : 굴림, 24pt, 검정).

세부조건

① 텍스트에 하이퍼링크 적용
-〉 '슬라이드 6'

② 그림 삽입
- 「내문서₩ITQ₩Picture₩그림4.jpg」
- 자르기 기능 이용

(자료 출처 : ITQ 기출문제)

10.1 제목 슬라이드

10.1.1 파일 저장

① [Office 단추]→[저장하기]를 실행하거나 Ctrl+S 키를 누른다.

[다른 이름으로 저장] 대화상자에서 [내문서]→[ITQ] 폴더 위치에 파일 이름 "학번-성명" 을 입력한 후 [저장] 단추를 누른다.

② [디자인] 탭→[페이지 설정] 그룹→[페이지 설정]을 클릭하여 슬라이드 크기를 'A4 용지(210x297 mm)' 로 지정하고 [확인] 단추를 누른다.

③ 삽입된 첫 번째 슬라이드에 존재하는 제목 입력 틀과 부제목 입력 틀은 모두 선택하여 Delete 키를 눌러 삭제한다.

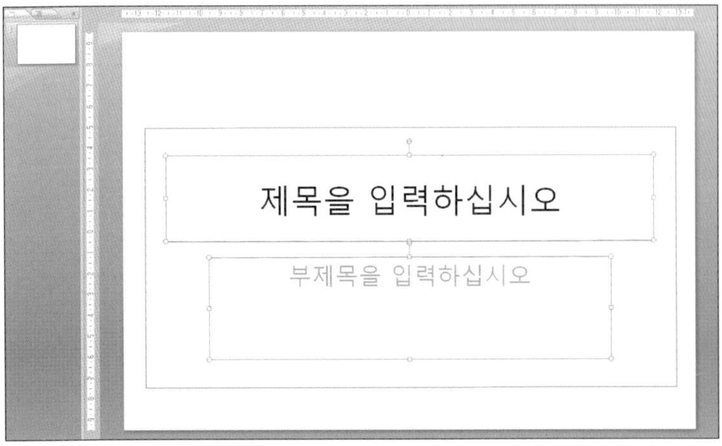

10.1.2 점 편집

파워포인트 2007에서 제공하는 기본 도형에 '점 편집' 기능을 이용하여 사용자가 원하는 도형으로 변경할 수 있다.

① [홈] 탭→[그리기] 그룹→[도형]을 클릭하거나 [삽입] 탭→[일러스트레이션] 그룹→[도형]을 클릭한다. [기본도형]→[직각삼각형] 도형을 선택한 후 슬라이드에서 드래그하여 삽입한다.

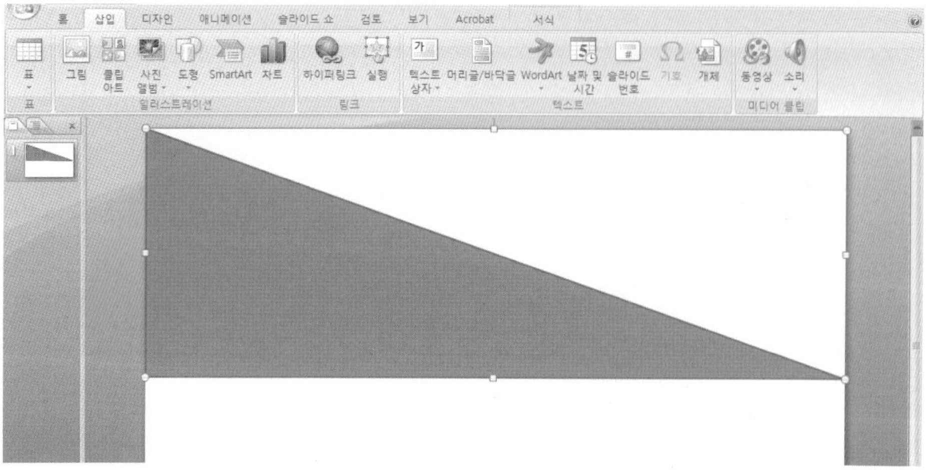

② 삽입한 도형을 더블클릭한 후 [서식] 탭→[정렬] 그룹→[회전]→[상하대칭]을 클릭한다.

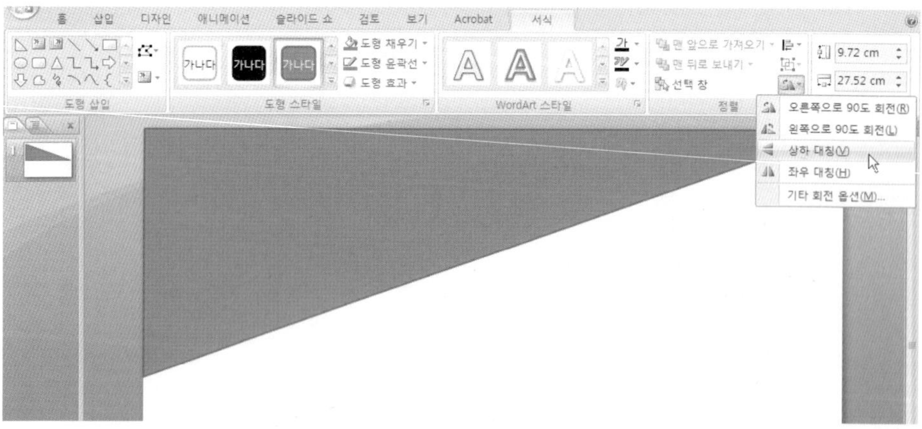

③ [서식] 탭→[도형 삽입] 그룹→[도형 편집]→[자유형으로 변환]을 클릭한다.

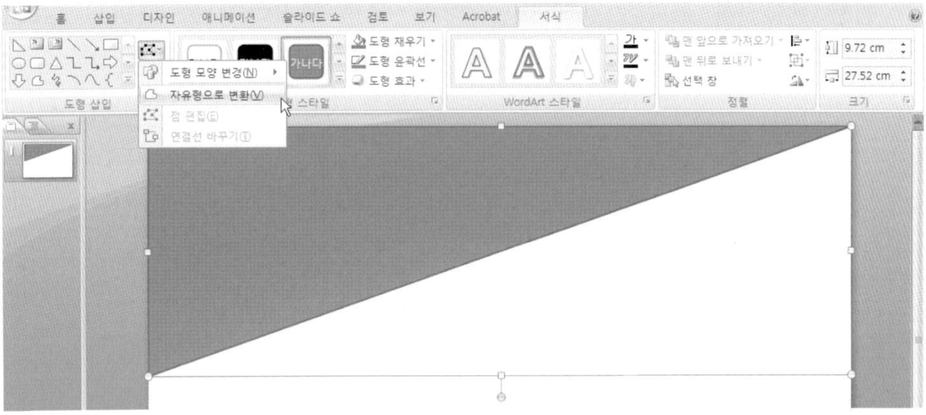

④ 도형을 선택하고 마우스 오른쪽 버튼을 눌러 [점 편집]을 클릭한다.

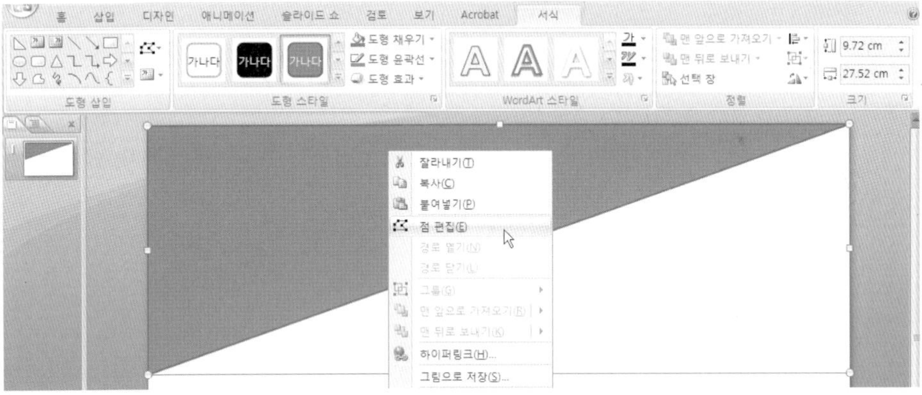

⑤ 점 편집 상태 그림에서 ■은 도형의 기준점이 된다. 빨강색 선 위에서 마우스로 클릭하면 기준점이 추가되고 변형을 원하는 지점까지 드래그한다.

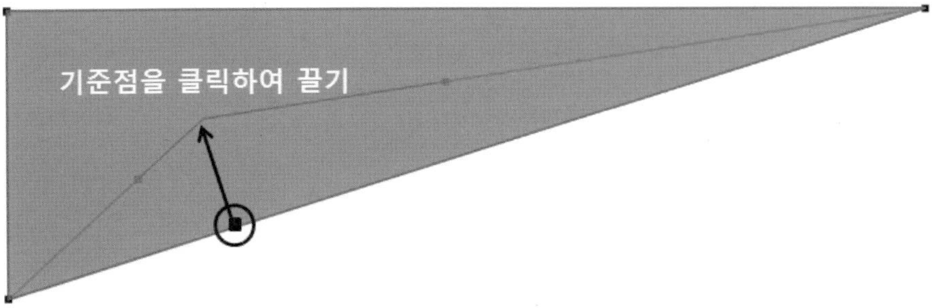

⑥ 위치가 이동된 기준점을 다시 한 번 클릭하면 핸들러가 표시된다.
방향 핸들러를 클릭한 상태에서 원하는 곡선 모양이 나올 때까지 드래그하여 도형을 완성한다.

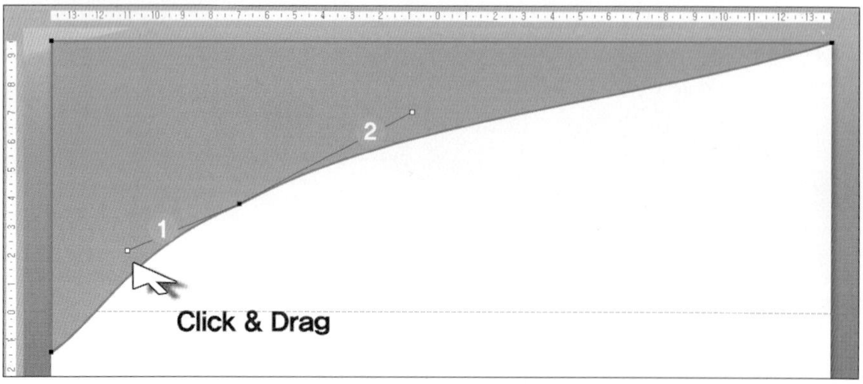

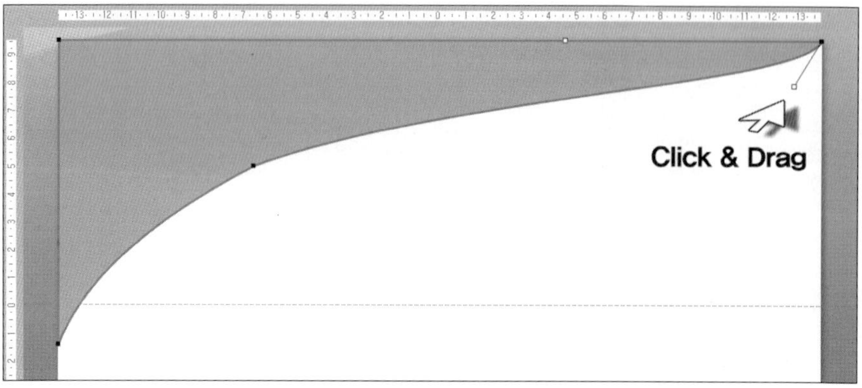

TIP!

• **메뉴를 이용한 점 편집**

☞ 점 편집 상태에서 마우스 오른쪽 버튼을 눌러 점 편집 메뉴를 이용할 수 있다.

☞ 기준점에서 '부드러운 점'을 선택하면 사용자가 원하는 부드러운 곡선 모양을 만들 수 있다.

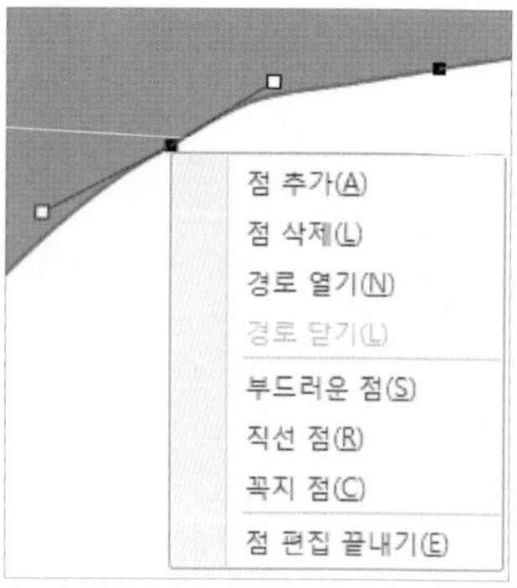

⑦ 점편집이 완성된 도형을 선택한 후 Ctrl 키를 누른 상태에서 드래그하여 복사한다.

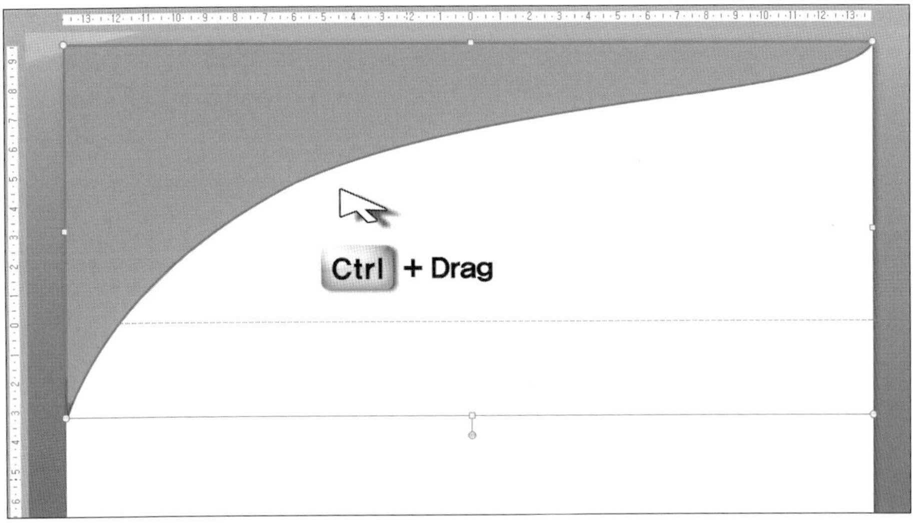

⑧ 복사된 도형을 선택한 후 [홈] 탭→[그리기] 그룹→[정렬]→[회전]→[좌우 대칭]을 클릭하여 출력 형태와 같은 모양으로 완성한다.

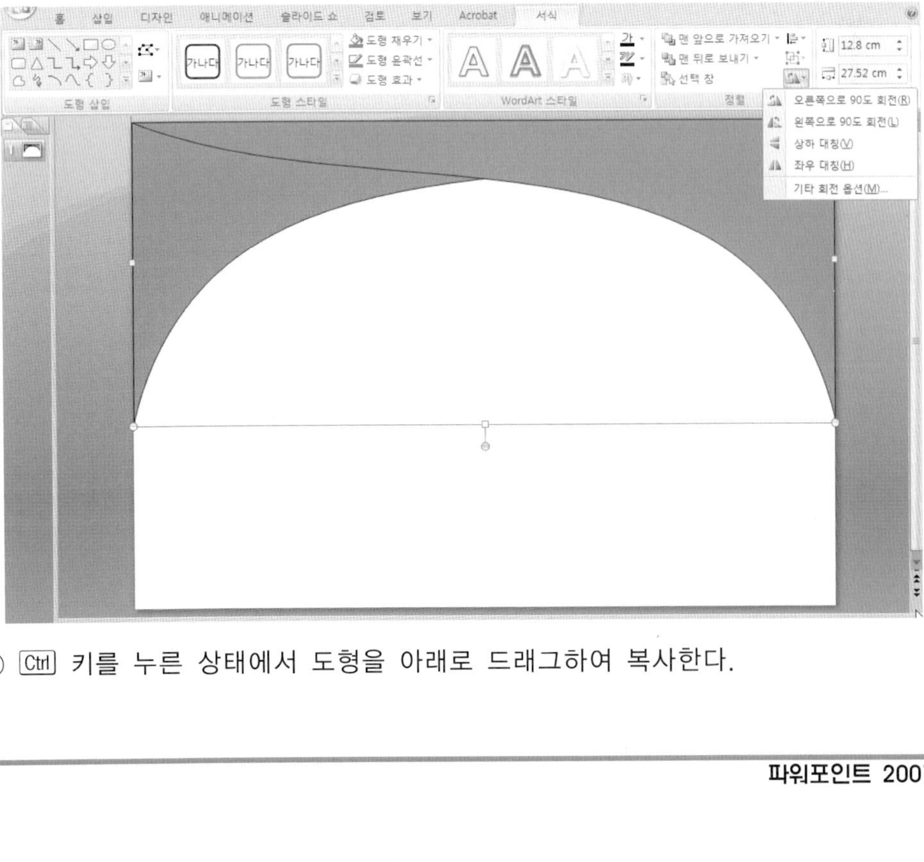

⑨ Ctrl 키를 누른 상태에서 도형을 아래로 드래그하여 복사한다.

⑩ [홈] 탭→[그리기] 그룹→[정렬]→[회전]→[상하 대칭]을 클릭하여 출력 형태와 같은 모양으로 완성한다.

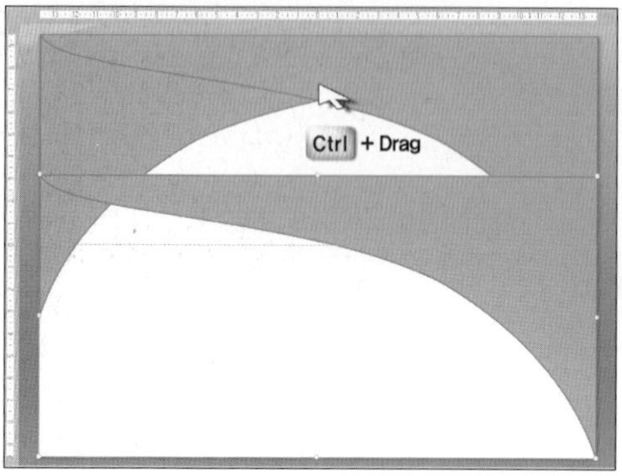

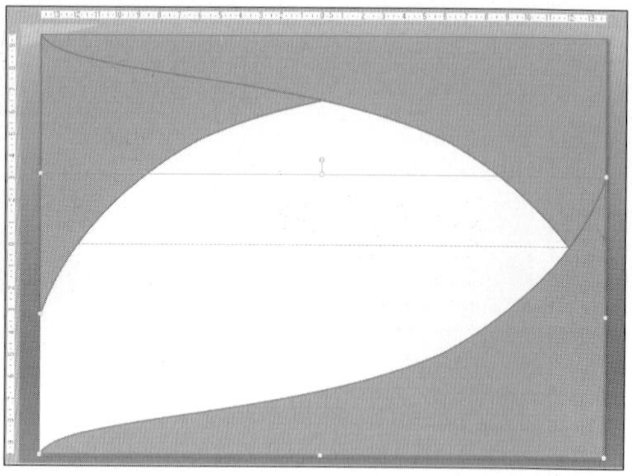

⑪ 도형의 채우기 색상, 선 굵기, 선 종류는 별도의 지시사항이 없으므로 사용자가 임의로 선택하여 출력 형태와 같이 설정한다.

⑫ 도형 색과 테두리 설정은 도형을 더블 클릭한 후 [서식] 탭→[도형 스타일] 그룹→[도형 채우기]와 [도형 윤곽선]에서 각각 설정한다.

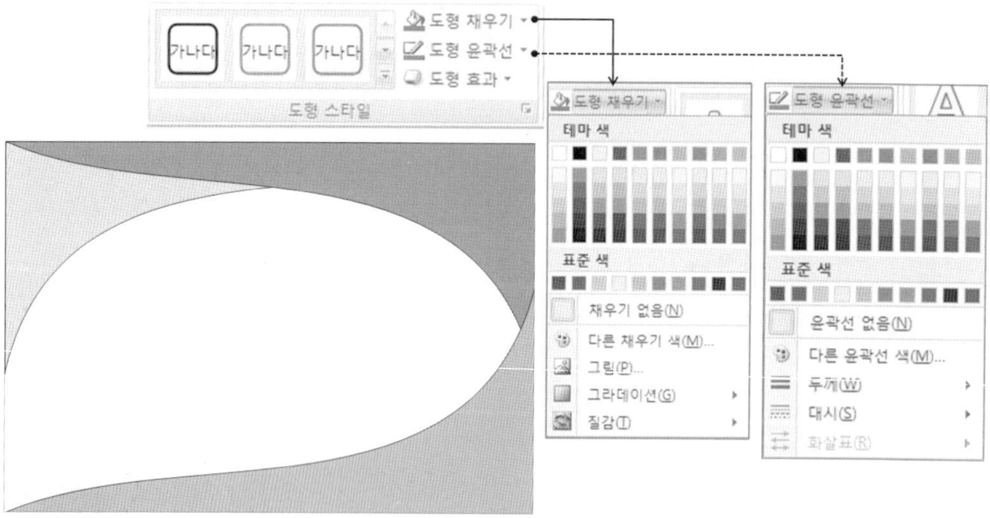

10.1.3 WordArt 삽입

① [삽입] 탭→[텍스트] 그룹→[WordArt]를 클릭한다. WordArt 갤러리에서 임의의 스타일을 선택한다.

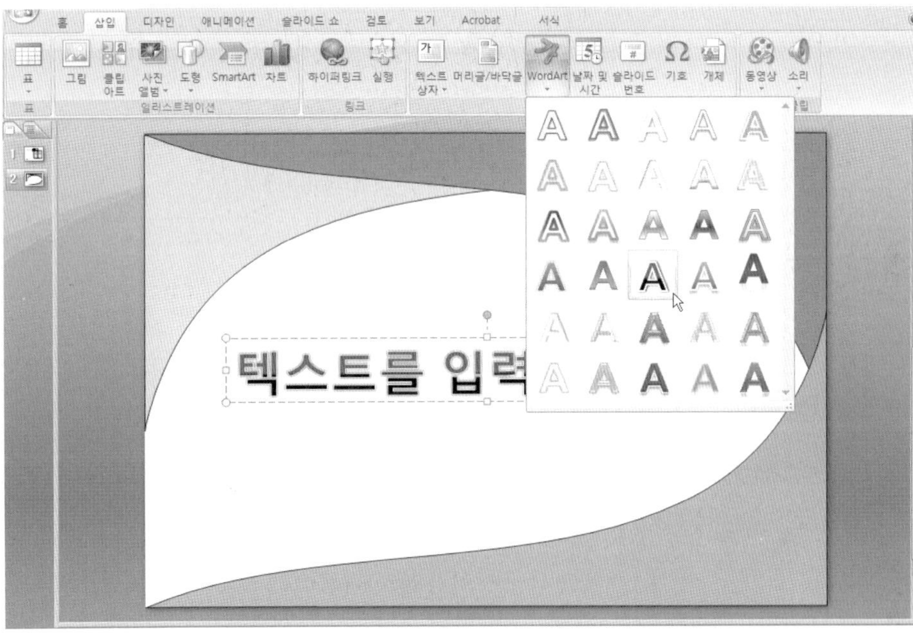

② 삽입된 WordArt 텍스트 개체 틀에 "Environment-Friendly" 를 입력한다.

Environment-Friendly

③ WordArt 개체 틀을 선택하고 [홈] 탭→[글꼴] 그룹에서 글꼴(궁서), 스타일(굵게)을 설정한다. '그림자' 는 설정을 해제한다.

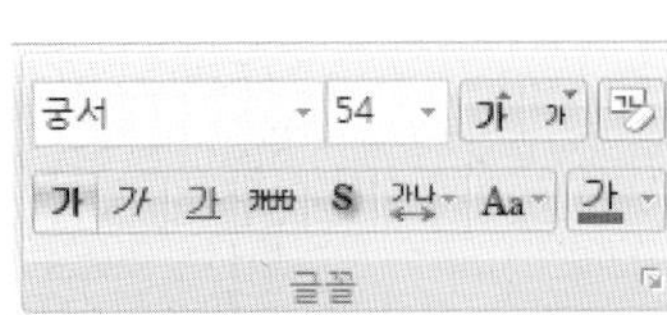

Environment-Friendly

④ WordArt 개체 틀을 선택하고, [서식] 탭→[WordArt 스타일] 그룹→[텍스트 효과]→[반사]에서 [슬라이드 1]의 지시사항대로 '전체반사, 터치'를 선택한다.

⑤ WordArt 개체 틀을 선택하고 [서식] 탭→[WordArt 스타일] 그룹→[텍스트 효과]→[변환]→[위로 계단식]을 선택한다.

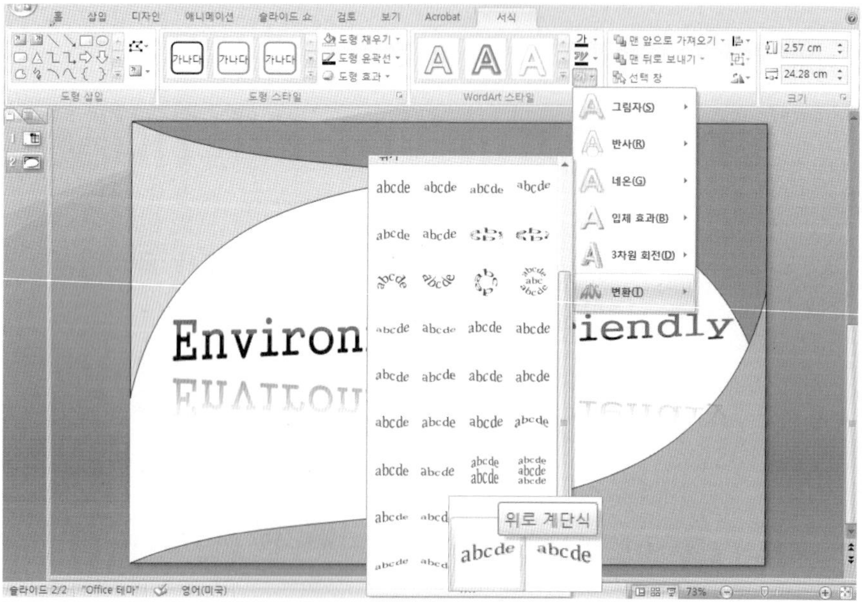

⑥ 출력 형태와 같이 WordArt의 크기와 위치를 설정한다.

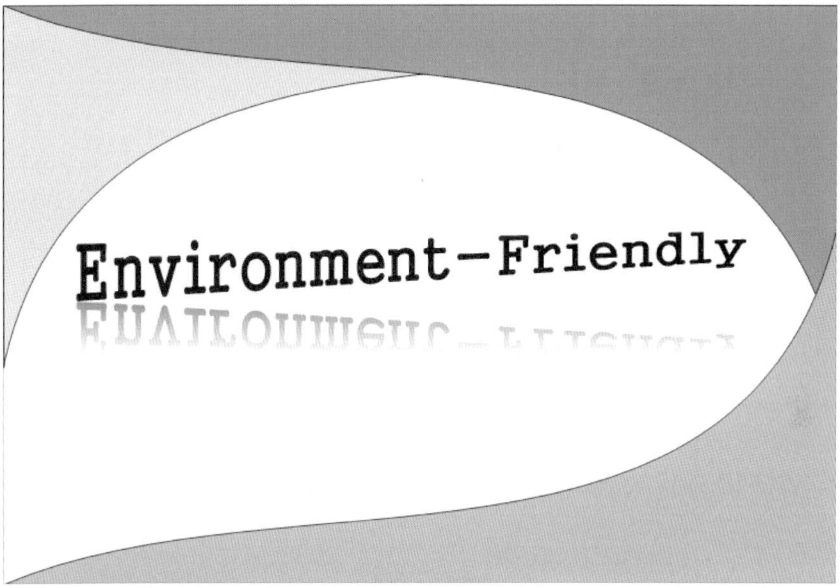

⑦ [삽입] 탭→[일러스트레이션] 그룹→[그림]을 선택한 후 그림을 삽입한다.

⑧ [서식] 탭→[다시 칠하기] 그룹→[투명한 색 설정]을 선택한 후 삽입된 그림의 배경(회색) 부분을 마우스로 클릭하여 투명하게 처리한다.

10.2 목차 슬라이드

10.2.1 목차 도형 작성

① 화면에 있는 내용 틀을 선택한 후 Delete 키를 눌러 틀을 삭제한다. [홈] 탭→[그리기] 그룹→[도형]에서 타원과 오각형 도형을 찾아 화면과 같이 완성한다.

② '회전 핸들'을 이용하여 '타원 도형'을 회전한다.

③ 작성된 두 개의 도형을 Shift 키를 누른 상태에서 클릭하여 선택한 후, Ctrl 키와 Shift 키를 동시에 누른 상태에서 아래쪽 방향으로 끌어내려 출력 형태가 되도록 복사한다.

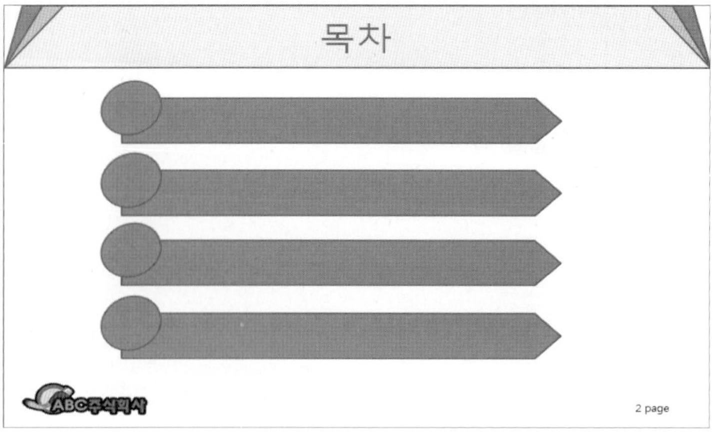

④ 완성된 도형에 아래 출력 형태와 같이 내용을 입력한다.

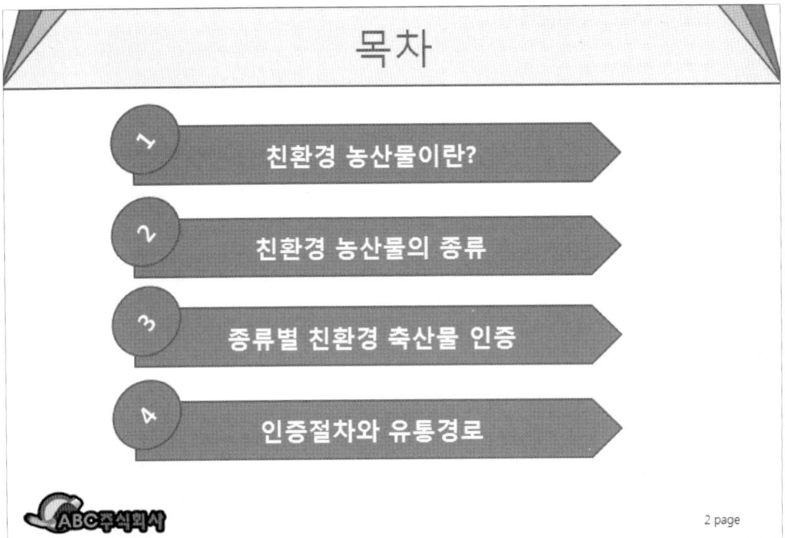

⑤ 도형을 모두 선택한 후 [서식] 탭→[그리기] 그룹→[도형 효과]→[그림자]→[바깥쪽]→[오프셋 위쪽]을 선택하여 그림자를 설정한다.

⑥ 도형을 모두 선택한 후 [홈] 탭→[글꼴] 그룹에서 글꼴(굴림), 크기(24pt), 글꼴 색(검정)을 각각 설정한다.

⑦ [서식] 탭→[도형 스타일] 그룹→[도형 채우기]에서 사용자 임의대로 채우기 색을 설정한다.

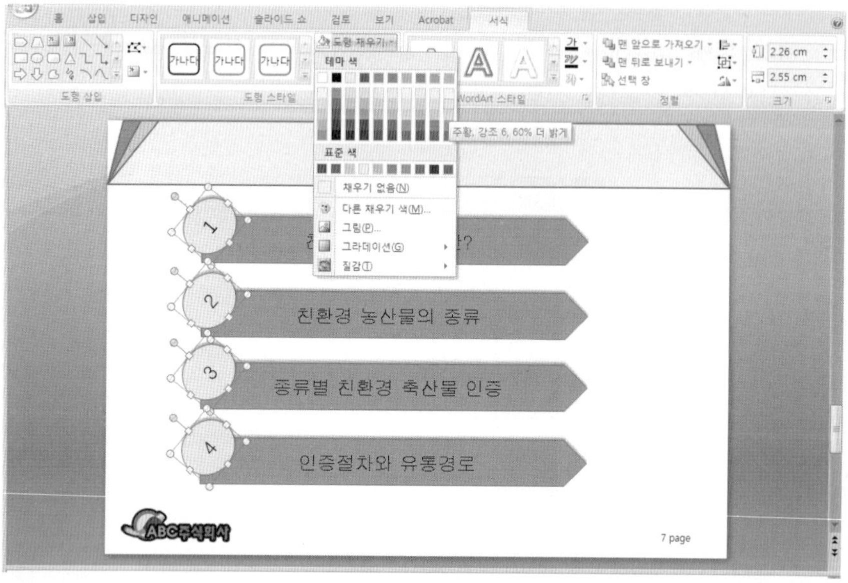

TIP!

- **여러 도형에 동일 서식 설정**

☞ 여러 개의 도형에 글꼴, 채우기, 윤곽선 등의 서식을 설정할 때에는 따로 하지 않고 설정하고자 하는 도형을 모두 선택한 후에 한 번에 작업한다.

⑧ [서식] 탭→[도형 스타일] 그룹→[도형 윤곽선]→[두께]를 '1pt' 로 설정한다.

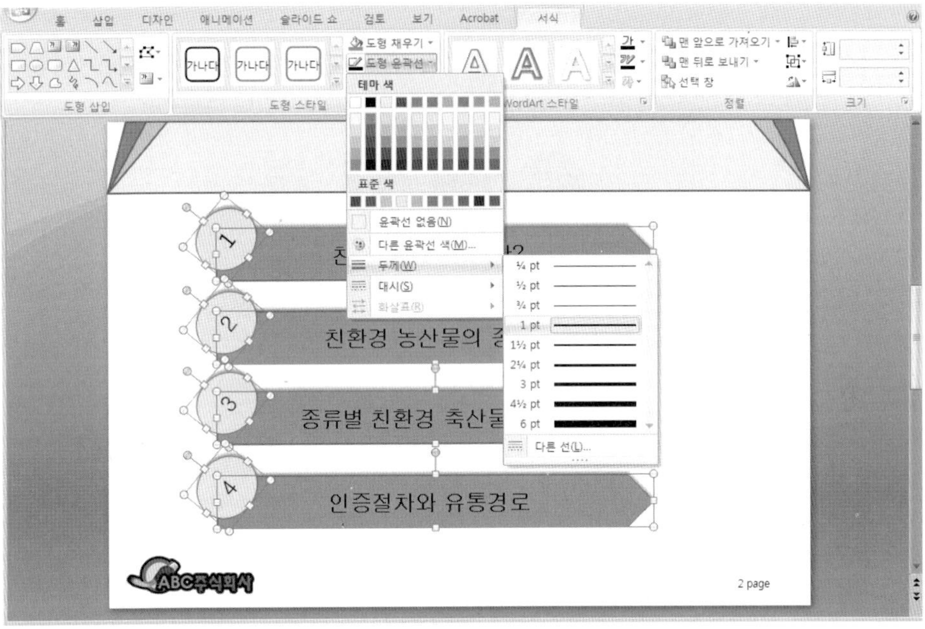

※ [도형 서식]에서 여러 서식을 한 번에 설정하여도 된다. 도형을 선택하고 마우스 오른쪽 버튼을 눌러 [도형 서식]을 선택한 후 각각 서식을 설정한다.

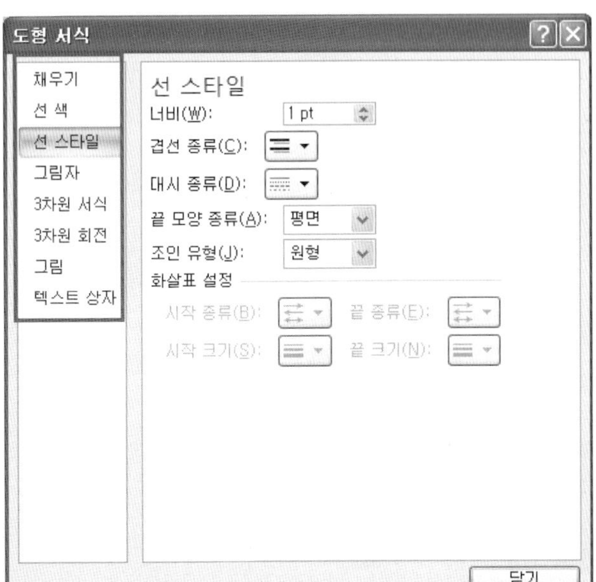

10.2.2 그림 자르기

① [삽입] 탭→[일러스트레이션] 그룹→[그림]을 클릭하고 해당 그림을 삽입한다.

② 삽입된 그림을 먼저 선택한 후 [서식] 탭→[크기] 그룹→[자르기]를 마우스로 클릭한다.

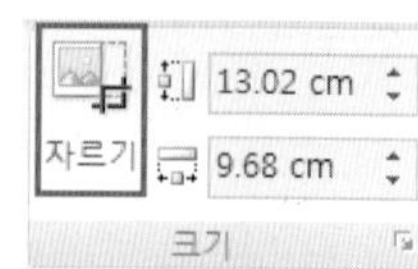

③ 그림 테두리에 나타난 '자르기 표시선' 들을 원하는 그림만 남도록 마우스로 끌어서 출력 형태와 같은 그림으로 만든다.

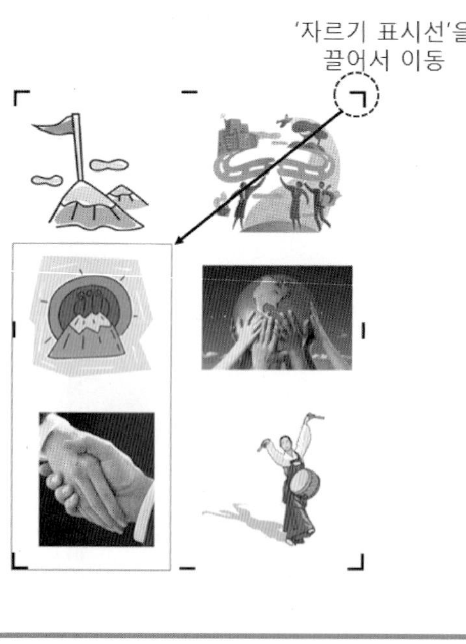

④ 완성된 그림의 크기와 위치를 출력 형태와 같이 설정하고 마우스 오른쪽을 눌러[맨 뒤로 보내기]를 클릭하여 그림의 순서를 변경한다.

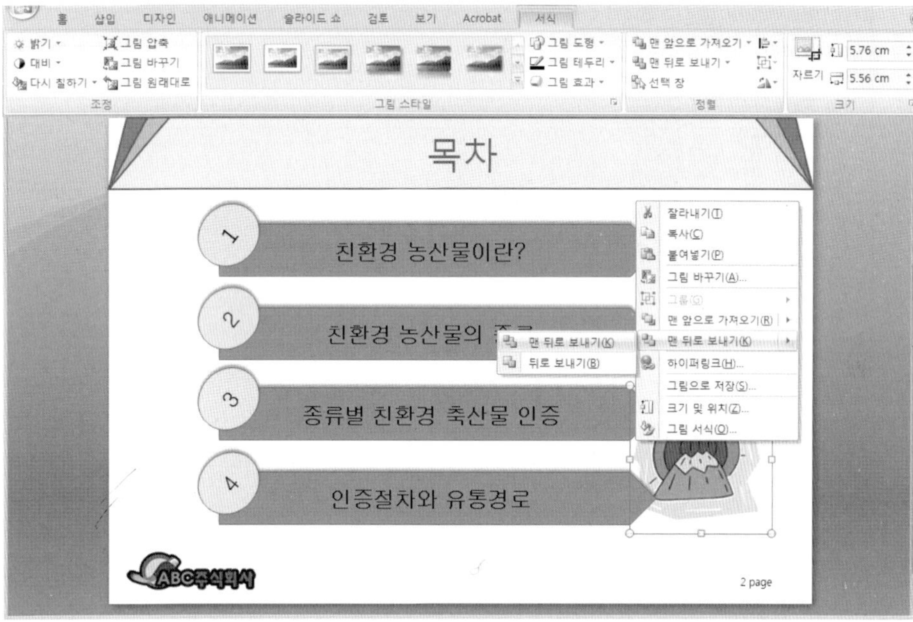

10.2.3 하이퍼링크 설정

① '인증절차와 유통경로' 텍스트를 마우스로 드래그하여 선택한 후 마우스 오른쪽 버튼을 눌러 [하이퍼링크]를 선택한다.

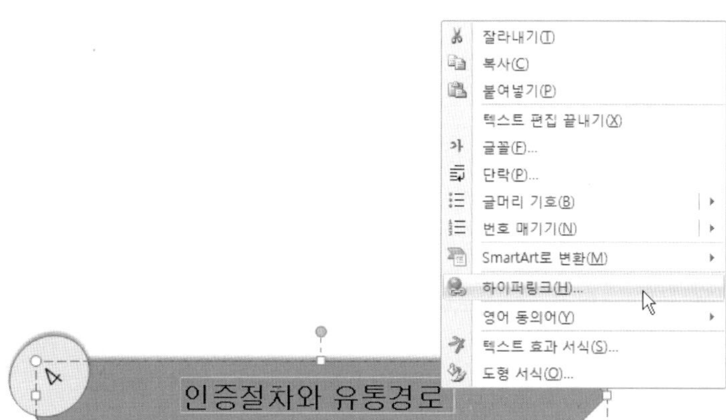

② [하이퍼링크 삽입] 대화상자의 왼쪽 '연결 대상'에서 [현재 문서]를 선택한다. [슬라이드 제목]에서 '슬라이드 6'을 선택하고 [확인] 단추를 누른다.

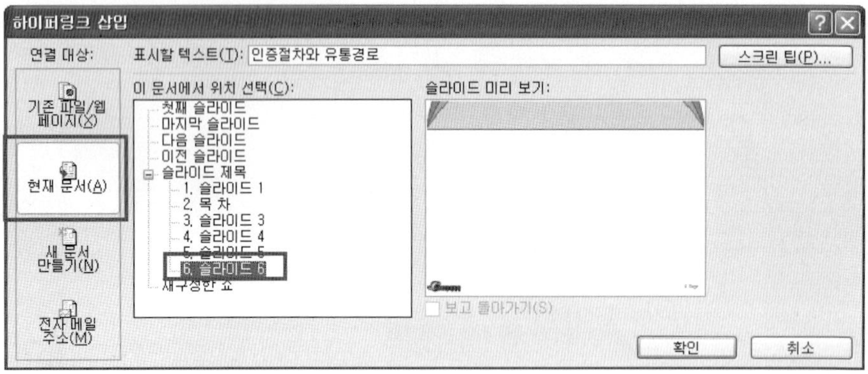

TIP

- **하이퍼링크**
  - ☞ [슬라이드 2]의 '하이퍼링크' 기능을 설정하기 위해서는 이동할 수 있는 빈 슬라이드가 있어야 한다.
  - ☞ '새 프레젠테이션' 작성 시 총 슬라이드가 여섯 장이 되도록 먼저 작업해 두어야 한다.

③ '하이퍼링크'는 [보기] 탭→[프레젠테이션 보기] 그룹→[슬라이드 쇼]에서 실행 할 수 있다. '하이퍼링크' 기능이 설정된 텍스트를 클릭하면 해당 슬라이드(6번)으로 이동한다.

TIP

- **'하이퍼링크' 텍스트에 밑줄**
  - ☞ '하이퍼링크' 기능이 설정된 텍스트에 밑줄이 표시된다. 이는 하이퍼링크가 설정되어 있음을 나타내므로 그냥 두어도 된다.

§ 연습문제 10.1 다음 조건에 맞는 제목 슬라이드와 목차 슬라이드를 작성하시오.

[슬라이드 1] 《표지 디자인》

(1) 표지 디자인: 도형(직각 삼각형)을 삽입하고, 점편집 기능을 이용하여 작성한다.

(2) 도형 효과: 상단도형(그림자[오프셋 대각선 오른쪽 아래]), 하단도형(그림자[안쪽 위쪽])

세부조건

① 워드아트 삽입
- 글꼴 : 궁서, 굵게
- 반사 : 근접반사, 터치

② 그림 삽입
- 「내문서₩ITQ₩Picture₩로고3.jpg」
- 배경(연보라) 투명색으로 설정

[슬라이드 2] 《목차 슬라이드》 (60점)

(1) 출력 형태와 같이 도형(그림자 : 오프셋 위쪽)을 이용하여 목차를 작성한다.
(글꼴 : 굴림, 24pt, 검정)

세부조건

① 텍스트에 하이퍼링크 적용
-〉 '슬라이드 5'

② 그림 삽입
- 「내문서₩ITQ₩Picture₩그림4.jpg」
- 자르기 기능 이용

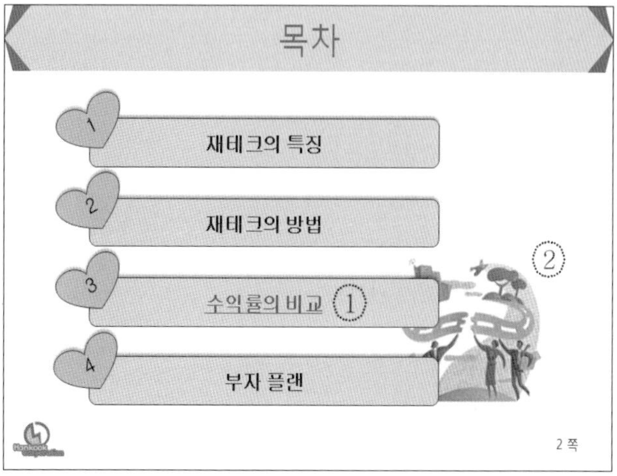

(자료 출처 : ITQ 기출문제)

§ 연습문제 10.2 다음 조건에 맞는 제목 슬라이드와 목차 슬라이드를 작성하시오.

[슬라이드 1] 《표지 디자인》

(1) 표지 디자인 : 도형(직사각형)을 삽입하고, 점편집 기능을 이용하여 작성한다.

세부조건

① 워드아트 삽입
- 글꼴 : 돋움, 굵게
- 반사 : 전체반사, 터치

② 그림 삽입
- 「내문서₩ITQ₩Picture₩로고2.jpg」
- 배경(회색) 투명색으로 설정

[슬라이드 2] 《목차 슬라이드》

(1) 출력 형태와 같이 도형(그림자 : 오프셋 위쪽)을 이용하여 목차를 작성한다.
(글꼴 : 굴림, 24pt, 검정).

세부조건

① 텍스트에 하이퍼링크 적용
-> '슬라이드 4'

② 그림 삽입
- 「내문서₩ITQ₩Picture₩그림5.gif」
- 자르기 기능 이용

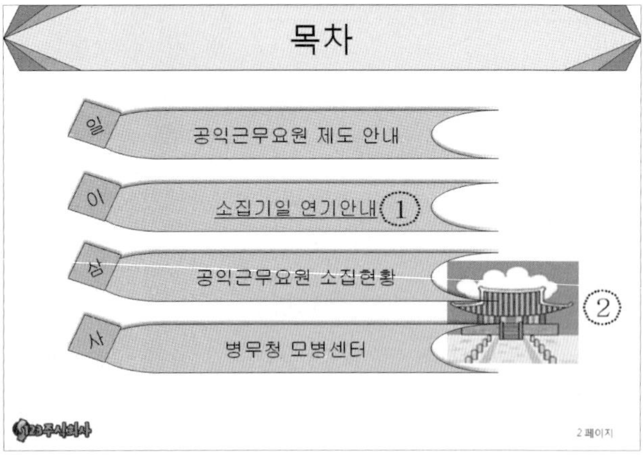

(자료 출처 : ITQ 기출문제)

파워포인트 2007

11장. 텍스트 / 표 슬라이드

학습목표

파워포인트 2007의 텍스트/동영상 슬라이드와 표 편집 기능을 익히고 아래 《출력 형태》와 같은 슬라이드를 작성한다.

[슬라이드 3] 《텍스트/동영상 슬라이드》

(1) 텍스트 작성 : 글머리 기호 사용 (❖, ■)

❖ 문단(맑은고딕, 24pt, 굵게, 줄간격 : 1.5줄), ■ 문단(맑은고딕, 20pt, 줄간격 : 1.5줄)

세부조건

① 동영상 삽입 :

-내문서₩ITQ₩Picture₩동영상.wmv」

- 자동실행, 반복재생 설정

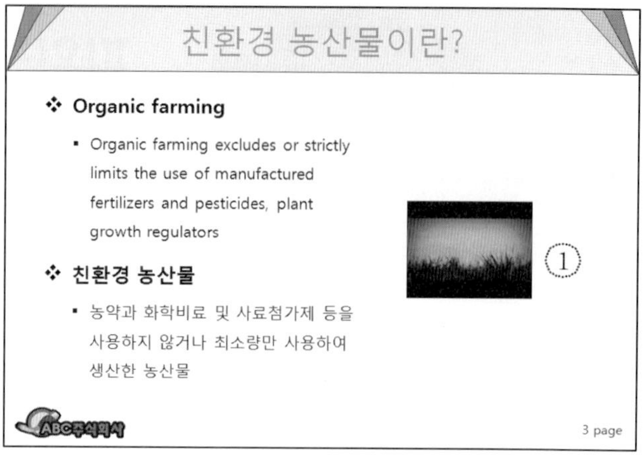

[슬라이드 4] 《표 슬라이드》

(1) 도형과 표 작성 기능을 이용하여 슬라이드를 작성한다. (글꼴 : 굴림, 18pt)

세부조건

① 상단 도형 : 2개 도형의 조합으로 작성

② 좌측 도형 : 그라데이션 효과(선형 대각선), 그림자(오프셋 대각선 왼쪽 아래)

③ 표 색 채우기(노랑)

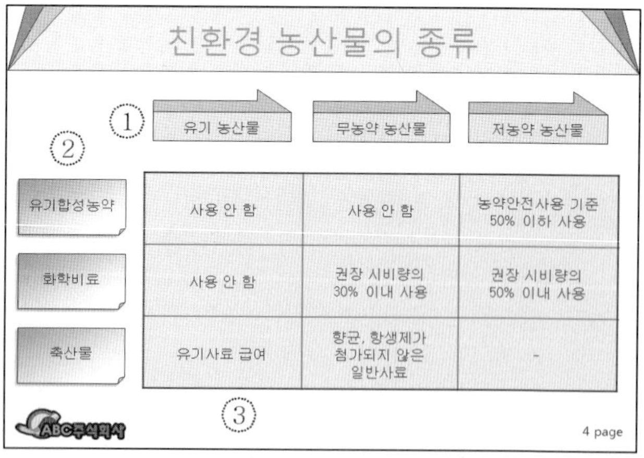

(자료 출처 : ITQ 기출문제)

11.1 텍스트 슬라이드

11.1.1 텍스트 슬라이드 작성

① 텍스트 슬라이드를 작성하기 위해 본문 내용을 그림과 같이 입력한다.

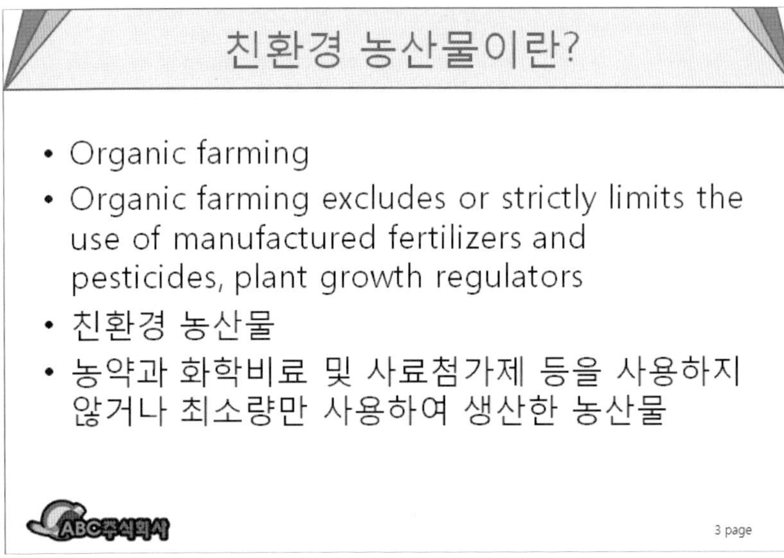

② 텍스트 상자의 크기를 출력 형태와 같이 줄인다.

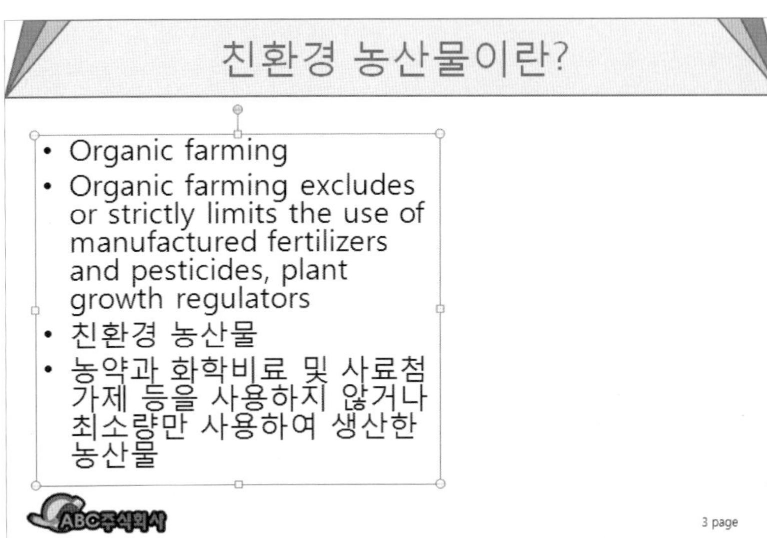

③ 입력한 본문 내용이 틀보다 클 경우에는 텍스트 크기가 자동으로 작아지게 된다. 본문을 입력한 후 [자동 맞춤 옵션] 단추( )가 나타나면 [이 개체 틀에 텍스트 맞춤 중지]를 선택하여 사용자가 설정한 텍스트 크기가 변경되지 않도록 설정한다.

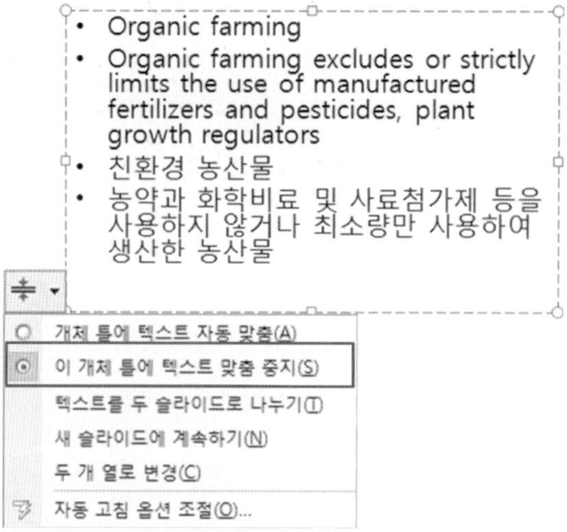

④ 글머리 기호(❖)를 붙이기 위하여 해당 문단을 마우스 드래그하여 블록을 설정한다. Ctrl 키를 누른 상태에서 다른 문단을 함께 선택한다.

⑤ 마우스 오른쪽 버튼을 눌러 [글머리 기호]를 선택한다. 목록에서 기호 ❖를 선택한다.

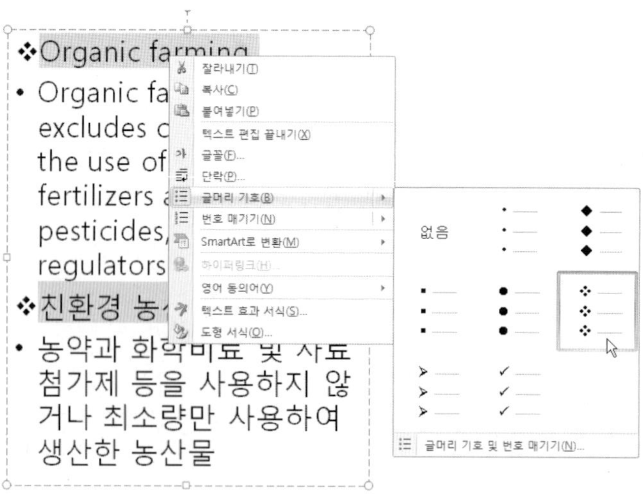

⑥ ❖ 문단의 텍스트 서식을 설정한다.(글꼴: 맑은고딕, 글자 크기: 24pt, 굵게)

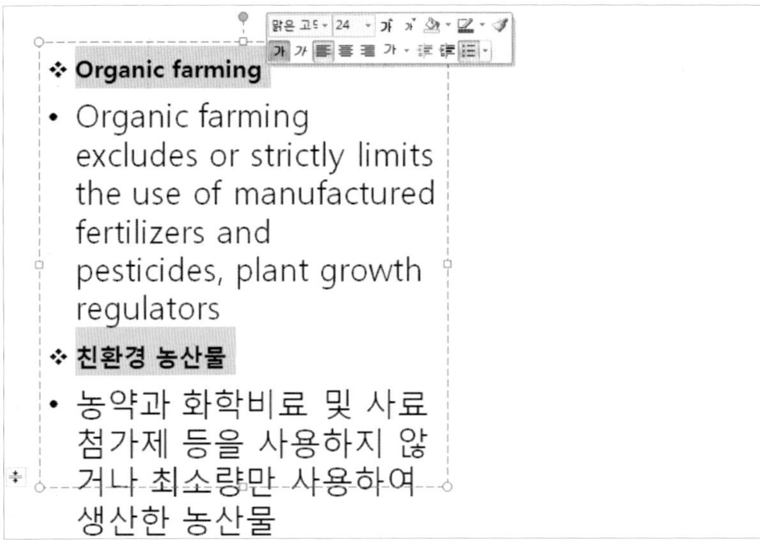

⑦ ❖ 문단의 텍스트를 선택한 후 [홈] 탭→[단락] 그룹→[줄 간격]에서 1.5 줄을 선택한다.

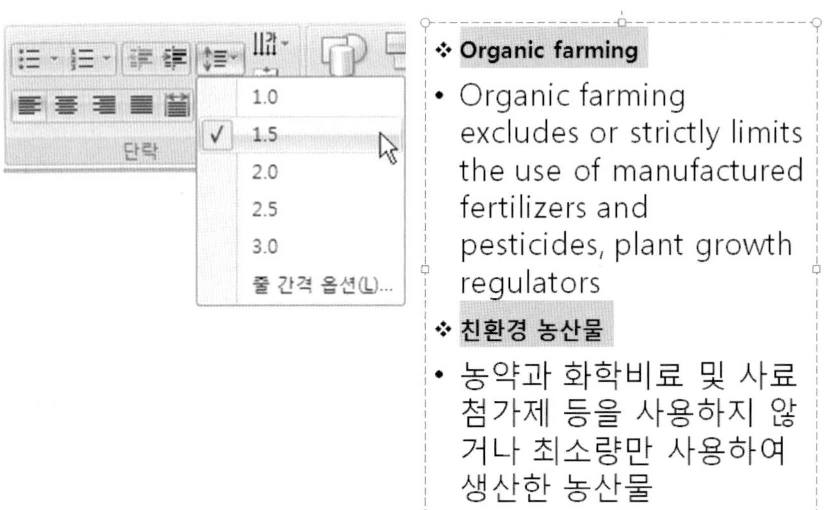

⑧ ▪ 문단으로 설정할 텍스트를 마우스로 드래그하여 블록을 설정한다.

마우스 오른쪽을 눌러 [목록 수준 늘림] 단추를 누르면, ❖ 문단보다 안쪽으로 들여 쓰기가 된다.

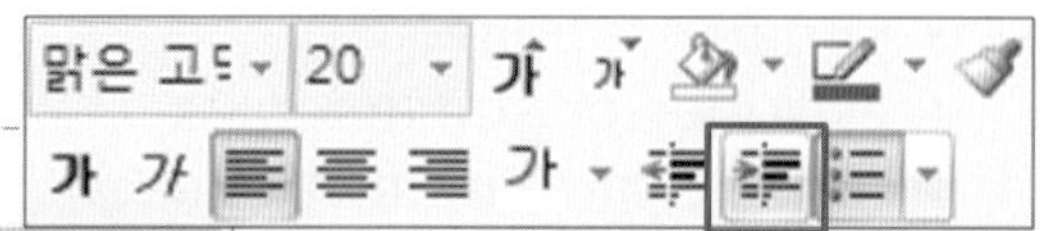

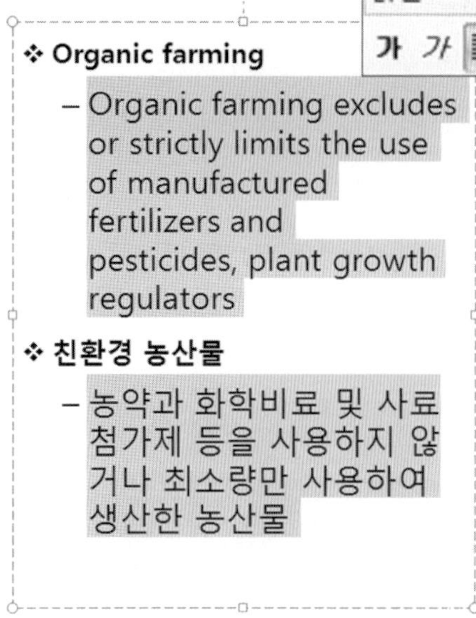

TIP

▸ [Tab] 키를 눌러 목록 수준 늘림 변경

☞ 목록 수준 늘림() = [Tab]

☞ 목록 수준 줄임() = Shift+[Tab]

⑨ 마우스 오른쪽을 눌러 [글머리 기호] 목록에서 ▪ 기호를 선택한다.

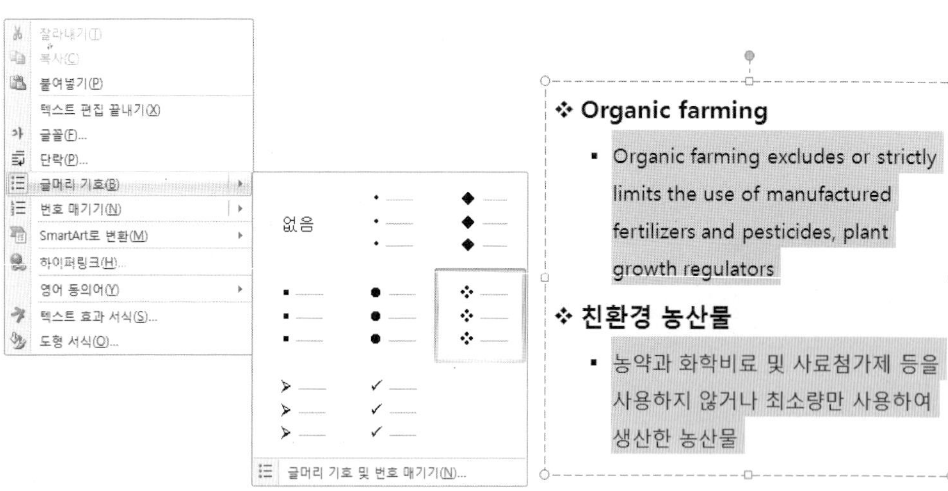

⑩ 글꼴(맑은고딕), 글자크기(20pt), 줄간격(1.5줄)을 ⑥,⑦과 동일한 방법으로 변경한다.

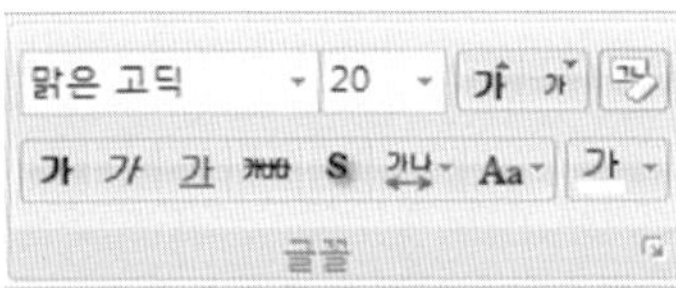

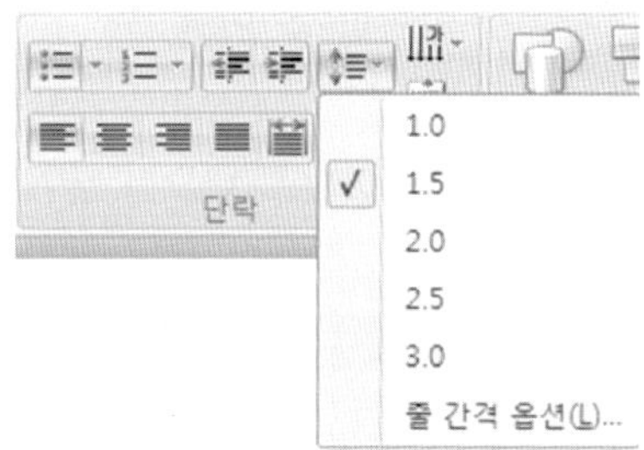

TIP!

- **사용자 지정 글머리 기호**

☞ 글머리 기호를 사용자가 지정하고자 할 경우에는 [글머리 기호 및 번호 매기기] 대화상자의 [글머리 기호]→[사용자 지정]에서 지정할 수 있다.

① 마우스 오른쪽을 눌러 [글머리 기호]→[글머리 기호 및 번호 매기기]를 선택한다.

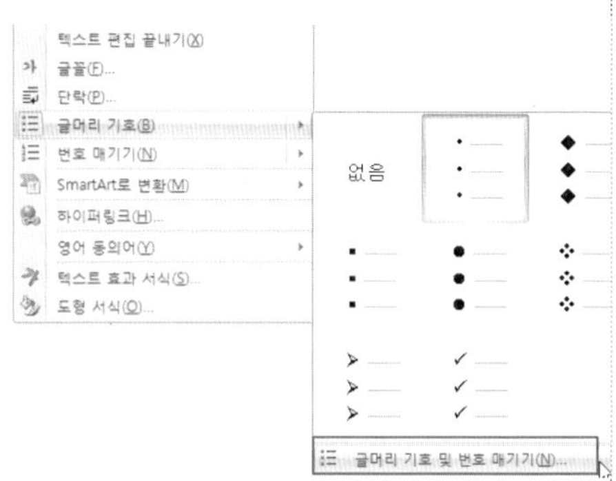

② [글머리 기호 및 번호 매기기] 대화상자에서 [사용자 지정]을 선택한다.

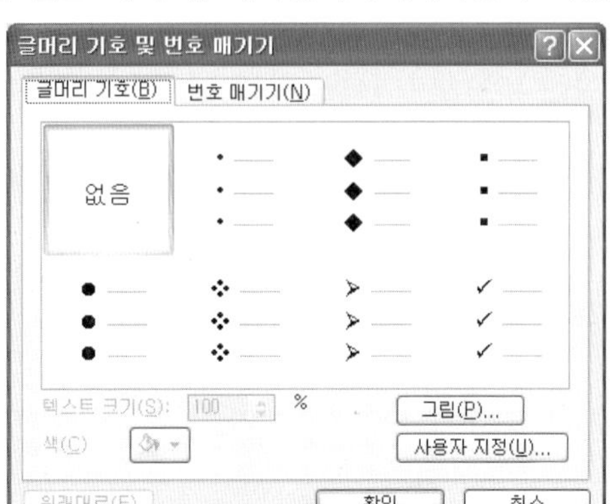

③ [기호] 대화상자의 [글꼴]에서 사용자가 선택한 글꼴에 따라 다양한 기호들을 선택하여 삽입할 수 있다.

※ 'Wingdings' 아래로 나오는 글꼴들은 ITQ 시험에 자주 나오는 기호들이 포함되어 있다.

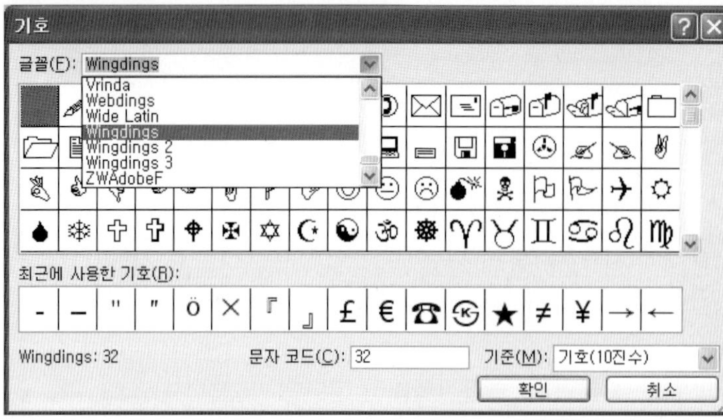

TIP

- **글머리 기호나 번호 매기기 목록의 들여쓰기 조정**

☞ 눈금자의 들여쓰기 표식을 끌어 이동시키면 글머리 기호 목록이나 번호 매기기 목록의 들여쓰기를 조정할 수 있다.

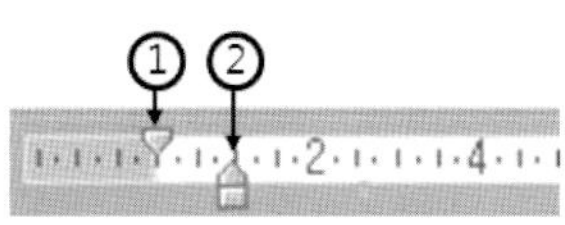

① '글머리 기호' 또는 '번호' 의 들여쓰기 위치를 보여 주는 첫째 줄 들여쓰기 표식

② 텍스트의 들여쓰기 위치를 보여 주는 왼쪽 들여쓰기 표식

11.1.2 동영상 삽입

① [삽입] 탭→[미디어 클립] 그룹→[동영상]을 클릭하여 '내문서₩ITQ₩Picture₩동영상.wmv' 을 선택한다.

② '슬라이드 쇼 실행 시 동영상 시작 방법' 을 묻는 대화상자에서 [자동 실행]을 선택한다.

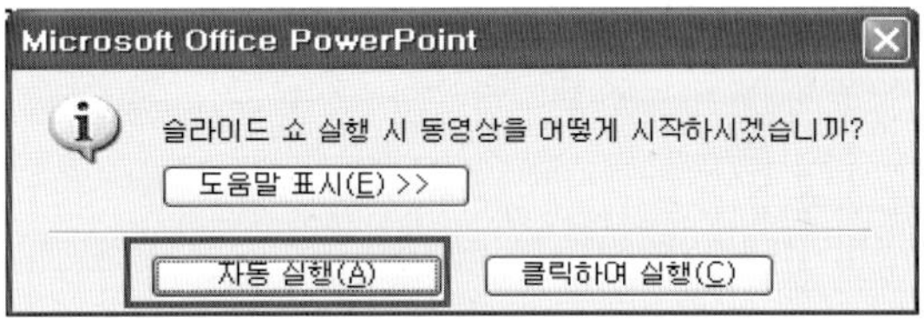

③ 삽입된 동영상을 선택한 후 [동영상 도구]→[옵션] 탭→[동영상 옵션] 그룹에서 [반복재생]을 선택한다.

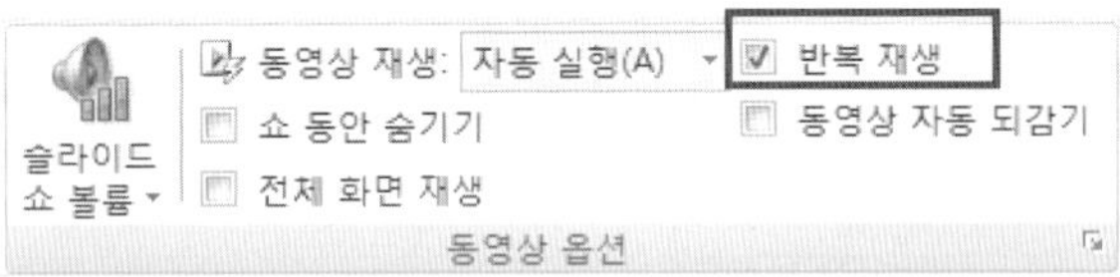

④ 출력 형태와 같은 위치에 동영상 개체를 이동한다.

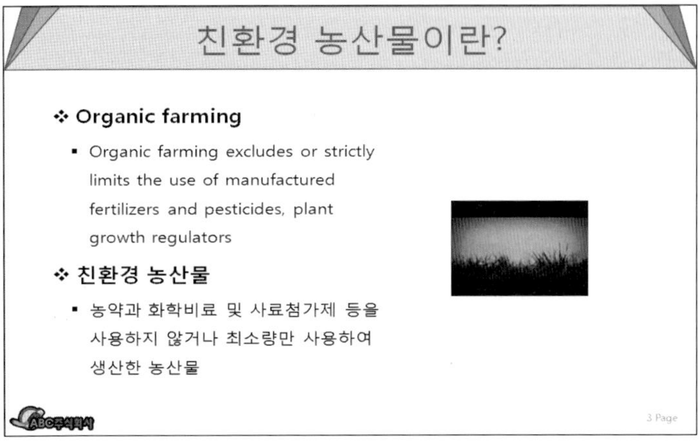

11.2 표 슬라이드

11.2.1 표 작성

① [삽입] 탭→[표] 그룹→[표]를 누른 후 그리고자 하는 표의 크기만큼 마우스로 드래그한다.

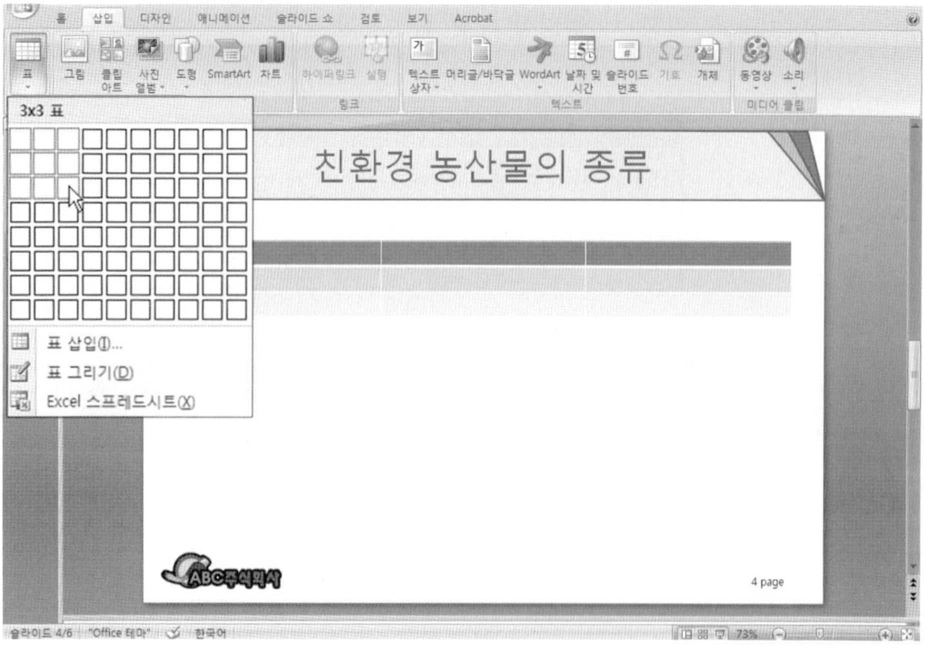

• 슬라이드 편집 창에서 '표 삽입'

① 슬라이드 편집 창의 본문 개체 틀에서 표 삽입 아이콘( )을 클릭한다.

② [표 삽입] 대화상자에서 열 개수, 행 개수를 입력한다.

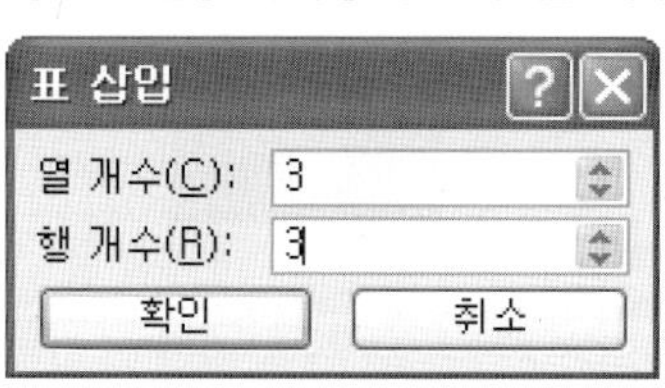

② [표 도구]→[디자인] 탭→[표 스타일] 그룹에서 [자세히]를 눌러 '스타일 없음, 표 눈금' 을 선택한다.

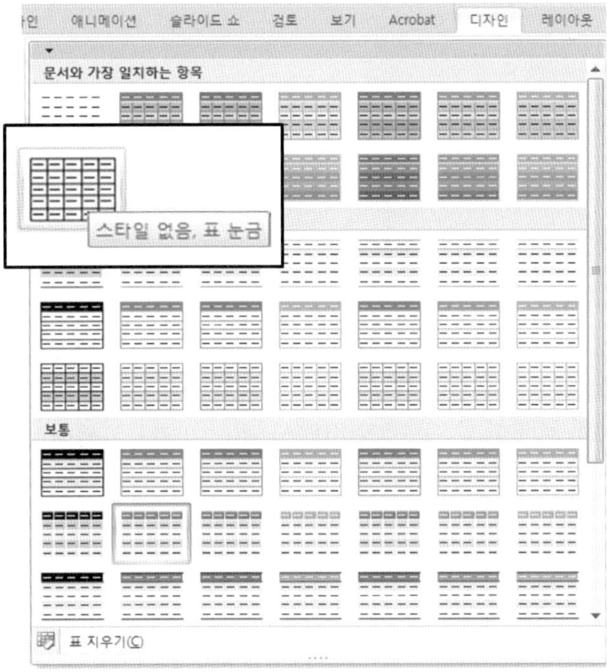

③ 아래와 같이 표에 내용을 입력한다.

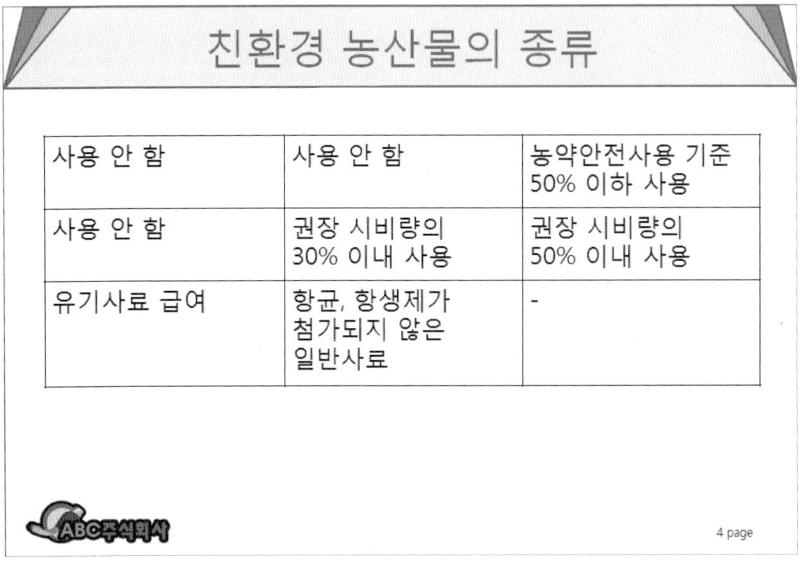

④ 표를 선택한 후 [홈] 탭→[글꼴] 그룹에서 글꼴(굴림)과 글자 크기(18pt)를 설정한다.

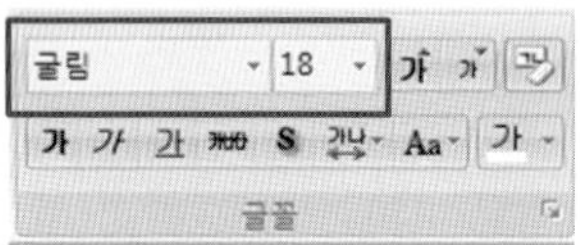

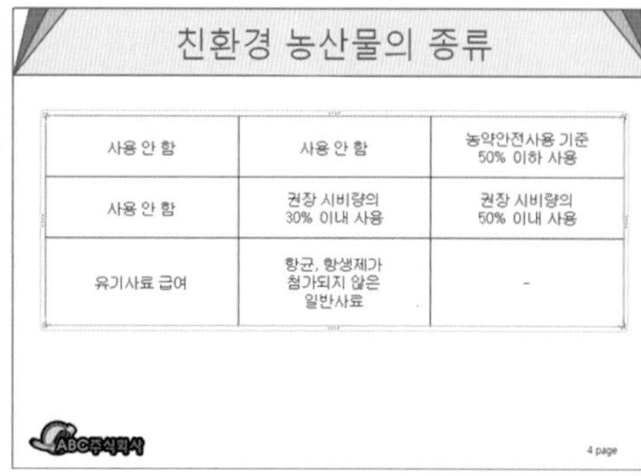

⑤ 표를 선택한 후 [표 도구]→[레이아웃] 탭→[맞춤] 그룹에서 [가운데 맞춤]과 [세로 가운데 맞춤]을 클릭한다.

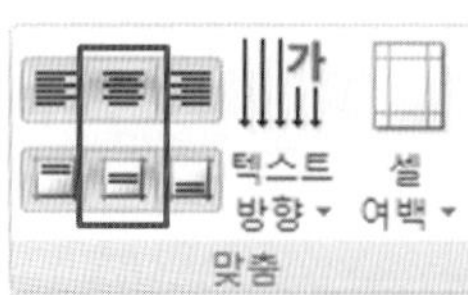

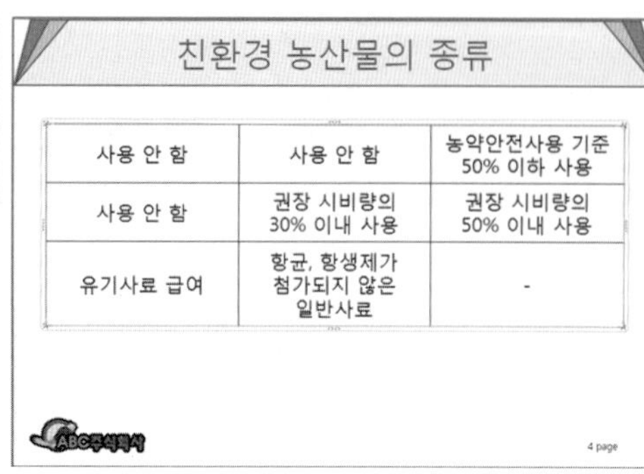

⑥ 표의 크기와 위치를 출력 형태와 같이 설정한다.

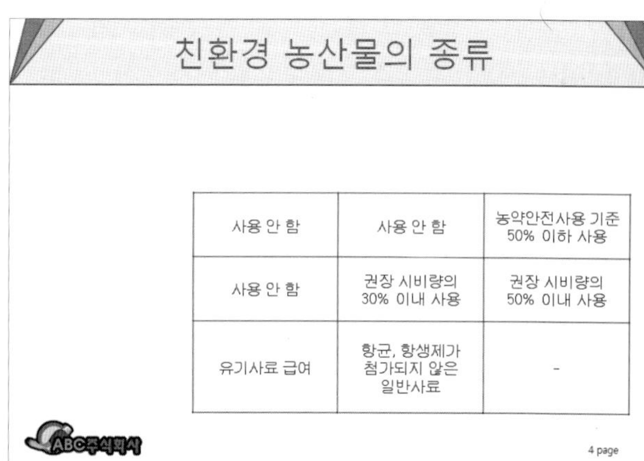

⑦ 표를 선택하고 [표 도구]→[디자인] 탭→[표 스타일] 그룹→[음영]의 [표준 색]에서 '노랑' 을 선택한다.

⑧ 표를 선택하고 [표 도구]→[디자인] 탭→[테두리 그리기] 그룹→[펜 두께]에서 굵기(2.25pt)를 먼저 설정한다.

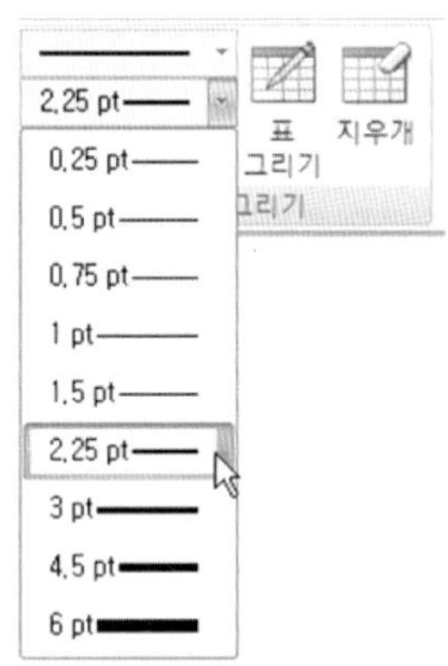

⑨ [디자인] 탭→[표 스타일] 그룹→[테두리]에서 '바깥쪽 테두리⊞' 를 선택한다.

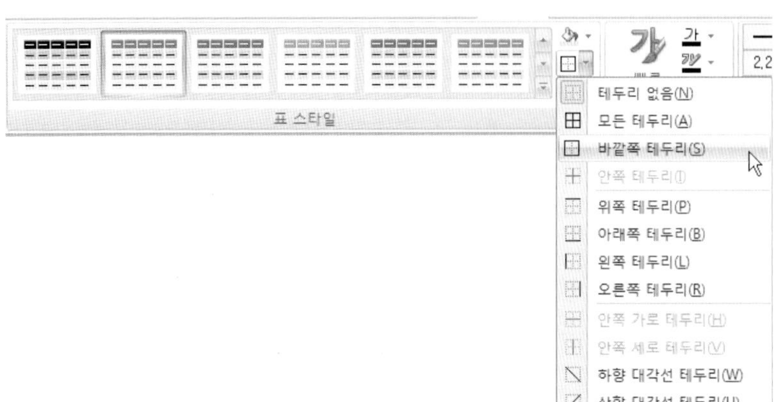

11.2.2 표 상단 및 좌측 도형 작성하기

① [삽입] 탭→[일러스트레이션] 그룹→[도형]에서 '오른쪽 화살표'와 '직사각형' 도형을 선택하여 출력 형태와 같이 그린다.

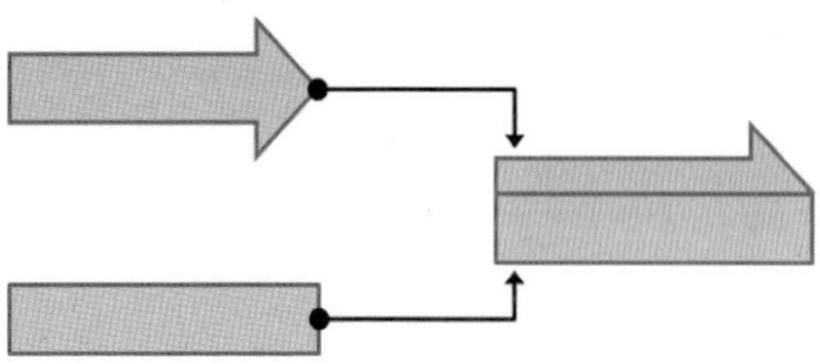

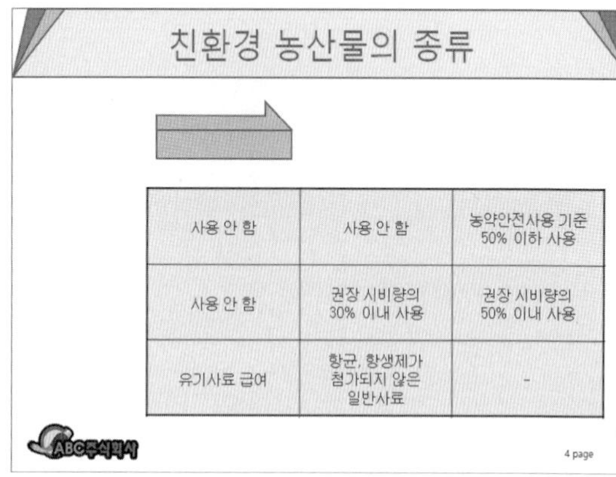

② [서식] 탭→[도형 스타일] 그룹→[도형 채우기]로 두 개의 도형 채우기 색상을 다르게 설정한다.

③ 완성된 두 개의 도형을 모두 선택한 후 Ctrl+Shift 키를 동시에 누른 상태에서 수평으로 끌어 출력 형태와 같이 복사한다.

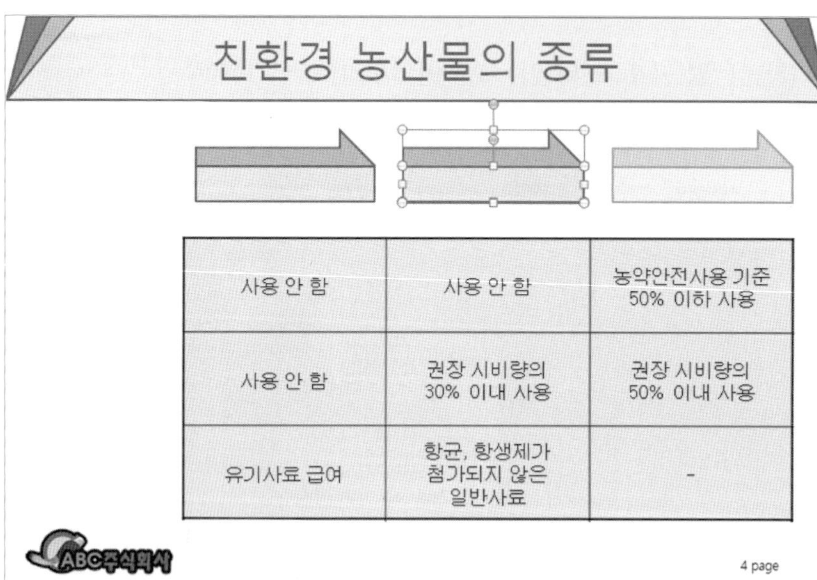

④ 작성된 도형에 "유기 농산물", "무농약 농산물", "저농약 농산물"을 각각 입력한다.

⑤ 상단 도형을 모두 선택한 후 글꼴(굴림), 글자크기(18pt), 글꼴 색(검정)을 변경한다.

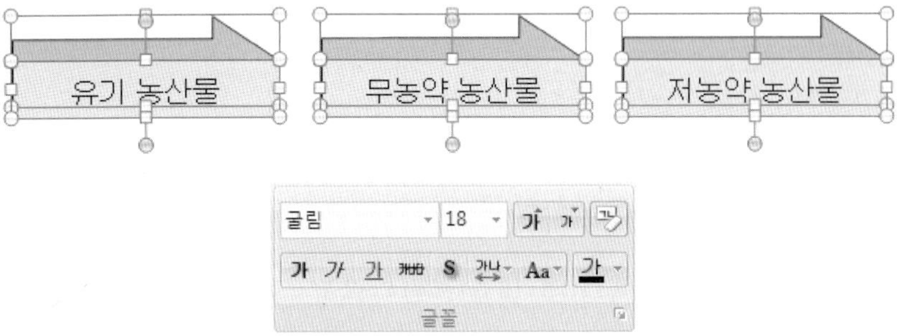

⑥ [삽입] 탭→[일러스트레이션] 그룹→[도형]에서 '모서리가 접힌 도형'을 선택하여 표 좌측에 작성한다.

작성된 도형을 선택한 후 Ctrl+Shift 키를 누른 상태에서 슬라이드 아래쪽 방향으로 드래그하여 도형을 2회 복사한다.

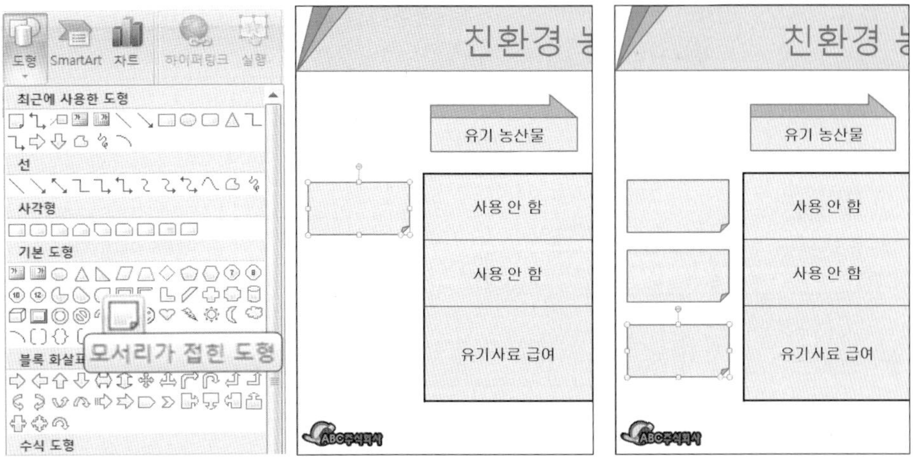

⑦ 삽입한 도형에 출력 형태와 같이 도형 상단부터 텍스트 “유기합성농약”, “화학비료”, “축산물” 을 입력한다.

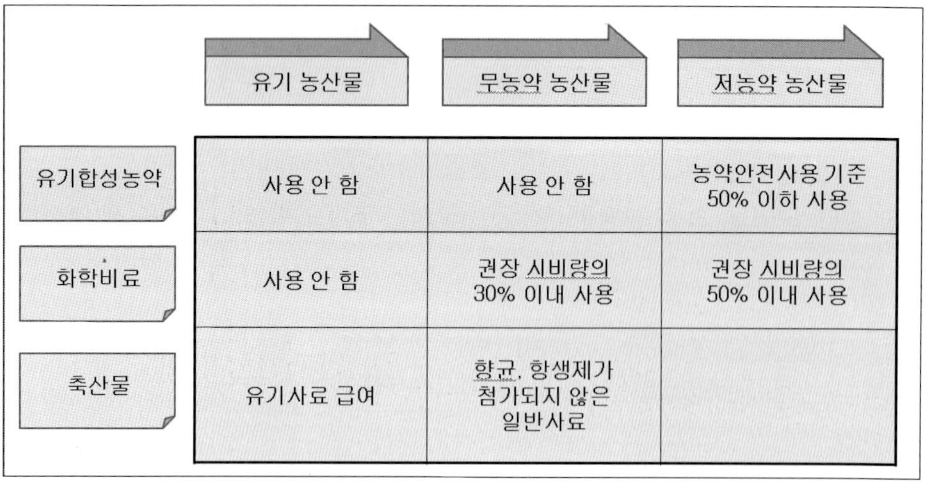

⑧ 좌측 도형들을 모두 선택한 후 글꼴(굴림), 글자 크기(18pt)를 설정한다.

⑨ 좌측 도형들을 모두 선택한 후 마우스 오른쪽 버튼을 눌러 [개체 서식]을 선택한다.

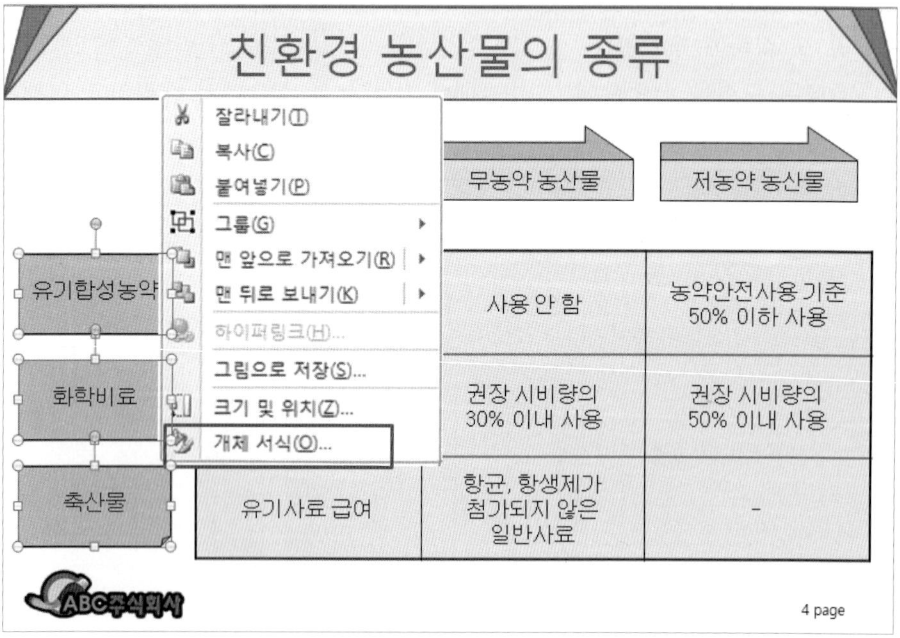

⑩ [도형 서식] 대화상자의 [채우기]→[그라데이션 채우기]를 선택한다. 그라데이션 [종류]는 '선형' 을 [방향]은 '선형 대각선' 을 선택한다.

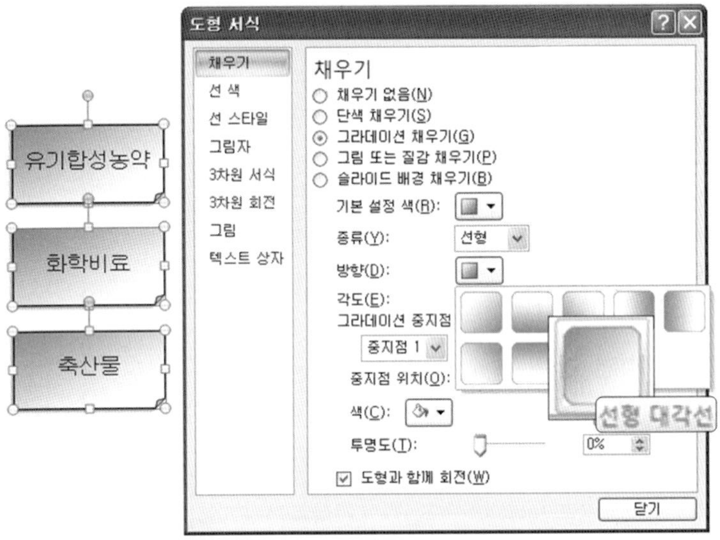

TIP!

- **그라데이션 색 혼합 방법**

① [그라데이션 중지점]을 선택한다.

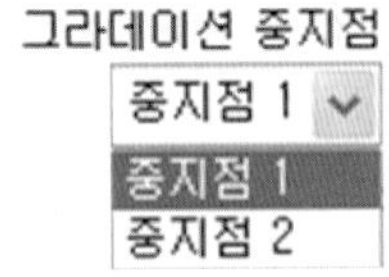

② 색 목록 단추를 눌러 색상을 설정한다.

③ 중지점 [추가]를 눌러 여러 단계의 색을 배합할 수 있다.

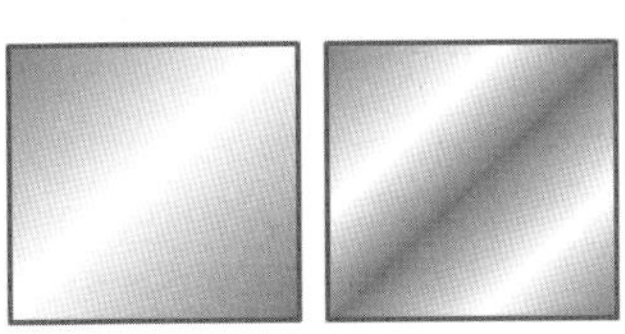

④ 중지점 [제거]를 눌러 단계를 삭제하여 조절점을 변경할 수 있다.

⑪ [도형 서식] 대화상자의 [그림자]→[미리 설정]→[바깥쪽]에서 '오프셋 대각선 왼쪽 아래'를 선택한 후 [닫기] 단추를 누른다.

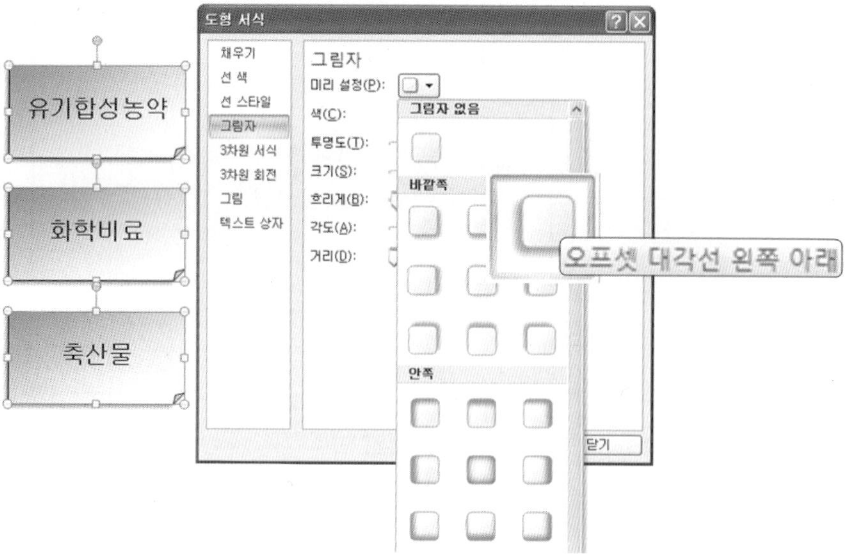

⑫ 완성된 결과는 다음과 같다.

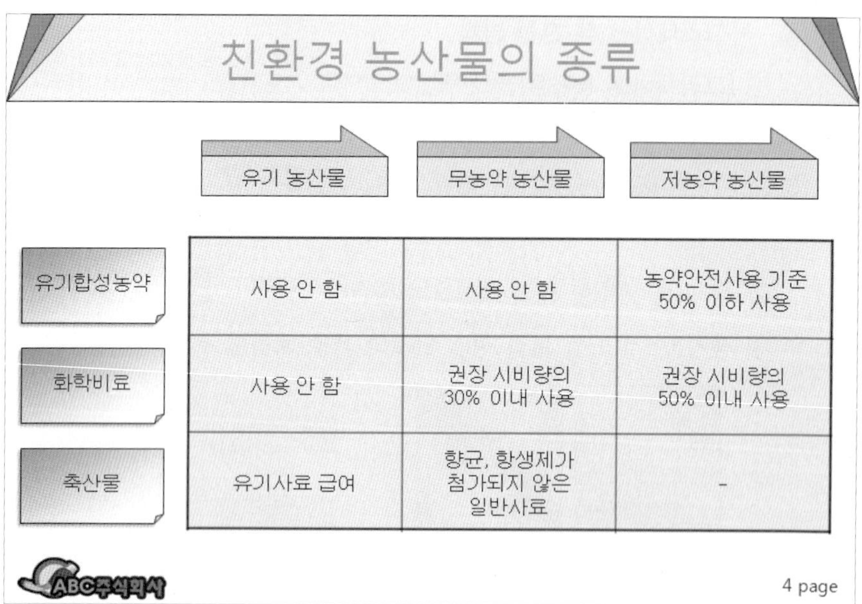

§ 연습문제 11.1 다음 조건에 맞는 텍스트/동영상 슬라이드와 표 슬라이드를 작성하시오.

[슬라이드 3] 《텍스트/동영상 슬라이드》

(1) 텍스트 작성 : 글머리 기호 사용 (❑, ➢)

❑ 문단(맑은고딕, 24pt, 굵게, 줄간격 : 1.5줄), ➢ 문단(맑은고딕, 20pt, 줄간격 : 1.5줄)

세부조건

① 동영상 삽입 :

-내문서₩ITQ₩Picture₩동영상.wmv」

- 자동실행, 반복재생 설정

[슬라이드 4] 《표 슬라이드》

(1) 도형과 표 작성 기능을 이용하여 슬라이드를 작성한다(글꼴 : 굴림, 18pt).

세부조건

① 상단 도형 : 그라데이션 효과(선형 오른쪽), 그림자(오프셋 대각선 왼쪽 위)

② 좌측 도형 : 2개 도형의 조합으로 작성

③ 표 색 채우기(노랑)

(자료 출처 : ITQ 기출문제)

§ 연습문제 11.2 다음 조건에 맞는 텍스트/동영상 슬라이드와 표 슬라이드를 작성하시오.

[슬라이드 3] 《텍스트/동영상 슬라이드》

(1) 텍스트 작성 : 글머리 기호 사용 (❖, ■)

❖문단(맑은고딕, 24pt, 굵게, 줄간격 : 1.5줄), ■문단(맑은고딕, 20pt, 줄간격 : 1.5줄)

세부조건

① 동영상 삽입 :

-내문서₩ITQ₩Picture₩동영상.wmv」

- 자동실행, 반복재생 설정

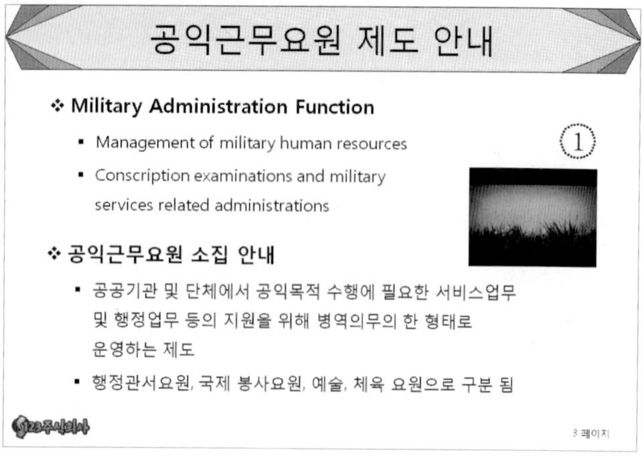

[슬라이드 4] 《표 슬라이드》

(1) 도형과 표 작성 기능을 이용하여 슬라이드를 작성한다(글꼴 : 굴림, 18pt).

세부조건

① 상단 도형 : 2개 도형의 조합으로 작성

② 좌측 도형 : 그라데이션 효과 (선형 대각선), 그림자(오프셋 대각선 왼쪽 위)

③ 표 색 채우기(노랑)

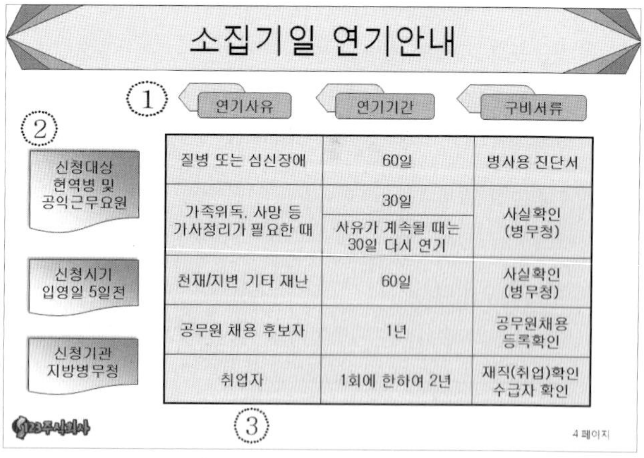

(자료 출처 : ITQ 기출문제)

파워포인트 2007

12장. 차트 / 도형 슬라이드

학습목표

파워포인트 2007의 차트 및 도형 슬라이드 편집 기능을 익히고 아래 《출력 형태》와 같은 슬라이드를 작성한다.

[슬라이드 5] 《차트 슬라이드》

(1) 차트 작성 기능을 이용하여 슬라이드를 작성한다.

(2) 차트 : 유형(묶은 세로 막대형), 글꼴(굴림, 16pt), 외곽선, 그림자(오프셋 대각선 오른쪽 아래)

세부조건

※ 차트설명

- 차트제목 : 궁서, 24pt, 굵게, 그림자(오프셋 아래쪽), 테두리
- 그림영역 : 그라데이션(녹색, 흰색, 선형 아래쪽)
- 데이터 계열 서식 : '무항생제 축산물' 계열을 보조축으로 지정하고 표식이 있는 꺾은선형으로 변경
- 값 표시 : '유기 축산물' 계열의 '쇠고기' 요소만
- 데이터 테이블 표시

① 도형을 이용하여 '2010년 인증 현황'표시 (채우기 파랑 적용, 윤곽선 없음, 명도 (50%), 돋움, 18pt)

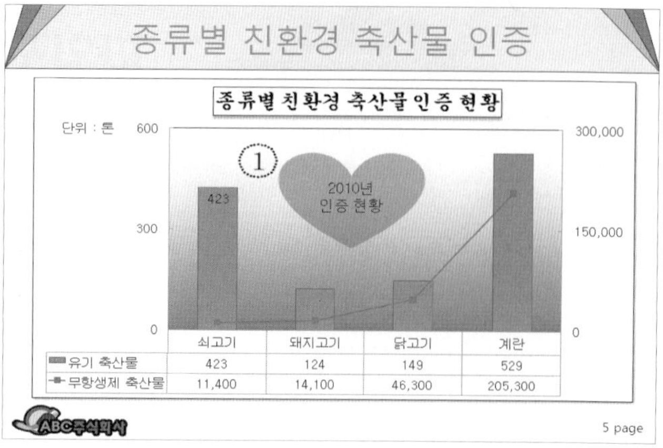

[슬라이드 6] 《도형 슬라이드》

(1) 슬라이드와 같이 도형 및 스마트아트를 배치한다(글꼴 : 굴림, 16pt).

(2) 애니메이션 순서 : ① ⇒ ②

세부조건

① 그룹화 후 애니메이션 효과

: 날아오기(왼쪽에서)

② 그룹화 후 애니메이션 효과

: 블라인드(세로)

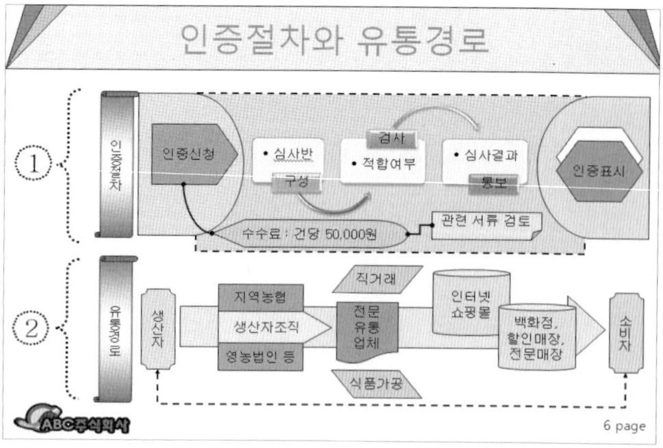

(자료 출처 : ITQ 기출문제)

12.1 차트 슬라이드

12.1.1 텍스트 슬라이드 작성

파워포인트 2007에서는 다양한 차트를 제공하는데 전달 하고자 하는 내용에 따라 적절한 모양의 차트를 선택하여 데이터의 비교, 추이, 유형 등을 나타낼 수 있다. 파워포인트 2007과 엑셀 2007은 동일한 차트 도구를 제공하고 차트 삽입 및 편집 기능은 유사하다.

■ 대표적인 차트의 종류와 용도는 아래와 같다.

차트 종류		설명
① 막대형	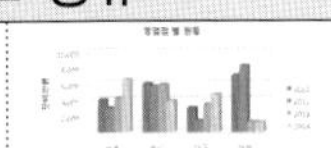	시간의 경과에 따른 데이터 변동을 표시하거나 항목별 비교
② 꺾은선형	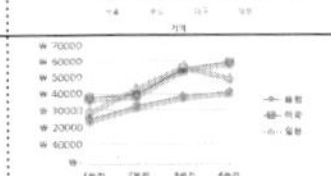	일정 간격에 따라 데이터의 추세를 표시하는 데 유용
③ 원형	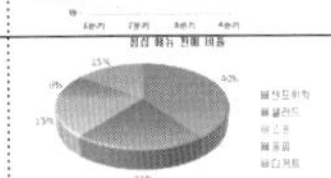	데이터 전체에 대한 크기와 비율을 표시
④ 영역형	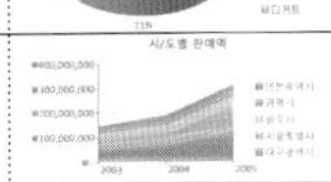	시간에 따른 변동의 크기를 강조하여 보여 주며 합계 값을 추세와 함께 살펴볼 때 사용

12.1.2 차트 삽입

슬라이드에 차트를 삽입하는 방법은 [삽입] 탭→[일러스트레이션] 그룹→[차트]를 선택하는 방법과 슬라이드 레이아웃에서 '차트 삽입 아이콘' 을 클릭하여 빠르게 삽입하는 방법이 있다.

① [삽입] 탭→[일러스트레이션] 그룹→[차트] 클릭 ② 차트 삽입 아이콘()클릭

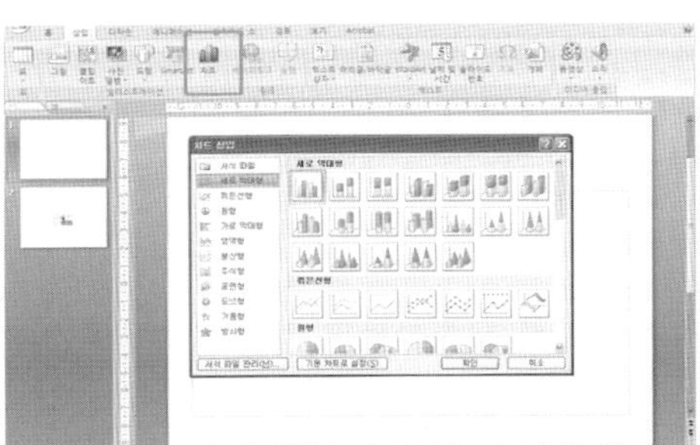

① 차트를 삽입하면 차트 종류를 선택하는 대화상자가 나타난다. [차트 삽입] 대화상자에서 '묶은 세로 막대형' 을 선택한 후 [닫기] 단추를 누른다.

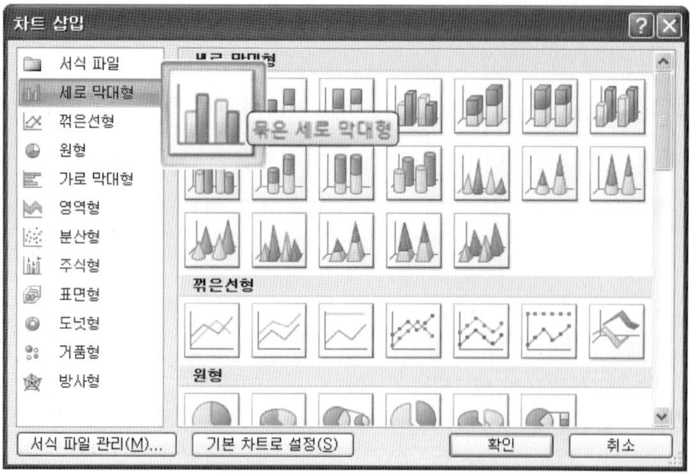

② 차트 종류를 선택하면 엑셀 창이 열린다. 기본 데이터가 입력되어 있으며 '차트 데이터 범위' 에 데이터를 입력하면 새로운 데이터가 차트에 반영된다(**기본 데이터를 지울 필요는 없다**). 아래 표 형태와 같이 엑셀 시트에 데이터를 입력한다.

	쇠고기	돼지고기	닭고기	계란
유기 축산물	423	124	149	529
무항생제 축산물	11400	14100	46300	205300

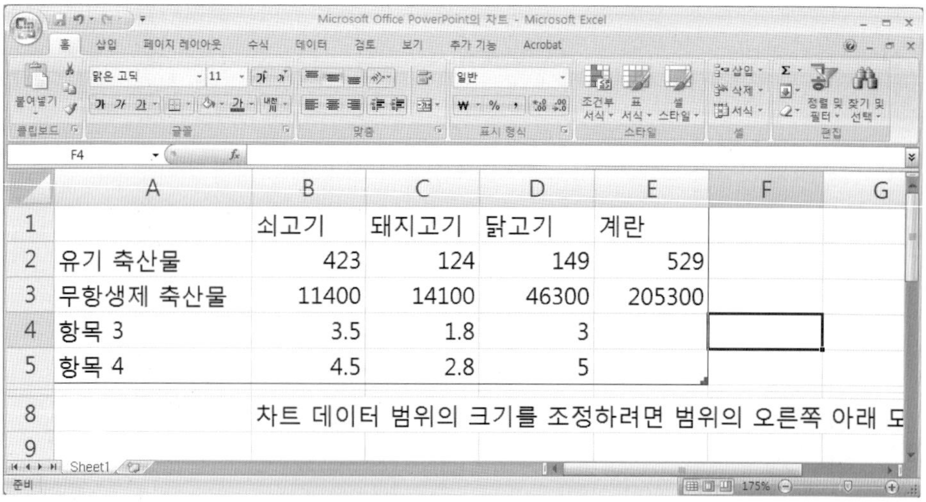

TIP!

- **엑셀 시트에 데이터 입력**

☞ 엑셀 시트에 입력의 기본 데이터는 지울 필요 없이 차트를 구성할 데이터를 각 셀에 입력하면 된다.

☞ 숫자 데이터 입력 시 '천 단위 자릿수' 표시(,) 없이 입력한 후, 엑셀 시트의 [홈] 탭→[표시 형식] 그룹에서 '쉼표 스타일(,)'을 설정한다.

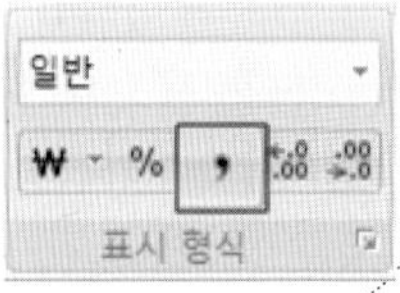

③ '차트 데이터 범위' 오른쪽 아래 모서리에 나타난 조절 표시를 드래그해서 차트로 제작할 데이터를 조절한다.

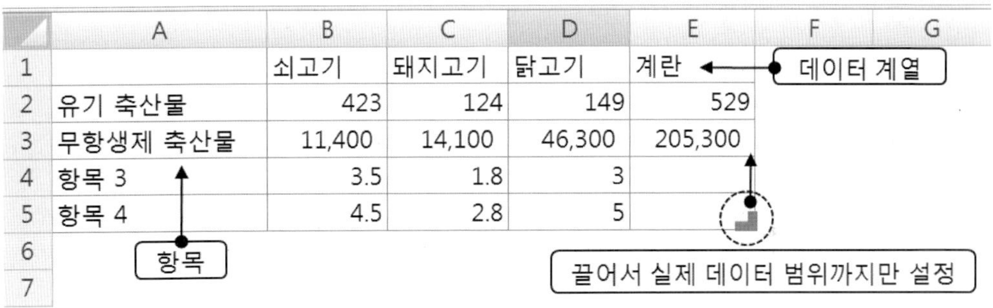

	A	B	C	D	E	F	G
1		쇠고기	돼지고기	닭고기	계란		
2	유기 축산물	423	124	149	529		
3	무항생제 축산물	11,400	14,100	46,300	205,300		
4	항목 3	3.5	1.8	3			
5	항목 4	4.5	2.8	5			
6							
7							

④ 시트 작업이 끝나고 엑셀 창을 닫으면 슬라이드에 차트가 만들어진다.

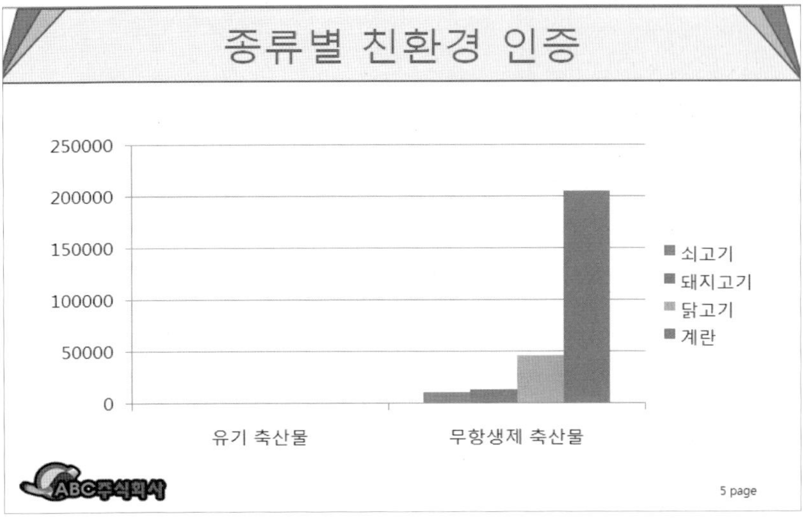

12.1.3 차트 편집

(1) 데이터 편집 및 행/열 전환

① 차트를 더블 클릭하면 차트 [디자인] 탭 메뉴가 표시된다. [데이터] 그룹→[데이터 편집]을 선택한다.

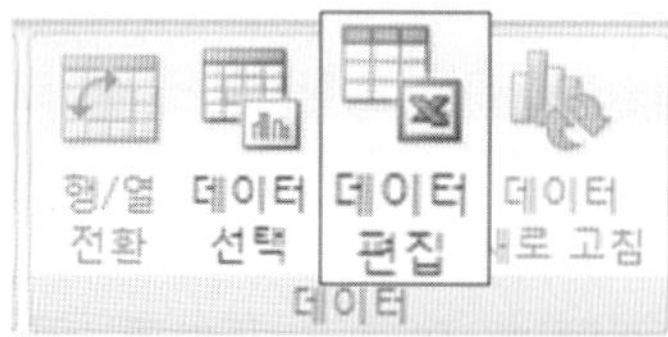

② 슬라이드와 엑셀 화면이 동시에 보인다. 파워포인트 화면의 [디자인] 탭→[데이터] 그룹→[행/열 전환]을 선택한다.

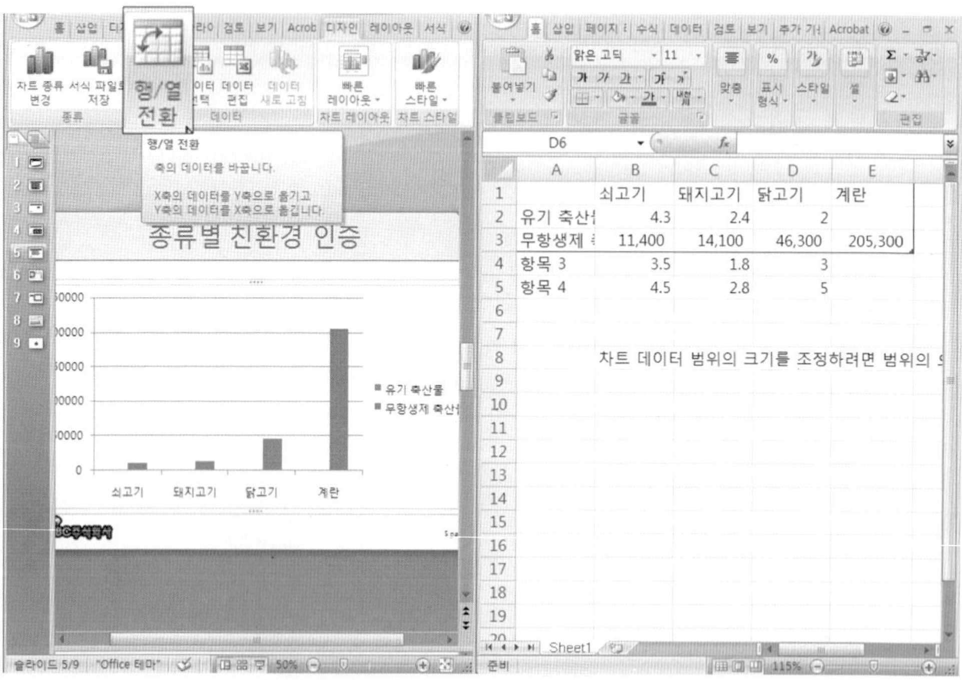

③ 엑셀 창을 닫는다. 차트를 선택한 후 'X축 제목'이 모두 보이도록 크기를 적절하게 조절한다.

(2) 레이아웃 변경

차트에 포함될 데이터 레이블이나 표 등 레이아웃을 한 번에 변경한다. [디자인] 탭→[차트 레이아웃] 그룹→[차트 레이아웃]을 클릭한 후 해당 레이아웃을 선택한다.

① 차트를 선택하고 [디자인] 탭→[차트 레이아웃] 그룹의 자세히( ) 단추를 누르면 레이아웃 목록이 나타나다.

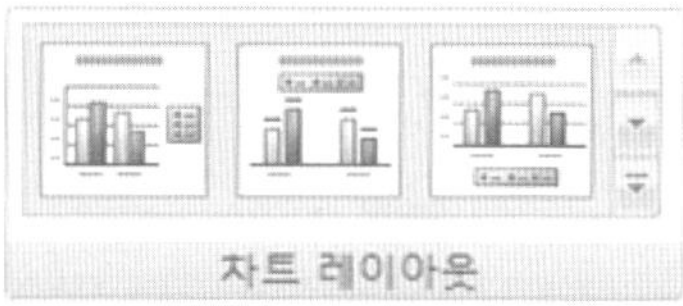

② 출력 형태와 같이 '제목'과 '데이터 표'가 함께 표시되는 '레이아웃 5'를 선택한다.

③ '차트 제목'과 '축 제목'을 아래와 같이 각각 입력하면 데이터 표가 함께 표시되는 차트가 만들어진다.

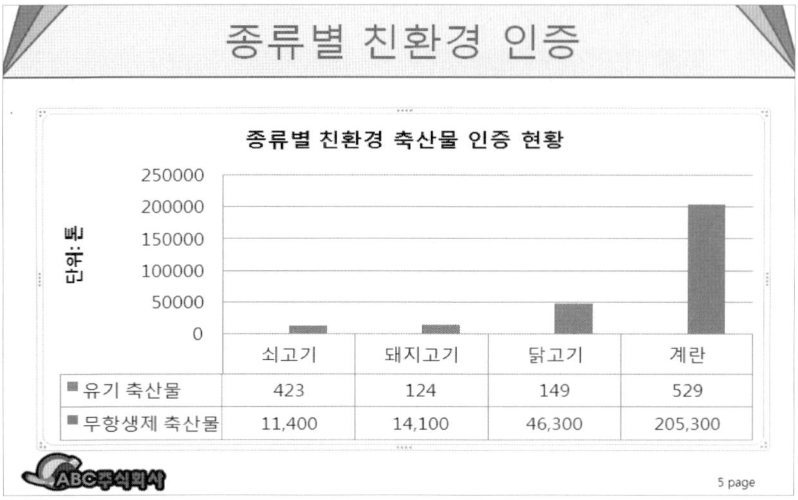

(3) 계열 차트 종류 변경

차트를 구성하는 하나의 계열을 다른 모양의 차트로 변경할 수 있다.

① '무항생제 축산물' 데이터 계열 막대를 마우스로 한번 클릭한 후 마우스 오른쪽 버튼을 눌러 [계열 차트 종류 변경]을 선택한다.

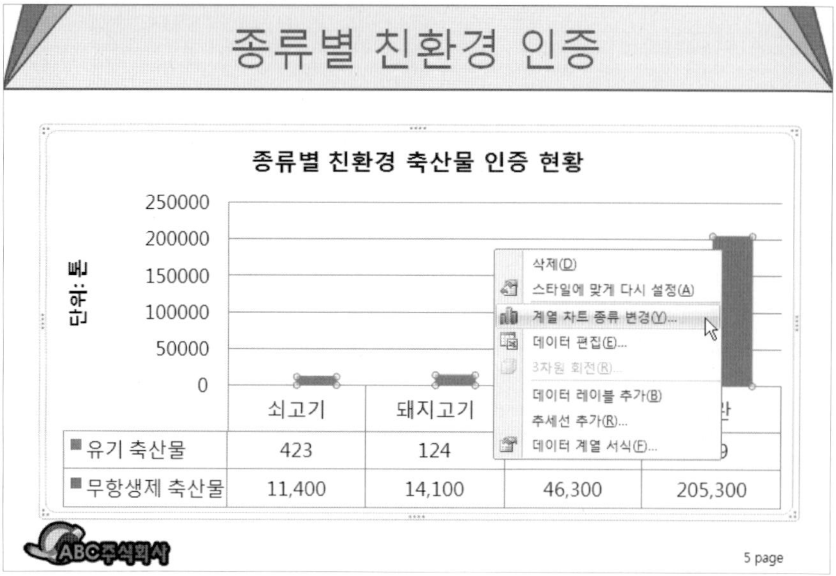

② [차트 종류 변경] 대화상자에서 '표식이 있는 꺾은선형' 차트를 선택한 후 [확인] 단추를 누른다.

(4) 보조 축 생성

① '무항생제 축산물' 꺾은선형 차트를 마우스로 한번 클릭한 후 마우스 오른쪽 버튼을 눌러 [데이터 계열 서식]을 선택한다.

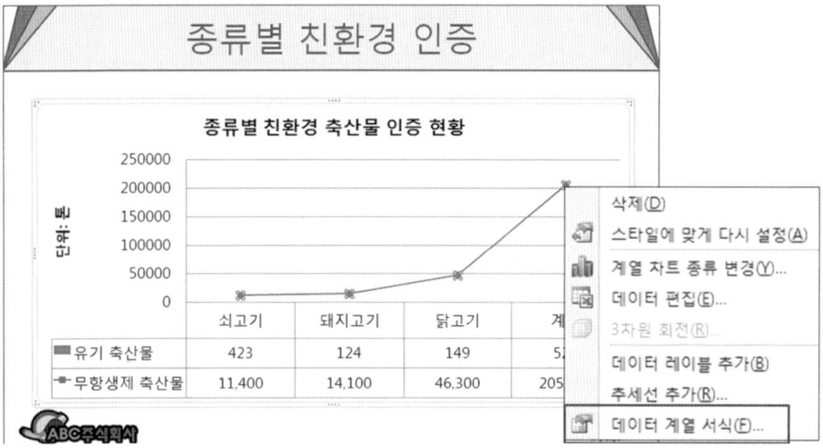

② [데이터 계열 서식] 대화상자의 [계열 옵션]→[데이터 계열 지정]→ [보조 축]으로 선택한 후 [닫기] 단추를 누른다.

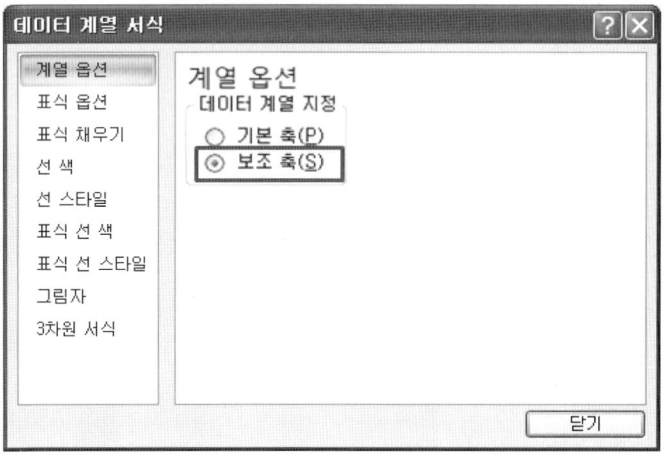

TIP!

• **대화상자 열어 두고 작업**

☞ 파워포인트 2007에서는 대화상자를 열어 둔 채로 슬라이드 창의 차트를 선택할 수 있으며 해당 대화상자로 바뀌어 표시된다.

☞ [보기] 탭→[프레젠테이션 보기] 그룹→[슬라이드 마스터]에서 설정한다.

(5) 레이블 표시

차트의 각 계열에 다양한 레이블(항목, 계열, 값)을 표시할 수 있다.

① 차트의 '유기 축산물' 계열 막대를 마우스로 클릭한다. '쇠고기' 요소 막대만 한 번 더 클릭한다.

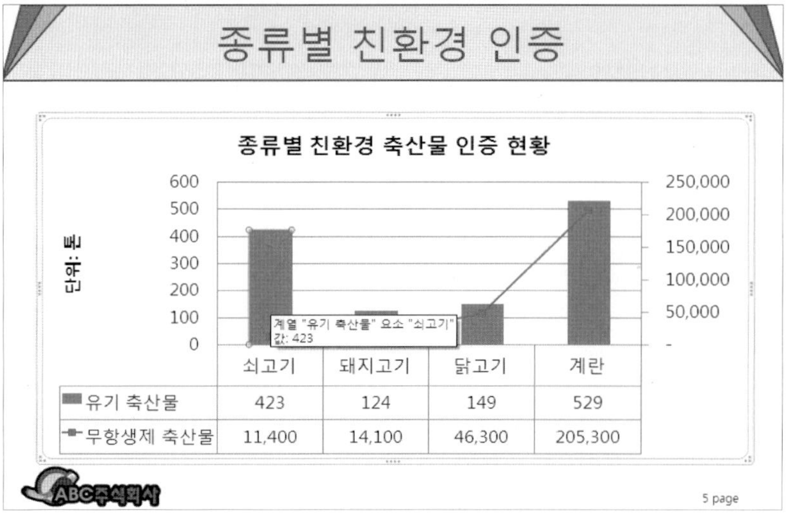

② '쇠고기' 요소 막대에서 마우스 오른쪽 버튼을 눌러 [데이터 레이블 추가]를 선택한다.

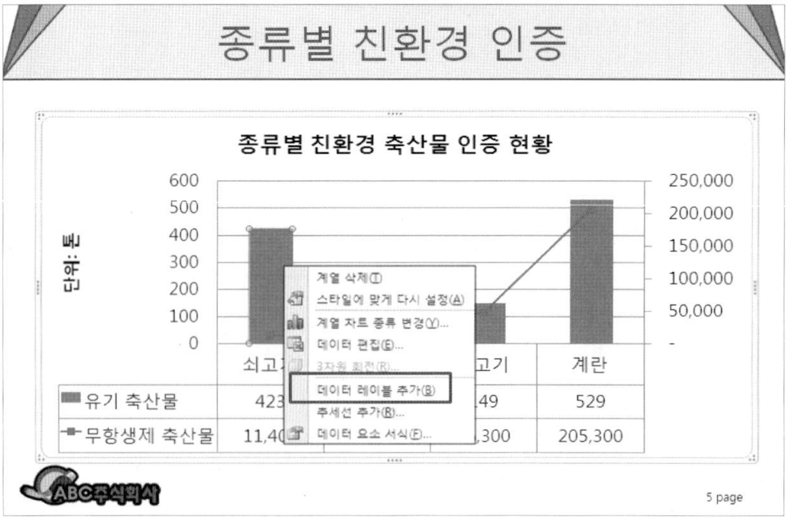

③ 추가된 '값' 레이블을 선택한 후 마우스 오른쪽을 눌러 [데이터 레이블 서식]을 선택한다. [데이터 레이블 서식] 대화상자의 [레이블 옵션]→[레이블 위치]→[안쪽 끝에]를 선택한다.

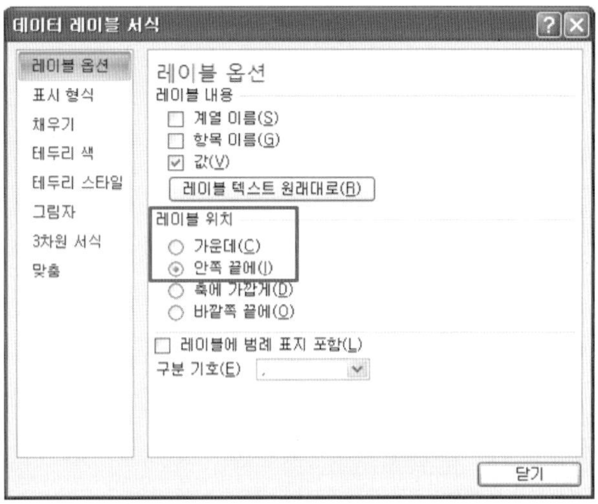

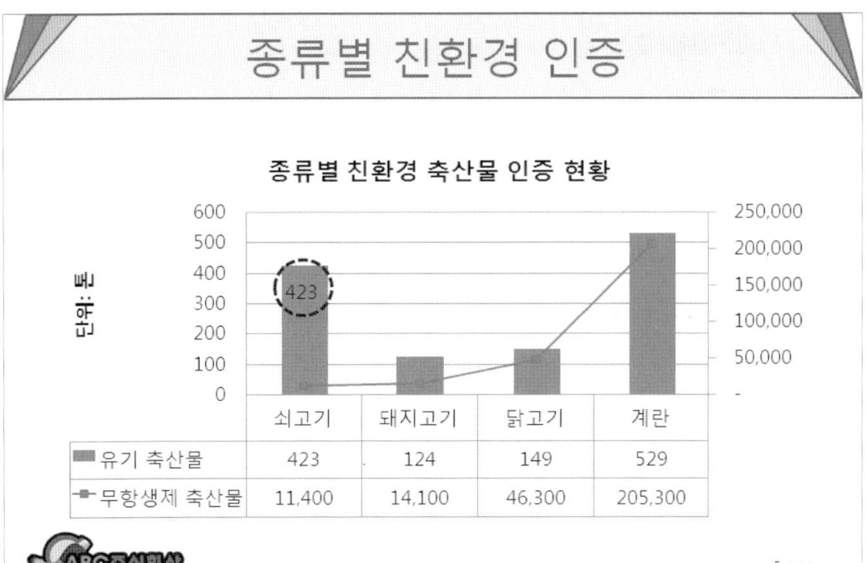

TIP!

• 레이블 위치 변경

☞ 메뉴를 이용하지 않고 삽입된 레이블을 선택한 후 마우스로 끌어 위치를 변경하여도 된다.

(6) 축 단위 변경

① 단위를 변경할 왼쪽 주축을 선택한다. 마우스 오른쪽 버튼을 눌러 [축 서식]을 선택한다.

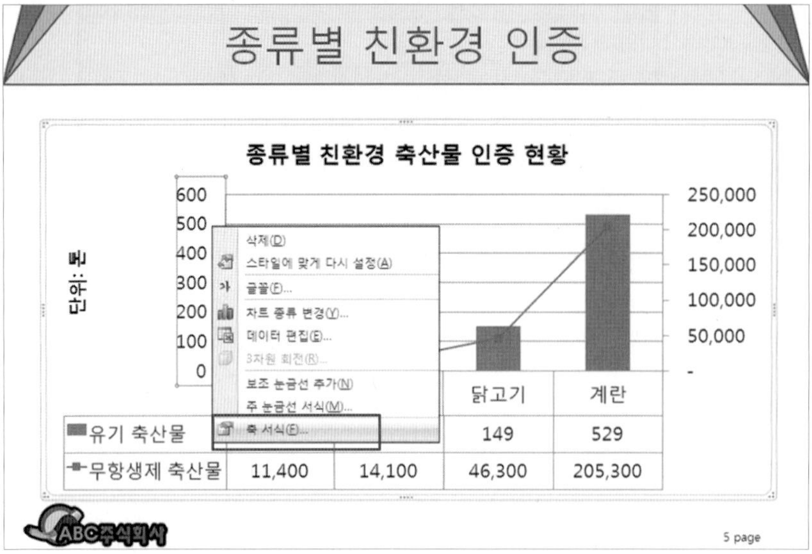

② [축 서식] 대화상자에서 [축 옵션]→[최대값]과 [주 단위]을 각각 '고정' 으로 선택하고 값을 변경한다(최대값: 600, 주 단위: 300).

③ 오른쪽 '보조 축' 을 선택하고 ②와 같은 방법으로 단위를 변경한다(최대값: 300000, 주 단위: 150000).

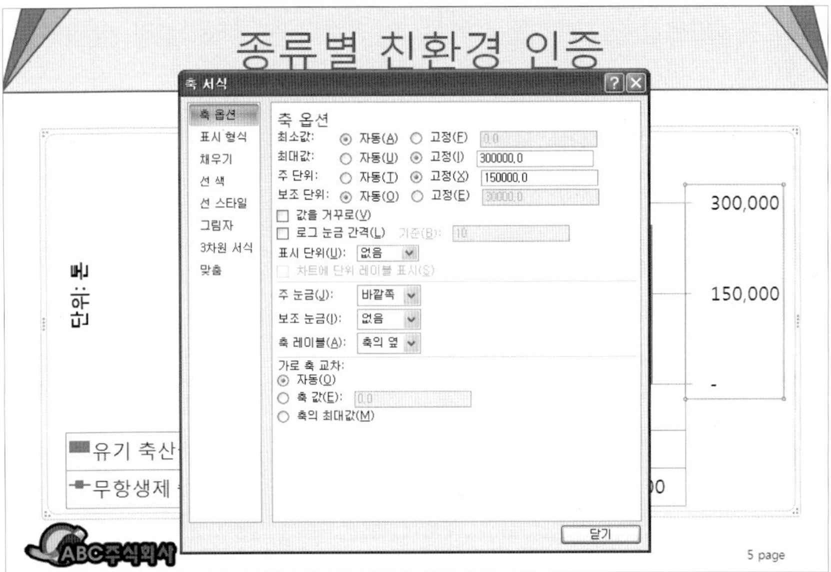

④ 왼쪽 주축의 숫자를 선택한다. [축 서식] 대화상자의 [표시 형식]을 선택한다. [범주]에서 '숫자' 를 선택하고 [소수 자릿수]에는 "0" 을 입력한다. 오른쪽 주축도 동일 방법으로 '표시형식' 을 변경한다.

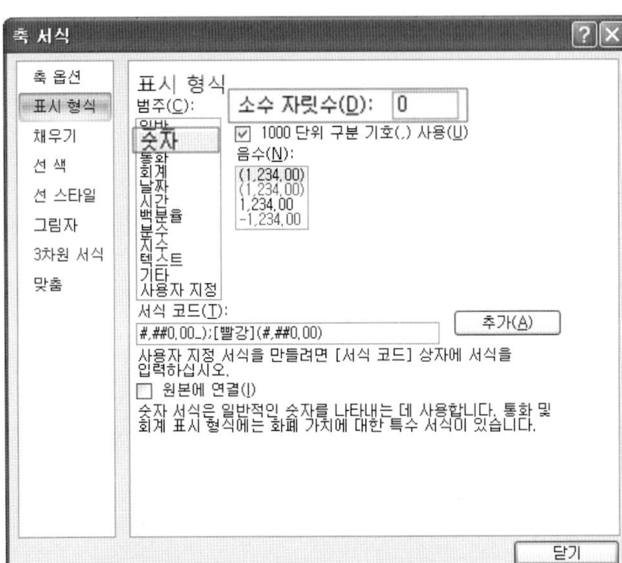

(7) 눈금선 제거

[레이아웃] 탭→[축] 그룹→[기본 가로 눈금선]→[없음]을 선택한다. 또는 차트의 그림영역에서 '가로 눈금 선' 을 선택한 후 키보드 Delete 키를 눌러 삭제해도 된다.

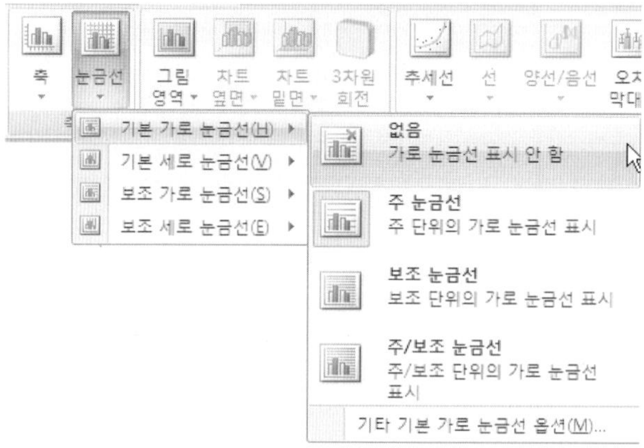

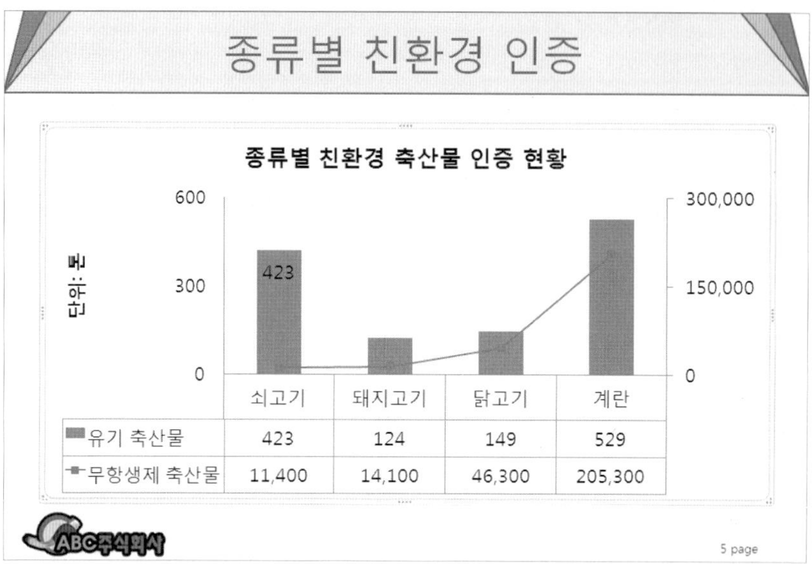

12.1.4 차트 서식 설정

(1) 차트 글꼴 서식 설정

차트를 선택한 후 마우스 오른쪽을 눌러 미니도구에서 글꼴(굴림), 글자 크기(16pt)를 설정한다.

※ 지시사항에 '굵게' 명령이 없다면 설정을 해제해 준다.

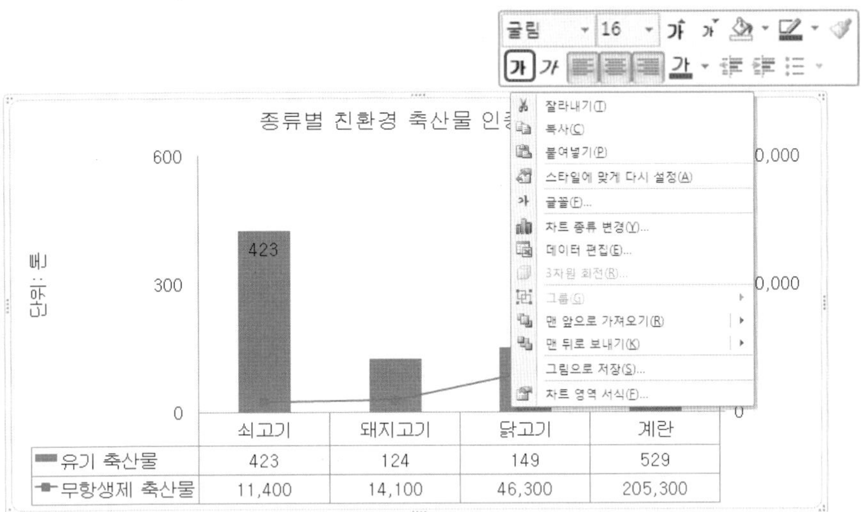

(2) 차트 영역 설정

① 차트를 선택한 후 마우스 오른쪽을 눌러 [차트 영역 서식]을 선택한다.

② [차트 영역 서식] 대화상자의 [채우기]→[단색 채우기] '흰색' 을 설정한다. [테두리 색]→[실선]을 선택한다. '색' 단추를 눌러 '검정' 색을 설정한다.

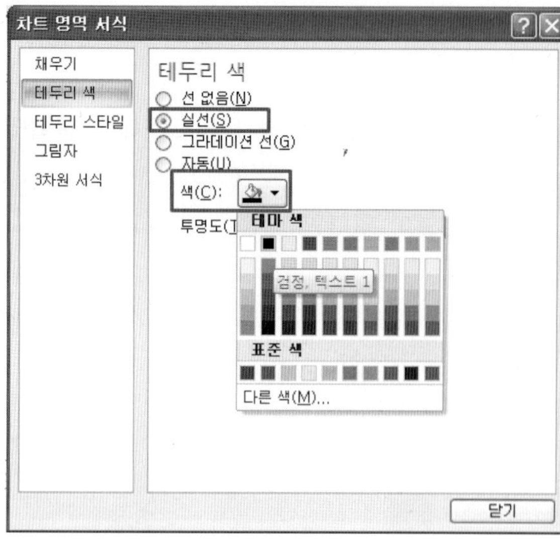

③ [차트 영역 서식] 대화상자의 [그림자]→[미리 설정] 단추를 눌러 '오프셋 대각선 오른쪽 아래' 를 선택한다.

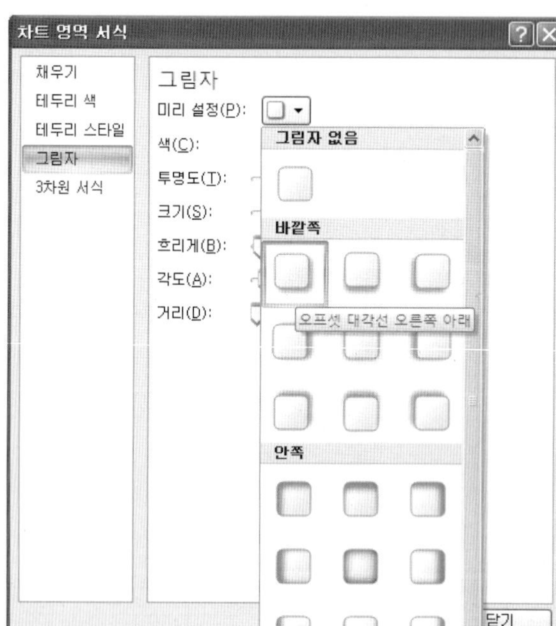

(3) 차트 제목 서식 설정

① 차트의 제목을 선택한 후 마우스 오른쪽을 눌러 미니도구에서 제목 글꼴을 설정한다(글꼴: 궁서, 글자 크기: 24pt, 굵게).

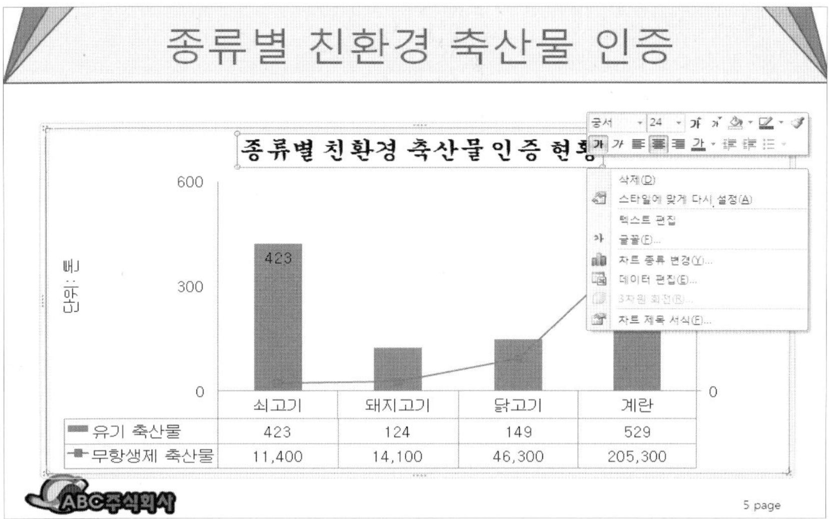

② 차트 제목을 선택한 후 마우스 오른쪽을 눌러 [차트 제목 서식]을 선택한다. [테두리 색]은 '실선', [그림자]는 '오프셋 아래쪽, [채우기]는 '흰색' 으로 각각 설정한다.

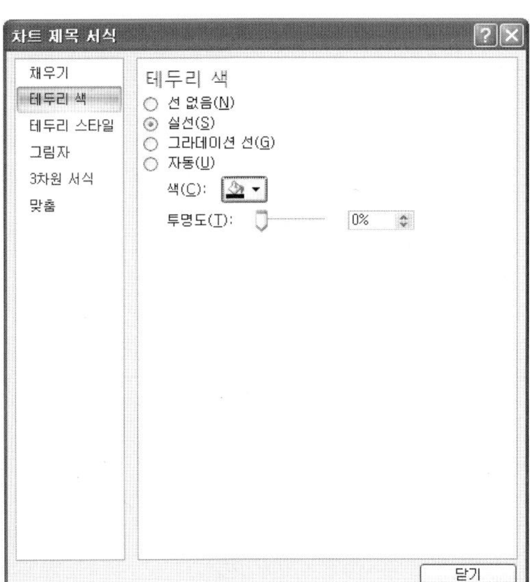

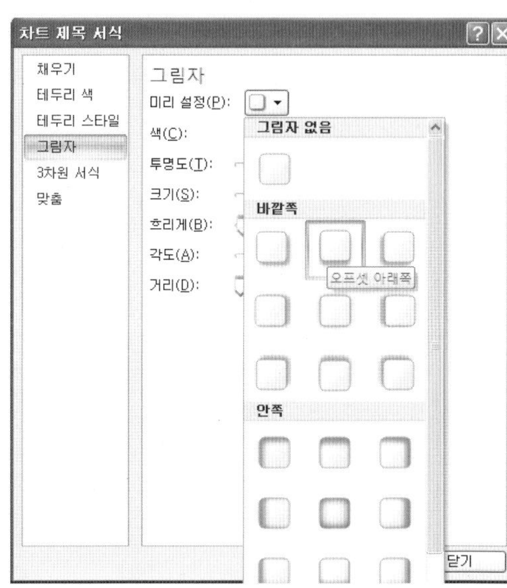

(4) 축 제목 서식 설정

① 왼쪽 보조 축 제목 '단위: 톤' 을 선택한 후 마우스 오른쪽을 눌러 [축 제목 서식]을 클릭한다.

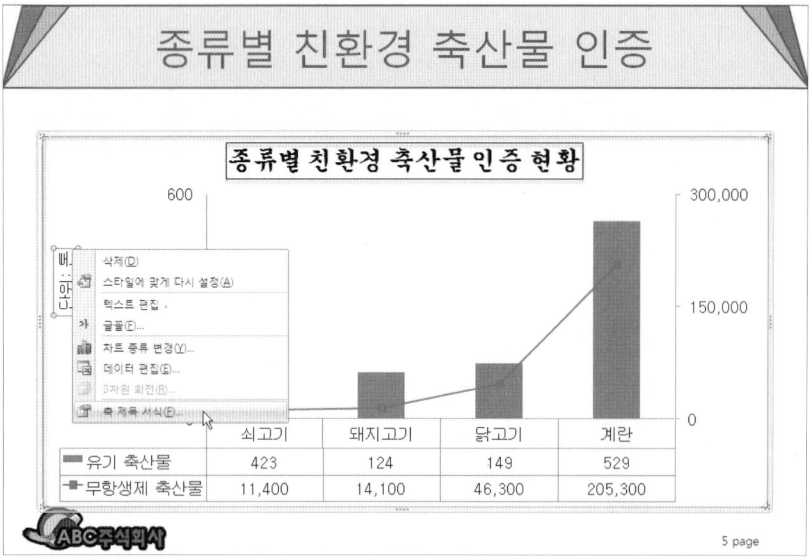

② [축 제목 서식] 대화상자의 [맞춤]→[텍스트 방향]→[가로]를 선택한다.

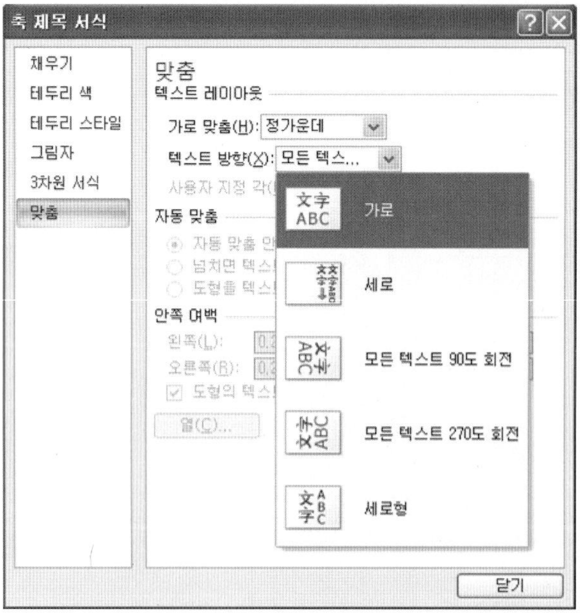

③ 축 제목을 선택한 후 마우스로 끌어 출력 형태와 같이 위치를 변경한다.

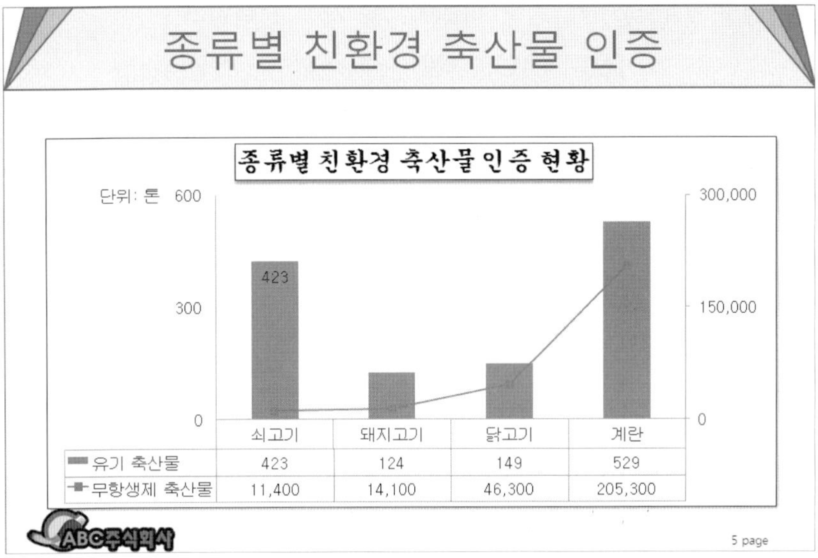

(5) 그림 영역 서식 설정

① 차트에서 그림 영역을 선택한 후 마우스 오른쪽을 눌러 [그림 영역 서식]을 클릭한다.

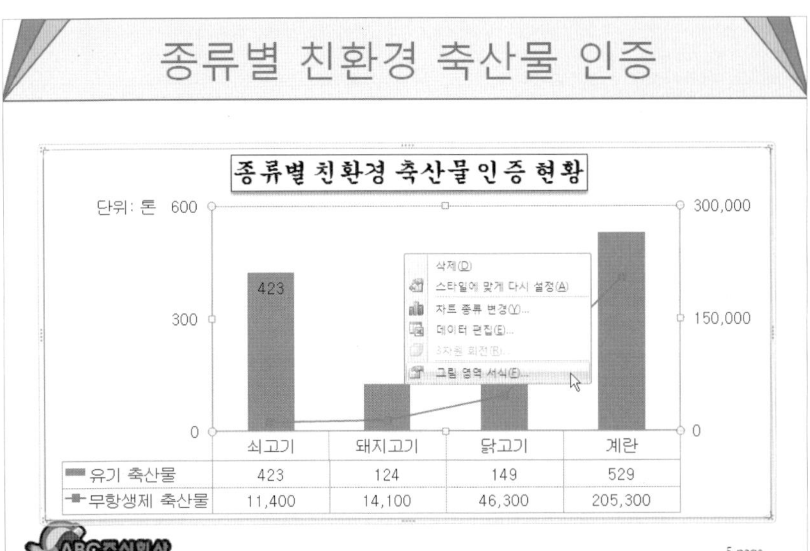

② [그림 영역 서식] 대화상자의 [채우기]→[그라데이션 채우기]를 선택한다. [종류]는 '선형', [방향]은 '선형 아래쪽'을 각각 선택한다.

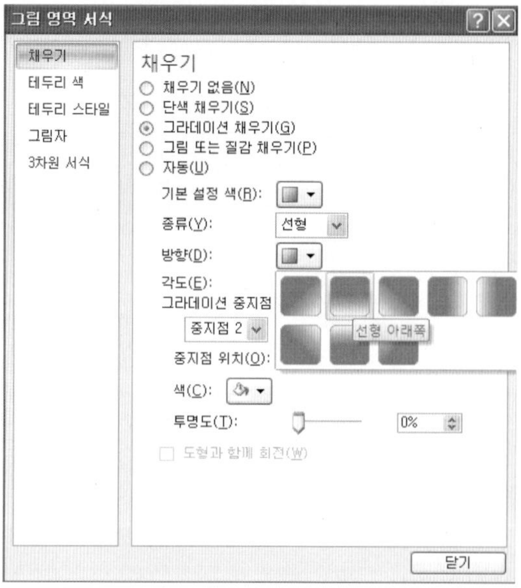

③ [그라데이션 중지점] 목록에서 [중지점 3]을 선택하고 [삭제]를 누른다. 중지점 목록에서 [중지점 1]은 '녹색'을, [중지점 2]는 '흰색'을 각각 설정한다.

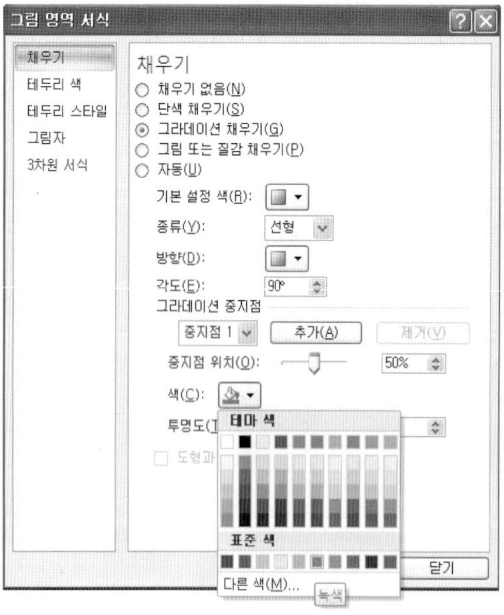

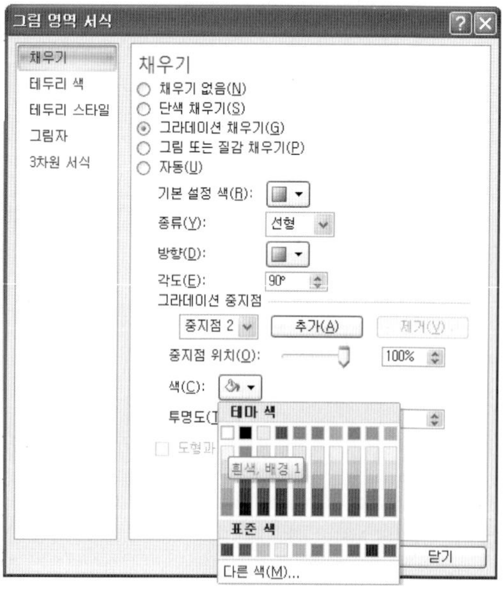

④ [그림 영역 서식] 대화상자의 [채우기]→[각도]를 “270” 을 입력한다.

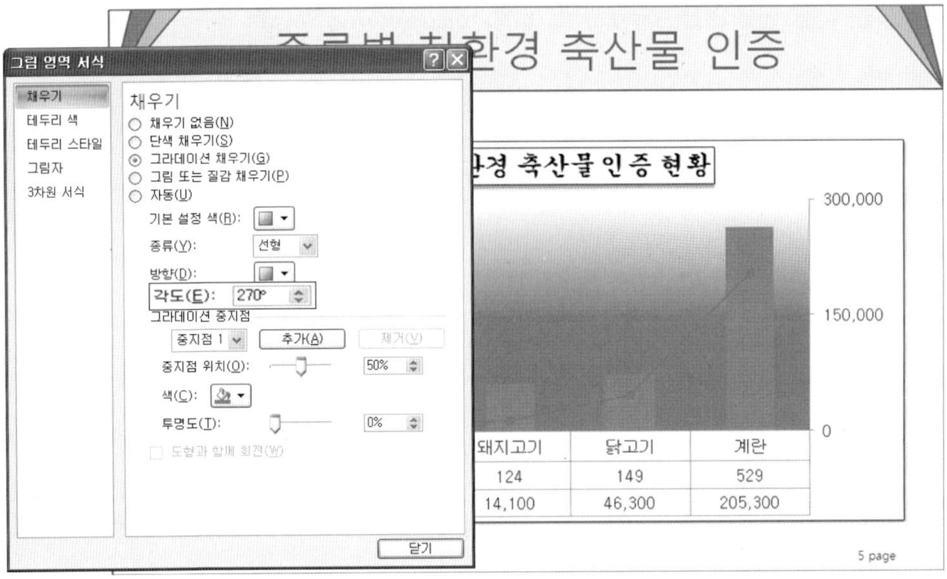

⑤ [그림 영영 서식] 대화상자의 [테두리 색]은 ‘실선’ ,[테두리 스타일]→[너비]는 ‘1’ 로 각각 설정한다.

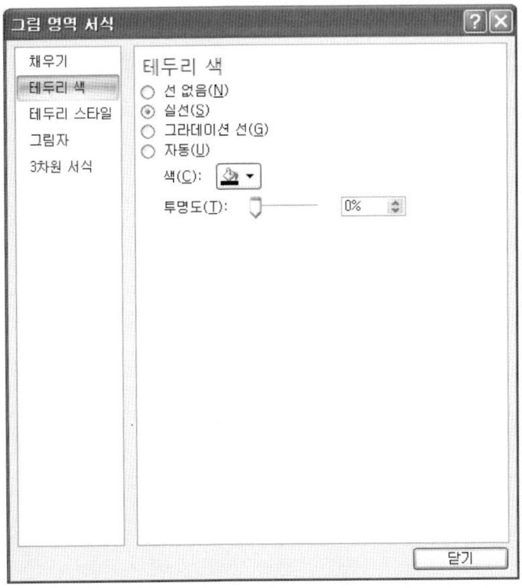

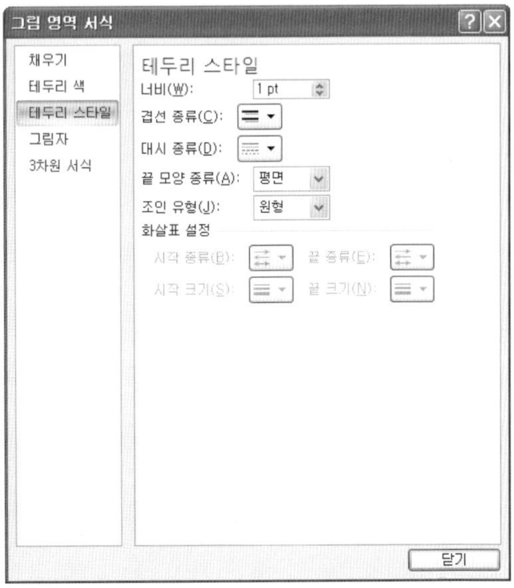

(6) 차트에 도형 삽입

① [삽입] 탭→[일러스트레이션] 그룹→[도형]→[기본 도형]에서 하트를 선택한 후 차트 위에 작성한다. 작성한 도형에 “2010년 인증 현황” 을 입력한다.

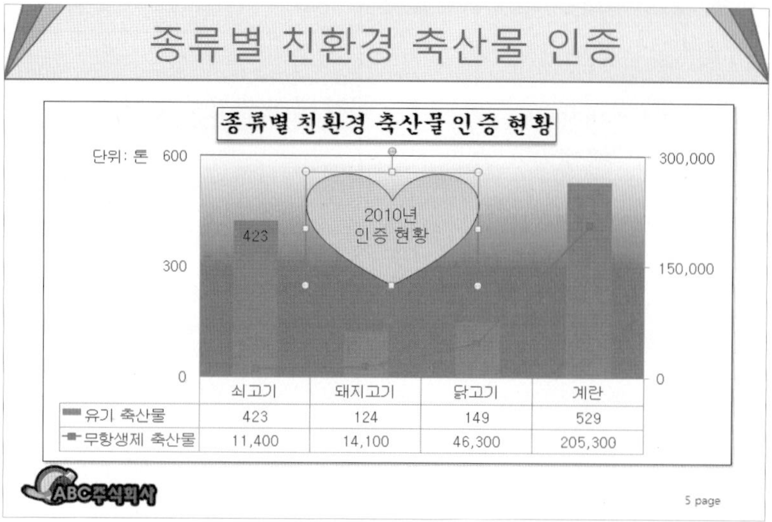

② 하트 도형을 선택한 후 마우스 오른쪽 버튼을 눌러 [도형 서식]을 선택한다. [도형 서식] 대화상자에서 [채우기]→[단색 채우기]는 ‘파랑’ ,[투명도(T)]는 ‘50%’ , [선 색]은 ‘선 없음’ 을 각각 선택한다.

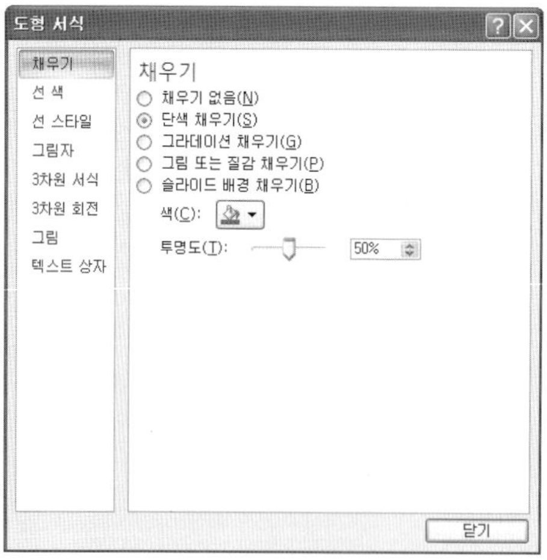

③ 도형의 글꼴 서식을 설정한다(글꼴: 돋움, 글자 크기: 18pt).

12.2 도형 슬라이드

12.2.1 도형 작성

(1) 기본 도형 작성

① 슬라이드 6번을 선택하고 편집 창에서 '내용' 틀을 삭제한다.

제목 개체 틀에 "인증절차와 유통경로"를 입력한다.

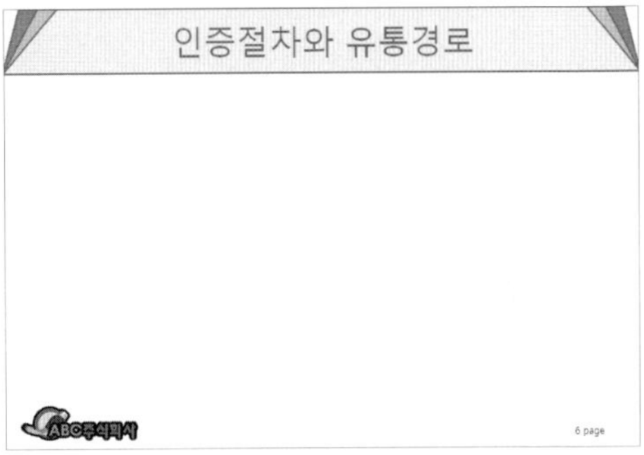

② [홈] 탭→[그리기] 그룹→[도형]→[별 및 현수막]→ '세로로 말린 두루마리 모양 ' 을 선택한 후 도형을 작성하고 "인증절차"를 입력한다.

③ [도형]→[순서도]→ '지연' , '직사각형' 을 이용하여 도형을 그린다.

④ 그려진 도형 중 '지연' 을 선택하고 Ctrl 키를 누른 상태에서 오른쪽으로 끌어 도형을 복사한다. [서식] 탭→[정렬] 그룹→[좌우 대칭]을 선택한다.

⑤ [도형]→[기본 도형]→ '오각형' , '육각형' 을 이용하여 도형을 그리고 내용을 입력한다.

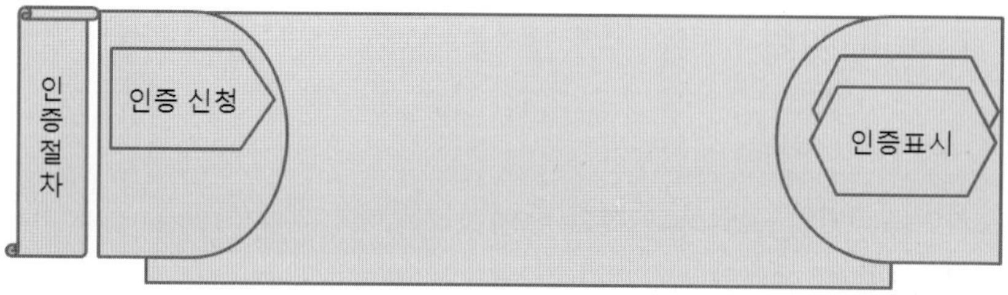

⑥ [도형]→[순서도]→ '화면표시' ,[기본 도형]→ '모서리가 접힌 도형' 을 이용하여 출력 형태와 같이 그리고 내용을 입력한다.

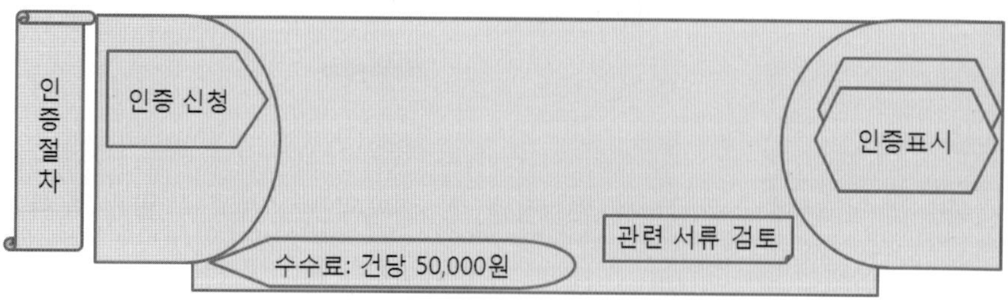

⑦ 동일한 방법으로 아래 출력 형태와 같은 도형을 작성한다.

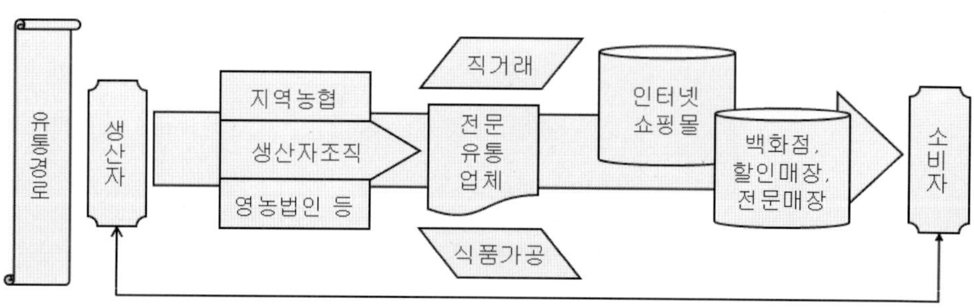

TIP!

- **주의 ! – 도형을 '상하 대칭' 회전하면 텍스트도 함께 회전**

☞ 도형을 복사하여 [상하 대칭] 회전 시켰을 경우 글자도 함께 회전된다.

☞ 이런 경우에는 '글상자' 에 내용을 별도로 입력한 후 도형 위에 올린다.

(2) 연결선 그리기

① [도형]→[선]→ '구부러진 연결선 ⸾' 을 선택한다. 도형에 마우스를 올리면 도형에 빨간색 사각형 연결점이 표시된다. 연결선을 마우스를 끌어 두 개의 도형을 연결한다.

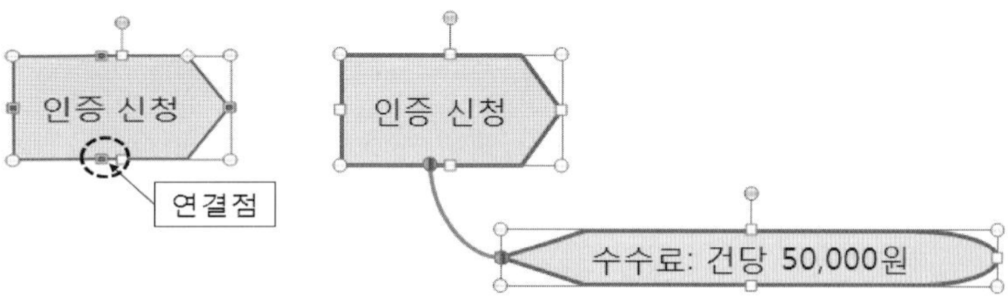

② [선]→ '꺾인 연결선ㄱ' 을 사용하여 출력 형태와 같이 도형을 연결한다.

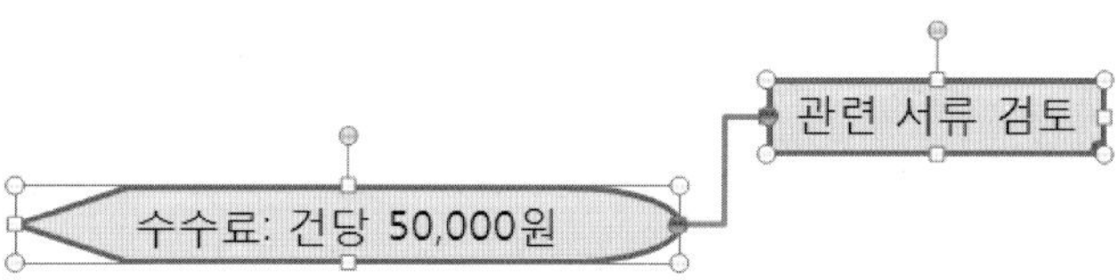

③ 그려진 연결선을 선택하고 마우스 오른쪽 버튼을 눌러 [도형 서식]을 선택한다. [도형 서식] 대화상자의 [선 스타일]→[너비] '2' 를 설정하고 [시작 종류]와 [끝 종류]를 '타원 화살표' 로 각각 설정한다. [선색]은 '검정' 으로 설정한다.

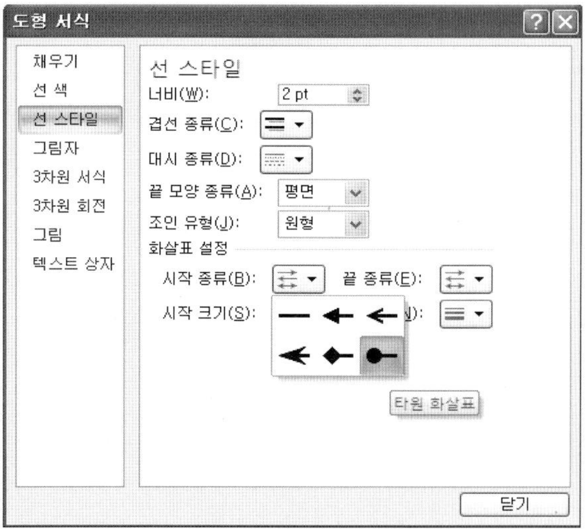

12.2.2 스마트 아트

① [삽입] 탭→[일러스트레이션] 그룹→[SmartArt]를 클릭한다.

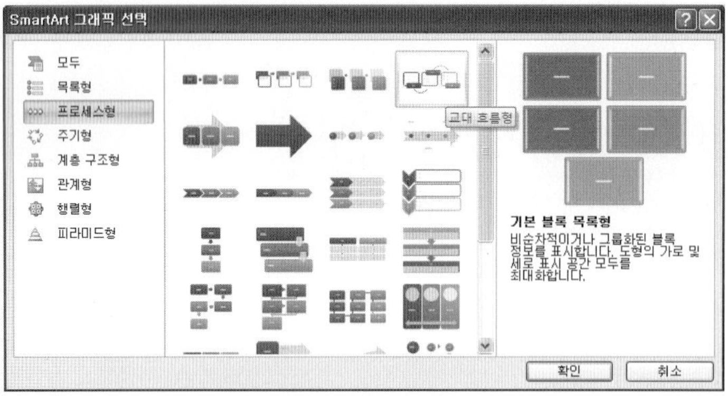

② [SmartArt 그래픽 선택] 대화상자에서 [프로세스형]→ '교대 흐름형' 을 선택하고 각 텍스트 상자에 내용을 입력한다.

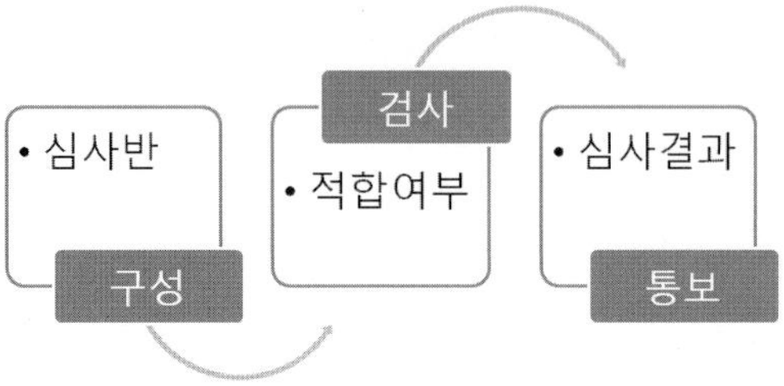

TIP

- **텍스트 입력창에 입력하여도 된다.**

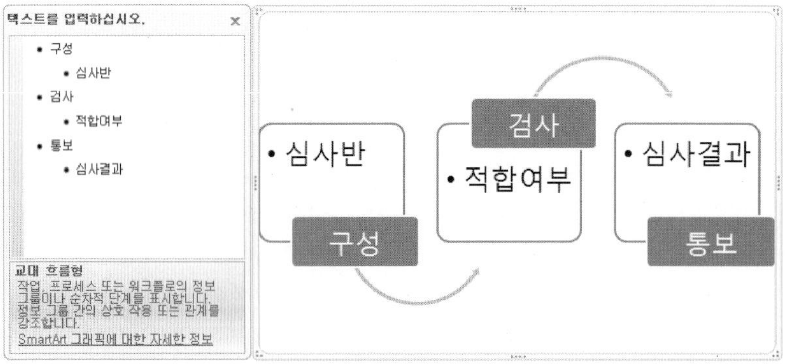

③ 삽입된 SmartArt를 선택한 후 더블클릭한다. [디자인] 탭→[색 변경] '색상형-강조색' 을 선택한다.

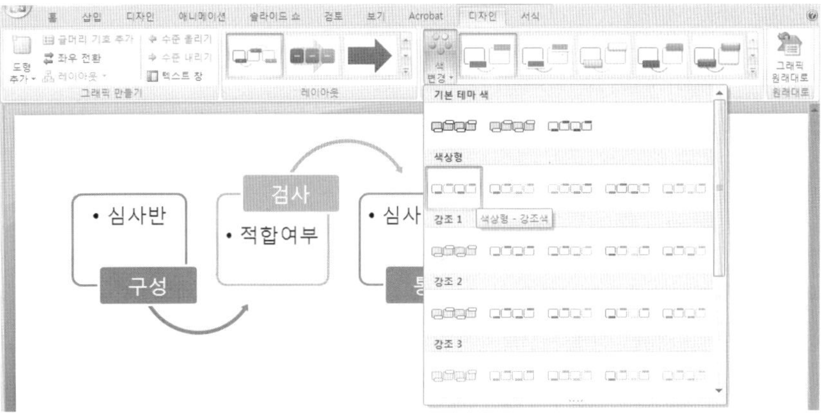

④ [디자인] 탭→[SmartArt 스타일] 그룹에서 '3차원-광택 처리' 를 선택한다.

⑤ SmartArt를 선택하고 [홈] 탭→[단락] 그룹→[텍스트 맞춤]→[중간]을 선택한 후 SmartArt의 크기를 사용자가 임의로 조절한다.

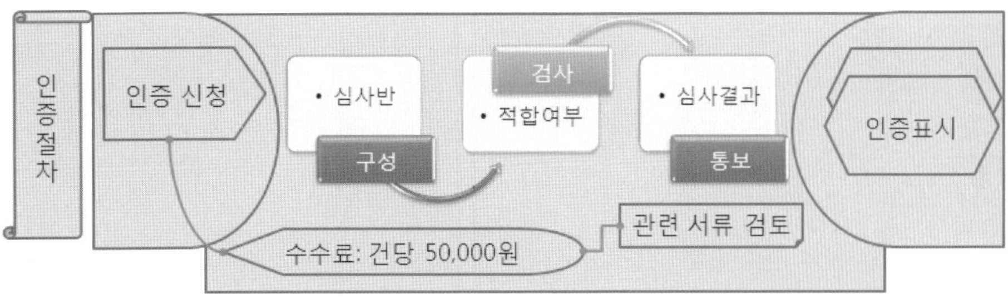

12.2.3 도형 서식 설정

(1) 도형 글꼴 설정

슬라이드의 모든 도형을 선택하고 [홈] 탭→[글꼴] 그룹에서 글꼴(굴림), 글자 크기(16pt)로 설정한다.

(2) 테두리 설정

① 모든 도형을 선택하고 마우스 오른쪽을 눌러 [도형 서식]을 선택한다. [도형 서식] 대화상자의 [선색]→[실선]은 '검정' ,[선 스타일]→[너비]는 '1pt' 로 설정한다.

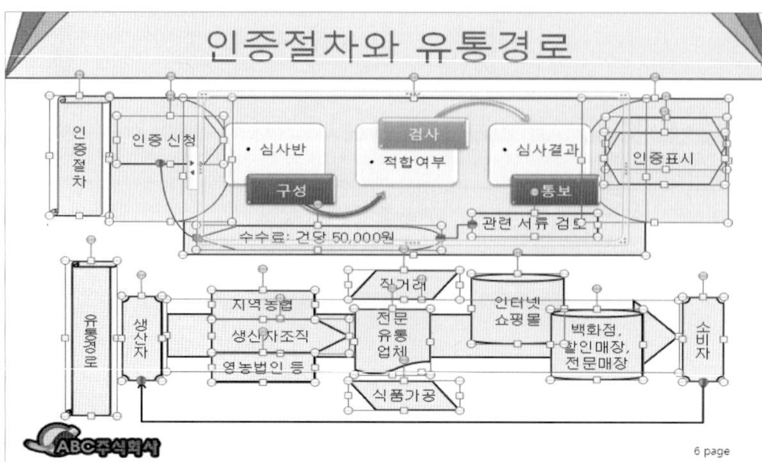

② Ctrl을 누른 상태에서 '사각형' 과 '꺾인 화살표' 를 선택하고 마우스 오른쪽버튼을 눌러 [도형 서식]을 선택한다. [도형 서식] 대화상자의 [선 스타일]→[너비]는 '2.25pt' ,[대시 종류]는 '파선' 으로 설정한다.

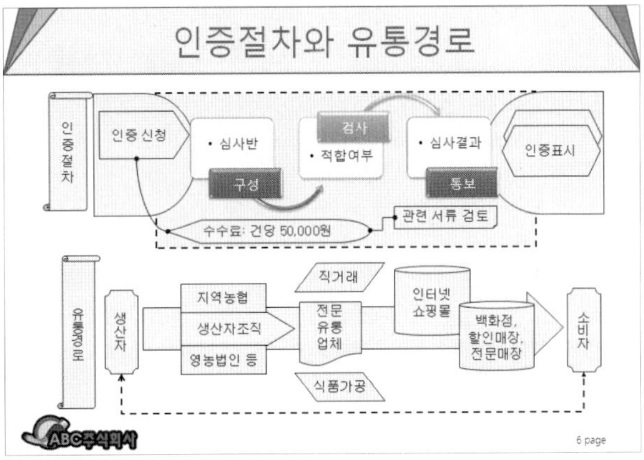

TIP!

• [서식] 탭→[도형 스타일] 그룹→[도형 윤곽선]에서 [두께], [대시]를 설정하여도 된다.

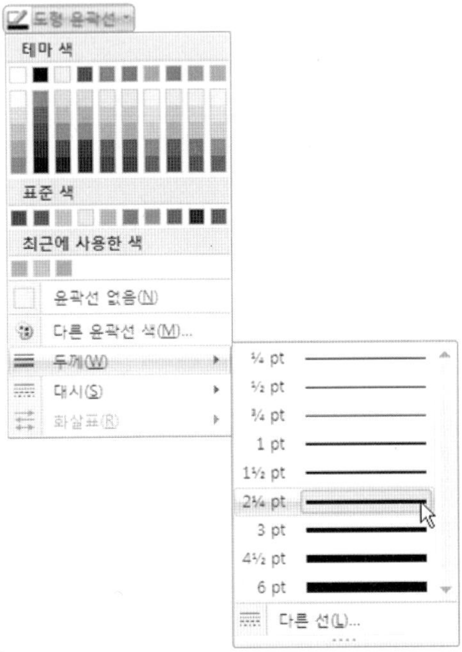

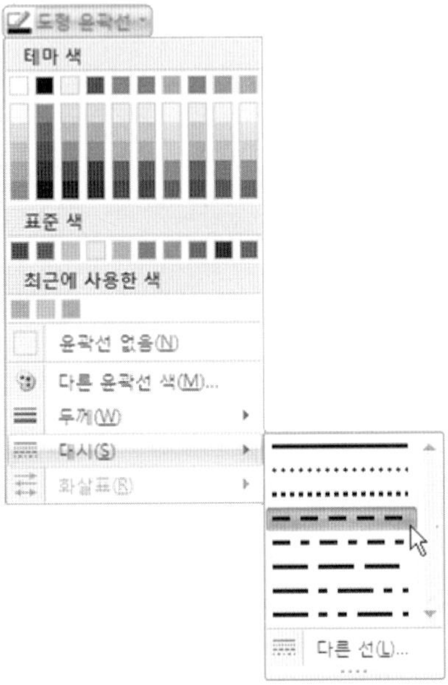

(3) 색 채우기

① 출력 형태를 참고하여 Ctrl 키를 누른 상태에서 여러 도형을 선택한 후 색채우기 색을 설정한다.

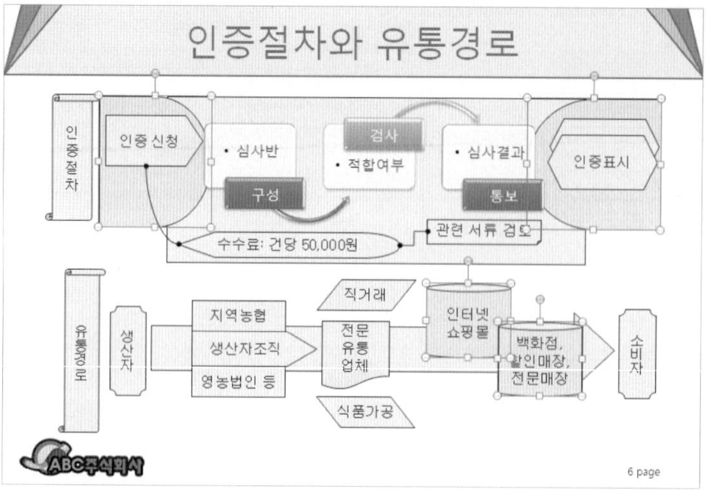

② 슬라이드 도형의 색깔 및 기타 사항에 대해서는 별도의 지시사항이 없는 경우에는 슬라이드 크기와 전체적인 균형을 고려하여 출력 형태와 같이 작성한다.

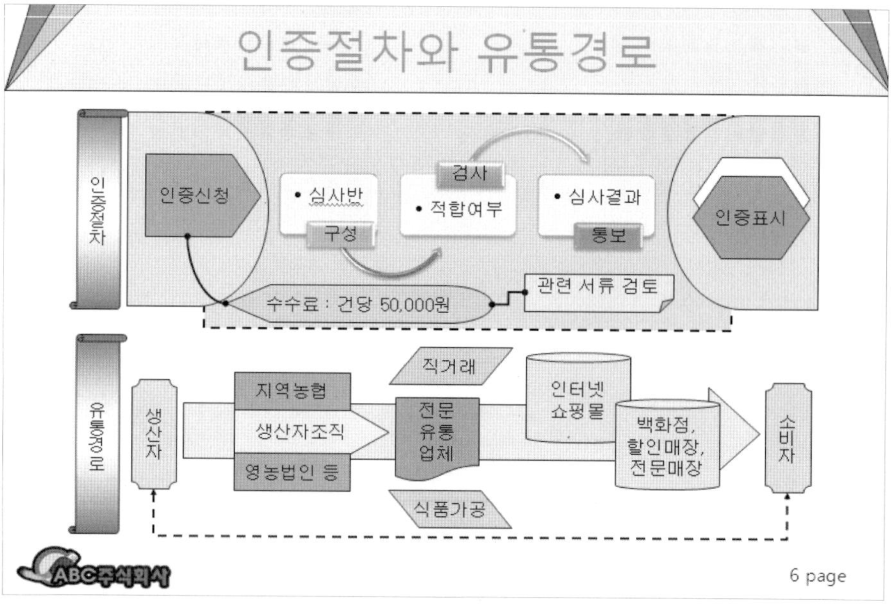

12.2.4 도형 그룹

① 도형 슬라이드의 상단 도형들을 모두 선택한다.

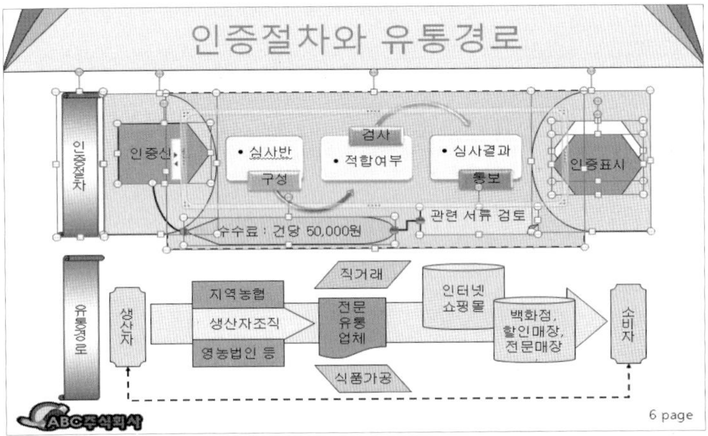

② 마우스 오른쪽을 눌러 [그룹]→[그룹]을 선택한다.

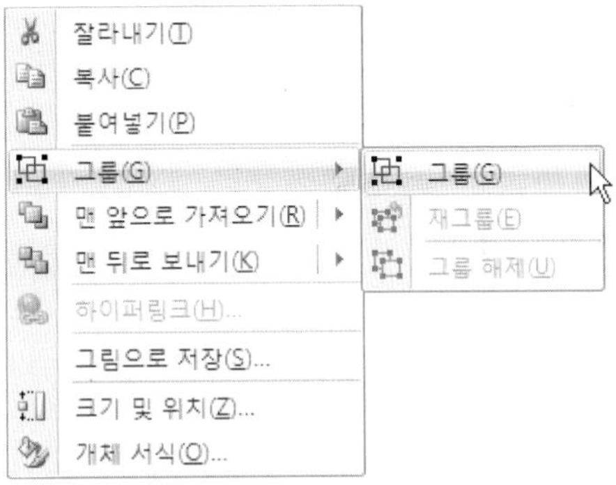

③ 하단 도형들도 ①,②와 동일한 방법으로 그룹으로 묶는다.

TIP!

• **그룹 해제**

☞ 그룹 설정된 도형을 선택하고 마우스 오른쪽을 눌러 [그룹]→[그룹 해제]를 선택한다.

12.2.5 3차원 입체 도형 작성

아래 그림들과 같이 3차원 입체 도형을 작성할 수 있다.

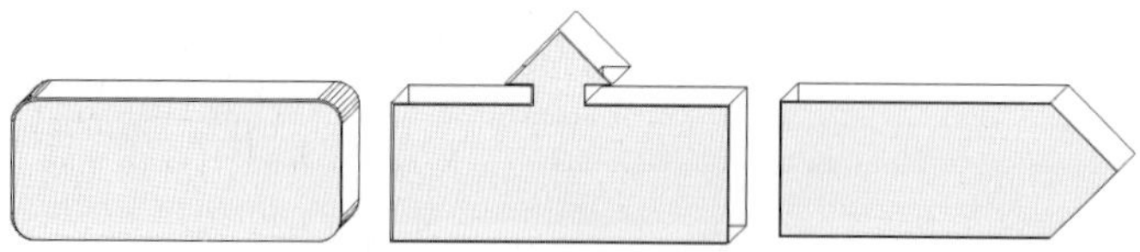

① [도형]→[사각형]→ '모서리가 둥근 직사각형' 을 작성한다. 도형을 선택한 후 Ctrl을 누른 상태에서 드래그하여 동일한 형태의 도형으로 복사한다.

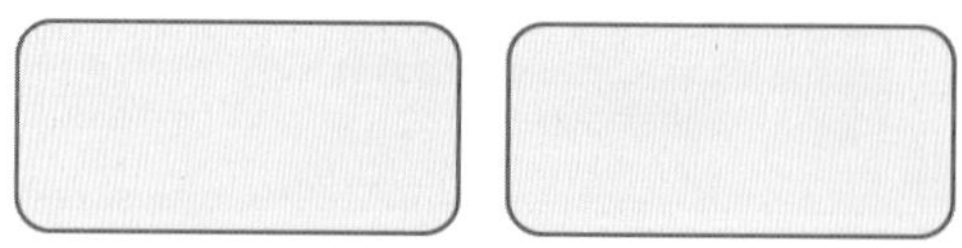

② 그려진 하나의 도형을 선택한 후 마우스 오른쪽을 눌러 [도형 서식]을 선택한다. [도형 서식]→[3차원 회전]→[미리 설정]→[오블리크]→ '오른쪽 위 오블리크' 를 선택한다.

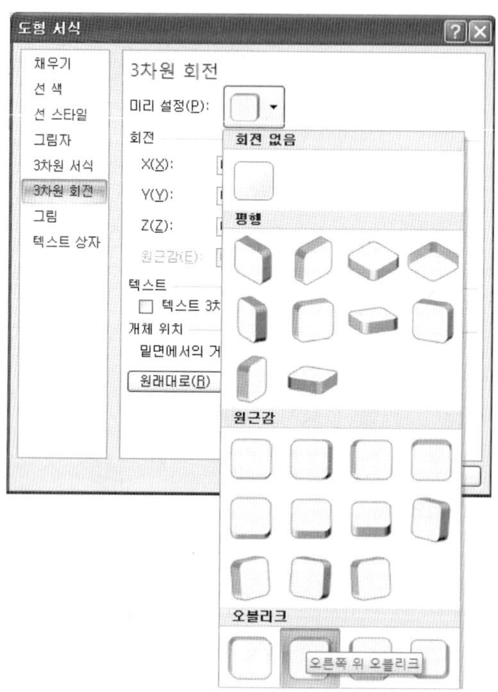

③ [3차원 서식]→[표면]→[재질] 단추를 누른 후, '특수효과' 목록에서 '가는 철사 틀' 을 선택하고, [깊이]는 "50pt" 로 입력한다.

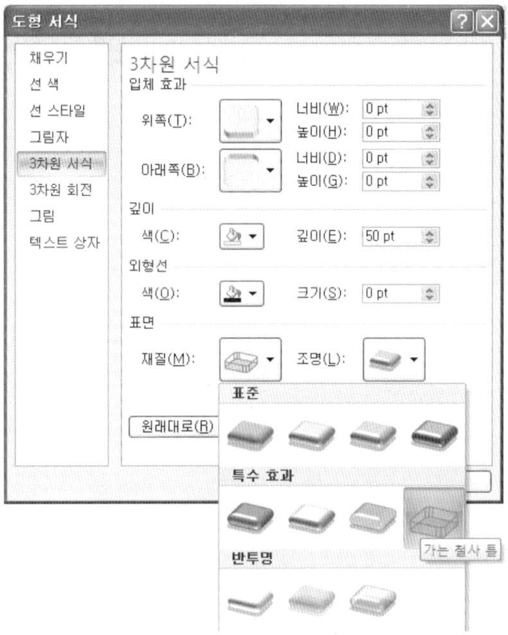

④ 나머지 도형을 선택하고 마우스 오른쪽 버튼을 눌러 [맨 앞으로 가져오기]로 설정한다.

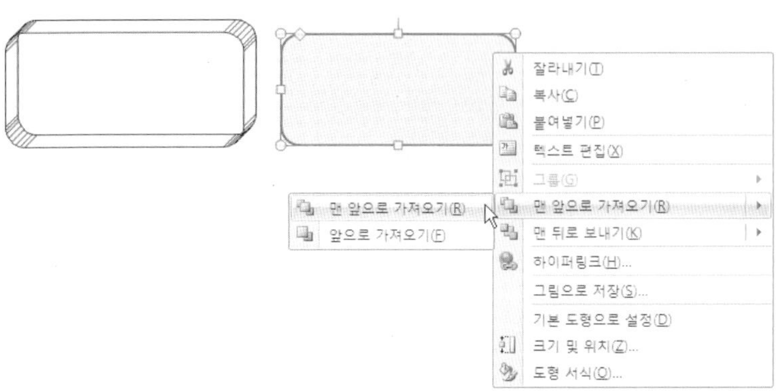

⑤ 두 개의 도형을 겹쳐서 3차원 입체효과 도형을 작성한다.

12.3 애니메이션

12.3.1 애니메이션 효과 적용

① 그룹으로 묶인 도형을 선택하고 [애니메이션] 탭→[애니메이션] 그룹→[사용자 지정 애니메이션]을 선택한다. 화면 오른쪽에 '사용자 지정 애니메이션 작업 창' 이 표시되면 [효과 적용] 단추를 누른다.

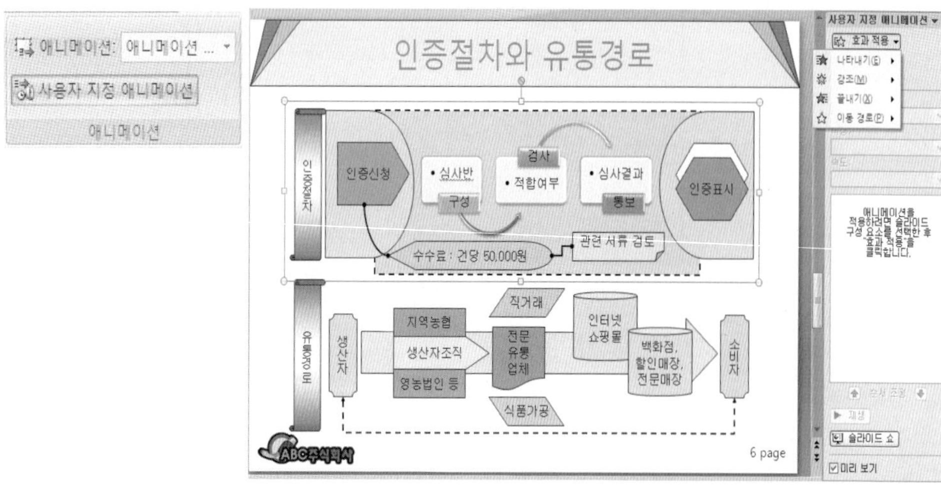

② [효과 적용]→[나타내기]는 '날아오기' 를, [방향]은 '왼쪽에서' 를 선택한다.

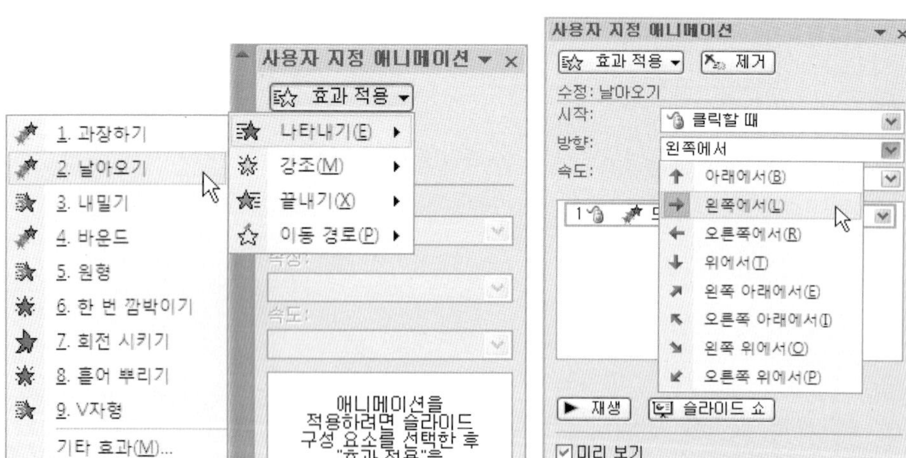

③ 슬라이드 하단의 그룹으로 묶인 도형을 선택한다. [사용자 지정 애니메이션] 대화상자의 [효과적용]→[나타내기]를 눌러 '블라인드' 를 선택한다.

목록 내에 '블라인드' 가 없을 경우에 [나타내기]→[기타 효과]→[기본 효과]→[블라인드]를 선택한다.

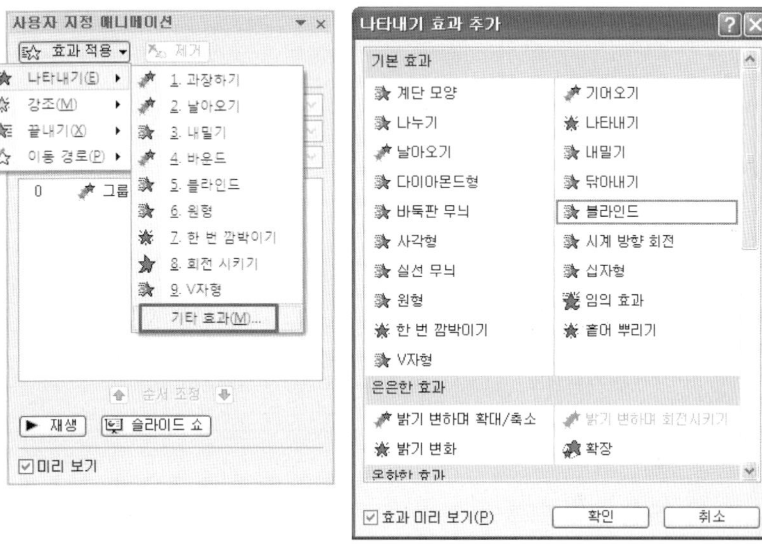

④ [사용자 지정 애니메이션] 대화상자의 [방향] 목록 중 '세로' 를 선택한다.

12.3.2 애니메이션 순서 변경

애니메이션은 개체에 설정한 순서대로 실행된다.

애니메이션 실행 순서를 변경하고자 할 경우에는 '사용자 지정 애니메이션 창' 하단의 순서조정 (순서 조정)버튼을 눌러 설정한다.

§ 연습문제 12.1 다음 조건에 맞는 차트 슬라이드와 도형 슬라이드를 작성하시오.

[슬라이드 5] 《차트 슬라이드》

(1) 차트 작성 기능을 이용하여 슬라이드를 작성한다.

(2) 차트 : 유형(묶은 세로 막대형), 글꼴(굴림, 18pt), 외곽선, 그림자(오프셋 대각선 오른쪽 아래)

세부조건

※ 차트설명

- 차트제목 : 굴림, 18pt, 굵게, 그림자(오프셋 아래쪽), 테두리
- 그림영역 : 그라데이션(선형 위쪽)
- 데이터 계열 서식 : 질감(파피루스), 5%복리 계열만
- 값 표시 : 각 계열의 20년요소만
- 데이터 테이블 표시

① 도형을 이용하여 '시간이 지날수록 차이가 많아짐' 표시(채우기 파랑 적용, 외곽선 없음, 투명도(50%), 굴림,18pt)

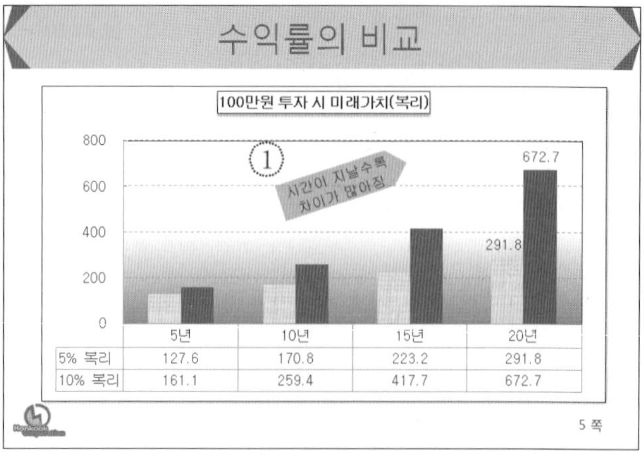

[슬라이드 6] 《도형 슬라이드》

(1) 슬라이드와 같이 도형 및 스마트아트를 배치한다(글꼴 : 굴림, 18pt).

(2) 애니메이션 순서 : ① ⇒ ②

세부조건

① 그룹화 후 애니메이션 효과

: 날아오기(왼쪽에서)

② 그룹화 후 애니메이션 효과

: 블라인드(세로)

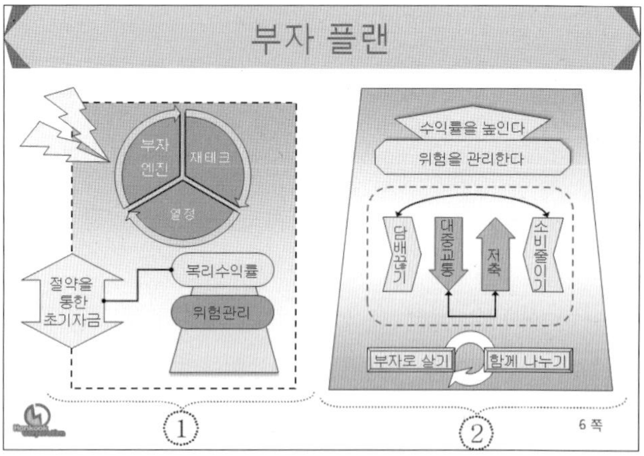

(자료 출처 : ITQ 기출문제)

§ 연습문제 12.2 다음 조건에 맞는 차트 슬라이드와 도형 슬라이드를 작성하시오.

[슬라이드 5] 《차트 슬라이드》

(1) 차트 작성 기능을 이용하여 슬라이드를 작성한다.

(2) 차트 : 유형(묶은 세로 막대형), 글꼴(굴림, 16pt), 외곽선, 그림자(오프셋 대각선 오른쪽 아래)

세부조건

※ 차트설명

- 차트제목 : 궁서, 24pt, 굵게, 채우기(흰색), 테두리, 그림자(오프셋 아래쪽)
- 차트영역 : 채우기(노랑)
  그림영역 : 채우기(흰색)
- 데이터 계열 서식 : '국가기관' 계열을 표식이 있는 꺾은선형으로 변경
- 값 표시 : '공공단체' 계열만
- 데이터 표 표시

① 도형을 이용하여 '최다 모집' 표시 (채우기 파랑 적용, 외곽선 없음, 투명도(50%), 돋움, 18pt)

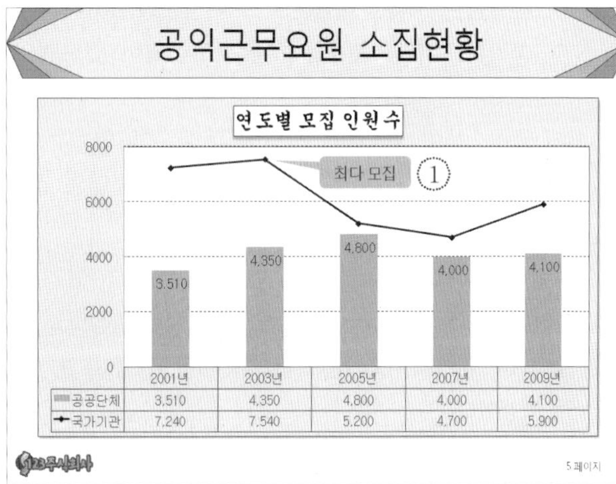

[슬라이드 6] 《도형 슬라이드》

(1) 슬라이드와 같이 도형 및 스마트아트(디자인 : 3차원 만화)를 배치한다(글꼴 : 굴림, 18pt).

(2) 애니메이션 순서 : ① ⇒ ②

세부조건

① 그룹화 후 애니메이션 효과

: 날아오기(왼쪽에서)

② 그룹화 후 애니메이션 효과

: 블라인드(세로)

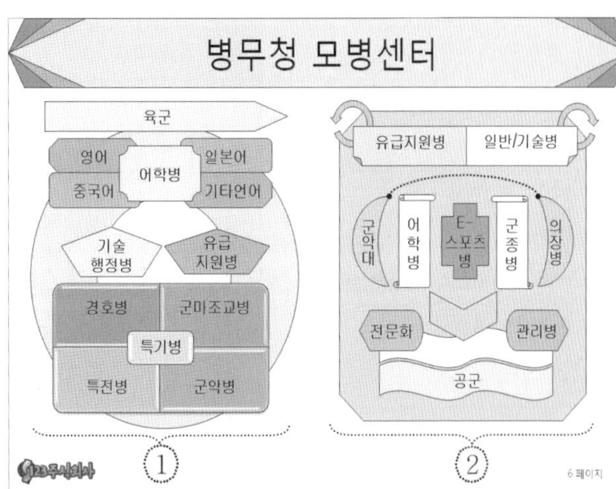

(자료 출처 : ITQ 기출문제)

파워포인트 종합문제 I 다음 조건에 맞는 프레젠테이션 문서를 작성하시오.

TIP!

- 답안 환경 설정

☞ 파일명은 '학번-이름' 으로 저장한다. (자격증 시험 답안 파일명: 수험번호-이름)

☞ 슬라이드의 총 개수는 6개로 구성되어 있으며 슬라이드 1부터 순서대로 작업하고 반드시 문제와 세부조건대로 한다.

☞ 글꼴, 색깔 및 기타 사항에 대해 별도의 지시사항이 없는 경우에는 슬라이드 크기와 전체적인 균형을 고려하여 출력형태와 같이 작성한다.

[전체구성] (60점)

(1) 슬라이드 크기 및 순서 : 크기를 A4 용지로 설정하고 슬라이드 순서에 맞게 작성한다.

(2) 슬라이드 마스터 : 2~6슬라이드의 제목, 하단 로고, 슬라이드 번호는 슬라이드 마스터를 이용하여 작성한다.

- 제목 글꼴(맑은고딕, 40pt, 파랑), 하단 로고(「내문서₩ITQ₩Picture₩로고1.jpg」, 배경(회색) 투명색으로 설정)

[슬라이드 1] 《표지 디자인》 (40점)

(1) 표지 디자인 : 도형(직각 삼각형)을 삽입하고, 점편집 기능을 이용하여 작성한다.

세부조건

① 워드아트 삽입
- 글꼴 : 궁서, 굵게
- 반사 : 근접반사, 터치

② 그림 삽입
- 「내문서₩ITQ₩Picture₩로고1.jpg」
- 배경(회색) 투명색으로 설정

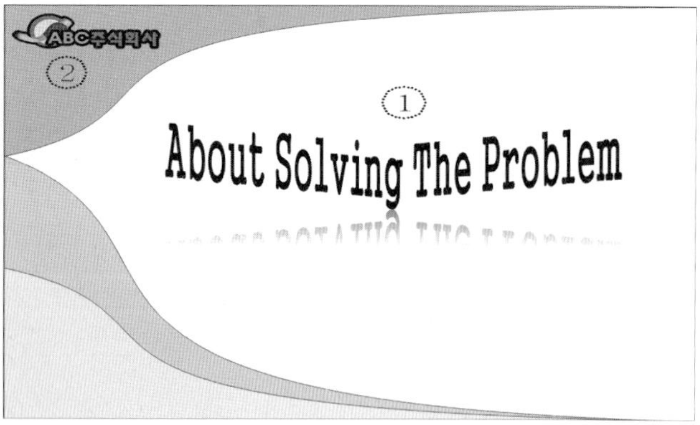

[슬라이드 2] 《목차 슬라이드》 (60점)

(1) 출력 형태와 같이 도형(그림자 : 오프셋 위쪽)을 이용하여 목차를 작성한다(글꼴 : 굴림, 24pt, 검정).

세부조건

① 텍스트에 하이퍼링크 적용
-〉 '슬라이드 5'
② 그림 삽입
- 「내문서₩ITQ₩Picture₩그림 4.jpg」
- 자르기 기능 이용

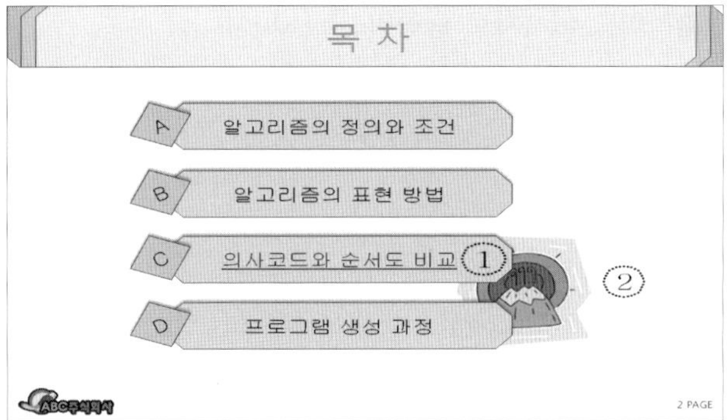

[슬라이드 3] 《텍스트/동영상 슬라이드》 (60점)

(1) 텍스트 작성 : 글머리 기호 사용 (❖, ▪)

❖문단(맑은고딕, 24pt, 굵게, 줄간격 : 1.5줄), ▪문단(맑은고딕, 20pt, 줄간격 : 1.5줄)

세부조건

① 동영상 삽입 :
-내문서₩ITQ₩Picture₩동영상.wmv」
- 자동실행, 반복재생 설정

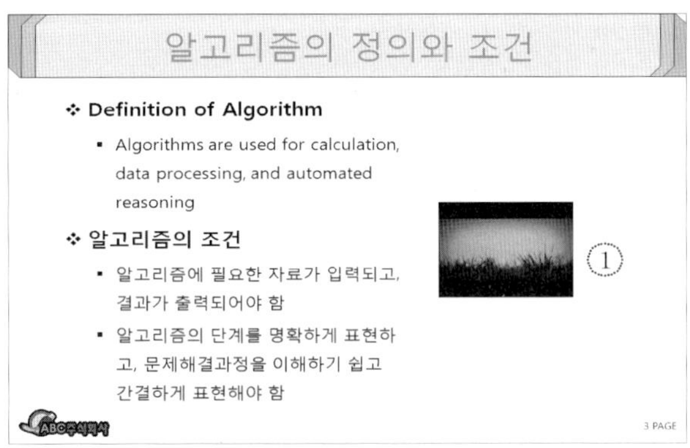

[슬라이드 4] 《표 슬라이드》 (80점)

(1) 도형과 표 작성 기능을 이용하여 슬라이드를 작성한다(글꼴 : 굴림, 20pt).

세부조건

① 상단 도형 : 2개 도형의 조합으로 작성
② 좌측 도형 : 그라데이션 효과(선형 대각선), 그림자(오프셋 대각선 왼쪽 위)

③ 표 색 채우기(노랑)

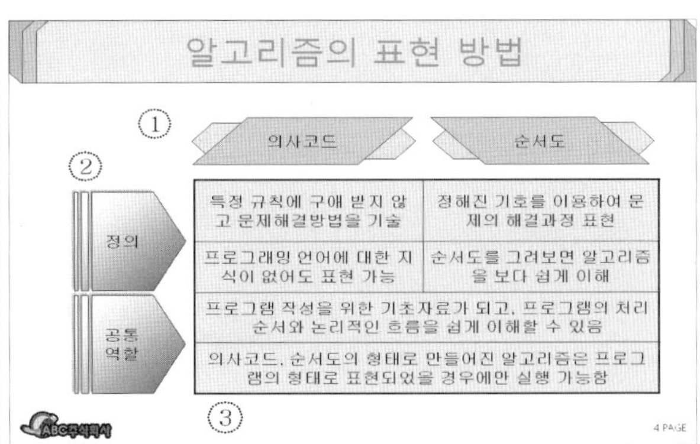

[슬라이드 5] 《차트 슬라이드》 (100점)

(1) 차트 작성 기능을 이용하여 슬라이드를 작성한다.

(2) 차트 : 유형(묶은 세로 막대형), 글꼴(굴림, 16pt), 외곽선, 그림자(오프셋 대각선 오른쪽 아래)

세부조건

※ 차트설명

- ■차트제목 : 돋움, 24pt, 굵게, 그림자(오프셋 아래쪽), 테두리
- ■그림영역 : 그라데이션(흰색, 녹색, 선형 대각선)
- ■데이터 계열 서식 : 질감(캔버스)채우기, '의사코드사용' 계열만
- ■값 표시 : '순서도사용' 계열의 '전체' 요소만
- ■데이터 테이블 표시
- ① 도형을 이용하여 '순서도사용이 프로그래밍 학습에도 효과적' 표시(채우기 파랑 적용, 외곽선 없음, 투명도(50%), 돋움, 18pt)

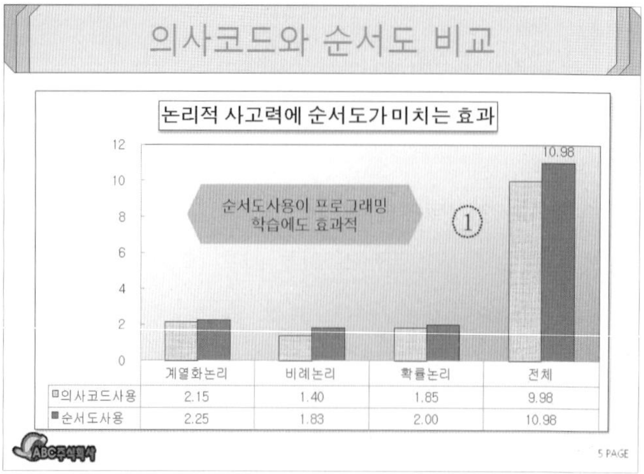

[슬라이드 6] 《도형 슬라이드》 (100점)

(1) 슬라이드와 같이 도형 및 스마트아트를 배치한다(글꼴 : 굴림, 16pt).

(2) 애니메이션 순서 : ① ⇒ ②

세부조건

① 그룹화 후 애니메이션 효과

: 날아오기(왼쪽에서)

② 그룹화 후 애니메이션 효과

: 블라인드(세로)

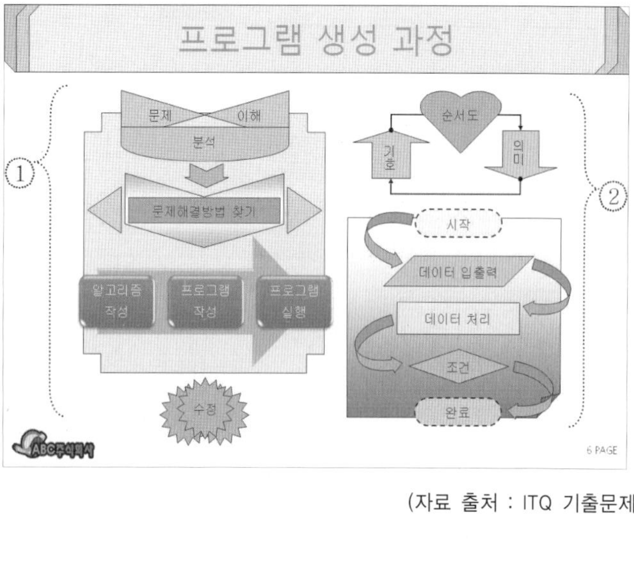

(자료 출처 : ITQ 기출문제)

파워포인트 종합문제 II 다음 조건에 맞는 프레젠테이션 문서를 작성하시오.

[전체구성] (60점)

(1) 슬라이드 크기 및 순서 : 크기를 A4 용지로 설정하고 슬라이드 순서에 맞게 작성한다.

(2) 슬라이드 마스터 : 2~6슬라이드의 제목, 하단 로고, 슬라이드 번호는 슬라이드 마스터를 이용하여 작성한다.

- 제목 글꼴(맑은고딕, 40pt, 파랑), 하단 로고(「내문서₩ITQ₩Picture₩로고2.jpg」, 배경(회색) 투명색으로 설정)

[슬라이드 1] 《표지 디자인》 (40점)

(1) 표지 디자인 : 도형(직사각형)을 삽입하고, 점편집 기능을 이용하여 작성한다.

세부조건

① 워드아트 삽입
- 글꼴 : 궁서, 굵게
- 반사 : 전체반사, 터치

② 그림 삽입
- 「내문서₩ITQ₩Picture₩로고2.jpg」
- 배경(회색) 투명색으로 설정

[슬라이드 2] 《목차 슬라이드》 (60점)

(1) 출력 형태와 같이 도형(그림자 : 오프셋 위쪽)을 이용하여 목차를 작성한다(글꼴: 굴림, 24pt, 검정).

세부조건

① 텍스트에 하이퍼링크 적용
-> '슬라이드 5'

② 그림 삽입
- 「내문서₩ITQ₩Picture₩그림5.gif」
- 자르기 기능 이용

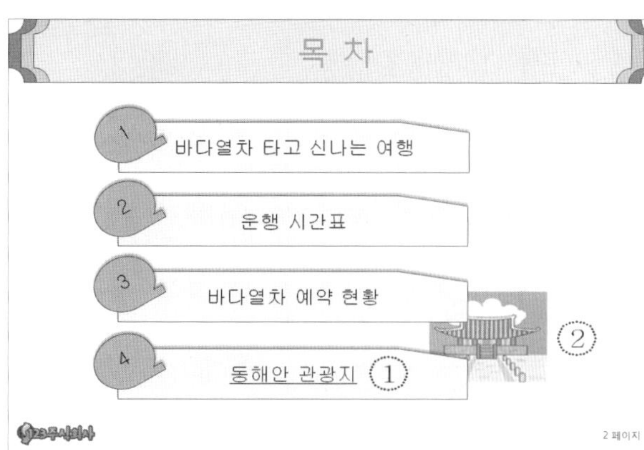

[슬라이드 3] 《텍스트/동영상 슬라이드》 (60점)

(1) 텍스트 작성 : 글머리 기호 사용 (❖, ✓)

❖문단(맑은고딕, 24pt, 굵게, 줄간격 : 1.5줄), ✓문단(맑은고딕, 20pt, 줄간격 : 1.5줄)

세부조건

① 동영상 삽입 :

-내문서₩ITQ₩Picture₩동영상.wmv」

- 자동실행, 반복재생 설정

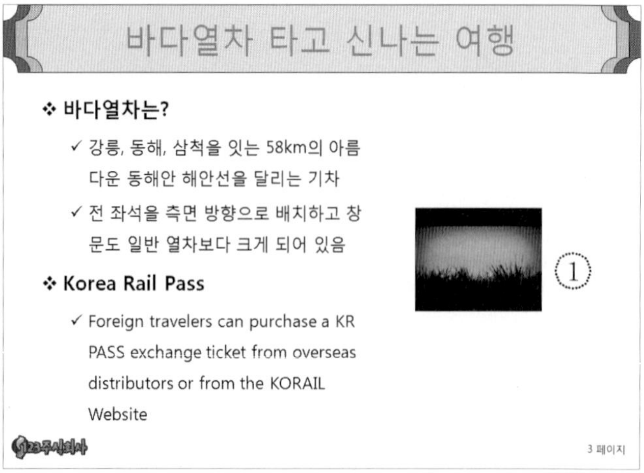

[슬라이드 4] 《표 슬라이드》 (80점)

(1) 도형과 표 작성 기능을 이용하여 슬라이드를 작성한다(글꼴 : 굴림, 20pt).

세부조건

① 상단 도형 : 2개 도형의 조합으로 작성

② 좌측 도형 : 그라데이션 효과(선형 대각선), 그림자(오프셋 대각선 왼쪽 위)

③ 표 색 채우기(노랑)

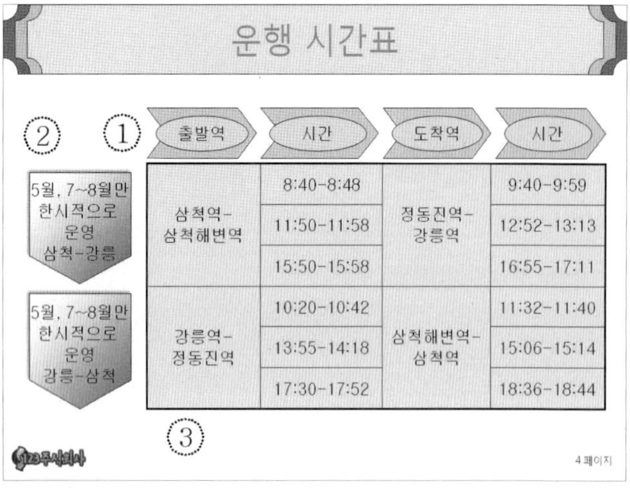

[슬라이드 5] 《차트 슬라이드》 (100점)

(1) 차트 작성 기능을 이용하여 슬라이드를 작성한다.

(2) 차트 : 유형(묶은 세로 막대형), 글꼴(굴림, 16pt), 외곽선, 그림자(오프셋 대각선 오른쪽 아래)

세부조건

※ 차트설명

■ 차트제목 : 궁서, 24pt, 굵게, 그림자(오프셋 아래쪽), 테두리
■ 그림영역 : 그라데이션(흰색, 녹색, 선형 대각선)
■ 데이터 계열 서식 : 질감(데님) 채우기, '삼척-강릉' 계열의 '일반1호차' 요소만
■ 값 표시 : '강릉-동해' 계열의 '프로포즈실' 요소만
■ 데이터 테이블 표시
① 도형을 이용하여 '최대예약' 표시(채우기 파랑 적용, 외곽선 없음, 투명도(50%), 돋움, 18pt)

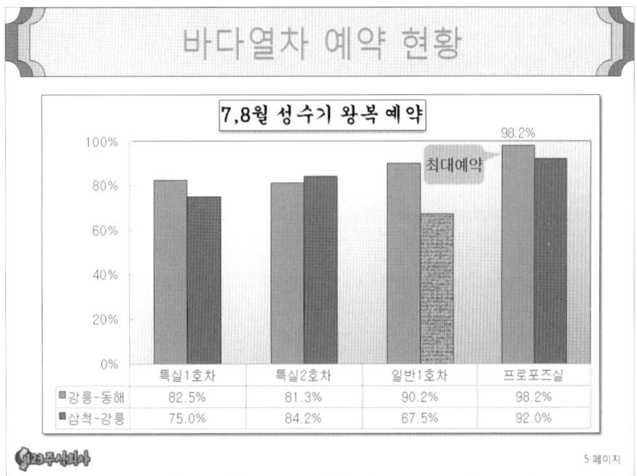

[슬라이드 6] 《도형 슬라이드》 (100점)

(1) 슬라이드와 같이 도형 및 스마트아트를 배치한다(글꼴 : 굴림, 16pt).

(2) 애니메이션 순서 : ① ⇒ ②

세부조건

① 그룹화 후 애니메이션 효과

: 날아오기(왼쪽에서)

② 그룹화 후 애니메이션 효과

: 블라인드(세로)

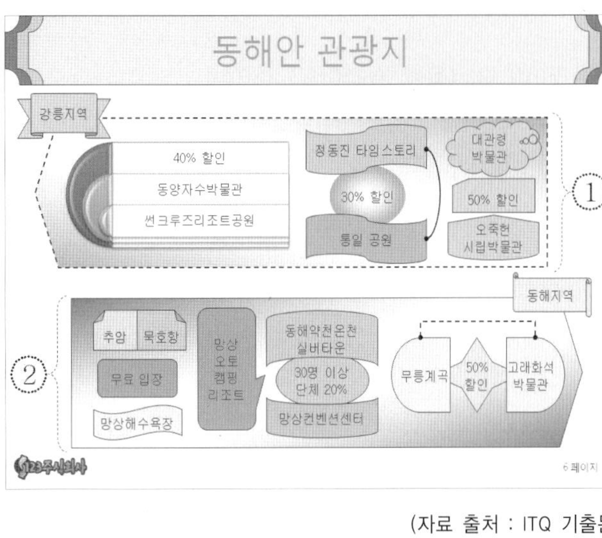

(자료 출처 : ITQ 기출문제)

파워포인트 종합문제 III 다음 조건에 맞는 프레젠테이션 문서를 작성하시오.

[전체구성] (60점)

(1) 슬라이드 크기 및 순서 : 크기를 A4 용지로 설정하고 슬라이드 순서에 맞게 작성한다.

(2) 슬라이드 마스터 : 2~6슬라이드의 제목, 하단 로고, 슬라이드 번호는 슬라이드 마스터를 이용하여 작성한다.

- 제목 글꼴(맑은고딕, 40pt, 파랑), 하단 로고(「내문서₩ITQ₩Picture₩로고3.jpg」, 배경(연보라) 투명색으로 설정)

[슬라이드 1] 《표지 디자인》 (40점)

(1) 표지 디자인 : 도형(직사각형)을 삽입하고, 점편집 기능을 이용하여 작성한다.

세부조건

① 워드아트 삽입
- 글꼴 : 돋움, 굵게
- 반사 : 근접반사, 터치

② 그림 삽입
- 「내문서₩ITQ₩Picture₩로고3.jpg」
- 배경(연보라) 투명색으로 설정

[슬라이드 2] 《목차 슬라이드》 (60점)

(1) 출력 형태와 같이 도형(그림자 : 오프셋 위쪽)을 이용하여 목차를 작성한다(글꼴 : 굴림, 24pt, 검정).

세부조건

① 텍스트에 하이퍼링크 적용
-> '슬라이드 4'

② 그림 삽입
- 「내문서₩ITQ₩Picture₩그림4.jpg」
- 자르기 기능 이용

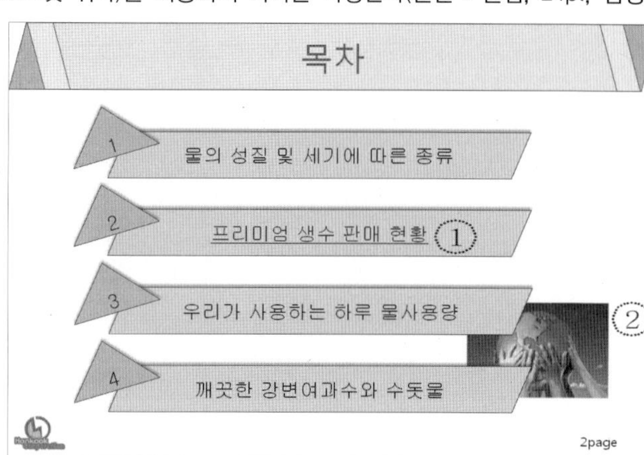

[슬라이드 3] 《텍스트/동영상 슬라이드》 (60점)

(1) 텍스트 작성 : 글머리 기호 사용 (❖, ✓)

❖문단(맑은고딕, 24pt, 굵게, 줄간격 : 1.5줄), ✓문단(맑은고딕, 20pt, 줄간격 : 1.5줄)

세부조건

① 동영상 삽입 :

-내문서₩ITQ₩Picture₩동영상.wmv」

- 자동실행, 반복재생 설정

[슬라이드 4] 《표 슬라이드》 (80점)

(1) 도형과 표 작성 기능을 이용하여 슬라이드를 작성한다(글꼴 : 굴림, 18pt).

세부조건

① 상단 도형 : 그라데이션 효과 (선형 위쪽), 그림자(오프셋 대각선 왼쪽 위)

② 좌측 도형 : 2개 도형의 조합으로 작성

③ 표 색 채우기(노랑)

[슬라이드 5] 《차트 슬라이드》 (100점)

(1) 차트 작성 기능을 이용하여 슬라이드를 작성한다.

(2) 차트 : 유형(묶은 세로 막대형), 글꼴(굴림, 16pt), 외곽선, 그림자(오프셋 대각선 오른쪽 아래)

세부조건

※ 차트설명

■ 차트제목 : 돋움, 24pt, 굵게, 채우기(흰색), 테두리, 그림자(오프셋 아래쪽)
■ 차트영역 : 채우기(노랑)그림영역 : 채우기(흰색)
■ 데이터 계열 서식 : '리터pcd' 계열을 보조축으로 지정하고 표식이 있는 꺾은선형으로 변경, '한국대비' 계열의 채우기(작은 물방울) 적용
■ 데이터 표 표시
① 도형을 이용하여 '1일 사용량 최고' 표시(채우기 파랑 적용, 외곽선 없음, 투명도(50%), 궁서, 16pt)

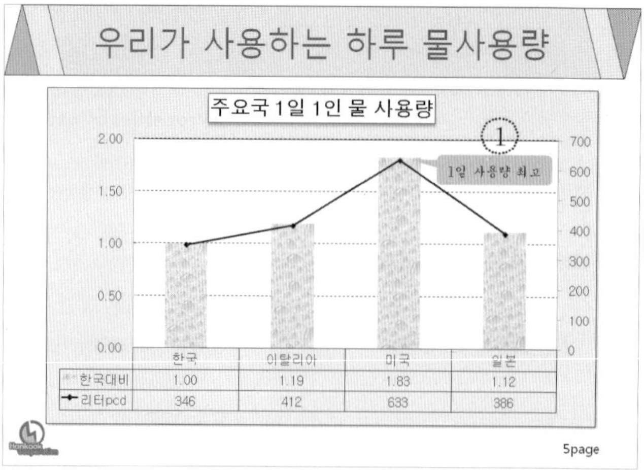

[슬라이드 6] 《도형 슬라이드》 (100점)

(1) 슬라이드와 같이 도형 및 스마트아트(디자인 : 3차원 만화)를 배치한다(글꼴: 굴림, 크기: 18pt).

(2) 애니메이션 순서 : ① ⇒ ②

세부조건

① 그룹화 후 애니메이션 효과

: 날아오기(왼쪽에서)

② 그룹화 후 애니메이션 효과

: 블라인드(세로)

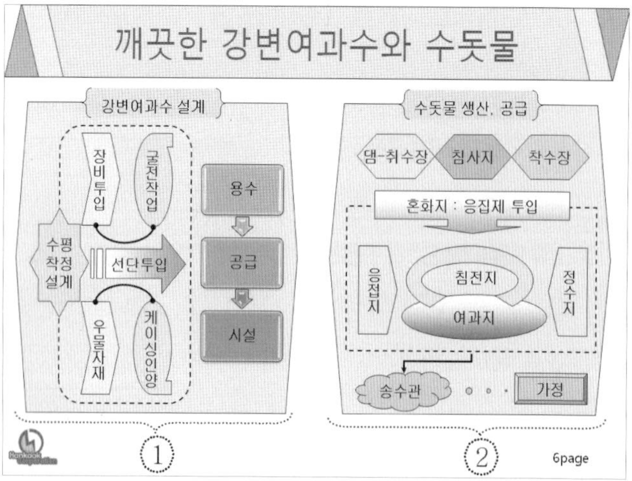

〈자료 출처 : ITQ 기출문제〉